소프트웨어 장인 정신 이야기

Clean Craftsmanship

KB179942

Clean Craftsmanship:
Disciplines, Standards, and Ethics

by Robert C. Martin

소프트웨어 장인 정신 이야기: 소프트웨어 전문가로서의 책임·윤리·실천

초판 1쇄 발행 2023년 3월 9일 **지은이** 로버트 C. 마틴 **옮긴이** 정지용 **펴낸이** 한기성 **펴낸곳** (주)도서출판인사이트 **편집** 송우일 **제작·관리** 이유현, 박미경 **용지** 월드페이퍼 **출력·인쇄** 예림인쇄 **후가공** 이지앤비 **제본** 예림바인딩 **등록번호** 제2002-000049호 **등록일자** 2002년 2월 19일 **주소** 서울특별시 마포구 연남로5길 19-5 **전화** 02-322-5143 **팩스** 02-3143-5579 **이메일** insight@insightbook.co.kr **ISBN** 978-89-6626-391-2 **책값은** 뒤표지에 있습니다. 잘못 만들어진 책은 바꾸어 드립니다. 이 책의 정오표는 https://blog.insightbook.co.kr에서 확인하실 수 있습니다.

소프트웨어 장인 정신 이야기

소프트웨어 전문가로서의 책임·윤리·실천

로버트 C. 마틴 지음 | 정지용 옮김

의사이트

차례

옮긴이의 말 ·· xiv

추천사 ·· xvi

서문 ··· xx

감사의 글 ·· xxvi

1장   장인 정신   1

1부 규율   13

익스트림 프로그래밍 ··· 15

　　삶의 순환 ··· 16

테스트 주도 개발 ·· 17

리팩터링 ·· 18

단순한 설계 ··· 19

공동 프로그래밍 ··· 20

인수 테스트 ··· 21

2장   테스트 주도 개발   23

개요 ·· 24

　　소프트웨어 ··· 27

　　테스트 주도 개발의 세 가지 법칙 ··· 28

네 번째 법칙 ···································· 40

테스트 주도 개발 기초 ···································· 42

단순한 예제 ···································· 42

스택 ···································· 43

소인수 분해 ···································· 59

볼링 ···································· 69

결론 ···································· 87

3장 고급 테스트 주도 개발 89

정렬 1 ···································· 90

정렬 2 ···································· 95

막다른 길 ···································· 103

준비, 행동, 확인 ···································· 111

동작 주도 개발 도입 ···································· 112

유한 상태 기계 ···································· 114

다시 동작 주도 개발 ···································· 116

테스트 대역 ···································· 116

더미 ···································· 119

스텁 ···································· 123

스파이 ···································· 125

모의 객체 ···································· 128

가짜 ···································· 130

모의 객체 사용 시점이 문제가 되는 이유 ···································· 133

런던 대 시카고 ···································· 146

확실성 문제 ···································· 147

런던 ···································· 148

시카고 ···································· 149

통합 ···································· 150

아키텍처 ···································· 150

결론 ···································· 153

4장   테스트 설계

데이터베이스 테스트하기 156
GUI 테스트하기 158
　GUI 입력 161
테스트 패턴 162
　테스트용 하위 클래스 162
　셀프 션트 164
　험블 객체 165
테스트 설계 168
　깨지기 쉬운 테스트 문제 169
　일대일 대응 169
　대응을 해체하기 171
　비디오 대여점 173
　구체성 대 일반성 191
어떻게 변환해야 할까? 192
　{} → Nil 194
　Nil → 상수 195
　상수 → 변수 195
　무조건적 → 선택적 197
　값 → 리스트 197
　명령문 → 재귀 198
　선택적 → 반복 198
　값 → 변경된 값 199
　예제: 피보나치 199
　변환 우선순위 가정 203
결론 205

5장   리팩터링

리팩터링이란? 209
기본 도구 210
　이름 바꾸기 210

메서드 추출하기 ·· 211

변수 추출하기 ·· 213

필드 추출하기 ·· 215

루빅큐브 ·· 226

규율 ·· 227

테스트 ·· 228

빠른 테스트 ·· 228

깊은 일대일 대응 깨트리기 ·· 228

지속적으로 리팩터링하기 ·· 229

무자비하게 리팩터링하기 ·· 229

테스트는 계속 통과해야 한다! ······································ 229

퇴로를 확보하라 ·· 230

결론 ·· 231

6장　단순한 설계

233

YAGNI ·· 237

테스트로 검사함 ·· 239

테스트 커버리지 ·· 240

점근적 목표 ·· 242

설계? ·· 242

그런데 그뿐이 아니다 ·· 243

표현력 최대화하기 ·· 244

기반이 되는 추상화 ·· 246

테스트: 문제의 남은 반쪽 ·· 247

중복 최소화하기 ·· 248

우연한 중복 ·· 249

크기 최소화하기 ·· 250

단순한 설계 ·· 250

7장 공동 프로그래밍   253

8장 인수 테스트   259

규율 ·· 262
지속적 빌드 ··· 263

2부 기준   265

내가 여러분의 신임 CTO라면 ··································· 266

9장 생산성   267

우리는 절대 똥덩어리를 출시하지 않겠다 ················· 268
낮은 수정 비용 ·· 270
우리는 언제나 준비되어 있을 것이다 ······················ 272
안정적인 생산성 ·· 274

10장 품질   277

지속적 개선 ·· 278
두려움을 이기는 능력 ··· 279
극한의 품질 ·· 280
우리는 QA에게 떠넘기지 않을 것이다 ····················· 281
　　QA병 ·· 282
QA는 아무것도 찾지 못할 것이다 ··························· 282
테스트 자동화 ··· 283
자동화 테스트와 사용자 인터페이스 ························· 284
사용자 인터페이스 테스트하기 ································· 286

11장 용기   287

우리는 서로를 대신한다 ──────────────── 288
정직한 추정 ─────────────────────── 289
"아니요"라고 말해야 한다 ──────────────── 291
지속적이고 적극적인 학습 ───────────────── 292
멘토링 ────────────────────────── 293

3부   윤리   295

최초의 프로그래머 ──────────────────── 296
75년 ───────────────────────────── 297
괴짜와 구원자 ───────────────────────── 303
롤 모델과 악당 ──────────────────────── 306
우리가 세상을 지배한다 ───────────────── 307
재앙들 ──────────────────────────── 308
선서 ───────────────────────────── 310

12장 피해   313

우선 해를 끼치지 말라 ────────────────── 314
    사회에 해를 끼치지 말라 ──────────────── 315
    기능에 해를 끼치지 말라 ──────────────── 317
    구조에 해를 끼치지 말라 ──────────────── 320
    소프트 ────────────────────────── 321
    테스트 ────────────────────────── 323
최선의 결과물 ──────────────────────── 325
    제대로 만들기 ─────────────────────── 326
    무엇이 좋은 구조인가? ───────────────── 327
    아이젠하워 매트릭스 ──────────────── 329
    프로그래머도 이해관계자다 ───────────── 331
    여러분의 최선 ─────────────────────── 333

반복적인 증명 ·· 336

　데이크스트라 ·· 336

　정확성 증명하기 ·· 337

　구조적 프로그래밍 ·· 340

　기능적 분해 ·· 342

　테스트 주도 개발 ··· 343

13장 성실함   347

짧은 주기 ·· 348

　소스 코드 관리의 역사 ······································ 348

　깃 ··· 354

　짧은 주기 ·· 355

　지속적 통합 ·· 356

　브랜치 대 토글 ··· 357

　지속적 배포 ·· 360

　지속적 빌드 ·· 361

가차 없는 개선 ·· 362

　테스트 커버리지 ·· 363

　변이 테스트 ·· 364

　의미론적 안정성 ·· 364

　청소 ·· 365

　저작물 ·· 366

높은 생산성 유지하기 ·· 366

　끈적함 없애기 ·· 367

　집중 방해 요소 관리하기 ···································· 370

　시간 관리 ·· 373

14장 **팀워크** 377

팀으로 일하기 ⸻ 378

　개방형/가상 사무실 ⸻ 378

정직하고 공정하게 추정하기 ⸻ 380

　거짓말 ⸻ 381

　정직함, 확실함, 정밀함 ⸻ 382

　첫 번째 이야기: 벡터 ⸻ 384

　두 번째 이야기: pCCU ⸻ 386

　교훈 ⸻ 387

　확실함 ⸻ 388

　정밀함 ⸻ 390

　종합 ⸻ 392

　정직함 ⸻ 393

존중 ⸻ 396

배우기를 멈추지 말라 ⸻ 396

찾아보기 ⸻ 400

옮긴이의 말

2000년대가 막 열렸을 즈음 리눅스와 깃의 개발자로 유명한 리누스 토르발스가 쓴 책을 읽은 적이 있습니다. 책의 제목은 《리눅스*그냥 재미로》였습니다. 저 역시 그런 프로그래밍의 재미에 끌렸고, 운 좋게도 직업으로 삼을 수 있었습니다.

하지만 소프트웨어가 사회에서 차지하는 중요도는 엄청나게 높아졌고, 이제는 재미를 논하기에 앞서 막중한 책임감을 느껴야 하는 세상이 되었습니다. 인터넷을 뒤덮고 있는 악성 댓글이나 인신공격, N번방 사건 같은 범죄를 보면 '우리는 그저 도구를 만드는 사람일 뿐'이라는 변명은 유효 기간이 끝난 것 같습니다. 이 책에서 소개하는 각종 소프트웨어 사건 사고를 보면 무서워지기까지 합니다. 저자인 로버트 C. 마틴이 내다보았듯이 유럽의 GDPR General Data Protection Regulation이나 한국의 ISMSInformation Security Management System 같은 개인 정보 보호 규제도 나날이 두터워지고 있고, 정부가 인터넷 서비스의 안정성을 법으로 규제하는 상황에 이르렀습니다.

이렇게 무거운 책임을 지게 된 우리는 무엇을 해야 할까요? 프로그래밍에 관해 많은 책을 써 온 저자가 내놓은 답은 테스트 주도 개발입니다. 대부분의 공학 분야에서 테스트는 중요한 위치를 차지합니다. 거대한 풍동 실험장이나 기이한 모습의 무반향실, 각종 내구성 테스트 로봇 등 분야마다 많은 장비와 자원을 투여해 다양한 테스트를 수행합니다. 소프트웨어라고 다를 게 없습니다.

테스트 주도 개발을 아주 기술적인 부분까지 상세하게 설명하는 전반부를 지나면 엉클 밥의 재미있는 옛날이야기 보따리가 펼쳐집니다. 한 시대를 풍미한 프로그래머의 이야기 속에는 마음에 담아 둘 만한 소중한 교훈이 가득합니다.

장인 정신이라고 하면 왠지 수십 년의 수련을 거쳐야 하고, 티끌만 한 흠이라도 있으면 '작품'을 폐기해야 할 것 같은 부담감이 느껴집니다. 하지만 그보다는 전문가다운 자세와 역량을 갖춘 프로그래머가 되어야 한다는 것이 이 책이 말하는 규율, 기준, 윤리가 아닐까 싶습니다. 쉬운 목표는 아니지만, 그런 전문가로 향하는 길에 이 책이 도움이 될 수 있기를 바랍니다.

추천사

엉클 밥[1]을 만났던 2003년 봄이 생각난다. 우리 회사와 기술 팀에 스크럼을 도입한 직후였다. 나는 의심이 많은 초보 스크럼 마스터였는데, 밥에게 Fit-Nesse[2]라는 간단한 도구에 대한 설명과 테스트 주도 개발 강의를 들었던 기억이 난다. 혼자 이렇게 생각했던 기억도 난다. '대체 왜 실패하는 테스트를 먼저 쓰는 거야?' '테스트는 코딩을 한 다음에 쓰는 거 아니야?' 다른 팀 동료들 다수와 마찬가지로 나도 머리를 긁적이며 뒤돌아서고는 했다. 코드에 대한 장인 정신으로 충만했던 밥의 모습이 지금까지도 마치 어제 기억처럼 생생하다. 밥의 단도직입적인 면도 기억난다. 하루는 밥이 우리 버그 백로그를 보다가 대체 왜 자기 것도 아닌 소프트웨어 시스템에 이렇게 나쁜 결정들을 내렸는지 물었다. "이 시스템들은 '회사의 자산'입니다. 여러분 '개인의 소유물'이 아니에요." 그의 열정이 우리의 호기심에 불을 지폈다. 1년 반이 지나자 우리는 리팩터링을 통해 자동화 테스트 커버리지 80%를 달성할 수 있었고, 깨끗한 코드 베이스 덕에 훨씬 수월하게 사업 방향을 바꿀 수 있었다. 그 결과 고객은 훨씬 행복해졌고 우리 팀도 더 행복해졌다. 우리는 그 후로 번개처럼 빠르게 움직였다. 우리가 정의한 '완료'의 의미를 갑옷처럼 활용하며 언제나 코드 속에 숨어 있는 괴물로부터 우리를 지켰다. 본질적으로는 우리 자신으로부터 우리를 지키는 법을 배운 것이다. 시간이 흐르면서 우리는 엉클 밥에 대한 애정을 키워 갔고 밥이 정말로 엉클, 그러니까 삼촌처럼 느껴졌다. 밥은 따뜻하고 단호하며 용기 있는 사람이었고, 우리가 자립하여 올바른 일

---

1 (옮긴이) 저자 로버트 C. 마틴의 애칭
2 (옮긴이) 저자가 개발에 참여하고 있는 인수 테스트 도구다.

을 할 수 있도록 꾸준히 도와주었다. 다른 아이들의 밥 삼촌은 자전거 타는 법이나 낚시하는 법을 가르쳐 주었겠지만, 우리의 밥 삼촌은 우리가 성실함을 타협하지 않는 법을 가르쳐 주었다. 어떤 상황에서든 용기와 호기심을 보이고 싶은 마음과 그럴 수 있는 능력을 배운 것은 내 경력을 통틀어 가장 큰 가르침이었다.

나는 경력 초기에 밥에게서 배운 가르침을 품은 채 애자일 코치로서 세계를 누볐다. 그리고 나 자신도 금방 최고의 제품 개발 팀은 어떤지 관찰할 수 있었다. 그들은 그들만의 독특한 상황, 그들의 특정 고객, 그들이 속한 산업군에 맞추어 최선의 방법들을 어떻게 엮어 내야 할지 알아냈다. 반면에 세계 최고의 개발 도구를 쓴다 해도 그 도구를 사용하는 사람의 한계를 넘어서지 못하는 모습을 목격했을 때 나는 밥의 가르침을 떠올렸다. 최고의 팀은 그들 분야에서 최고의 도구를 가장 잘 적용하는 방법을 알아냈다. 물론 나는 주어진 목표대로 일을 마쳤다고 선언하기 위해 높은 단위 테스트 커버리지를 꾸며 내는 팀도 본 적이 있다. 하지만 대부분의 테스트가 불규칙하게 실패했다. 목표 숫자는 맞추었지만 그 가치는 얻지 못한 것이다. 최고의 팀은 실제로는 목표 숫자에 얽매일 필요가 없었다. 그보다는 목적, 규율, 자부심, 책임감을 생각했다. 그러면 숫자가 언제나 그 결과를 보여 주었다. 《소프트웨어 장인 정신 이야기》는 이런 가르침과 원칙을 실용적인 코드 예제와 경험을 사용하여 엮어 낸다. 그리고 마감을 맞추기 위해 무언가를 작성하는 것과 미래에도 계속 사용할 수 있는 무언가를 실제로 만들어 내는 것의 차이를 보여 준다.

《소프트웨어 장인 정신 이야기》는 조그만 것으로 만족하지 말고, '두려움을 이기는 능력'을 갖고 이 땅 위에 서라고 조언한다. 이 책은 오래된 친구처럼 무엇이 중요한지, 무엇은 잘되고 무엇은 안 되는지, 어디서 문제가 생길 수 있고 어떻게 위험을 줄일 수 있는지 상기시켜 줄 것이다. 그 교훈은 영원하다. 여기에서 설명하는 기법 중에 이미 실천하고 있는 부분도 있을 것이다. 하지만 새로운 무언가를, 아니면 적어도 마감이나 다른 압력 때문에 여러 분의 경력 언젠가부터 실천하기를 잊어버린 무언가를 분명 만날 수 있을 것이다. 사업 직군이든, 기술 직군이든 개발 업계에 막 들어섰다면 최고로부터 배울 수 있는 기회다. 많은 경험을 쌓고 역경을 겪은 사람이더라도 자신을 갈고닦는 방법을 발견할 것이다. 어쩌면 이 책이 여러분의 눈앞에 펼쳐져 있는 장애물에 상관없이 여러분의 열정을 다시 찾고, 기술을 개선하고자 하는 욕망에 불을 붙이고, 완벽을 추구하는 데 여러분의 에너지를 다시 쏟도록 도움을 줄 수 있을 것이다.

소프트웨어 개발자가 세상을 지배한다. 그리고 엉클 밥은 이런 힘을 가진 우리에게 전문가다운 규율을 다시 한번 일깨운다. 밥은 《클린 코드》(인사이트, 2013)를 마친 곳에서 다시 시작한다. 소프트웨어 개발자는 말 그대로 인류를 위해 규칙을 기술하는 사람이므로 엄격한 윤리 규범을 지켜야 한다고 말한다. 이 코드가 어떤 일을 하고, 사람들에게 어떻게 이용되고, 어디서 망가질 수 있는지 알아야 할 책임이 있다고 말한다. 잘못된 소프트웨어는 사람들의 생계를, 때로는 목숨까지도 위협한다. 소프트웨어는 우리가 생각하는 방식, 우리가 내리는 결정에 영향을 미친다. 인공 지능과 예측 분석 결과로 인해 소프트웨어는 사회와 군중의 행동에 영향을 준다. 따라서 우리는 책임감을 갖고 신중하게 공감하며 행동해야 한다. 사람들의 건강과 행복이 우리에게 달려 있다. 엉클 밥은 우리가 이런 책임을 인식하도록 그리고 우리가 사회에서 기대하고 요구하는 전문가가 되도록 돕는다.

이 추천사를 쓰는 2021년에 애자일 선언이 20주년을 맞이했다. 이 책은 다시 기본으로 돌아갈 완벽한 기회다. 이 책은 프로그램 세계가 나날이 복잡해져만 가고 있음을 그리고 이 세계에서 윤리적인 개발의 실천이 우리 자신, 나아가 인류 전체에 대한 의무임을, 시의적절하게 거만하지 않은 태도로 상기시켜 준다. 시간을 투자하여 《소프트웨어 장인 정신 이야기》을 읽으라. 원

칙들이 몸에 배도록 하라. 실천하라. 개선하라. 다른 이를 가르치라. 이 책을
여러분의 책꽂이에 늘 꽂아 놓으라. 호기심과 용기를 가지고 이 세상을 탐험
하는 동안 이 책을 여러분의 오랜 친구이자 여러분의 엉클 밥, 여러분의 안내
자로 삼으라.

스태시아 하임가트너 비스카디(Stacia Heimgartner Viscardi)
공인 스크럼 트레이너, 애자일 멘토

시작에 앞서 독자들이 이 책이 제시하는 이야기의 틀을 정확하게 파악할 수 있도록 두 가지 문제를 먼저 짚고 넘어가겠다.

'craftsmanship'이라는 단어에 대해

21세기 초 언어를 둘러싸고 여러 가지 논란이 있었다. 우리 소프트웨어 산업도 이 논란에 한몫하고 있다. 'craftsman(장인)'이라는 단어도 포용적이지 않은 잘못된 표현이라는 지적을 받는다.[1]

나도 이 주제에 대해 꽤 고민해 보고 다양한 의견을 가진 많은 사람과 이야기도 해 보았다. 하지만 이 책의 범위에서 사용할 수 있는 더 나은 단어는 없다는 결론을 내렸다.

craftsman의 대안으로 craftsperson, craftsfolk, crafter 등을 고민해 보았지만 어느 단어도 craftsman이 지닌 역사적인 무게감을 담아내지 못했다. 그리고 이 책이 전하는 메시지에서 역사적인 무게감은 매우 중요하다.

craftsman, 즉 장인이란 단어는 심오한 기술을 가진 사람, 특정한 활동에 일가를 이룬 사람을 떠올리게 한다. 자신의 도구와 직업에 편안함을 느끼는 사람, 자신의 작업에 자부심을 가진 사람, 자신의 직업에 있어 위엄과 전문성을 갖고 행동하리라 믿을 수 있는 사람이다.

내 결정에 동의하지 않는 사람도 있을 것이다. 왜 그렇게 생각하는지 이해한다. 이 표현이 어떤 식으로든 누군가를 배제한다는 의미로 해석되지 않기

---

1 (옮긴이) '-man'으로 끝나는 단어가 남성이 아닌 사람을 배제한다는 지적을 일컫는다.

만을 바랄 뿐이다. 내 의도는 절대 그런 것이 아니다.

진정한 하나의 길에 대해

《소프트웨어 장인 정신 이야기》을 읽다 보면, 이것이 장인 정신에 이르는 진정한 하나의 길인가 하는 생각이 들 수 있다. 나에게는 그랬지만 여러분에게도 마찬가지이리라는 법은 없다. 이 책에서는 내 길을 예시로 여러분에게 보여 준다. 여러분은 당연히 여러분 자신의 길을 선택해야 한다.

결국에는 진정한 하나의 길이 필요할까? 모르겠다. 어쩌면 그럴 수도 있을 것이다. 책장을 넘길수록 소프트웨어 전문직에 대해 엄격한 정의를 내려야 한다는 느낌이 커질 것이다. 우리가 만드는 소프트웨어의 중요도에 따라 서로 다른 여러 길로 흩어질 수도 있다. 하지만 뒤에서 설명하듯이 중요한 소프트웨어와 중요하지 않은 소프트웨어를 구분하는 일은 그리 간단하지 않다.

내가 확신하는 것이 하나 있다. '판관기'[2]의 시대는 끝났다. 모든 프로그래머가 자신이 보기에 올바른 일을 하는 정도로는 더 이상 충분하지 않다.[3] 앞으로 모종의 규율, 기준, 윤리가 생겨날 것이다. 우리에게 남은 선택은 이를 우리 프로그래머들이 스스로 정하느냐, 아니면 우리를 모르는 사람들이 정해서 우리에게 강제하도록 하느냐밖에 없다.

이 책에 대한 소개

이 책은 프로그래머 그리고 프로그래머의 관리자를 위해 썼다. 하지만 어떤 면에서는 인간 사회 전체를 위해 썼다. 우리 프로그래머는 의도치 않게 인간 사회의 버팀목이 되고 있기 때문이다.

---

2 구약 성서 중 〈판관기〉 또는 〈사사기〉를 말한다.
3 (옮긴이) 판관기의 마지막 구절을 인용한 표현이다. "그때는 이스라엘에 왕이 없어서 사람마다 제멋대로 하던 시대였다."(판관기 21:25, 공동번역)

여러분 자신을 위해

경험이 몇 년쯤 있는 프로그래머라면 배포한 시스템이 잘 작동할 때 찾아오는 만족감을 아마 알 것이다. 그런 성취의 한 축을 담당했을 때 느낄 수 있는 어떤 자부심이 있다. 시스템을 바깥세상에 내보냈다는 사실이 자랑스러울 것이다.

하지만 시스템을 바깥세상에 내보낸 방식도 자랑스러운가? 그 자부심은 일을 끝냈다는 자부심인가? 아니면 여러분의 기술력에 대한 자부심인가? 시스템을 배포해서 자랑스러운가? 아니면 여러분이 시스템을 만든 방식이 자랑스러운가?

코드를 쓰며 힘든 하루를 보낸 후 집에 돌아가서 거울을 보며 "오늘 아주 잘했어"라고 스스로에게 말하는가? 아니면 샤워를 하며 모두 씻어 내고 싶은 기분인가?

우리 중 너무 많은 이가 하루를 찝찝한 기분으로 마친다. 너무 많은 이가 수준 이하의 일이라는 늪에 빠져 있다고 느낀다. 너무 많은 이가 조악한 품질은 피할 수 없다고, 빠른 속도를 위해 어쩔 수 없다고 느낀다. 너무 많은 이가 생산성과 품질이 반비례한다고 생각한다.

이 책에서 나는 이런 사고방식을 부수는 일에 매진할 것이다. 이 책은 훌륭하게 일하는 법을 다룬다. 일을 잘 해내는 법을 다룬다. 모든 프로그래머가 빠르게 일하고, 생산적이 되고, 날마다 쓰는 코드에 자부심을 갖기 위해 알아야 하는 규율과 실천 방법을 설명한다.

사회를 위해

21세기에 우리 사회는 인류 역사상 처음으로, 겉으로 드러나는 규율이나 제어가 사실상 없는 기술에 그 존망을 맡기고 있다. 소프트웨어는 현대 생활의 모든 측면에 침투해 들어왔다. 아침에 커피를 끓일 때부터 저녁에 오락거리를 즐길 때, 빨래할 때, 운전할 때에 이르기까지 소프트웨어가 늘 쓰인다. 소프트웨어는 전 세계에 걸친 네트워크로 우리를 연결하기도 하고, 사회·정치적으로 분열시키기도 한다. 현대 사회의 삶에서 소프트웨어가 압도적으로 쓰이지 않는 부분은 말 그대로 하나도 없다. 그런데 이런 소프트웨어를 만드는 우리는 서투르기만 한 오합지졸 군단보다 별로 나을 것이 없다. 우리가 하는 일이 무엇인지 아는 게 거의 없다.

우리 프로그래머들이 우리가 하는 일을 더 잘 이해하고 있었다면 2020년 아이오와 예비 선거 결과가 예정대로 발표되지 않았을까?[4] 두 대의 보잉 737 맥스에 탔던 346명의 사람이 세상을 떠나야 했을까? 나이트 캐피털 그룹 Knight Capital Group이 45분 만에 4억 6000만 달러를 잃었을까? 토요타 자동차의 급발진 사고로 89명의 사람이 목숨을 잃어야 했을까?

5년마다 전 세계 프로그래머 수는 두 배로 늘고 있다. 이 프로그래머들은 그들의 기예craft에 관해서는 가르침을 거의 받지 않는다. 그저 도구를 몇 번 본 다음 몇 가지 장난감 프로젝트를 개발해 보는 게 전부다. 그러고는 기하급수적으로 증가하는 더욱더 많은 소프트웨어에 대한 수요를 맞추기 위해 기하급수적으로 증가하는 노동 인구에 합류한다. 우리가 소프트웨어라고 부르는 모래성이 우리 기반 시설, 우리 기관, 우리 정부, 우리 삶에 나날이 더 깊이 침투하고 있다. 그리고 나날이 대재난의 위험은 커져만 간다.

어떤 대재난이 일어날 수 있을까? 우리 문명이 붕괴하거나 모든 소프트웨어 시스템이 순식간에 증발하지는 않을 것이다. 소프트웨어 시스템 자체가 무너질 위험에 처하지는 않았다. 정말 위험에 처한 것은 소프트웨어 시스템을 떠받치고 있는 공공의 신뢰라는 이름의 연약한 기반이다.

737 맥스 사고, 토요타 급발진 사고, 폭스바겐 캘리포니아 배기가스 조작,

---

4 (옮긴이) 2020년 미국 대통령 선거의 민주당 후보 선출을 위한 아이오와주 예비 선거에서 개표 시스템에 소프트웨어 문제가 발생하여 결과 발표가 사흘 이상 지체됐다. 아이오와주 민주당 의장이 책임을 지고 사임했다.

아이오와 예비 선거 개표 지연 같은 사건이 계속해서 너무 많이 일어난다면, 이렇게 세간의 이목을 끄는 소프트웨어 오류나 부정이 너무 많이 일어난다면 그리고 우리가 규율·윤리·기준을 갖추지 못한다면, 우리는 우리를 불신하는 격분한 대중과 마주하게 될 것이다. 그리고 규제가 생겨날 것이다. 우리 중 그 누구도 바라지 않는 규제 말이다. 규제는 자유롭게 탐색하며 소프트웨어 개발 기예를 확장하는 우리의 능력을 침해하고 우리 기술과 경제의 성장에 심각한 제약을 가할 것이다.

이 책의 목표가 소프트웨어를 무분별하게 끊임없이 너무 많이 도입하지 못하도록 막는 것은 아니다. 소프트웨어 제작 속도를 늦추는 것도 아니다. 그런 목표를 세워 봤자 부질없는 일일 뿐이다. 우리 사회는 소프트웨어를 필요로 하고 어떻게든 만들어 낼 것이다. 수요를 줄이려는 노력으로는 공공의 신뢰가 무너지는 대재난이 다가오는 것을 막을 수 없다.

그보다는 소프트웨어 개발자와 관리자들에게 규율의 필요성을 주지시켜서 그들의 역량을 최대로 발휘하여 강건하고 오류에 안전하며 효과적인 소프트웨어를 만들 수 있도록 하는 데 가장 효과적인 규율, 기준, 윤리를 가르치는 것이 이 책의 목표다. 우리 프로그래머가 일하는 방식을 바꾸고 우리의 규율, 윤리, 기준을 높이는 것이 모래성이 아니라 튼튼하고 무너지지 않을 집을 지을 유일한 방법이다.

이 책의 구성

이 책은 규율, 기준, 윤리라는 세 가지 수준을 다루는 세 부분으로 구성되어 있다.

규율discipline이 가장 낮은 수준이다. 책에서 이 부분은 실용적인 부분으로 기술적인 내용을 세세하게 지시한다. 모든 유형의 프로그래머가 이 부분을 읽고 이해하면 도움이 될 것이다.

기준standard은 중간 수준이다. 이 부분에서는 세상이 우리 직업에 기대하는 바를 훑어본다. 이 부분은 관리자가 읽기에도 적합한데, 전문 프로그래머에게 무엇을 기대해야 하는지 배울 수 있을 것이다.

윤리ethics가 가장 높은 수준이다. 이 부분에서는 프로그래밍이라는 직업의 윤리적인 측면을 설명한다. 이 부분은 선서, 그러니까 일련의 약속 형태를 하고 있다. 여기에 역사적인 논의와 철학적인 논의를 많이 덧붙였다. 이 부분은 프로그래머와 관리자가 모두 다 읽어야 한다.

관리자에게 보내는 당부

이 책에는 여러분에게 유익할 정보가 많이 담겨 있다. 하지만 관리자에게는 필요 없을 기술적인 내용도 꽤 들어 있다. 그러니 각 장의 도입부부터 읽어나가다가 필요 이상으로 기술적이 되는 것 같으면 그만 읽고 다음 장으로 넘어가는 것을 추천한다. 그다음 장에서도 마찬가지로 하면 된다.

'2부 기준'과 '3부 윤리'는 꼭 읽으라. 다섯 가지 규율의 도입 부분도 꼭 읽으라.

감사의 글

우리의 대담한 검토자들인 데이먼 풀, 에릭 크리츨로, 헤더 캔서, 팀 오팅거, 제프 랭어, 스태시아 비스카디에게 감사를 전한다. 내가 발을 헛디딜 때마다 나를 구해 주었다.

줄리 파이퍼, 크리스 잰, 멘카 메타, 캐럴 랄리에게 그리고 피어슨에서 이 책을 잘 만들기 위해 끊임없이 노력한 모든 이에게 감사를 전한다.

창의적이고 재능 있는 삽화가인 제니퍼 콘케에게도 언제나처럼 감사하다. 제니퍼의 그림을 보면 나는 언제나 미소 짓게 된다.

그리고 당연히 내 사랑스러운 배우자와 멋진 가족에게 감사를 전한다.

장인 정신
Craftsmanship

세계 최초로 동력 비행에 성공한 라이트 형제

창공을 나는 꿈은 인류만큼이나 오래된 것이 거의 확실하다. 다이달로스와 이카로스의 비행을 묘사한 고대 그리스 신화는 그 형성 시기가 기원전 1550년경으로 거슬러 올라가는 것으로 추정된다. 그 후로 수천 년 동안 용감한, 하지만 바보 같은 이들이 그 꿈 때문에 엉성한 기계 장치에 자기 몸을 묶고 절벽이나 탑에서 뛰어내려 불행한 결말을 맞이했다.

양상이 바뀌기 시작한 것은 500년 정도 전, 레오나르도 다빈치가 합리적인 발상을 담은 스케치를 남기면서부터다. 비록 진짜로 날지는 못했지만, 공기 저항이 양쪽으로 작용하므로 이를 이용하면 비행이 가능하다는 사실을 처음으로 간파했다. 물체가 공기를 누를 때 생기는 저항이 동일한 크기의 양력(물체를 들어 올리는 힘)을 만들어 내기 때문이다. 이것이 현대의 모든 비행기가 나는 메커니즘이다.

다빈치의 발상은 18세기 중반까지 잊힌 상태였다. 그러다 갑자기 어떻게 하면 날 수 있을지 사람들이 미친 듯이 몰두하여 탐구하기 시작했다. 18세기와 19세기는 항공학aeronautics 연구와 실험이 열정적으로 펼쳐진 시기였다. 사람들은 무동력 비행기 프로토타입을 만들고 실험하고 버리고 또 개선했다. 학문으로서의 항공학도 모습을 갖추기 시작했다. 양력과 항력, 추진력, 중력 같은 힘에 이름을 붙이고 개념을 파악했다. 몇몇 용감한 사람은 직접 비행을 시도하기도 했다.

그리고 추락해 죽는 사람들이 나왔다.

18세기가 끝나갈 무렵부터 19세기 전반에 걸쳐 현대 공기 역학의 아버지인 조지 케일리 경Sir George Cayley은 실험적인 장치와 프로토타입, 실제 크기 모델 등을 만들어 유인 글라이더 비행을 최초로 실현했다.

그리고 여전히 추락해 죽는 사람들이 나왔다.

그 후 증기 기관의 시대가 열렸고 유인 동력 비행의 가능성이 열렸다. 수십 가지 프로토타입이 만들어졌고 실험이 이루어졌다. 과학자들과 이들의 열광적인 지지자들이 모두 비행의 가능성을 탐험하는 시끌벅적한 무리에 합류했다. 1890년 클레망 아데르Clément Ader가 쌍발 증기 동력 엔진을 갖춘 비행기로 50미터를 날았다.

그리고 여전히 추락해 죽는 사람들이 나왔다.

하지만 진정으로 양상을 바꾼 것은 내연 기관이었다. 아마 제어가 가능한 유인 동력 비행은 1901년 구스타브 화이트헤드Gustave Whitehead가 최초로 해냈을 것이다. 하지만 공기보다 무거운 기계로 진짜 지속적이고 제어 가능한 유인 동력 비행을 성공시킨 것은 바로 라이트Wright 형제였다. 1903년 12월 17일 미국 노스캐롤라이나주 킬데블힐에서였다.

그리고 여전히 추락해 죽는 사람들이 나왔다.

하지만 세상은 하룻밤 사이에 바뀌었다. 11년 후인 1914년에는 유럽의 하늘 위에서 복엽기들이 공중전을 벌이고 있었다.

적군의 총탄에 많은 사람이 추락하고 죽기는 했지만, 비슷한 숫자의 사람이 비행 자체를 배우는 과정에서 추락하고 죽었다. 비행의 원리는 모두 이해했을지 몰라도, 비행의 기술은 아직 미지의 영역이었다.

그로부터 20년이 지나 2차 세계 대전이 일어나자 정말로 끔찍한 전투기와 폭격기가 프랑스와 독일에 큰 피해를 입혔다. 이 비행기들은 극도로 높이 날았고 무기로 가득 차 있었다. 그리고 엄청난 파괴력을 갖추었다.

2차 세계 대전 동안 미국은 비행기를 6만 5000대 잃었다. 이 중 전투에서 상실한 것은 2만 3000대밖에 되지 않았다. 전투를 벌이다 비행 도중 전사하는 조종사도 있었지만, 아무도 총을 쏘지 않는 환경에서 비행하다 사망한 조종사가 더 많았다. 인류는 나는 방법을 여전히 몰랐던 것이다.

이어지는 10년 동안 제트기가 나타났고, 음속을 돌파했으며, 상업 항공사와 민간인의 비행기 여행이 폭발적으로 늘었다. 제트기 시대의 시작이었다. 제트족이라고도 부른 부유층은 이 도시에서 저 도시로, 또 이 나라에서 저 나라로 몇 시간 만에 이동할 수 있었다.

끔찍이도 많은 제트기가 공중에서 갈가리 찢어지며 추락했다. 비행기를 만들고 날리는 법에 대해 여전히 이해하지 못한 부분이 많았다.

그리고 1950년대가 됐다. 1950년대 말에는 보잉 707이 전 세계 이곳저곳으로 승객을 실어 나르고 있었다. 20년 후에는 최초의 광폭 동체 점보제트기인 보잉 747이 만들어졌다.

항공학과 비행기 여행은 점차 자리를 잡았고, 비행기는 인류 역사상 가장 안전하고 효과적인 여행 수단이 됐다. 오랜 시간이 걸렸고 많은 생명이 희생됐지만, 안전하게 비행기를 만들고 띄우는 방법을 마침내 배운 것이다.[1]

체슬리 설렌버거Chesley Sullenberger는 1951년 미국 텍사스주 데니슨에서 태어났다. 체슬리 설렌버거는 제트기 시대 사람이었다. 16세에 비행술을 배웠고 결국 공군에서 F4 팬텀을 조종했다. 그리고 1980년에 US 항공US Airways 조종사가 됐다.

2009년 1월 15일, 설렌버거 기장이 조종하는 에어버스 A320은 승객과 승무원 155명을 태우고 뉴욕 라과디아 공항을 이륙했다. 그러나 이륙 직후 새 떼와 충돌하며 제트 엔진 두 개가 모두 고장 났다. 2만 시간이 넘는 비행 경험을 가진 설렌버거 기장은 위기의 순간에도 흔들림 없이 순수한 기량만으로 고장 난 비행기를 허드슨강에 비상 착수着水시켰고, 비행기에 탑승한 155명 전원이 생존했다. 설렌버거 기장은 탁월한 기술을 가졌다. 설렌버거 기장은 장인craftsman이었다.

---

1 기종 자체 결함으로 운항 중단된 보잉 737 맥스가 있기는 하지만 말이다.

빠르고 안정적인 계산과 데이터 관리라는 꿈은 인류만큼이나 오래된 것이 거의 확실하다. 인류는 숫자를 세기 위해 수천 년 전부터 손가락, 나뭇가지, 구슬을 사용해 왔다. 주판의 역사는 4000년이 넘는다. 별과 행성의 움직임을 예측하는 기계 장치는 대략 2000년 전부터 사용됐다. 계산자slide rule는 약 400년 전에 발명됐다.

19세기 초 찰스 배비지Charles Babbage는 크랭크로 움직이는 계산 기계를 만들기 시작했다. 이 계산 기계는 기억 장치와 연산 장치를 갖춘 진짜 디지털 컴퓨터였다. 하지만 그 당시 금속 가공 기술로는 제작이 어려웠기 때문에 프로토타입은 몇 개 만들었지만 상업적인 성공을 거두지는 못했다.

19세기 중반 배비지는 훨씬 더 강력한 기계를 만들려고 시도했다. 이 기계는 증기 동력으로 움직이고 진짜 프로그램을 실행할 수 있을 것이었다. 그는 이 기계에 해석 기관Analytical Engine이라는 이름을 붙였다.

시인 바이런의 딸인 에이다 러브레이스 백작 부인Ada, Countess of Lovelace은 배비지의 강연 기록을 번역하면서, 그 시기 누구도 인식하지 못했던 듯한 사실을 깨달았다. 컴퓨터의 숫자가 꼭 숫자만 표현해야 하는 것은 아니고 실제 세상의 무언가를 표현할 수 있다는 것이다. 이 통찰 덕분에 에이다는 세계 최초의 진정한 프로그래머로 여겨진다.

정교한 금속 가공 기술 문제는 배비지를 계속해서 괴롭혔고 결국 그의 작업은 실패했다. 남은 19세기, 뒤이은 20세기 초까지도 디지털 컴퓨터에는 아무런 진전이 없었다. 하지만 그동안 기계적인 아날로그 컴퓨터는 전성기를 맞았다.

1936년 앨런 튜링Alan Turing은 주어진 디오판토스 방정식[2]에 해가 있음을 증명하는 일반적인 방법이 없다는 것을 밝혀냈다. 튜링은 이 증명을 위해 단순하지만 크기가 무한한 디지털 컴퓨터를 상상했고, 이 컴퓨터로 계산할 수 없

---

2 정수해를 갖는 방정식을 말한다.

는 숫자가 존재함을 증명했다. 이 증명 과정에서 튜링은 유한 상태 기계finite state machine와 기계어, 기호 언어symbolic language, 매크로, 원시적인 형태의 서브루틴 등을 발명했다. 오늘날 우리가 쓰는 표현으로 바꾸면 소프트웨어를 발명한 것이다.

이와 거의 동시에 알론조 처치Alonzo Church는 같은 문제에 대해 완전히 다른 증명을 만들었고, 이 과정에서 오늘날 함수형 프로그래밍의 핵심 개념인 람다 대수lambda calculus를 고안해 냈다.

1941년에 콘라트 추제Konrad Zuse는 최초의 프로그래밍 가능한 전기 기계식 디지털 컴퓨터인 Z3를 만들었다. Z3는 2000개가 넘는 계전기relay로 이루어졌으며 5~10Hz의 클록 속도로 동작했다. Z3는 22비트 워드의 이진 연산을 할 수 있었다.

2차 세계 대전 동안 튜링은 블레츨리 파크Bletchley Park에서 '과학자boffin'들이 독일군의 에니그마Enigma 암호를 해독할 수 있도록 돕는 임무를 맡았다. 에니그마는 문자로 된 메시지의 글자들을 무작위로 섞는 일을 하는 단순한 디지털 컴퓨터였다. 암호화된 메시지는 무선 전신으로 전달됐다. 튜링은 이 암호를 해석하는 열쇠key를 찾는 전기 기계식 디지털 검색 엔진의 제작을 도왔다.

전쟁이 끝난 후 튜링은 세계 최초의 전자 진공관 컴퓨터 중 하나인 자동 계산 기관Automatic Computing Engine, ACE을 만들고 프로그래밍하는 데 공헌했다. 최초의 프로토타입은 진공관 1000개를 사용했고, 초당 100만 비트의 속도로 이진수를 처리했다.

튜링은 ACE용 프로그램을 작성하면서 ACE의 발전 가능성을 연구했다. 그리고 1947년에 열린 강연에서 다음과 같이 선견지명을 담은 주장을 했다.

> 우리는 (문제를) 계산 형태로 표현할 수 있는 능력을 갖춘 수학자가 다수 필요할 것이다.

우리가 하는 작업을 계속 파악할 수 있도록 적절한 규율을 갈고닦는 일이 어려운 과제가 될 것이다.[3]

그리고 세상은 하룻밤 사이에 바뀌었다.

몇 년 후 코어 메모리[4]가 개발됐다. 수십만 비트, 나아가 수백만 비트의 메모리를 수 마이크로초 만에 접근하는 일이 현실이 됐다. 동시에 진공관이 대량 생산되면서 컴퓨터가 더 싸졌고 안정적이 됐다. 제한적인 대량 생산이 현실화하고 있었다. 1960년까지 IBM은 모델 700시리즈를 140대 팔았는데, 이 거대한 진공관 컴퓨터의 가격은 수백만 달러에 달했다.

튜링은 0과 1의 이진 표현으로 컴퓨터를 직접 프로그래밍했지만, 이 방식을 계속 사용할 수는 없다는 걸 누구나 알았다. 1949년에 그레이스 호퍼Grace Hopper가 컴파일러라는 용어를 만들어 냈고, 1952년에는 최초의 컴파일러인 A-0를 만들었다. 1953년 말에는 존 배커스John Backus가 최초의 포트란FORTRAN 명세를 제안했고, 그 뒤를 이어 1958년 알골ALGOL과 리스프LISP가 나왔다.

1947년에 존 바딘, 월터 브래튼, 윌리엄 쇼클리는 최초로 작동하는 트랜지스터를 만들었다. 트랜지스터가 컴퓨터에 적용된 것은 1953년이었는데, 진공관을 대체하며 컴퓨터 산업을 완전히 뒤집어 놓았다. 컴퓨터는 더 작아졌고 빨라졌고 싸졌고 안정성은 대폭 증가했다.

1965년까지 IBM은 모델 1401 컴퓨터를 1만 대나 만들었다. IBM은 이 컴퓨터를 월 2500달러에 임대했는데, 중간 규모 기업들이 지출할 수 있는 범위의 금액이었다. 이 기업들은 프로그래머도 필요했으므로 프로그래머 수요가 증가하기 시작했다.

---

3   A.M. Turing's ACE Report of 1946 and Other Papers — Vol. 10, "In the Charles Babbage Institute Reprint Series for the History of Computing", (B.E. Carpenter, B.W. Doran, eds.), The MIT Press, 1986.

4   (옮긴이) 작은 도넛 모양 자성체인 코어를 전선으로 엮어서 만든 메모리. 코어마다 자기장의 방향을 이용하여 0 또는 1을 저장할 수 있다. 1950년대에 개발되어 널리 쓰이다가 1970년대에 반도체 메모리로 대체됐다.

그렇다면 누가 이 컴퓨터들을 프로그래밍했을까? 대학에서 프로그래밍을 가르치지는 않았다. 1965년에는 누구도 프로그래밍을 배우러 학교에 가지 않았다. 이 프로그래머들은 각 기업에서 차출됐다. 이들은 이미 각자의 기업에서 경력을 쌓은 성인으로, 30대나 40대 또는 50대였다.

1966년이 되자 IBM은 모델 360 컴퓨터를 매월 1000대씩 양산하고 있었다. 하지만 기업들은 더 많은 컴퓨터를 원했다. 이 컴퓨터의 메모리는 64kB 이상이었고, 명령어를 초당 수십만 개 실행할 수 있었다.

같은 해에 노르웨이 컴퓨터 센터에서 유니박 1107Univac 1107으로 작업하던 올레-요한 달과 크리스텐 뉘고르가 알골의 확장판인 시뮬라 67Simula 67을 만들었다. 시뮬라 67은 최초의 객체 지향 언어였다.

앨런 튜링의 강연으로부터 아직 20년밖에 지나지 않았다!

2년 후인 1968년 3월에는 에츠허르 데이크스트라가 CACMCommunications of the ACM 저널에 훗날 유명해진 그의 글을 투고했고, 편집자는 이 글에 'GOTO 문의 해로움'[5]이라는 제목을 붙였다. 구조적 프로그래밍structured programming이 태어났다.

미국 뉴저지에 위치한 벨 연구소의 켄 톰프슨Ken Thompson과 데니스 리치Dennis Ritchie는 1972년에 프로젝트들에서 잠시 빠져나온 상태였다. 그들은 PDP-7 컴퓨터를 사용할 수 있는 시간을 다른 프로젝트 팀으로부터 빌려서 유닉스UNIX와 C를 만들었다.[6]

이제 속도가 아찔하게 빨라지기 시작한다. 여기 몇 가지 중요한 시점을 정리해 보겠다. 각 시기마다 세상에 컴퓨터가 몇 대나 있었을지 생각해 보라. 그리고 프로그래머는 몇 명이나 있었을지, 그 프로그래머들은 모두 어디서 왔을지도 생각해 보자.

---

5 Edsger W. Dijkstra, 'Go To Statement Considered Harmful,' *Communications of the ACM* 11, no. 3(1968)

6 (옮긴이) 이 시기 이야기는 이들과 함께 일했던 브라이언 커니핸(Brian Kernighan)이 쓴 《유닉스의 탄생》(한빛미디어, 2020)에서 잘 설명하고 있다.

1970	DEC가 1965년 이래 PDP-8 컴퓨터 5만 대 판매를 달성하다.
1970	윈스턴 로이스가 '폭포수waterfall' 논문으로 알려진 〈Managing the Development of Large Software Systems〉 논문을 쓰다.
1971	인텔이 4004 단일 칩 마이크로컴퓨터를 발표하다.
1974	인텔이 8080 단일 칩 마이크로컴퓨터를 발표하다.
1977	애플이 애플 II를 발표하다.
1979	모토로라가 16비트 단일 칩 마이크로컴퓨터인 68000을 발표하다.
1980	비야네 스트롭스트룹이 C를 시뮬라처럼 보이게 해 주는 전처리기인 '클래스가 있는 CC with Classes'를 개발하다.
1980	앨런 케이가 스몰토크를 개발하다.
1981	IBM이 IBM PC를 발표하다.
1983	스트롭스트룹이 '클래스가 있는 C'의 이름을 C++로 바꾸다.
1984	애플이 최초의 매킨토시인 매킨토시 128K를 발표하다.
1985	미 국방부가 폭포수를 공식 소프트웨어 프로세스로 도입하다(DOD-STD-2167A).
1986	스트롭스트룹이 《The C++ Programming Language》를 출판하다.
1991	그래디 부치가 《Object-Oriented Design with Applications》를 출판하다.
1991	제임스 고슬링이 자바를 개발하다. 당시에는 오크Oak라고 불렀다.
1991	히도 판로쉼이 파이썬을 발표하다.
1995	에리히 감마, 리처드 헬름, 존 블리시디스, 랠프 존슨이 《GoF의 디자인 패턴》을 쓰다.
1995	마츠모토 유키히로가 루비를 발표하다.
1995	브렌던 아이크가 자바스크립트를 만들다.
1996	선 마이크로시스템즈가 자바를 발표하다.
1999	마이크로소프트가 C#·닷넷.NET을 개발하다. 당시에는 쿨Cool이라고 불렀다.
2000	Y2K! 밀레니엄 버그
2001	애자일 선언이 발표되다.

1970년과 2000년 사이에 컴퓨터 클록 속도는 자릿수가 세 자리나 늘었다. 트랜지스터 밀도는 네 자리가 늘었다. 디스크 공간과 램 용량도 여섯 자리 아니면 일곱 자리가 늘었고, 비용은 비트당 몇 달러에서 기가비트당 몇 달러로 떨어졌다. 하드웨어의 변화를 그림으로 표현하기는 힘들겠지만 앞서 언급한 것만 다 따져도 하드웨어 용량이 대략 자릿수로 30자리는 늘었다.

이 모든 일이 앨런 튜링의 강연으로부터 50년이 조금 넘는 기간 동안 일어났다.

지금은 프로그래머 수가 얼마나 될까? 그동안 쓴 코드는 몇 줄이나 될까? 이 코드는 얼마나 좋을까?

이 연대표를 항공학 연대표와 비교해 보자. 비슷한 점을 찾을 수 있는가? 이론의 단계적인 발전, 마니아들의 성급한 도전과 실패, 역량의 단계적인 발전이 보이는가? 우리가 무엇을 하는지도 몰랐던 수십 년의 기간이 보이는가?

그리고 이제는 우리 사회가 존속 자체를 우리 기술에 의존하고 있다. 과연 우리에게는 사회에 필요한 설렌버거 기장 같은 사람이 있을까? 오늘날의 항공기 조종사들만큼이나 자기 기술을 깊이 이해하는 프로그래머를 양성해 왔는가? 분명히 장인이 필요한데 우리에게는 장인이 있는가?

장인이 된다는 것은 무언가를 잘하는 방법을 안다는 것이다. 이를 위해서는 좋은 교육과 많은 경험이 필요한데, 소프트웨어 산업은 최근까지도 둘 다 매우 부족한 상태였다. 프로그래머들은 오랫동안 프로그래머로 남아 있지 않는 경향이 있었다. 프로그래밍을 관리직으로 가는 징검돌로 여겼기 때문이다. 따라서 프로그래밍 기술을 다른 사람에게 가르칠 만큼 충분한 경험을 쌓은 프로그래머가 별로 없었다. 설상가상으로 이 분야에 새롭게 진입하는 프로그래머의 수는 대략 5년마다 두 배로 늘었고, 경험이 많은 프로그래머의 비율은 한층 더 낮아졌다.

그 결과 대부분의 프로그래머는 한 번도 자신의 기술을 정의할 수도 있는 규율이나 기준, 윤리를 배워 본 적이 없다. 상대적으로 짧은 프로그래밍 경력 기간 동안 이들은 수련을 받지 않은 초보 단계에 머무르게 된다. 물론 이 말은 이런 경험이 일천한 프로그래머들이 생산하는 코드의 대부분이 기준에 못 미치고, 구조가 엉성하며, 보안이 취약하고, 버그투성이인데다가 대개는 엉망이라는 것이다.

나는 이 책에서 모든 프로그래머가 알고 따라야 한다고 생각하는 기준, 규율, 윤리를 설명할 것이다. 이를 따르면 프로그래밍 능력을 쌓는 데 진정으로 필요한 지식과 기술을 차츰차츰 습득할 수 있을 것이다.

규율
The Disciplines

규율이란 무엇인가? 규율은 일련의 규칙들이다. 이 규칙들은 본질적인 부분과 임의적인 부분, 두 가지로 구성된다. 본질적인 부분은 규율에 권위를 부여한다. 애초에 그 규율이 존재하는 이유에 해당한다. 임의적인 부분은 규율에 형태와 실체를 부여한다. 임의적인 부분 없이는 규율이 존재할 수 없다.

예를 들어 외과의는 수술에 앞서 손을 씻는다. 그 모습을 지켜보면 알 수 있지만, 외과의는 아주 까다로운 방식으로 손을 씻는다. 여러분이나 나처럼 단순히 물을 틀어 놓고 손에 비누칠하는 게 다가 아니다. 외과의는 형식화된 손 씻기 규율을 따른다. 전에 내가 본 절차를 일부 적어 보면 다음과 같다.

- 제대로 된 비누를 사용한다.
- 적절한 솔을 사용한다.
- 손가락별로 다음 동작을 한다.
  - 윗면을 열 번 가로질러서 문지른다.
  - 왼쪽 면을 열 번 가로질러서 문지른다.
  - 아랫면을 열 번 가로질러서 문지른다.
  - 오른쪽 면을 열 번 가로질러서 문지른다.
  - 손톱을 열 번 가로질러서 문지른다.
- 기타 등등

이 규율의 본질적인 부분은 명백하다. 외과의의 손은 매우 깨끗해야만 한다. 그렇다면 임의적인 부분은 무엇일까? 왜 여덟 번이나 열두 번이 아니라 열 번일까? 왜 각 손가락을 다섯 부분으로 나누었을까? 세 부분이나 일곱 부분으로 나누면 안 될까?

이런 것들이 모두 임의적인 부분이다. 이 정도면 충분하다는 점 외에 이런 숫자를 사용하는 진짜 이유는 없다.

이 책에서 우리는 소프트웨어 장인 정신의 다섯 가지 규율을 탐구한다. 어떤 규율은 생긴 지 50년이 넘었고, 어떤 규율은 이제 20년가량 됐다. 하지만 모두 수십 년에 걸쳐 유용함을 증명해 왔다. 이런 규율이 없다면 '기예로서의 소프트웨어software-as-a-craft'라는 개념은 사실상 엄두도 낼 수 없을 것이다.

이 규율들에도 각각 본질적인 부분과 임의적인 부분이 있다. 읽어 나가다 보면 거부감이 드는 규율이 하나쯤은, 어쩌면 더 많이 있을지도 모른다. 그럴 때는 그런 거부감이 규율의 본질적인 요소 때문인지, 아니면 임의적인 요소 때문인지 판단해 보라. 임의적인 요소 때문에 잘못된 판단을 하지 않도록 주의하라. 본질적인 요소에 집중하라. 각 규율의 본질적인 요소를 내면화하고 나면, 임의적인 형태는 그리 중요하지 않게 될 것이다.

예를 들어 보자. 1861년에 이그나즈 제멜바이스Ignaz Semmelweis는 의사들의 손 씻기 규율 실천에 대한 연구 결과를 발표했다. 발표 내용은 충격적이었다. 그의 연구에 따르면 의사들이 산모를 검사하기 전 염소 표백제로 손을 꼼꼼히 씻은 경우, 나중에 산모가 패혈증에 걸려 사망하는 비율이 10%에서 사실상 0으로 떨어졌다.

하지만 그 당시 의사들은 제멜바이스가 제안한 규율을 검토할 때 본질적인 부분과 임의적인 부분을 나누어 생각하지 않았다. 염소 표백제는 임의적인 부분이고, 손 씻기가 본질적인 부분이었다. 하지만 의사들은 표백제로 손을 씻는 일이 번거롭다며 기피했고, 손 씻기라는 본질적인 속성에서 나온 증거를 거부했다.

의사들이 실제로 손을 씻기까지는 수십 년이 더 걸렸다.

익스트림 프로그래밍

1970년에 윈스턴 로이스가 발표한 논문은 폭포수 개발 프로세스를 주류로 만들었다. 이 실수를 바로잡는 데 거의 30년이 걸렸다.

1995년쯤 소프트웨어 전문가들이 조금 다른, 좀 더 점진적인 접근 방식을 고려하기 시작했다. 스크럼이나 기능 주도 개발feature-driven development, FDD, 동적 시스템 개발 방법dynamic systems development method, DSDM, 크리스털 방법론 Crystal methodology 등의 개발 프로세스가 제안됐다. 하지만 산업 전반의 변화는 거의 없었다.

그러던 중 1999년에 켄트 벡Kent Beck이 《익스트림 프로그래밍Extreme Programming Explained》이라는 책을 출간했다. 익스트림 프로그래밍은 앞선 프로세스들에서 나온 발상에 기반했지만 새로운 발상을 더 추가했다. 바로 엔지니어 실천 방법engineering practice이었다.

익스트림 프로그래밍을 향한 열광적인 반응은 1999년과 2001년 사이 폭발적으로 번져 나갔다. 애자일 혁명을 낳고 주도한 것이 바로 이 열광적인 반응이었다. 오늘날까지도 익스트림 프로그래밍은 가장 잘 정의되고 가장 완전한 애자일 방법론이다. 익스트림 프로그래밍의 핵심인 엔지니어 실천 방법이 규율을 다루는 이 책 1부의 초점이다.

삶의 순환

그림 1.1은 론 제프리즈가 그린 '삶의 순환Circle of Life'이라는 그림으로 익스트림 프로그래밍의 실천 방법을 보여 준다. 이 책에서 다루는 규율은 가운데에 위치한 네 가지 그리고 맨 왼쪽의 것이다.

한가운데 네 가지는 익스트림 프로그래밍의 엔지니어 실천 방법으로 테스트 주도 개발test-driven development, TDD, 리팩터링, 단순한 설계, 짝 프로그래밍 (우리는 공동 프로그래밍이라고 부를 것이다)이다. 맨 왼쪽에 있는 실천 방법인 인수 테스트는 익스트림 프로그래밍의 비즈니스 실천 방법 중에서 가장 기술적이고 엔지니어링에 초점을 둔 실천 방법이다.

이 다섯 가지 실천 방법이 소프트웨어 장인 정신의 기본 규율에 속한다.

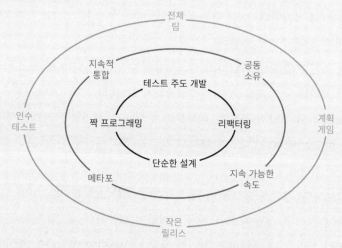

그림 1.1 삶의 순환: 익스트림 프로그래밍 실천 방법

테스트 주도 개발

테스트 주도 개발은 핵심 규율이다. 테스트 주도 개발이 없다면 다른 규율은 지키기 어렵거나 지켜 봐야 의미가 없다. 그렇기 때문에 2~4장에서는 이 책 분량의 거의 반을 할애하여 테스트 주도 개발을 설명한다. 대단히 기술적인 내용이다. 이런 구성이 약간 불균형해 보일지도 모르겠다. 사실 나도 비슷한 느낌이라서 어떻게 할지 고심했다. 하지만 이런 불균형한 구성은 우리 산업의 불균형으로 인한 결과라는 것이 내 결론이다. 테스트 주도 개발 규율을 잘 아는 프로그래머가 너무 적다.

테스트 주도 개발은 프로그래머가 일하는 방식을 초 단위로 통제하는 규율이다. 미리 해치울 수 있는 규율도, 나중으로 미룰 수 있는 규율도 아니다. 일하는 과정에서 직접 맞닥뜨려야 하는 규율이다. 테스트 주도 개발을 부분적으로만 적용할 수 있는 방법은 없다. 완전히 따르거나, 아예 따르지 않거나다.

테스트 주도 개발 규율의 핵심은 매우 간단하다. 작은 순환 주기를 따르고 테스트를 우선한다. 모든 일에서 테스트가 우선이다. 테스트를 먼저 쓰고 테스트를 먼저 정리한다. 모든 활동에서 테스트가 먼저다. 그리고 모든 활동을 가장 작은 순환 주기로 쪼갠다.

순환 주기는 몇 분이 아니라 몇 초 단위다. 몇 줄이 아니라 몇 글자 단위다. 피드백 고리는 말 그대로 거의 시작되자마자 끝난다.

테스트 주도 개발의 목표는 여러분이 전적으로 신뢰하는 테스트 묶음test suite을 만드는 것이다. 코드가 테스트 묶음을 통과한다면 마음 편히 배포de-ploy할 수 있어야 한다.

테스트 주도 개발은 모든 규율 중에서 가장 힘들고 복잡하다. 가장 힘든 이유는 테스트 주도 개발이 모든 것을 제어하기 때문이다. 테스트 주도 개발은 여러분이 가장 먼저 생각하는 것이자 가장 마지막까지 생각하는 것이다. 테스트 주도 개발은 여러분이 하는 모든 일을 두텁게 뒤덮고 있는 제약 조건이다. 환경 압박이나 부담에 관계없이 리듬을 유지해 주는 조절기다.

테스트 주도 개발이 복잡한 이유는 코드가 복잡해서다. 코드의 형태나 유형마다 각각 그에 해당하는 형태나 유형의 테스트 주도 개발이 있다. 테스트를 코드에 적합하게, 하지만 얽히지는 않게 설계해야 한다. 거의 모든 경우를 다루면서도 몇 초 이내에 실행되어야 한다. 그래서 테스트 주도 개발은 복잡하다. 테스트 주도 개발은 익히기 어렵지만 헤아릴 수 없는 가치가 있는 정교하고 복잡한 기술이다.

리팩터링

리팩터링은 우리가 깨끗한clean 코드를 쓰도록 하는 규율이다. 테스트 주도 개발이 없다면 리팩터링은 어렵거나 아예 불가능할 수도 있다.[1] 따라서 테스

---

1 테스트 주도 개발만큼 리팩터링을 잘 뒷받침하는 다른 규율이 있을 수도 있다. 켄트 벡의 test && commit || revert도 그 후보다. 하지만 이 글을 쓰는 시점에는 아직 널리 쓰이지 않고 있고 학문적 호기심의 수준에 머물러 있다.
   (옮긴이) test && commit || revert는 코드를 변경한 후 테스트를 통과하면 커밋하고, 실패하면 무조건 마지막 커밋 상태로 되돌려서 코드를 다시 작성하는 개발 방법이다.

트 주도 개발이 없다면 깨끗한 코드를 쓰는 것도 마찬가지로 어렵거나 불가능하다.

리팩터링은 '동작을 바꾸지 않으면서' 형편없는 구조를 가진 코드를 더 나은 구조의 코드로 고치는 규율이다. 동작을 바꾸지 않는다는 점이 중요하다. 동작을 바꾸지 않는다는 게 보장되면 구조를 개선해도 '안전'하다고 보장할 수 있다.

우리가 코드를 정리하지 않는 이유, 그 결과 소프트웨어 시스템이 시간이 지남에 따라 썩는 이유는 코드를 정리하다가 동작을 깨트릴까 봐 두려워하기 때문이다. 하지만 안전함을 확신하면서 코드를 정리할 방법이 있다면 우리는 코드를 정리할 것이다. 우리 시스템도 썩지 않을 것이다.

개선 사항이 동작에 영향을 주지 않는다고 어떻게 보장할 수 있을까? 우리에게는 테스트 주도 개발로 만든 테스트가 있다.

리팩터링 역시 복잡한 규율이다. 형편없는 구조를 만드는 방법이 많다 보니 깨끗한 코드로 바꾸는 전략도 많은 탓이다. 게다가 이런 전략이 테스트 주도 개발의 테스트 우선 순환 주기와 동시에 매끄럽게 맞물려서 수행되어야 한다. 사실 테스트 주도 개발과 리팩터링은 깊숙이 얽혀 있어서 거의 분리할 수가 없다. 테스트 주도 개발 없이는 리팩터링이 거의 불가능하고, 리팩터링을 실천하지 않으면 테스트 주도 개발 실천이 사실상 불가능하다.

단순한 설계

지구상의 생명체는 여러 층위에서 설명할 수 있다. 맨 위에 생물들의 체계를 연구하는 생태학ecology이 있고, 그 밑에는 생물체의 내부 기능을 다루는 생리학physiology이 있다. 아마 그다음 층위에는 세포나 핵산, 단백질이나 다른 고분자 체계를 연구하는 세포 생물학이나 분자 생물학이 위치할 것이다. 이는 결국 화학으로 설명해야 하고, 화학은 더 나아가 양자 역학으로 설명해야 한다.

이 체계를 프로그래밍에 비유해 보자. 테스트 주도 개발이 프로그래밍의 양자 역학이라면 리팩터링은 화학, 단순한 설계는 분자 생물학이다. 나아가 SOLID 원칙[2], 객체 지향 설계, 함수형 프로그래밍은 생리학이고, 아키텍처가 프로그래밍의 생태학이다.

단순한 설계는 리팩터링이 없다면 거의 불가능하다. 사실 단순한 설계는 리팩터링의 최종 목표다. 그리고 리팩터링은 단순한 설계를 달성할 수 있는 유일하게 현실적인 방법이다. 단순한 설계의 목표는 프로그램이나 시스템, 애플리케이션의 더 큰 구조에 잘 들어맞도록 단순하고 아주 작은 단위로 설계하는 것이다.

단순한 설계는 복잡한 규율이 아니다. 매우 단순한 네 가지 규칙으로 이루어진다. 하지만 단순한 설계는 테스트 주도 개발이나 리팩터링과는 다르게 정의가 느슨한 규율이다. 판단과 경험에 의존한다. 단순한 설계를 잘할 수 있다면 규칙만 아는 견습생에서 원칙을 이해한 숙련공으로 한 단계 올라섰다는 첫 신호가 될 것이다. 마이클 페더스Michael Feathers가 이야기한 설계 감각 design sense의 시작이다.

공동 프로그래밍

공동 프로그래밍은 소프트웨어 팀에서 함께 일하는 규율이자 기술이다. 공동 프로그래밍에는 짝 프로그래밍, 몹mob 프로그래밍, 코드 리뷰, 브레인스토밍 같은 하부 규율이 포함된다. 공동 프로그래밍에는 프로그래머인지 여부에 상관없이 모든 팀원이 참여한다. 이는 우리가 지식을 공유하고, 일관성을 보장하고, 팀을 한 몸으로 작동하도록 묶는 주요 수단이다.

다른 규율에 비해 공동 프로그래밍은 제일 기술적이지도 않고 지시 사항도

---

2 (옮긴이) 로버트 마틴이 제시한 객체 지향 설계의 다섯 가지 기본 원칙이다. 저자의 책인 《클린 아키텍처》(인사이트, 2019)를 참고하라.

제일 적다. 그럼에도 불구하고 어쩌면 다섯 가지 규율 중 가장 중요할 수도 있다. 효과적인 팀을 꾸리는 일은 흔히 경험할 수 없고 소중한 일이기 때문이다.

인수 테스트

인수 테스트는 소프트웨어 개발 팀을 사업과 묶어 주는 규율이다. 시스템이 동작해야 하는 방식을 사업 목표로 명시한다. 이런 동작 방식은 테스트로 코딩하여 표현한다. 테스트가 통과하면 시스템이 명시한 대로 동작하는 것이다.

인수 테스트는 사업 부서를 대표하는 사람이 읽고 쓸 수 있어야 한다. 사업 부서는 인수 테스트를 쓰고 읽고 통과하는 것을 확인함으로써 소프트웨어가 무엇을 하는지 그리고 사업 부서에 필요한 일을 하는지 알 수 있다.

테스트 주도 개발
Test-Driven Development

찰스 디킨스의 중편 소설 《크리스마스 캐럴》의
주인공 에비니저 스크루지와 스크루지의 직원 밥 크라칫

2~4장에서는 테스트 주도 개발을 이야기한다. 먼저 테스트 주도 개발의 기본을 매우 기술적으로 자세하게 살펴본다. 이번 장에서는 테스트 주도 개발을 한 발짝씩 차근차근 배울 것이다. 많은 양의 코드가 들어 있다.

'3장 고급 테스트 주도 개발'과 '4장 테스트 설계'에서는 테스트 주도 개발 초보가 마주치는 함정과 난제를 살펴본다. 예를 들어 데이터베이스나 그래픽 사용자 인터페이스 같은 문제가 있다. 좋은 테스트 설계를 이끄는 설계 원칙과 테스트의 디자인 패턴도 알아본다. 마지막으로 흥미롭고 심오한 이론적 발상의 타당성을 탐구한다.

개요

'0'. 중요한 숫자다. 균형balance의 숫자다. 양팔 저울의 두 쪽이 균형을 이루면 눈금은 0을 가리킨다. 같은 수의 전자와 양성자를 가진 원자는 중성이 되어 0의 전하를 갖는다. 교량에 가해지는 힘을 모두 합하면 상쇄되어 0이 된다. 0은 균형의 숫자다.

여러분의 은행 계좌에 남아 있는 잔고도 영어로 balance라고 한다. 왜 '균형'과 같은 단어를 쓸까? 계좌에 있는 잔액은 이 계좌로 입금하거나 이 계좌에서 출금한 모든 거래 기록의 합이기 때문이다. 그런데 이체 거래는 계좌 사이에 돈을 옮기는 것이므로 언제나 양쪽이 있다.

양쪽 중에서 거래의 이쪽은 여러분 계좌에 영향을 주고, 저쪽은 다른 계좌에 영향을 준다. 이체 거래의 이쪽에서 여러분 계좌에 입금하면, 언제나 저쪽에서는 다른 계좌에서 해당 금액만큼 출금된다. 여러분이 체크 카드를 사용할 때마다 거래의 이쪽에서는 여러분 계좌에서 돈이 출금되고, 저쪽에서는 다른 계좌에 같은 금액이 입금된다. 따라서 여러분 계좌의 잔액은 거래 기록의 이쪽을 모두 더한 값이다. 거래 기록의 저쪽을 모두 합하면 여러분의 잔액과 금액은 동일하지만 부호가 반대여야 한다. 즉, 거래 기록의 이쪽과 저쪽을 모두 합하면 0이어야 한다.

2000년 전, 흔히 대★플리니우스로 불리는 가이우스 플리니우스 세쿤두스가 이 회계 법칙을 깨닫고, 복식 부기 규율을 발명했다. 이 규율은 수 세기 동안 카이로 은행가와 베니스 상인의 손을 거치며 더 개량됐다. 이후 1494년 프란치스코회 수사이자 레오나르도 다빈치의 친구였던 루카 파촐리가 이 규율을 최초로 명확하게 기술했다. 이 내용은 때마침 발명된 인쇄기를 통해 책의 형태로 출간됐고, 복식 부기 기법은 널리 퍼졌다.

1772년 산업 혁명이 점점 동력을 얻던 시기에 조사이아 웨지우드Josiah Wedgwood는 너무 성공한 탓에 힘겨워하고 있었다. 웨지우드는 도자기 공장을 창업했는데, 제품의 인기가 치솟은 탓에 수요를 맞추느라 그만 거의 파산할 뻔했다. 웨지우드는 복식 부기를 도입했다. 그 덕분에 자신의 사업에서 돈이 어떻게 들어오고 나가는지 이전에는 놓치던 부분까지 자세하게 볼 수 있었다. 그리고 자금 흐름을 조율하여 임박했던 파산을 피했고 오늘날까지 이어지는 사업[1]을 일구어 냈다.

웨지우드만이 아니었다. 산업화는 유럽과 아메리카 경제의 급격한 성장을 이끌었고, 성장의 결실인 자금 흐름을 빠짐없이 관리하기 위해 점점 더 많은 기업이 복식 부기를 도입했다.

1795년에 요한 볼프강 폰 괴테가 쓴 소설 《빌헬름 마이스터의 수업시대》의 일부를 살펴보자. 주의 깊게 읽어 보라. 인용된 내용은 곧 다시 살펴보겠다.

> "집어치워! 불 속에 처넣어!" 베르너가 울부짖었다. "그 이야기는 전혀 칭찬할 것이 못 돼. 그 구상은 이미 내 속을 충분히 썩였고, 당신이 당신 아버지의 노여움을 사게 했지. 시로서는 전체적으로 아름다울 수도 있겠지

---

1 (옮긴이) 영국의 대표적인 도자기 브랜드인 웨지우드를 가리킨다.

만, 그 내용은 완전히 틀렸어. 나는 아직도 자네가 '상업'을 의인화한 그 쭈글쭈글하고 볼품없는 여인네를 기억하네. 아마 어떤 불쌍한 행상의 가게에서 그 이미지를 가져왔겠지. 당신은 그때 장사라는 것을 전혀 몰랐어. 나는 진정한 상인의 정신보다 더 웅대한 사람의 정신이 있을 거라고는, 또는 필요할 거라고는 생각할 수 없네. 진정한 상인이 사업 전체를 아우르는 질서를 보면 정말 대단하지! 그 덕분에 세세한 것에 파묻혀 헤맬 필요 없이 언제나 전체를 조감할 수 있다네. 복식 부기 체계가 주는 이득이 얼마나 큰지! 복식 부기는 인간의 정신이 만들어 낸 가장 아름다운 발명 중 하나야. 훌륭한 살림꾼이라면 누구나 복식 부기를 사용해서 살림살이를 꾸려야 해.

오늘날 지구상 거의 모든 나라에서 복식 부기는 법적 효력을 지니고 있다. 복식 부기가 회계사라는 직업의 꽤 많은 부분을 정의한다.

괴테의 글로 돌아가자. 괴테가 사용한 표현에 주목하자. 괴테는 이와 같은 방식을 매우 싫어했다.

그 쭈글쭈글하고 볼품없는 여인네를 기억하네. 아마 어떤 불쌍한 행상의 가게에서 그 이미지를 가져왔겠지.

이런 설명이 어울릴 만한 코드를 본 적이 있는가? 당연히 있을 것이다. 나도 그렇다. 사실 여러분이 나와 비슷하다면 아마 너무너무 많이 보았을 것이다. 그리고 너무너무 많이 '쓰기도' 했을 것이다.

자, 괴테의 글을 마지막으로 더 보자.

진정한 상인이 사업 전체를 아우르는 질서를 보면 정말 대단하지! 그 덕분에 세세한 것에 파묻혀 헤맬 필요 없이 언제나 전체를 조감할 수 있다네.

복식 부기의 단순한 규율 덕분에 이런 강력한 혜택을 누릴 수 있다는 괴테의 설명은 정말 의미심장하다.

소프트웨어

오늘날 사업을 운영하면서 회계 장부를 올바로 관리하는 일은 절대 빠트려선 안 된다. 그리고 회계 장부를 올바로 관리하려면 복식 부기 규율은 필수다. 그런데 사업을 운영하면서 소프트웨어를 올바로 관리하는 일은 그 중요함이 덜할까? 절대 그렇지 않다! 21세기에 모든 사업의 중심에는 소프트웨어가 있다.

복식 부기는 회계사나 관리자에게 통찰과 제어권을 준다. 그렇다면 소프트웨어 개발자에게 소프트웨어에 대한 통찰과 제어권을 주는 규율은 무엇이 있을까? 어쩌면 소프트웨어와 회계는 개념이 너무 달라서 이런 식의 비유가 불필요하거나 심지어 불가능하다고 생각할지도 모르겠다. 하지만 내 생각은 다르다.

회계가 마법사의 기술 같은 것이라고 생각해 보라. 회계의 의식과 신비에 익숙하지 않은 우리는 회계사라는 직업의 깊이에 대해 거의 이해하지 못한다. 이 직업은 무엇을 생산해 낼까? 복잡한 데다 비전문가는 갈피를 잡기 힘든 형식으로 구성된 일련의 문서들이다. 이 문서에는 오직 회계사만이 진정으로 이해할 수 있는 여러 기호가 흩뿌려져 있다. 하지만 이런 기호 중 단 하나라도 틀리면 끔찍한 일이 벌어질 수 있다. 사업은 풍비박산이 나고 경영진은 쇠고랑을 찰 수 있다.

이제 회계가 소프트웨어 개발과 얼마나 비슷한지 생각해 보자. 소프트웨어야말로 마법사의 기술이다. 소프트웨어 개발의 의식과 신비에 익숙하지 않은 이들은 물밑에서 실제로 어떤 일이 벌어지는지 모른다. 소프트웨어 개발은 무엇을 생산할까? 회계와 마찬가지로 일련의 문서들인데, 바로 소스 코드다. 소스 코드는 복잡하고 갈피를 잡기 힘든 형식으로 구성되어 있고, 오직 이를 작성하는 프로그래머들만이 알아볼 수 있는 기호들이 흩뿌려져 있다. 그리고 이런 기호 중 단 하나라도 틀리면 끔찍한 일이 벌어질 수 있다.

이 두 직업은 무척 비슷하다. 둘 다 복잡한 세부 사항까지 집중해서 꼼꼼히 관리하는 데 신경을 써야 한다. 둘 다 잘하려면 상당한 훈련과 경험이 필요하다. 그리고 둘 다 복잡한 문서를 생산하는 일인데, 정확도가 생명이어서 문서의 기호 하나라도 틀리면 안 되는 수준이다.

회계사나 프로그래머는 인정하지 않을 수도 있겠지만 둘은 같은 부류에 속한다. 그렇다면 둘 중 어린 쪽은 연배가 더 높은 직업의 규율을 잘 관찰해야한다.

앞으로 나올 내용에서 보겠지만 테스트 주도 개발이 바로 복식 부기다. 같은 목적으로 실행하고 같은 결과를 가져다주는 동일한 규율이다. 모든 것을 두 번씩 쓰고, 계속 테스트를 통과하게 함으로써 두 번 쓴 장부의 금액을 맞춘다.

테스트 주도 개발의 세 가지 법칙

세 가지 법칙을 알아보기에 앞서 먼저 다룰 내용이 있다. 테스트 주도 개발은 본질적으로 다음과 같은 일을 하기 위한 규율이다.

1. 테스트 묶음을 만든다. 리팩터링을 가능하게 하는 테스트 묶음이어야 한다. 또한 통과 여부가 배포 여부를 결정할 정도로 테스트 묶음을 믿을 수 있어야 한다. 즉, 테스트 묶음을 모두 통과하면 시스템을 배포할 수 있다.
2. 테스트와 리팩터링이 가능할 정도로 결합도가 낮은 제품 코드production code를 만든다.
3. 주기cycle가 극단적으로 짧은 피드백 고리를 만들어서 프로그램 작성 작업

의 리듬과 생산성을 안정적으로 유지한다.

4. 서로 충분히 분리된 테스트와 제품 코드를 만든다. 그래야 두 군데 모두에서 변경을 반복하는 거추장스러운 일 없이 둘 다 편하게 관리할 수 있다.

테스트 주도 개발 규율은 완전히 임의적인 세 가지 법칙으로 표현된다. 세 가지 법칙이 임의적이라는 점은 매우 다른 방법으로도 테스트 주도 개발의 본질을 구현할 수 있다는 것으로 증명할 수 있다. 특히 켄트 벡의 test && commit || revert(TCR) 규율을 생각해 보면 TCR은 테스트 주도 개발과 완전히 다르지만 정확히 동일한 본질적인 목표를 달성하는 방법이다.

이 세 가지 법칙은 테스트 주도 개발의 기본 토대다. 세 가지 법칙은 따르기 매우 어렵다. 특히 처음에는 더 어렵다. 법칙을 실천하려면 체득하기 까다로운 기술과 지식도 필요하다. 이런 기술과 지식 없이 세 가지 법칙을 실천하려고 시도한다면, 아마 여러분 중 십중팔구는 좌절한 나머지 테스트 주도 개발 규율 준수를 포기할 것이다. 이런 기술과 지식은 뒤이어 나올 장에서 설명하겠다. 일단은 제대로 준비하지 않으면 세 가지 법칙 실천이 매우 어렵다는 것만 유념하라.

첫 번째 법칙

실패하는 테스트 없이는 제품 코드를 쓰지 말라. 테스트 코드를 먼저 작성하라. 그러면 이 테스트는 제품 코드가 없어서 실패할 것이다.

여러분이 어느 정도 경험이 있는 프로그래머라면 이 법칙이 바보 같아 보일 수 있다. 테스트할 코드도 없는데 어떤 테스트를 써야 하는 건지 궁금할 수도 있겠다. 이런 궁금증은 코드를 쓴 후에 테스트를 쓴다는 일반적인 인식에서 생긴다. 하지만 잘 생각해 보면 제품 코드를 쓸 수 있다면 그 제품 코드를 테스트하는 코드도 쓸 수 있다는 것을 깨달을 수 있다. 순서가 뒤바뀐 듯 보이겠지만 테스트를 먼저 쓰는 데 필요한 정보는 이미 다 가지고 있다.

두 번째 법칙

테스트 또는 컴파일이 실패하는 데 필요한 만큼만 테스트 코드를 쓰라. 그 다음에는 제품 코드를 작성하여 테스트를 통과시키라.

이번에도 경력이 있는 프로그래머라면 테스트를 한 줄만 써도 바로 테스트가 실패한다는 것을 아마 알아차렸으리라. 그 한 줄이 아직 존재하지 않는 제품 코드를 사용해야 하기 때문이다. 따라서 이는 테스트 실패를 고치는 제품 코드를 작성해야 그다음 테스트 코드를 쓸 수 있다는 뜻이다.

세 번째 법칙

실패한 테스트를 고치는 데 필요한 만큼만 제품 코드를 작성하라. 테스트가 통과하면 테스트를 더 추가하라.

이렇게 한 주기가 끝난다. 이 세 가지 법칙을 지키느라 겨우 몇 초 정도 되는 주기에 갇힌 자신의 모습이 그려질 것이다. 대략 다음과 같다.

- 테스트 코드를 한 줄 쓴다. 당연히 컴파일되지 않는다.
- 제품 코드를 한 줄 써서 테스트가 컴파일되게 만든다.
- 테스트 코드를 한 줄 더 쓰면 다시 컴파일이 안 된다.
- 제품 코드를 한두 줄 더 써서 테스트가 컴파일되게 만든다.
- 테스트 코드를 한두 줄 더 쓴다. 컴파일은 되지만 단정문assertion에서 실패한다.
- 제품 코드를 한두 줄 더 써서 테스트가 단정문까지 통과하게 한다.

이제부터 이것이 여러분의 삶이다.

또 다시 경험이 많은 프로그래머는 얼토당토않다고 여길지 모르겠다. 세 가지 법칙은 여러분을 겨우 몇 초 단위의 주기 속에 가둔다.

매 주기마다 여러분은 테스트 코드와 제품 코드를 오간다. if 문이나 while 반복문을 단번에 써 내려가는 일은 없다. 함수 하나를 단숨에 쓸 수도 없다. 여러분은 테스트 코드와 제품 코드 사이의 문맥을 전환하는 이 아주 작은 고리에 영원히 갇힌다.

이렇게 작업하면 지루하거나 싫증 나고 느릴 것 같다고 생각할지도 모르겠다. 일의 진행이 지체되거나 사고의 흐름이 뚝뚝 끊긴다고 생각할지도 모르겠다. 심지어 그저 우스꽝스럽다고 생각할 수도 있다. 이 방식을 따르면 스파게티 코드를 만들거나 설계가 거의 또는 아예 없는 코드를 만들게 된다고 생각할 수도 있다. 닥치는 대로 추가한 테스트와 그 테스트를 통과하게 만드는 코드일 뿐이라고 말이다.

그런 생각은 잠시 접어 두고 다음 내용을 고찰해 보라.

녹스는 디버깅 감각

한번 상상해 보라. 중요한 시스템의 배포를 목표로 함께 일하는 개발 팀이 사무실을 가득 채우고 있다. 단, 이 팀의 개발자는 모두 테스트 주도 개발의 세 가지 법칙을 따른다. 누구든 한 명을 아무 때나 골라 보라. 그 프로그래머가 작업 중인 모든 코드는 테스트를 실행해서 통과시킨 지 대략 1분도 지나지 않았을 것이다. 그리고 이 사실은 누구를 고르든 어느 시점을 고르든 언제나 성립한다. 모든 것이 대략 1분 전에는 작동하고 있었다.

모든 것이 1분 전쯤에 작동했었다면 여러분의 삶은 어떨까? 얼마나 디버깅을 많이 하게 될까? 사실 1분 전쯤에 모든 것이 작동했었다면 디버깅할 거리가 별로 없을 가능성이 높다.

디버거에 능숙한가? 손가락이 알아서 디버거를 다루는가? 모든 단축키를 숙지하고 자유자재로 사용하는가? 효율적으로 중단점breakpoint과 워치포인트watchpoint[2]를 걸고, 험난한 디버깅 작업 속으로 앞뒤 보지 않고 뛰어드는 것이 제2의 천성인가?

디버깅은 선망할 만한 기술이 아니다!

디버거에 능숙해지려 하지 말라. 디버거에 능숙해지는 방법은 디버깅을 하며 많은 시간을 보내는 것밖에는 없다. 그리고 나는 디버깅에 많은 시간을 쓰고 싶지 않고, 여러분도 마찬가지여야 한다. 나는 여러분이 작동하는 코드를 작성하면서 최대한 많은 시간을 보내기를, 작동하지 않는 코드를 고치는 일에는 최소한의 시간만을 쓰기를 바란다.

나는 여러분이 디버거를 너무 뜸하게 쓰게 된 나머지 단축키도 다 잊고, 여러분의 손가락도 디버깅 감각을 잃어버리기를 바란다. 늘 헷갈리는 한 단계씩 코드 실행step-into 아이콘과 한 줄씩 실행step-over 아이콘 사이에서 헤매기를 바란다. 디버거가 익숙하지 않아서 어색함과 답답함을 느끼길 바란다. 여러분도 이런 바람을 가져야 한다. 디버거가 편안하게 느껴질수록 무언가 잘못하고 있다는 뜻이다.

하지만 테스트 주도 개발의 세 가지 법칙을 지키면 디버거가 아예 필요 없어진다고 약속할 수는 없다. 디버깅이 필요한 순간도 있을 것이다. 어쨌든 우리가 만드는 것은 소프트웨어이고, 소프트웨어는 여전히 어렵다. 하지만 디버깅의 빈도와 소요 시간은 급격하게 줄어들 것이다. 작동하는 코드를 쓰는 데는 훨씬 더 많은 시간을, 작동하지 않는 코드를 고치는 일에는 훨씬 더 적은 시간을 쓰게 될 것이다.

---

2 (옮긴이) 중단점은 프로그램이 소스 코드의 특정 줄에 도달했을 때 프로그램을 멈춘다. 반면 워치포인트는 특정 데이터가 어떤 조건을 만족했을 때 프로그램을 멈춘다. 그래서 데이터 중단점이라고도 부른다.

문서화

다른 회사가 만든 패키지를 연동해 본 적이 있다면, 테크니컬 라이터tech writer
가 쓴 소프트웨어 꾸러미 속 PDF 파일을 알고 있을 것이다. 이 문서는 본래
그 패키지를 어떻게 연동하는지 설명하는 용도로 작성된다. 그리고 문서 맨
끝에는 거의 언제나 패키지를 연동하는 코드 예제가 모두 들어 있는 난잡한
부록이 있다.

물론 여러분이 가장 먼저 보는 곳은 이 부록이다. 여러분은 테크니컬 라이
터가 코드에 대해 쓴 글을 읽고 싶지 않다. 그저 코드가 보고 싶다. 그리고 이
코드가 테크니컬 라이터가 쓴 글보다 더 많은 것을 알려 준다. 운이 좋으면
복사/붙여넣기로 코드를 여러분의 애플리케이션으로 옮긴 후 적당히 다듬어
서 작동하게 만들 수도 있다.

테스트 주도 개발의 세 가지 법칙을 따르면 여러분은 전체 시스템을 위한
코드 예제를 쓰게 된다. 여러분이 쓰는 테스트는 시스템이 어떻게 동작하는
지 세부 사항을 사소한 것까지 빠짐없이 설명한다. 특정 비즈니스 객체를 만
드는 방법을 알고 싶을 때 이 객체를 만드는 방법을 빼놓지 않고 모조리 보여
주는 테스트가 있다. 특정 API 함수를 어떻게 부르는지 알고 싶을 때 API 함
수 사용법을 가능한 에러 조건과 예외까지 포함하여 모두 보여 주는 테스트
가 있다. 테스트 묶음에 있는 테스트가 여러분이 알고 싶은 시스템의 세부 사
항을 무엇이든 다 알려 준다.

이런 테스트는 전체 시스템을 가장 낮은 수준에서 설명하는 문서다. 게다
가 이 문서는 여러분이 온전히 이해할 수 있는 언어로 쓰여 있다. 전혀 모호
하지 않고 형식이 정해져 있어서 실행할 수 있을 정도다. 시스템과 따로 갱신
되어 앞뒤가 안 맞게 되는 일이 없다.

문서로서 거의 완벽하다.

너무 부풀리고 싶지는 않다. 시스템의 의도를 설명하기에 테스트는 그다지

좋은 수단이 아니다. 테스트는 고수준high-level 문서가 아니다. 하지만 가장 낮은 수준에서는 작성할 수 있는 모든 종류의 문서 중 최고다. 테스트는 코드고 여러분이 알고 있듯이 코드는 진실을 말한다.

시스템 전체를 이해하기 힘들듯이 테스트를 이해하는 일이 힘들까 봐 걱정할 수도 있겠다. 하지만 그렇지 않다. 각각의 테스트는 시스템 전체에서 아주 제한된 일부에 초점을 맞춘 작은 코드 조각이다. 테스트 자체만으로는 시스템이 되지 않는다. 테스트끼리는 서로를 모르고, 따라서 테스트에는 난잡한 의존성이 없다. 각각의 테스트는 독립적이고, 각 테스트 자체만 보고 이해할 수 있다. 각각의 테스트는 시스템의 매우 제한된 일부 안에서 딱 여러분이 알아야 하는 내용만 설명한다.

다시 한번 말하지만 이 부분을 너무 부풀리고 싶지는 않다. 읽거나 이해하기 힘든 불투명하고 복잡한 테스트를 쓸 가능성도 존재한다. 하지만 피할 수 있는 일이다. 실은 기반이 되는 시스템을 설명하는 명확하고 깨끗한 문서가 되도록 테스트를 쓰는 방법을 가르치는 것도 이 책의 목표다.

설계의 구멍

구현을 모두 마친 후에 테스트를 써 본 적이 있는가? 우리 대부분이 있을 것이다. 코드를 쓴 후에 테스트를 쓰는 방식이 가장 보편적인 테스트 작성 방식이다. 하지만 그다지 재미는 없다. 그렇지 않은가?

구현을 마친 후에 테스트를 쓰면 테스트를 쓰기 시작하는 시점에 시스템이 작동한다는 것을 이미 알고 있으니 재미가 없다. 이미 손으로 다 테스트해 보았다. 테스트를 쓰는 이유는 그저 의무감이나 죄책감, 아니면 아마 관리자가 일정 수준의 테스트 커버리지를 요구했기 때문이다. 그러니 우리는 하나하나 테스트를 채우는 지겨운 일에 마지못해 뛰어든다. 보나 마나 테스트는 통과할 텐데. 지루하고 지루할 뿐이다.

아니나 다를까 테스트를 만들기 힘든 경우가 나타났다. 테스트하기 좋게 코드를 설계하지 않았기 때문에 테스트를 만들기 힘들다. 그저 돌아가게 만드는 데만 집중한 탓이다. 이제 코드를 테스트하려면 설계를 바꿔야 한다.

하지만 그건 고통스러운 일이다. 시간이 많이 들 테고 다른 무언가를 망가트릴 수도 있다. 게다가 손으로 테스트해 보았으니 코드가 작동한다는 건 이미 알고 있다. 그 결과, 테스트를 포기하고 테스트 묶음에 구멍을 남긴다. 이런 적이 한 번도 없다고 하지 말라. 여러분 스스로 알고 있을 것이다.

여러분이 테스트 묶음에 구멍을 남겼으므로 다른 팀원들도 마찬가지였을 것이다. 그러니 여러분은 테스트 묶음이 구멍투성이라는 걸 안다.

테스트 묶음에 있는 구멍의 수는 테스트 묶음이 통과할 때 프로그래머가 내는 웃음소리의 크기나 지속 시간을 측정하면 알 수 있다. 프로그래머가 많이 웃는다면 테스트 묶음에 구멍이 많다는 뜻이다.

통과할 때 웃음을 유발하는 테스트 묶음은 그다지 유용하지 않다. 테스트 묶음이 무언가 망가진 것을 알려 줄 수는 있지만, 테스트 묶음이 통과하더라도 이를 바탕으로 판단할 수 있는 게 없다. 테스트 통과가 알려 주는 정보는 무언가는 작동한다는 점뿐이다.

좋은 테스트 묶음에는 구멍이 없다. 좋은 테스트 묶음은 테스트 통과를 바탕으로 결정을 내릴 수 있게 해 준다. 그 결정은 바로 배포다.

테스트 묶음이 통과한다면 시스템을 배포해도 좋다고 확신을 가지고 말할 수 있어야 한다. 테스트 묶음이 이런 정도의 확신을 주지 않는다면 무슨 소용인가?

재미

세 가지 법칙을 따르면 아주 다른 상황이 펼쳐진다. 무엇보다 재미있다. 다시 한번 말하지만 과장하고 싶지는 않다. 테스트 주도 개발이 라스베이거스에서 잭팟이 터지는 것만큼 재미있지는 않다. 파티는 물론이고, 사실 네 살짜리 아이와 보드게임을 하는 것만큼 재미있지도 않다. 사실 재미가 완벽하게 들어맞는 단어는 아닐 수도 있다.

여러분이 처음으로 만든 프로그램이 작동하던 순간을 기억하는가? 그 느낌도 기억이 나는가? 가까운 백화점에서 TRS-80이나 코모도64Commodore 64[3]를 써 봤을 수도 있다. 어쩌면 유치하고 간단한 무한 반복문을 작성해서 여러분의 이름을 화면에 끝없이 출력하도록 했을 수도 있다. 컴퓨터 앞에서 돌아서는 여러분의 얼굴에는 작은 미소가 번졌으리라. 여러분이 우주의 지배자이고 모든 컴퓨터가 여러분에게 영원히 복종해야 한다는 듯 말이다.

테스트 주도 개발 주기를 돌 때마다 그 느낌이 아주 살짝 되살아난다. 실패할 것으로 예상했던 테스트가 어김없이 실패하면 고개를 끄덕이고 아주 살짝 미소를 머금는다. 실패하던 테스트가 통과하도록 코드를 작성하고 나서는 여러분이 우주의 지배자임을, 여전히 '힘'을 가지고 있음을 떠올린다.

테스트 주도 개발 주기를 돌 때마다 파충류의 뇌[4]에 엔도르핀이 아주 조금 투여되고, 여러분은 조금 더 유능해진 듯한 기분이 들면서 자신감이 생긴다. 다음 도전을 마주할 준비가 된 것 같다. 소소한 느낌이기는 하지만 확실한 재미다.

설계

하지만 재미는 잠시 잊어도 좋다. 테스트를 먼저 쓰면 훨씬 더 중요한 일이 일어난다. 테스트를 먼저 쓰다 보니 테스트하기 힘든 코드를 쓸 수가 없다. 테스트를 먼저 쓰는 방식 덕분에 테스트하기 쉬운 코드를 설계하게 된다. 물샐틈없이 완벽하다. 세 가지 법칙을 지키면 여러분의 코드는 테스트하기 쉬

3　(옮긴이) TRS-80과 코모도64 모두 1980년대 많은 인기를 얻었던 개인용 컴퓨터 시리즈다.
4　(옮긴이) 인간의 뇌가 세 부분으로 구분된다는 가설에서, 생존을 위해 필요한 본능을 관장하는 영역이 파충류의 뇌다.

워진다.

왜 코드가 테스트하기 어려워질까? 결합과 의존성 때문이다. 테스트하기 쉬운 코드는 이런 결합과 의존성이 없다. 테스트하기 쉬운 코드는 잘 분리되어 있다!

세 가지 법칙을 지키면 잘 분리된 코드를 쓸 수밖에 없다. 여기도 역시 물샐틈없다. 테스트를 먼저 쓰면 이 테스트를 통과하는 코드는 여러분이 상상해 본 적도 없는 방식으로 잘 분리되어 있을 것이다.

그리고 이것은 매우 바람직하다.

부차적인 이유들

정리해 보면 테스트 주도 개발의 세 가지 법칙을 적용하는 경우 다음과 같은 이점이 있다.

- 작동하는 코드를 쓰는 데 더 많은 시간을 사용하고, 작동하지 않는 코드를 디버깅하는 데에는 더 적은 시간을 사용한다.
- 완벽에 가까운 저수준 문서 한 벌이 만들어진다.
- 재미있다. 그렇지 않더라도 적어도 동기 부여는 된다.
- 배포에 대한 확신을 주는 테스트 묶음을 만들게 된다.
- 결합도가 낮은 설계를 만든다.

이 정도면 테스트 주도 개발의 장점을 납득했을지 모르겠다. 여러분이 첫 반응을, 심지어 그게 반감이더라도 접어 둘 수 있을 만큼 좋아 보이는가? 그러기를 바란다.

하지만 테스트 주도 개발 규율이 중요한 훨씬 더 중차대한 이유가 있다.

두려움

프로그래밍은 어렵다. 인간이 터득하려고 시도한 일들 중 가장 어려운 일일지도 모른다. 오늘날 우리 문명은 수십만 개의 서로 연결된 소프트웨어 프로그램에 의존한다. 프로그램 각각은 수십만에서 수천만 줄에 이르는 코드로 이루어진다. 인간이 만든 다른 장치 중 이렇게 움직이는 부품이 많은 것은 없다.

이 프로그램 각각을 지원하는 개발 팀은 변경을 죽도록 무서워한다. 참 역설적이다. 소프트웨어가 존재하는 근본 이유가 우리가 사용하는 기계의 동작을 쉽게 바꾸기 위함이니 말이다.

하지만 소프트웨어 개발자는 무언가 바꿀 때마다 망가질 위험이 있고, 이렇게 망가지면 원인을 찾아내어 고치기가 지독하게 어려울 수도 있음을 안다.

여러분이 모니터 앞에 앉아서 끔찍하게 뒤얽혀 있는 코드를 보고 있다고 상상해 보라. 이런 장면을 상상하기가 아마 그렇게 어렵지는 않을 것이다. 우리 중 대부분이 일상적으로 겪는 일이니까.

코드를 흘깃 보고는 좀 정리해야겠다는 생각이 아주 짧은 순간 동안 뇌리를 스친다. 하지만 뒤이어 다음 생각이 토르의 망치처럼 내리꽂힌다. '코드를 건드리면 안 돼!' 코드를 건드리면 망가뜨릴 것이고, 코드를 망가뜨리면 영원히 여러분의 책임이 되기 때문이다.

이게 두려움에서 오는 반응이다. 여러분은 자신이 관리하는 코드를 두려워한다. 코드를 망가뜨린 뒤 찾아올 여파를 두려워한다.

이런 두려움의 결과로 코드는 언제나 썩고 만다. 아무도 정리하지 않는다. 아무도 개선하지 않는다. 꼭 바꿔야만 할 때는 시스템에 최선인 방향이 아니라 프로그래머에게 가장 위험하지 않은 방향으로 변경이 이루어진다. 설계 품질은 저하되고 코드는 썩는다. 팀의 생산성은 감소하고 이 감소 추세는 결국 생산성이 거의 0이 될 때까지 이어진다.

스스로 물어보라. 시스템의 안 좋은 코드 때문에 심각하게 지장을 받은 적이 있었는가? 당연히 있었을 것이다. 그리고 이제 왜 안 좋은 코드가 있었는지 이해했으리라. 바로 코드를 개선할 용기가 있는 사람이 없었기 때문이다. 누구도 코드 정리라는 위험을 무릅쓰지 않았다.

용기

만약 여러분이 신뢰하는 테스트 묶음이 있다면 어떨까? 이 테스트 묶음이 통과할 때마다 시스템을 배포해도 좋다고 확신을 가지고 말할 수 있을 정도라면 어떨까? 이 테스트 묶음을 몇 초 만에 실행할 수 있다면 또 어떨까? 그렇다면 시스템을 살짝 정리하는 일에 손을 대는 게 그렇게까지 두려울까?

다시 모니터 앞의 여러분을 상상해 보라. 코드를 좀 정리해 볼까 하는 생각이 머리를 스친다. 멈출 이유가 있겠는가? 여러분에게는 테스트가 있다. 무언가 망가트리는 순간 테스트가 알려 줄 것이다.

이런 테스트 묶음과 함께라면 안전하게 코드를 정리할 수 있다. 이런 테스트 묶음과 함께라면 **안전하게 코드를 정리할 수 있다.** 이런 테스트 묶음과 함께라면 안전하게 코드를 정리할 수 있다.

편집 오류가 아니다. 일부러 세 번 쓴 것이다. 난 이 점을 아주아주 확실히 알려 주고 싶다. 이런 테스트 묶음과 함께라면 안전하게 코드를 정리할 수 있다!

그리고 코드를 안전하게 정리할 수 있다면 여러분은 실제로 코드를 정리할 것이다. 다른 팀원들도 마찬가지다. 엉망진창을 좋아하는 사람은 없으니 말이다.

보이 스카우트 규칙

전문가로서 여러분의 이름을 걸고 믿을 수 있는 테스트 묶음이 있다면, 여러분은 안전하게 다음과 같은 간단한 지침을 따를 수 있다.

받았을check out 때보다 더 깨끗한 코드를 제출check in하라.

모든 사람이 이 지침을 따른다고 상상해 보라. 코드를 제출하기 전 모두가 코드에 조금씩 선행을 베푼다. 아주 살짝 정리한다.

코드를 제출할 때마다 코드가 깨끗해진다고 상상해 보라. 아무도 이전보다 나쁜 코드를 제출하지 않는다고, 언제나 더 나아진 코드를 제출한다고 상상해 보라.

이런 시스템을 유지 보수하는 일은 어떨까? 시간이 흐름에 따라 시스템이 점점 더 깨끗해지면 추정 소요 시간과 일정에는 어떤 변화가 생길까? 버그 목록은 얼마나 길까? 버그 목록을 관리하는 자동화된 데이터베이스가 필요하기는 할까?

진짜 이유

코드를 깨끗하게 유지하기. 끊임없이 코드를 정리하기. 이것이 테스트 주도 개발을 실천하는 이유다. 우리는 우리가 만들어 낸 작품에 자부심을 갖기 위해 테스트 주도 개발을 실천한다.

코드를 보면 코드가 깨끗하다는 것을 알 수 있도록, 우리가 코드를 건드릴 때마다 이전보다 나아진다는 것을 알 수 있도록 그리고 퇴근 후 늦은 밤 거울을 보고 미소를 지으며 오늘 아주 멋지게 일했다는 것을 알 수 있도록 말이다.

네 번째 법칙

리팩터링에 관해서는 나중에 더 이야기하겠다. 일단 지금은 리팩터링이 테스트 주도 개발의 네 번째 법칙이라는 점만 확실히 하고 싶다.

앞의 세 가지 법칙에서 테스트 주도 개발 주기는 실패하는 테스트 코드 아주 조금과 이 테스트를 통과시키는 제품 코드 아주 조금을 쓰는 것으로 이루어진다는 점을 알 수 있었다. 몇 초마다 빨간불과 초록불을 오가는 신호등을 상상해 보면 된다.

하지만 이런 형태로 계속 반복하다 보면 테스트 코드와 제품 코드는 빠르게 엉망이 되어 버린다. 왜일까? 인간은 동시에 두 가지 일을 잘 못하기 때문이다. 실패하는 테스트를 작성하는 데 집중하다 보면 잘 작성된 테스트는 기대하기 어렵다. 테스트를 통과하는 제품 코드 쓰기에 집중하면 대개 좋은 제품 코드가 나오지 않는다. 원하는 동작에 집중하면 원하는 구조에는 집중하지 않게 된다.

솔직하자. 둘 다 동시에 할 수는 없다. 여러분이 원하는 대로 동작하는 코드를 만들어 내는 것만으로도 충분히 어렵다. 코드가 제대로 동작하는 동시에 올바른 구조를 갖기는 너무나 어렵다. 그러니 우리는 켄트 벡의 조언을 따른다.

먼저 돌아가게 만들라. 그다음 제대로 만들라.

그래서 테스트 주도 개발의 세 가지 법칙에 새로운 법칙을 하나 추가했다. 리팩터링 법칙이다. 먼저 실패하는 테스트 코드를 조금 쓴다. 그다음 테스트를 통과시키는 제품 코드를 조금 쓴다. 그리고 방금 만든 지저분한 코드를 정리한다.

신호등에 새로운 색이 더해졌다. 빨강→초록→리팩터링이다(그림 2.1).

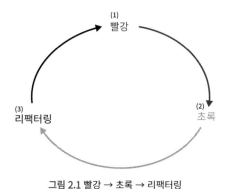

그림 2.1 빨강 → 초록 → 리팩터링

아마 리팩터링에 대해 들어본 적이 있을 것이다. 앞서 말했듯이 나중에 아주 자세히 설명할 테니 여기서는 몇 가지 미신과 오해만 해소하고자 한다.

- 리팩터링은 지속적인 활동이다. 테스트 주도 개발 주기를 돌 때마다 정리한다.
- 리팩터링은 동작을 바꾸지 않는다. 리팩터링은 테스트가 통과할 때만 한다. 리팩터링을 하는 동안에도 테스트는 계속해서 통과해야 한다.
- 리팩터링은 일정표나 계획에 등장하지 않는다. 리팩터링 시간을 따로 잡지 않는다. 리팩터링 허가를 받지도 않는다. '항상' 리팩터링을 할 뿐이다.

리팩터링을 화장실에서 볼일을 본 후 손을 씻는 일과 같이 여기라. 공중도덕의 일부로 늘 행하는 일일 뿐이다.

테스트 주도 개발 기초

글 형식으로 테스트 주도 개발 예제를 효과적으로 설명하기는 매우 어렵다. 테스트 주도 개발의 리듬이 제대로 전해지지 않는다. 앞으로 나오는 설명에서는 경과 시간과 강조 표시 등을 적절히 활용하여 리듬을 최대한 표현하겠다. 예제의 경과 시간 표시를 특히 눈여겨보면서 리듬을 따라가 보라.

단순한 예제

다음 예제들을 보다 보면 모두 너무 작고 단순하다고 평가 절하할지도 모르겠다. 테스트 주도 개발은 이런 '장난감 예제'에만 효과적이고, 복잡한 시스템에는 적용하기 힘들다고 판단할 수도 있다. 심각한 오판이다.

모든 훌륭한 소프트웨어 설계자의 핵심 목표는 크고 복잡한 시스템을 작고 단순한 문제 여러 개로 쪼개는 것이다. 프로그래머의 일은 이런 시스템을 한 줄 한 줄의 코드까지 쪼개는 것이다. 따라서 다음 예제들은 '프로젝트 규모와 관계없이' 테스트 주도 개발을 전적으로 대표한다.

이는 내가 단언할 수 있는 문제이기도 하다. 나는 테스트 주도 개발로 만들어진 큰 시스템들을 다루어 보았고, 내 경험에 비추어 볼 때 테스트 주도 개발의 리듬과 기법은 적용 범위에 무관하다. 규모는 상관없다.

더 정확히는 규모가 절차나 리듬과는 무관하지만, 테스트의 속도와 결합도에는 심대한 영향을 끼친다. 하지만 이 주제는 뒤에 나오는 고급 테스트 주도 개발을 다루는 장에서 이야기하겠다.

스택

아주 간단한 문제로 시작하자. 정수를 담는 스택을 만들어 보자. 여러분이 스택의 동작에 대해 궁금한 점이 있다면, 문제를 풀어 가면서 테스트를 통해 답을 얻을 수 있을 것이다. 테스트가 갖는 문서로서의 가치를 보여 주는 실례다. 테스트를 통과시키기 위해 넣는 상숫값이 편법처럼 보일지도 모른다. 하지만 이는 테스트 주도 개발에서 흔한 전략일 뿐 아니라 매우 중요한 역할을 한다. 진행하면서 더 설명하겠다. 다음과 같이 시작한다.

```
// 시간: 00:00 StackTest.java
package stack;

import org.junit.Test;

public class StackTest {
  @Test
  public void nothing() throws Exception {
  }
}
```

언제나 아무 일도 하지 않는 테스트를 만들어서 통과하는지 확인하는 습관을 들이는 것이 좋다. 이로써 실행 환경이 잘 작동하는지 확인할 수 있다.

이제 무엇을 테스트할지 정말 고민해야 한다. 아직 코드가 없는데 대체 무엇을 테스트해야 하나?

이 질문에 대한 답은 간단하다. 우리가 작성하고 싶은 코드를 알고 있다고 가정하라. 지금은 public class Stack이다. 하지만 아직 이 코드를 작성할 수 없다. 이 코드가 없어서 실패하는 테스트가 있어야 하기 때문이다. 그러니 첫 번째 법칙에 따라 테스트를 먼저 작성한다. 이 테스트는 우리가 작성하고 싶은 코드를 작성하도록 우리를 강제할 것이다.

규칙 1 여러분이 작성하고 싶은 코드를 작성하도록 만드는 테스트를 쓰라.

이것이 앞으로 나올 여러 규칙 중 첫 번째다. 이 '규칙'은 테스트 주도 개발의 법칙이 아니라 휴리스틱에 가깝다. 예제를 진행해 나가면서 내가 가끔 내뱉는 조언이다.

규칙 1은 복잡한 내용이 아니다. 코드를 한 줄 쓸 수 있다는 이야기는 그 코드를 테스트하는 테스트도 쓸 수 있다는 이야기다. 그리고 여러분은 둘 중 테스트를 먼저 쓰면 된다. 즉, 다음과 같다.

```
// 시간: 00:44 StackTest.java
public class StackTest {
  @Test
  public void canCreateStack() throws Exception {
    MyStack stack = new MyStack();
  }
}
```

바꾸거나 새로 추가한 코드는 굵게 표시하고, 컴파일이 안 되는 부분은 음영을 넣어서 강조하겠다. 이 예제에서는 Stack이 자바에 이미 존재하는 이름이라서 MyStack이라는 이름을 골랐다.[5]

---

5 (옮긴이) Stack이라고 쓰면 이후에 제품 코드를 쓸 때 통합 개발 환경이 Stack 클래스를 만드는 대신 이미 존재하는 java.util.Stack 클래스를 임포트(import)하려고 시도할 수 있기 때문이다. Stack이라고 써도 클래스를 바로 만들 수 있는 통합 개발 환경도 있다.

앞의 코드에서 의도를 전달하기 위해 테스트 이름을 canCreateStack으로
바꾼 것에 주목하라. 우리는 스택을 만들 수 있다.

이제 MyStack 부분이 컴파일되지 않으므로 두 번째 법칙에 따라 MyStack을
만들어야 한다. 하지만 세 번째 법칙에 따라 우리에게 필요한 것 이상의 코드
는 쓰지 않아야 한다.

```java
// 시간: 00:54 Stack.java
package stack;

public class MyStack {
}
```

10초가 흘렀고 테스트는 컴파일되고 통과했다. 내가 이 예제를 처음 썼을 때
10초의 대부분은 파일 두 개가 나란히 보이도록 화면을 조정하다가 흘러갔
다. 이제 내 컴퓨터 화면은 그림 2.2와 같은 상태다. 테스트는 왼쪽, 제품 코
드는 오른쪽에 떠 있다. 나는 화면을 보통 이렇게 구성한다. 모니터 크기가
넉넉해서 좋다.

그림 2.2 조정한 화면

MyStack은 좋은 이름이 아니다. 그저 이름이 충돌하는 것을 피하고 싶었을
뿐이다. 이제 stack 패키지에 MyStack이 선언됐으니 이름을 다시 Stack으로
바꾸자. 15초가 걸렸다. 테스트는 여전히 통과한다.

```
// 시간: 01:09 StackTest.java
public class StackTest {
  @Test
  public void canCreateStack() throws Exception {
    Stack stack = new Stack();
  }
}

// 시간: 01:09 Stack.java
package stack;

public class Stack {
}
```

여기서 두 번째 규칙이 나온다. 빨강→초록→리팩터링. 정리 기회를 놓치지
말라.

규칙 2 실패시켜라. 통과시켜라. 그리고 정리하라.

작동하는 코드를 만드는 것만으로도 충분히 어렵다. 작동하는 깨끗한 코드
를 만들기는 훨씬 더 어렵다. 다행히 우리는 작업을 두 단계로 나누어 할 수
있다. 일단 작동하는 나쁜 코드를 쓴다. 그리고 테스트가 있으니 코드가 계
속 작동하는 것을 확인하면서 나쁜 코드를 쉽게 정리할 수 있다.

따라서 테스트 주도 개발 주기를 한 바퀴 돌 때마다 갓 만들어 낸 살짝 엉
망인 코드 조각을 정리할 기회가 생긴다.

우리 테스트가 사실 아무런 동작도 단정문으로 검증하지 않는다는 점을 알
아챘을지도 모르겠다. 컴파일되고 테스트도 통과하지만 새로 만든 스택에

대해 아무런 확인도 하지 않는다. 15초면 고칠 수 있다.

```java
// 시간: 01:24 StackTest.java
public class StackTest {
  @Test
  public void canCreateStack() throws Exception {
    Stack stack = new Stack();
    assertTrue(stack.isEmpty());
  }
}
```

이제 두 번째 법칙이 적용된다. 이 코드가 컴파일되게 만들어 보자.

```java
// 시간: 01:49 StackTest.java
import static junit.framework.TestCase.assertTrue;

public class StackTest {
  @Test
  public void canCreateStack() throws Exception {
    Stack stack = new Stack();
    assertTrue(stack.isEmpty());
  }
}
```

```java
// 시간: 01:49 Stack.java
public class Stack {
  public boolean isEmpty() {
    return false;
  }
}
```

25초 뒤 컴파일은 되지만 실패한다. 이 실패는 의도적인데 일부러 isEmpty가 false를 반환하도록 했다. 이는 첫 번째 법칙이 테스트가 실패해야 한다고 지시하고 있기 때문이다. 그런데 첫 번째 법칙은 왜 이런 요구를 할까? 바로 우리 테스트가 실패해야 할 때 정말 실패하는지 확인하기 위해서다. 우리는 우리 테스트를 테스트했다. 아니 사실 우리는 테스트의 절반을 테스트했다. 이제 isEmpty가 true를 반환하도록 바꿔서 나머지 절반을 테스트하자.

```
// 시간: 01:58 Stack.java
public class Stack {
  public boolean isEmpty() {
    return true;
  }
}
```

9초 후 테스트는 통과한다. 테스트가 실패하고 성공하는 것을 모두 확인하는 데 9초가 걸렸다.

이렇게 false를 썼다가 true로 바꾸는 것을 처음 본 프로그래머는 바보 같다며 비웃기도 한다. 편법 같아 보이기도 한다. 하지만 편법이 아니고 전혀 바보 같지도 않다. 테스트가 의도대로 성공하고 실패하는 것을 확인하는 데 고작 몇 초밖에 안 걸렸다. 대체 왜 확인을 안 하겠는가?

다음으로 무엇을 테스트할까? 자, 우리는 push 함수가 필요하다는 것을 안다. 그러니 규칙 1에 따라 push 함수를 작성할 수밖에 없게 하는 테스트를 쓴다.

```
// 시간: 02:24 StackTest.java
@Test
public void canPush() throws Exception {
  Stack stack = new Stack();
  stack.push(0);
}
```

이 코드는 컴파일되지 않는다. 그러니 두 번째 법칙에 따라 컴파일에 성공하도록 제품 코드를 써야 한다.

```
// 시간: 02:31 Stack.java
public void push(int element) {

}
```

이제 컴파일된다. 당연하다. 하지만 새 테스트에는 또 단정문이 하나도 없다. 단정문으로 무엇을 확인해 봐야 할까? 푸시한 후에는 스택이 비어 있지 않다는 점이 떠오른다.

```java
// 시간: 02:54 StackTest.java
@Test
public void canPush() throws Exception {
  Stack stack = new Stack();
  stack.push(0);
  assertFalse(stack.isEmpty());
}
```

이 테스트는 실패한다. isEmpty는 true만 반환하니 당연한 결과다. 이제 머리를 좀 더 써야 한다. 예를 들어 비어 있는지를 나타내는 불 플래그를 만들수 있다.

```java
// 시간: 03:46 Stack.java
public class Stack {
  private boolean empty = true;

  public boolean isEmpty() {
    return empty;
  }

  public void push(int element) {
    empty=false;
  }
}
```

이제 통과한다. 지난번 테스트가 통과한 지 2분 만이다. 이제 규칙 2에 따라 코드를 정리해야 한다. 스택을 만드는 코드가 중복된 것이 눈에 거슬리니 스택을 클래스의 필드로 추출한 뒤 초기화하자.

```java
// 시간: 04:24 StackTest.java
public class StackTest {
  private Stack stack = new Stack();

  @Test
  public void canCreateStack() throws Exception {
```

```
    assertTrue(stack.isEmpty());
  }

  @Test
  public void canPush() throws Exception {
    stack.push(0);
    assertFalse(stack.isEmpty());
  }
}
```

바꾸는 데 30초가 걸렸고 테스트는 여전히 통과한다.

canPush라는 이름도 이 테스트와 좀 맞지 않는다.

```
// 시간: 04:50 StackTest.java
@Test
public void afterOnePush_isNotEmpty() throws Exception {
  stack.push(0);
  assertFalse(stack.isEmpty());
}
```

좀 나아졌다. 물론 테스트는 여전히 통과한다.

　좋다. 다시 첫 번째 법칙으로 돌아가자. 푸시를 한 번 하고 팝을 한 번 하면 스택은 다시 텅 비어야 한다.

```
// 시간: 05:17 StackTest.java
@Test
public void afterOnePushAndOnePop_isEmpty() throws Exception {
  stack.push(0);
  stack.pop()
}
```

pop 때문에 컴파일되지 않으므로 두 번째 법칙이 바로 적용된다.

```
// 시간: 05:31 Stack.java
public int pop() {
  return -1;
}
```

이제 세 번째 법칙에 따라 테스트를 마저 써야 한다.

```java
// 시간: 05:51 StackTest.java
@Test
public void afterOnePushAndOnePop_isEmpty() throws Exception {
  stack.push(0);
  stack.pop();
  assertTrue(stack.isEmpty());
}
```

이 테스트는 실패한다. 어디서도 empty 플래그를 다시 true로 바꾸지 않기
때문이다. 그러니 다음 코드를 추가한다.

```java
// 시간: 06:06 Stack.java
public int pop() {
  empty=true;
  return -1;
}
```

그리고 물론 테스트는 통과한다. 지난번 테스트가 통과한 후로 76초가 흘렀다.
　정리할 것이 없으므로 첫 번째 법칙으로 돌아간다. 스택에 푸시를 두 번 하
면 크기가 2가 되어야 한다.

```java
// 시간: 06:48 StackTest.java
@Test
public void afterTwoPushes_sizeIsTwo() throws Exception {
  stack.push(0);
  stack.push(0);
  assertEquals(2, stack.getSize());
}
```

컴파일 에러가 발생하므로 두 번째 법칙이 적용된다. 고치는 것은 간단하다.
테스트에 적절히 import를 추가하고 제품 코드에는 다음 함수를 추가한다.

```java
// 시간: 07:23 Stack.java
public int getSize() {
```

```
  return 0;
}
```

이제 모두 컴파일된다. 하지만 테스트는 실패한다.

물론 테스트를 통과시키는 방법은 간단하다.

```
// 시간: 07:32 Stack.java
public int getSize() {
  return 2;
}
```

좀 멍청해 보이지만 우리는 테스트가 적절히 실패하고 또 성공하는 것을 확인했고, 고작 9초가 걸렸을 뿐이다. 그러니 다시 한번 말하지만 왜 확인을 안하겠는가?

하지만 이런 해결 방법은 확실히 너무 단순하다. 그러니 규칙 1에 따라 더 나은 해결 방법을 찾을 수밖에 없도록 이전 테스트를 바꿔 보자. 그리고 당연히 망칠 것이다(나를 비난해도 좋다).

```
// 시간: 08:06 StackTest.java
@Test
public void afterOnePushAndOnePop_isEmpty() throws Exception {
  stack.push(0);
  stack.pop();
  assertTrue(stack.isEmpty());
  assertEquals(1, stack.getSize());
}
```

맞다. 이건 정말 바보 같다. 하지만 프로그래머는 때때로 바보 같은 실수를 하고 나도 예외가 아니다. 내가 이 코드를 쓸 때는 테스트가 예상했던 대로 실패했기 때문에 실수를 바로 알아채지 못했다.

그러니 일단은 테스트가 정상이라고 가정하고, 정상인 경우의 테스트를 통과하도록 코드를 바꿔 보자.

```
// 시간: 08:56 Stack.java
public class Stack {
  private boolean empty = true;
  private int size = 0;

  public boolean isEmpty() {
    return size == 0;
  }

  public void push(int element) {
    size++;
  }

  public int pop() {
    --size;
    return -1;
  }

  public int getSize() {
    return size;
  }
}
```

나는 이 테스트가 실패해서 깜짝 놀랐다. 하지만 마음을 가라앉히고 나니 내 잘못을 금방 찾아서 테스트를 고칠 수 있었다. 고쳐 보자.

```
// 시간: 09:28 StackTest.java
@Test
public void afterOnePushAndOnePop_isEmpty() throws Exception {
  stack.push(0);
  stack.pop();
  assertTrue(stack.isEmpty());
  assertEquals(0, stack.getSize());
}
```

이제 모든 테스트가 통과한다. 지난번 테스트가 통과한 후 3분 22초가 흘렀다.

테스트가 더 완전해지도록 다른 테스트에도 크기 검사를 추가하자.

```
// 시간: 09:51 StackTest.java
@Test
public void afterOnePush_isNotEmpty() throws Exception {
  stack.push(0);
  assertFalse(stack.isEmpty());
  assertEquals(1, stack.getSize());
}
```

테스트는 물론 통과한다.

첫 번째 법칙으로 돌아가자. 빈 스택에서 팝을 하면 어떻게 될까? 언더플
로underflow 예외가 날 것이다.

```
// 시간: 10:27 StackTest.java
@Test(expected = Stack.Underflow.class)
public void poppingEmptyStack_throwsUnderflow() {
}
```

두 번째 법칙에 따라 예외를 추가해야 한다.

```
// 시간: 10:36 Stack.java
public class Underflow extends RuntimeException {
}
```

이제 테스트를 완성하자.

```
// 시간: 10:50 StackTest.java
@Test(expected = Stack.Underflow.class)
public void poppingEmptyStack_throwsUnderflow() {
  stack.pop();
}
```

테스트는 물론 실패한다. 하지만 쉽게 고칠 수 있다.

```
// 시간: 11:18 Stack.java
public int pop() {
  if (size == 0)
    throw new Underflow();
```

```
  --size;
  return -1;
}
```

이제 통과한다. 지난번 테스트가 통과한 후 1분 27초가 흘렀다.

첫 번째 법칙으로 돌아가자. 스택은 푸시된 값을 기억해야 한다. 가장 간단한 경우부터 시도해 보자.

```
// 시간: 11:49 StackTest.java
@Test
public void afterPushingX_willPopX() throws Exception {
  stack.push(99);
  assertEquals(99, stack.pop());
}
```

지금은 pop이 언제나 –1을 반환하므로 테스트는 실패한다. 테스트를 통과시키기 위해 99를 반환하도록 바꾼다.

```
// 시간: 11:57 Stack.java
public int pop() {
  if (size == 0)
    throw new Underflow();
  --size;
  return 99;
}
```

당연히 이것만으로는 부족하다. 그러니 규칙 1에 따라 더 영리한 코드를 쓸 수밖에 없도록 테스트를 더 추가하자.

```
// 시간: 12:18 StackTest.java
@Test
public void afterPushingX_willPopX() throws Exception {
  stack.push(99);
  assertEquals(99, stack.pop());
  stack.push(88);
  assertEquals(88, stack.pop());
}
```

언제나 99를 반환하므로 이 테스트는 다시 실패한다. 마지막 push를 기록하는 필드를 추가하여 통과하도록 만들자.

```java
// 시간: 12:50 Stack.java
public class Stack {
  private int size = 0;
  private int element;

  public void push(int element) {
    size++;
    this.element = element;
  }

  public int pop() {
    if (size == 0)
      throw new Underflow();
    --size;
    return element;
  }
}
```

이제 통과한다. 지난번 테스트가 통과한 후 92초가 흘렀다.

　이쯤 되면 아마 내 모습이 꽤 답답할 것이다. 책에다 대고 소리를 지르고 있을지도 모르겠다. 이리저리 장난치지 말고 그냥 그놈의 스택을 좀 작성하라고 말이다. 하지만 사실 나는 규칙 3을 따르고 있었다.

규칙 3 최상의 결과를 추구하지 말라.

테스트 주도 개발을 처음 배울 때는 어렵거나 흥미로운 부분부터 먼저 공략하고 싶은 유혹을 이겨 내기 힘들다. 스택을 쓴다면 선입후출first-in-last-out, FILO 동작을 가장 먼저 테스트해 보고 싶은 마음이 들 수도 있다. 이렇게 최상의 결과를 위해 가장 어려운 문제에 덤벼드는 모습을 '황금을 좇는다go for the gold'고 한다. 지금쯤이면 내가 '스택'스러운 동작은 일부러 테스트하지 않았다는

걸 눈치챘을지도 모르겠다. 나는 비어 있는지 여부나 크기가 얼마인지처럼 스택 주변의 부수적인 면에만 집중해 왔다.

왜 최상의 결과를 추구하지 않았을까? 왜 규칙 3이 존재할까? 최상의 결과를 너무 일찍 추구하면 주변의 세부 사항을 죄다 놓치기 쉬워서다. 그리고 곧 보겠지만 이런 부수적인 세부 사항으로부터 나오는 코드 단순화 기회 역시 놓치기 쉽다.

어쨌든 이제 첫 번째 법칙 차례다. 실패하는 테스트를 써야 한다. 가장 쉽게 떠올릴 수 있는 테스트 대상은 선입후출 동작이다.

```java
// 시간: 13:36 StackTest.java
@Test
public void afterPushingXandY_willPopYthenX() {
  stack.push(99);
  stack.push(88);
  assertEquals(88, stack.pop());
  assertEquals(99, stack.pop());
}
```

이제 실패한다. 이 테스트를 통과시키려면 값을 하나만 기억하는 것으로는 부족하다. 그러니 아마 배열을 사용해야 할 것이다. 값을 기억하는 필드 이름을 elements로 바꾸고 타입도 배열로 바꾸자.

```java
// 시간: 13:51 Stack.java
public class Stack {
  private int size = 0;
  private int[] elements = new int[2];

  public void push(int element) {
    size++;
    this.elements = element;
  }

  public int pop() {
    if (size == 0)
```

```
      throw new Underflow();
    --size;
    return elements;
  }
}
```

어, 컴파일 에러가 발생했다. 하나씩 살펴보자. push 안의 elements 변수는
대괄호가 필요하다.

```
// 시간: 14:01 Stack.java
public void push(int element) {
  size++;
  this.elements[] = element;
}
```

대괄호 안에 넣을 무언가가 필요하다. 음, 앞 코드에 있는 size++가 좋겠다.

```
// 시간: 14:07 Stack.java
public void push(int element) {
  this.elements[size++] = element;
}
```

pop에도 elements 변수가 있다. 역시 대괄호가 필요하다.

```
// 시간: 14:13 Stack.java
public int pop() {
  if (size == 0)
    throw new Underflow();
  --size;
  return elements[];
}
```

와! 대괄호에 넣기 딱 좋은 --size가 있다.

```
// 시간: 14:24 Stack.java
public int pop() {
  if (size == 0)
```

```
    throw new Underflow();
  return elements[--size];
}
```

이제 테스트는 다시 통과한다. 지난번 테스트가 통과한 후 94초가 흘렀다.

이 정도면 됐다. 아, 물론 할 일이 아직 더 있다. 이 스택은 단 두 개의 원소만 가질 수 있고, 그 이상을 푸시하려고 하는 경우의 처리도 아직 없다. 하지만 이 예제에서는 내가 더 이상 보여 주고 싶은 게 없다. 추가 개선은 독자들이 연습 문제로 삼길 바란다.

아무것도 없는 데서 시작하여 정수 스택을 작성하는 데 14분 24초가 걸렸다. 이 예에서 여러분이 목격한 리듬은 진짜다. 전형적인 테스트 주도 개발 리듬이다. 프로젝트 규모와 상관없이 테스트 주도 개발이란 이런 느낌이다.

연습 문제

앞에서 선보인 기법을 사용하여 선입선출first-in-first-out 정수 큐를 구현하라. 정수는 고정 길이 배열에 저장하라. 아마 원소가 추가되는 곳과 삭제되는 곳을 가리키는 포인터가 각각 필요할 것이다. 구현이 끝난 후 살펴보면 원형 버퍼circular buffer를 구현했을 수도 있다.

소인수 분해

다음 예제에는 이야기와 교훈이 있다. 이야기는 2002년경으로 거슬러 올라간다. 당시 나는 테스트 주도 개발을 몇 년 정도 사용해 오고 있었고 루비를 배우고 있었다. 내 아들 저스틴이 학교에서 돌아와서는 숙제 풀이를 도와 달라고 부탁했다. 숙제는 정수 몇 개의 소인수prime factor 분해였다.

나는 저스틴에게 숙제는 혼자 힘으로 노력해 보라고 그리고 잘 풀었는지 확인해 줄 조그만 프로그램을 하나 만들어 주겠다고 말했다. 저스틴은 자기

방으로 들어갔고 나는 노트북을 식탁에 올려놓고 소인수 분해 알고리즘을 코드로 어떻게 구현해야 할지 궁리하기 시작했다.

나는 당연히 에라토스테네스의 체를 이용하여 소수 목록을 만든 다음, 소인수 분해할 수를 소수로 나누는 방식을 사용하기로 했다. 코딩을 막 시작하려는데 불현듯 이런 생각이 들었다. '그냥 테스트를 쓰기 시작한 후에 어떻게 흘러가는지 보면 어떨까?'

나는 테스트 주도 개발 주기를 따라 테스트를 쓰고 그 테스트를 통과하게 만들기 시작했다. 그리고 나서는 다음과 같은 일이 일어났다.

뒤이어 나올 글에서는 시간 표시나 컴파일 에러 등 뻔한 부분은 건너뛰겠다. 테스트와 코드가 점점 변하는 모습만 보여 주겠다.

가장 당연하고 퇴화한degenerate 경우로 시작한다. 사실 다음 규칙을 따른 것이다.

규칙 4 실패하는 가장 간단하고, 가장 구체적이며, 가장 퇴화한[6] 테스트를 쓰라.

이 문제에서 가장 퇴화한 경우는 1의 소인수 분해다. 가장 퇴화한 풀이 방법은 단순히 null을 반환하는 것이다.

```
public class PrimeFactorsTest {
  @Test
  public void factors() throws Exception {
    assertThat(factorsOf(1), is(empty()));
  }
  private List<Integer> factorsOf(int n) {
    return null;
  }
}
```

---

6 '퇴화한'이란 단어는 황당할 정도로 제일 단순한 시작 지점을 표현하기 위해 사용했다.

이번에는 테스트 대상인 함수를 테스트 클래스 안에 넣었다. 보통은 이렇게 하지 않지만, 이 예제에서는 편의를 위해 하나의 클래스 안에 넣었다. 덕분에 소스 코드 파일 두 개를 왔다 갔다 하지 않아도 된다.

이 테스트는 실패한다. 하지만 쉽게 통과시킬 수 있다. 빈 리스트를 반환하면 된다.

```
private List<Integer> factorsOf(int n) {
  return new ArrayList<>();
}
```

당연히 통과한다. 다음으로 가장 퇴화한 테스트는 2다.

```
assertThat(factorsOf(2), contains(2));
```

이제 실패한다. 하지만 여전히 쉽게 고칠 수 있다. 사실 이게 퇴화한 테스트를 고르는 이유다. 테스트를 통과하도록 코드를 고치기가 거의 언제나 쉽다.

```
private List<Integer> factorsOf(int n) {
  ArrayList<Integer> factors = new ArrayList<>();
  if (n > 1)
    factors.add(2);
  return factors;
}
```

나는 이 코드를 두 단계에 걸쳐서 썼다. 첫 번째 단계에서는 new ArrayList<>()를 factors라는 변수로 추출했고, 두 번째 단계로 if 조건문을 추가했다.

두 단계를 강조한 이유는 이 중 첫 번째 단계가 규칙 5를 따르기 때문이다.

규칙 5 가능하면 일반화하라.

원래 반환하던 상수 new ArrayList<>()는 매우 구체적이다. 이 값을 조작이

가능한 변수에 넣음으로써 일반화할 수 있다. 작은 일반화지만 이런 작은 일
반화로 충분할 때가 많다.

그러면 이제 테스트가 다시 통과한다. 다음으로 가장 퇴화한 테스트는 흥
미로운 결과를 보여 준다.

```
assertThat(factorsOf(3), contains(3));
```

이 테스트는 실패한다. 규칙 5에 따라 일반화해야 한다. 이 테스트를 통과하
게 만드는 아주 간단한 일반화가 있다. 놀랄 수도 있다. 바뀐 부분을 찾으려
면 눈을 크게 뜨고 봐야 할 것이다.

```
private List<Integer> factorsOf(int n) {
  ArrayList<Integer> factors = new ArrayList<>();
  if (n > 1)
    factors.add(n);
  return factors;
}
```

나는 식탁 앞에 앉은 채 감탄했다. 단순히 글자 하나를 바꿔서 상수를 변수로
교체하는 간단한 일반화를 했을 뿐인데, 그 덕분에 기존 테스트 전부와 새로
운 테스트가 모두 통과했다.

일이 순조롭게 풀린다고 말하고 싶지만 다음 테스트는 실망스러울 것이다.
테스트 자체는 명백하다.

```
assertThat(factorsOf(4), contains(2, 2));
```

그런데 어떻게 일반화해 풀 수 있을까? 방법이 떠오르지 않는다. 내가 생각
해 낸 유일한 방법은 n이 2로 나뉘는지 검사하는 것이다. 아쉽게도 일반화했
다고는 할 수 없지만 어쩔 수 없다.

```java
private List<Integer> factorsOf(int n) {
  ArrayList<Integer> factors = new ArrayList<>();
  if (n > 1) {
    if (n % 2 == 0) {
      factors.add(2);
      n /= 2;
    }
    factors.add(n);
  }
  return factors;
}
```

일반화가 부족할 뿐 아니라 기존 테스트까지 실패한다. 2의 소인수 분해가
실패한다. 이유는 명백하다. n을 2로 나누면 1이 되고 이 1이 리스트에 추가
된 것이다.

더 일반적이지 않은 코드를 조금 추가해 고칠 수 있다.

```java
private List<Integer> factorsOf(int n) {
  ArrayList<Integer> factors = new ArrayList<>();
  if (n > 1) {
    if (n % 2 == 0) {
      factors.add(2);
      n /= 2;
    }
    if (n > 1)
      factors.add(n);
  }
  return factors;
}
```

이 시점에서 내가 이런저런 if 문을 남발하며 테스트를 통과시킨다며 비난할
수도 있겠다. 사실에 가까운 타당한 비난이다. 규칙 5를 위반했다고 비난할
수도 있다. 방금 추가한 코드는 모두 그다지 일반적이지 않다고 말이다. 하
지만 나에게는 다른 방법이 없었다.

그런데 일반화할 수 있는 단서가 있다. 잘 보면 두 if 문의 조건절이 동일

하다. 마치 반복문을 풀어서 써 놓은 모습의 일부를 보는 것 같기도 하다. 사실 두 번째 if문이 첫 번째 if의 안에 있어야 할 이유는 없다.

```java
private List<Integer> factorsOf(int n) {
  ArrayList<Integer> factors = new ArrayList<>();
  if (n > 1) {
    if (n % 2 == 0) {
      factors.add(2);
      n /= 2;
    }
  }
  if (n > 1)
    factors.add(n);
  return factors;
}
```

여전히 테스트는 통과하고 이제는 한층 더 반복문을 풀어서 써 놓은 모습 같아 보인다.

다음 세 테스트는 고치지 않아도 통과한다.

```java
assertThat(factorsOf(5), contains(5));
assertThat(factorsOf(6), contains(2,3));
assertThat(factorsOf(7), contains(7));
```

우리가 올바른 방향으로 나아가고 있다는 좋은 신호다. 못생긴 if 문들도 조금 괜찮아 보인다.

다음으로 가장 퇴화한 테스트는 8인데 우리 코드로는 리스트에 숫자 세 개가 들어갈 방법이 없으므로 당연히 실패해야 한다.

```java
assertThat(factorsOf(8), contains(2, 2, 2));
```

이 테스트를 통과하는 방법이 또 놀라운데 규칙 5의 효과적인 적용 사례이기도 하다. 바로 if를 while로 바꾸는 것이다.

```
private List<Integer> factorsOf(int n) {
  ArrayList<Integer> factors = new ArrayList<>();
  if (n > 1) {
    while (n % 2 == 0) {
      factors.add(2);
      n /= 2;
    }
  }
  if (n > 1)
    factors.add(n);
  return factors;
}
```

나는 식탁 앞에 앉은 채로 다시 한번 감탄했다. 무언가 심오한 일이 벌어진 듯했다. 당시에는 그 일이 무엇인지 몰랐지만 이제는 안다. 바로 규칙 5다. 알고 보니 while은 if의 일반적인 형태고, if는 while의 퇴화한 형태였다.

다음 테스트인 9는 우리가 만든 코드에 3으로 나누는 부분이 없으니 실패해야 한다.

assertThat(factorsOf(9), contains(3, 3));

문제를 해결하려면 3으로 나눠야 한다. 다음과 같이 하면 된다.

```
private List<Integer> factorsOf(int n) {
  ArrayList<Integer> factors = new ArrayList<>();
  if (n > 1) {
    while (n % 2 == 0) {
      factors.add(2);
      n /= 2;
    }
    while (n % 3 == 0) {
      factors.add(3);
      n /= 3;
    }
  }
  if (n > 1)
    factors.add(n);
  return factors;
}
```

하지만 끔찍한 해결 방법이다. 규칙 5를 총체적으로 위반했을 뿐 아니라 코드 중복도 매우 많다. 어느 문제가 더 심각한지 우열을 가리기 힘들다!

일반화 주문mantra이 필요한 순간이다.

테스트가 더 구체적으로 바뀔수록 제품 코드는 더 일반적으로 바뀐다.

새로운 테스트를 추가할 때마다 테스트 묶음은 더 구체적으로 바뀐다. 규칙 5를 적용할 때마다 해답 코드는 더 일반적으로 바뀐다. 나중에 다시 살펴보겠지만 이 주문이 테스트를 설계하는 데 그리고 깨지기 쉬운fragile 테스트를 예방하는 데 매우 중요한 것으로 드러났다.

우리가 만든 소인수 분해 코드를 반복문 안에 넣어서 중복으로 인한 문제와 규칙 5 위반을 해소할 수 있다.

```java
private List<Integer> factorsOf(int n) {
  ArrayList<Integer> factors = new ArrayList<>();
  int divisor = 2;
  while (n > 1) {
    while (n % divisor == 0) {
      factors.add(divisor);
      n /= divisor;
    }
    divisor++;
  }
  if (n > 1)
    factors.add(n);
  return factors;
}
```

여기서도 실제 작업은 몇 단계로 나뉜다. 첫 번째 단계로 코드에 들어 있는 세 개의 2를 divisor 변수로 추출한다. 다음에는 divisor++ 문을 추가한다. 그리고 divisor 변수의 초기화 부분을 if 문 밖으로 옮긴 다음, 마지막으로 if를 while로 바꾼다.

if를 while로 바꾸는 변환이 다시 한번 나왔다. 처음에 추가한 if 문의 조건식이 사실은 while 반복문의 조건식이었다는 점을 눈치챘는가? 나에게는 아주 놀라운 발견이었다. 여기에는 진화적인 면모가 있다. 내가 만들려고 했던 생명체가 단순한 씨앗에서 시작해 여러 번의 작은 변이를 거치며 점차 진화한 듯하다.

맨 밑에 있는 if 문은 쓸모가 없어졌다. 반복문을 빠져나가는 경우는 n이 1이 될 때가 유일하다. 마지막 if 문은 정말로 반복문을 풀어서 쓴 코드의 종료 조건이었다.

```java
private List<Integer> factorsOf(int n) {
  ArrayList<Integer> factors = new ArrayList<>();
  int divisor = 2;
  while (n > 1) {
    while (n % divisor == 0) {
      factors.add(divisor);
      n /= divisor;
    }
    divisor++;
  }

  return factors;
}
```

조금 리팩터링을 하면 다음과 같다.

```java
private List<Integer> factorsOf(int n) {
  ArrayList<Integer> factors = new ArrayList<>();

  for (int divisor = 2; n > 1; divisor++)
    for (; n % divisor == 0; n /= divisor)
      factors.add(divisor);

  return factors;
}
```

끝났다.

식탁 앞에 앉아서 이 프로그램의 핵심인 단 세 줄의 코드를 보며 두 가지 질문이 떠올랐다. 이 알고리즘은 어디에서 왔을까 그리고 어떻게 동작하는 걸까?

분명히 내 머리에서 나온 것이다. 어쨌든 키보드 위에는 내 손가락이 있었으니 말이다. 하지만 분명히 처음에 내가 만들려고 계획했던 알고리즘은 아니다. 에라토스테네스의 체는 어디 갔지? 소수 목록은? 이 코드에는 둘 다 들어 있지 않다!

더 심각한 점은 이 알고리즘이 왜 동작하느냐는 것이다. 내가 동작 원리를 이해하지도 못한 채로 잘 돌아가는 알고리즘을 만들었다는 사실은 충격적이었다. 어떻게 돌아가는지 파악하기 위해 시간을 좀 들여야 했다. 내가 이해하기 힘들었던 부분은 바깥쪽 반복문의 divisor++ 증가문이었다. 이 반복문에서는 모든 정수로 인수 여부를 확인하는데 여기에는 합성수도 포함된다! 예를 들어 입력이 12라면 이 증가문은 4도 인수인지 확인할 것이다. 그런데 왜 4는 결과에 포함되지 않는 걸까?

물론 그 이유는 실행 순서 때문이다. 증가문이 divisor를 4로 증가시킨 시점에는 n에서 모든 2가 이미 제거된 후다. 그리고 이 점을 조금 더 음미해 보면 이것이 바로 에라토스테네스의 체라는 사실을 알 수 있다. 평소와는 모습이 사뭇 다를 뿐이다.

이 예제의 요점은 테스트 케이스를 하나씩 추가하면서 알고리즘을 유도했다는 것이다. 나는 알고리즘을 처음에 미리 생각해 두지 않았다. 시작할 때는 이 알고리즘이 어떤 형태가 될지도 몰랐다. 알고리즘이 내 눈앞에서 저절로 맞춰지는 듯했다. 다시 말하지만 한 번에 작은 단계 하나씩 점점 복잡한 생명체로 발달해 가는 배아 같았다.

지금도 이 세 줄의 코드를 보면 보잘것없었던 초기의 모습을 찾아볼 수 있다. 첫 if 문의 남은 부분이나 다른 변경 사항들의 단편을 볼 수 있다. 코드의 발자취가 모두 남아 있다.

그리고 우리에게는 충격적인 가능성이 남았다. 어쩌면 테스트 주도 개발은 단계적으로 알고리즘을 유도하는 일반적인 기법인지도 모른다. 적절한 순서로 테스트 묶음이 주어지기만 한다면, 테스트 주도 개발을 사용하여 한 단계, 한 단계씩 결정짓는 방식으로 어떤 컴퓨터 프로그램이든 유도할 수 있을지도 모른다.

1936년에 앨런 튜링과 알론조 처치는 임의의 문제를 해결하는 프로그램이 존재하는지를 결정짓는 일반적인 절차는 없음을 제각기 증명했다.[7] 이 과정에서 튜링과 처치는 각각 절차적 프로그래밍과 함수형 프로그래밍을 발명했다. 그리고 어쩌면 테스트 주도 개발은 해결 가능한 문제를 푸는 알고리즘을 유도하는 일반적인 절차일 수도 있을 것 같다.

볼링

1999년에 밥 코스Bob Koss와 나는 C++ 콘퍼런스에 함께 갔다. 우리는 남는 시간 동안 테스트 주도 개발로 알고리즘을 유도한다는 새로운 아이디어를 실험해 보기로 했다. 우리는 볼링 경기의 점수를 계산하는 간단한 문제를 골랐다.

그림 2.3 악명 높은 도랑에 빠진 공(삽화: 앤젤라 브룩스)

---

7 이것이 힐베르트의 '결정 가능성(decidability) 문제'다. 힐베르트의 문제는 임의의 주어진 디오판토스 방정식(Diophantine equation)에 해가 있음을 증명하는 일반적인 방법이 있는지였다. 디오판토스 방정식은 정수 입출력을 갖는 수학 함수다. 컴퓨터 프로그램도 정수 입출력을 갖는 수학 함수다. 따라서 힐베르트의 문제는 컴퓨터 프로그램에 대한 것으로 기술할 수도 있다.

볼링 경기 한 게임game은 10개의 프레임frame으로 이루어진다. 각 프레임마다 선수는 공을 굴려서roll 나무 핀 10개를 쓰러트려야 하는데 기회는 두 번이다. 공으로 쓰러트린 핀의 수가 그 공의 투구 점수다. 첫 번째 공으로 10개의 핀을 모두 쓰러트렸다면 스트라이크strike라고 부른다. 공 두 개를 다 써서 10개의 핀을 모두 쓰러트렸다면 스페어spare라고 부른다. 모두가 두려워하는 도랑gutter에 빠진 공(그림 2.3)은 0점이다.

점수 계산 규칙은 요약하면 다음과 같다.

- 프레임에서 스트라이크가 나오면 점수는 10점에 그다음 투구 2회의 점수를 더한 것이다.
- 프레임을 스페어로 처리하면 점수는 10점에 그다음 공의 투구 점수를 더한 것이다.
- 스트라이크나 스페어가 아니면 해당 프레임 투구 2회에서 쓰러트린 핀의 개수가 점수다.

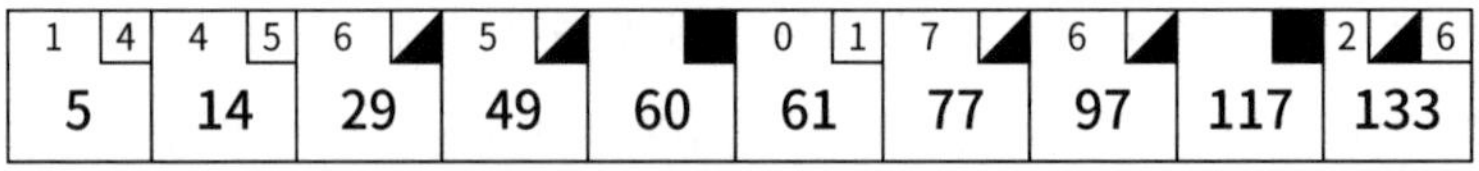

1	4	4	5	6	◣	5	◣		◼	0	1	7	◣	6	◣		◼	2	◣ 6
5		14		29		49		60		61		77		97		117		133	

그림 2.4 일반적인 게임의 점수표

그림 2.4의 점수표는 (다소 들쭉날쭉하지만) 일반적인 게임을 보여 준다. 이 선수는 첫 번째 공으로 핀을 하나 쓰러트렸다. 두 번째 공으로는 네 개를 더 쓰러트려서 총 5점을 획득했다.

2프레임에서는 네 개와 다섯 개를 각각 쓰러트려서 9점을 획득했다. 총점은 14점이다.

3프레임에는 여섯 개를 쓰러트린 후 두 번째 공으로 네 개를 쓰러트려서 스페어를 기록했다. 3프레임의 점수는 다음 프레임을 진행하기 전에는 계산할 수 없다.

4프레임에서 첫 번째 투구는 5점을 기록했다. 이제 이전 프레임의 점수를 계산할 수 있다. 3프레임은 15점이고 3프레임까지의 총점은 29점이다.

4프레임에서도 스페어를 기록했고 5프레임을 진행해야 점수를 알 수 있다. 5프레임에는 스트라이크를 기록했고 4프레임은 20점이 된다. 4프레임까지의 총점은 49점이다.

스트라이크를 기록한 5프레임의 점수는 6프레임에서 두 번 투구를 해야 계산할 수 있다. 안타깝게도 0점과 1점을 기록했고 5프레임은 겨우 11점이 된다. 총점은 60점이다.

이렇게 마지막 10프레임까지 이어진다. 10프레임에서는 스페어를 기록했고 스페어의 점수를 계산하기 위해 한 번 더 투구했다.

자, 여러분은 프로그래머, 그것도 훌륭한 객체 지향 프로그래머다. 볼링 경기의 점수를 계산하는 문제를 표현한다면 어떤 클래스와 관계를 사용하겠는가? UML로 그릴 수 있겠는가?[8]

아마 여러분이 만들어 낸 그림은 그림 2.5와 비슷할 것이다.

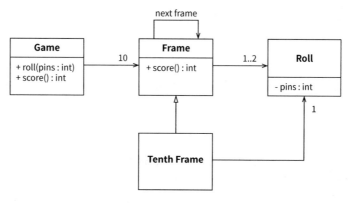

그림 2.5 볼링 점수 계산 UML 도표

---

8 통합 모델링 언어(Unified Modeling Language). UML을 모른다고 해도 걱정하지 말라. 사각형과 화살표를 늘어놓은 그림일 뿐이다. 본문에 나오는 설명만으로 충분히 이해할 수 있다.

Game은 10개의 Frame을 갖는다. 각 프레임은 한 개 또는 두 개의 Roll을 갖는다. 단, TenthFrame 하위 클래스는 상속받은 1..2에다 한 번의 투구를 더 추가하여 2..3개의 Roll을 갖는다. 각 Frame 객체는 다음 Frame 객체를 next frame으로 가리키고 있는데, score 함수가 스페어나 스트라이크의 점수를 계산할 때 next frame으로 다음 프레임의 투구 내용을 볼 수 있다.

Game은 두 개의 함수가 있다. roll 함수는 선수가 투구할 때마다 호출되는데 쓰러트린 핀의 수가 인자로 넘어온다. score 함수는 모든 투구가 끝난 후 한 번 호출되며 전체 게임의 점수를 반환한다.

멋지고 간단한 객체 지향 모델이다. 코드로 옮기기도 쉬울 듯하다. 사실 네 명짜리 팀이 하나 있다면 네 클래스를 각각 나눠 맡은 후 나중에 하루쯤 날을 잡고 통합 작업을 해서 완성해도 된다.

또는 테스트 주도 개발을 쓸 수도 있다. 언제나처럼 아무 일도 하지 않는 테스트로 시작한다. 컴파일하고 실행할 수 있음을 증명하기 위해서다. 테스트가 통과하면 이 테스트는 삭제한다.

```
public class BowlingTest {
  @Test
  public void nothing() throws Exception {
  }
}
```

다음으로는 Game 클래스의 인스턴스를 만들 수 있는지 확인하는 테스트를 추가한다.

```
@Test
public void canCreateGame() throws Exception {
  Game g = new Game();

}
```

이제 통합 개발 환경을 이용해 필요한 클래스를 생성해서 컴파일도 되고 테스트도 통과하게 만든다.

```
public class Game {
}
```

다음으로는 공을 하나 굴릴 수 있는지 보자.

```
@Test
public void canRoll() throws Exception {
  Game g = new Game();
  g.roll(0);
}
```

통합 개발 환경을 이용해 roll 함수를 생성하여 컴파일도 되고 테스트도 통과하게 만든다. 함수의 인자에는 적절히 이름을 붙인다.

```
public class Game {
  public void roll(int pins) {
  }

}
```

아마 벌써 지루해지기 시작했을 것이다. 지금까지는 새로운 것이 전혀 없다. 조금만 참으라. 흥미로운 일이 일어날 참이다. 테스트에 벌써 약간의 중복이 발생했다. 중복을 제거해야 하므로 Game을 생성하는 부분을 setUp 함수로 빼낸다.

```
public class BowlingTest {
  private Game g;

  @Before
  public void setUp() throws Exception {
    g = new Game();
  }
}
```

첫 번째 테스트는 텅 빈 테스트가 되어 버렸으니 삭제한다. 두 번째 테스트 역시 단정문이 없으니 별 쓸모가 없어 보인다. 역시 삭제한다. 이 테스트들은 제 역할을 다했다. 이런 테스트를 계단stairstep 테스트라고 한다.

> 계단 테스트: 우리가 앞으로 필요로 할 클래스나 함수 또는 다른 구조를 만들도록 강제하기 위해 쓰는 테스트도 있다. 가끔은 이런 테스트가 너무나 퇴화해서 아무런 단정문이 없는 경우도 있다. 아주 단순한 단정문이 고작인 경우도 있다. 이런 테스트들은 나중에 추가한 좀 더 포괄적인 테스트로 대신할 수 있어서 지워도 안전한 경우가 많다. 이런 종류의 테스트를 계단 테스트라고 부른다. 복잡도를 필요한 수준까지 점진적으로 증가시킬 수 있게 도와주는 계단 역할을 하기 때문이다.

다음으로는 게임 점수를 계산할 수 있는지 확인하고 싶다. 하지만 그러려면 일단 공을 굴려서 게임을 마쳐야 한다. 앞에서 score 함수는 투구를 모두 해서 게임을 마친 다음에만 호출할 수 있다고 정했다.

규칙 4에 따라 우리가 떠올릴 수 있는 가장 단순하고 퇴화한 게임을 만들어 보자.

```
@Test
public void gutterGame() throws Exception {
  for (int i=0; i<20; i++)
    g.roll(0);
  assertEquals(0, g.score());
}
```

이 테스트는 쉽게 통과시킬 수 있다. score에서 0을 반환하기만 하면 된다. 여기에 코드를 옮기지는 않았지만 실은 먼저 –1을 반환하게 해서 테스트가 실패하는 것을 확인했다. 그리고 테스트가 통과하도록 반환하는 값을 0으로 바꾼다.

```
public class Game {
  public void roll(int pins) {
  }

  public int score() {
    return 0;
  }
}
```

됐다. 곧 흥미로운 일이 일어날 거라고 했는데 이제 막 흥미로워지고 있다.
한 가지만 더 준비하자. 다음 테스트 역시 규칙 4에 따라 만든다. 지금 떠오
르는 그다음으로 단순한 테스트는 모두 1점인 경우다. 방금 쓴 테스트를 복
사해 붙여 넣어서 만들 수 있다.

```
@Test
public void allOnes() throws Exception {
  for (int i=0; i<20; i++)
    g.roll(1);
  assertEquals(20, g.score());
}
```

중복 코드가 생겼다. 마지막 두 테스트는 거의 동일하다. 리팩터링 단계에서
이 문제를 고쳐야 한다. 하지만 그보다 먼저 테스트를 통과하도록 만들어야
하는데 이건 아주 쉽다. 각 공의 점수를 모두 더하기만 하면 된다.

```
public class Game {
  private int score;

  public void roll(int pins) {
    score += pins;
  }

  public int score() {
    return score;
  }
}
```

물론 이 코드는 정확한 볼링 점수 계산 알고리즘이 아니다. 사실 이 알고리즘이 어떻게 볼링 점수 계산 규칙으로 진화할 수 있을지 잘 모르겠다. 그래서 나는 미심쩍은 기분이다. 테스트를 더 추가하다 보면 난관에 봉착할 듯하다. 어쨌든 지금은 리팩터링을 할 시간이다.

중복인 코드를 rollMany라는 함수로 추출해 중복을 제거한다. 통합 개발 환경의 메서드 추출Extract Method 리팩터링 기능이 아주 유용하다. 심지어 추출하는 내용과 중복인 부분을 모두 찾아서 바꿔 주기도 한다.

```java
public class BowlingTest {
  private Game g;

  @Before
  public void setUp() throws Exception {
    g = new Game();
  }

  private void rollMany(int n, int pins) {
    for (int i = 0; i < n; i++) {
      g.roll(pins);
    }
  }

  @Test
  public void gutterGame() throws Exception {
    rollMany(20, 0);
    assertEquals(0, g.score());
  }

  @Test
  public void allOnes() throws Exception {
    rollMany(20, 1);
    assertEquals(20, g.score());
  }
}
```

자, 다음 테스트. 이제 퇴화한 무언가를 더 떠올리기가 어려우니 스페어에 도

전해 보면 어떨까? 그래도 계속 간단한 경우만 고려하자. 스페어 하나, 그다음 투구 하나 그리고 나머지는 모두 도랑에 빠진 경우를 계산해 보자.

```
@Test
public void oneSpare() throws Exception {
  rollMany(2, 5); // 스페어
  g.roll(7);
  rollMany(17, 0);
  assertEquals(24, g.score());
}
```

테스트가 맞는지 확인해 보자. 이 게임에서 각 프레임에는 투구가 두 번씩 있었다. 처음 두 공은 스페어였고 그다음 공은 스페어 다음 투구에 해당한다. 그리고 17번 연속으로 공이 도랑에 빠지면서 게임이 끝난다. 첫 프레임의 점수는 10점에 다음 프레임의 투구 점수 7점을 더해 17점이다. 따라서 전체 게임의 점수는 7이 두 번 더해져서 24점이다. 계산이 맞는지 한번 따져 보라.

물론 이 테스트는 실패한다. 이 테스트를 어떻게 통과할 수 있을까? 현재 코드를 보자.

```
public class Game {
  private int score;
  public void roll(int pins) {
    score += pins;
  }

  public int score() {
    return score;
  }
}
```

점수는 roll 함수에서 계산되고 있으니 이 함수가 스페어를 고려하도록 바꿔야 한다. 하지만 그러려면 다음과 같이 정말 꼴사나운 짓을 해야 한다.

```
public void roll(int pins) {
  if (pins + lastPins == 10) { // 끔찍하다!
    // 아무도 이해 못할 코드...
  }
  score += pins;
}
```

lastPins 변수는 Game 클래스의 변수로 이전 투구의 점수를 기억해야 한다. 만약 이전 투구와 현재 투구의 점수가 합해서 10이면 스페어다. 아닌가? 윽!

뒷골이 땅기는 느낌이 든다. 구역질이 나고 긴장성 두통이 밀려오기 시작한다. 소프트웨어 장인다운 불안 때문에 여러분의 혈압이 상승했으리라.

'이건 완전히 틀렸어!'

우리는 모두 이런 기분이 들었던 적이 있다. 그렇지 않은가? 문제는 이때 무엇을 하는지다.

무언가 잘못됐다는 느낌이 든다면 그 느낌을 믿으라! 자, 무엇이 잘못됐을까?

설계에 결함이 있다. 실제로 무언가 하는 코드는 단 두 줄밖에 안 되는데 어떻게 설계 결함이 존재할 수 있는지 당연히 궁금할 것이다. 하지만 설계 결함은 존재한다. 노골적이고 매우 해로운 결함이다. 어디에 문제가 있는지 말해 주면 여러분도 순식간에 알아채고 내 생각에 동의할 것이다. 여러분은 혹시 찾았는가?

정답은 광고 후에 알려 주겠다.

설계 결함이 무엇인지는 맨 처음에 이미 말했다. 이름에 따르면 이 클래스의 두 함수 중 어느 함수가 점수를 계산하는가? 물론 score 함수다. 실제로는 어느 함수가 점수를 계산하는가? roll 함수다. 이것이 책임 배치 오류mis-placed responsibility다.

책임 배치 오류: 특정 계산을 수행한다고 주장하는 함수가 실제로는 그 계

산을 하지 않는 설계 결함이다. 실제 계산은 다른 곳에서 이루어진다.

이런 경험이 있지 않은가? 특정 작업을 한다고 주장하는 함수에 가 보았더니 사실은 그 일을 하지 않는다. 그래서 실제로 그 일이 시스템 어디에서 이루어지는지는 알 수가 없다. 왜 이런 일이 일어날까?

영리한 프로그래머, 아니 자신이 영리하다고 여기는 프로그래머 때문이다.

roll 함수에서 핀 수를 더한 것은 아주 영리한 발상이었다. 그렇지 않은가? 투구할 때마다 함수가 불리고 투구별 점수를 더하기만 하면 됐으므로 덧셈을 여기에 넣어 버렸다. 정말 영리하기 짝이 없다. 이런 영리함 덕분에 규칙 6이 나온다.

규칙 6 코드가 틀렸다고 느껴지면 잠시 멈춰서 설계를 고치라.

그렇다면 이 설계 결함은 어떻게 고칠까? 점수 계산이 엉뚱한 곳에서 수행되고 있으므로 점수를 계산하는 곳을 옮겨야 한다. 옮기고 나면 어쩌면 스페어 테스트를 통과하는 방법이 떠오를 수도 있다.

점수 계산을 옮기려면 roll 함수가 모든 투구 내용을 배열 같은 것에 기록해야 한다. 그러면 score 함수가 배열의 숫자를 모두 합할 수 있다.

```java
public class Game {
  private int rolls[] = new int[21];
  private int currentRoll = 0;

  public void roll(int pins) {
    rolls[currentRoll++] = pins;
  }

  public int score() {
    int score = 0;
    for (int i = 0; i < rolls.length; i++) {
```

```
        score += rolls[i];
    }
    return score;
  }
}
```

이 코드는 스페어 테스트에는 실패하지만 다른 두 테스트는 통과한다. 그뿐 아니라 스페어 테스트는 이전과 동일한 이유로 실패한다. 즉, 코드의 구조를 완전히 바꿨는데도 동작은 변하지 않았다. 그런데 이것이 리팩터링의 정의다.

리팩터링: 동작에는 영향이 없는 코드 구조 변경[9]

이제 스페어 처리를 통과할 수 있을까? 글쎄, 어쩌면 가능하겠지만 여전히 꺼림칙하다.

```
public int score() {
  int score = 0;
  for (int i = 0; i < rolls.length; i++) {
    if (rolls[i] + rolls[i+1] == 10) { // 꺼림칙하다.
      // 어떻게 해야 할까?
    }
    score += rolls[i];
  }
  return score;
}
```

이렇게 하면 될까? 아니, 틀렸다. 그렇지 않은가? 이 코드는 i가 짝수일 때만 올바르다. if 문이 제대로 스페어를 인식하도록 하려면 조건문이 다음과 같아야 한다.

```
if (rolls[i] + rolls[i+1] == 10 && i%2 == 0) { // 꺼림칙하다.
```

그래서 다시 규칙 6으로 돌아간다. 또 다른 설계 문제가 있다. 무엇일까?

---

9 《리팩터링 2판: 코드 구조를 체계적으로 개선하여 효율적인 리팩터링 구현하기(Refactoring: Improving the Design of Existing Code)》(한빛미디어, 2020)

볼링 예제 앞부분에서 살펴본 UML 도표를 떠올려 보라. 도표에서 Game 클래스는 열 개의 Frame 인스턴스를 가지고 있었다. 여기서 배울 점이 없을까? 우리 반복문을 보자. 지금 코드로는 반복문이 21번 수행되는데 이게 말이 되나?

다른 관점에서 생각해 보자. 여러분이 처음 보는 볼링 점수 계산 코드를 리뷰하려고 한다. 코드에서 어떤 숫자를 보게 될까? 21일까? 아니면 10일까?

부디 10을 골랐기를 빈다. 볼링 경기는 10개의 프레임으로 이루어지기 때문이다. 우리 알고리즘에는 10이 어디에 있을까? 어디에도 없다!

어떻게 우리 알고리즘에 10이라는 숫자를 넣을 수 있을까? 우리는 반복문에서 한 번에 한 프레임씩 입력 배열을 처리해야 한다. 어떻게 해야 할까?

글쎄, 아마 한 번에 공을 두 개씩 읽으며 반복할 수 있을 것이다. 이렇게 말이다.

```java
public int score() {
  int score = 0;
  int i = 0;
  for (int frame = 0; frame<10; frame++) {
    score += rolls[i] + rolls[i+1];
    i += 2;
  }
  return score;
}
```

여전히 첫 두 테스트는 통과하지만 스페어 테스트는 이전과 동일한 이유로 실패한다. 즉, 동작은 변하지 않았다. 진정한 리팩터링이다.

지금쯤이면 이 책을 찢어 버릴 태세일지도 모르겠다. 한 번에 배열에서 공을 두 개씩 반복해서 읽는 방법은 완전히 틀렸으니까. 스트라이크는 한 프레임에 투구가 한 번밖에 없고, 10프레임에는 투구가 세 번 있을 수도 있다.

분명 맞는 말이다. 하지만 지금까지 쓴 테스트에는 스트라이크나 세 번 투구하는 10프레임이 없다. 그러니 일단 프레임당 투구 두 번 전략이 잘 동작한다.

스페어 테스트도 통과할 수 있을까? 물론이다. 간단하다.

```
public int score() {
  int score = 0;
  int i = 0;
  for (int frame = 0; frame < 10; frame++) {
    if (rolls[i] + rolls[i + 1] == 10) { // 스페어
      score += 10 + rolls[i + 2];
      i += 2;
    } else {
      score += rolls[i] + rolls[i + 1];
      i += 2;
    }
  }
  return score;
}
```

이제 스페어 테스트가 통과한다. 멋지다. 하지만 코드는 좀 엉망이다. i는 frameIndex로 이름을 바꿀 수 있고, 보기 싫은 주석은 작고 멋진 메서드를 하나 추출해서 없앨 수 있다.

```
public int score() {
  int score = 0;
  int frameIndex = 0;
  for (int frame = 0; frame < 10; frame++) {
    if (isSpare(frameIndex)) {
      score += 10 + rolls[frameIndex + 2];
      frameIndex += 2;
    } else {
      score += rolls[frameIndex] + rolls[frameIndex + 1];
      frameIndex += 2;
    }
  }
  return score;
}

private boolean isSpare(int frameIndex) {
  return rolls[frameIndex] + rolls[frameIndex + 1] == 10;
}
```

좀 낫다. 스페어 테스트에서도 동일한 방식으로 보기 싫은 주석을 없앨 수 있다.

```java
private void rollSpare() {
  rollMany(2, 5);
}

@Test
public void oneSpare() throws Exception {
  rollSpare();
  g.roll(7);
  rollMany(17, 0);
  assertEquals(24, g.score());
}
```

이처럼 마음에 드는 작은 함수로 주석을 대체하는 일은 거의 언제나 좋은 생각이다. 나중에 여러분의 코드를 읽는 이들이 여러분에게 감사할 것이다.

자, 다음 테스트는 뭘까? 나는 스트라이크를 시도해야 한다고 생각한다.

```java
@Test
public void oneStrike() throws Exception {
  g.roll(10); // 스트라이크
  g.roll(2);
  g.roll(3);
  rollMany(16, 0);
  assertEquals(20, g.score());
}
```

테스트가 맞는지 확인해 보라. 스트라이크 한 번 후 추가 점수가 있는 투구를 2회 하고 나서, 그다음 8개 프레임에서는 16번의 투구가 모두 도랑에 빠졌다. 1프레임의 점수는 15점이고 2프레임은 5점이다. 나머지는 모두 0점이므로 총점은 20점이다.

이 테스트는 물론 실패한다. 통과시키려면 무엇을 해야 할까?

```
public int score() {
  int score = 0;
  int frameIndex = 0;
  for (int frame = 0; frame < 10; frame++) {
    if (rolls[frameIndex] == 10) { // 스트라이크
      score += 10 + rolls[frameIndex+1] +
                    rolls[frameIndex+2];
      frameIndex++;
    }
    else if (isSpare(frameIndex)) {
      score += 10 + rolls[frameIndex + 2];
      frameIndex += 2;
    } else {
      score += rolls[frameIndex] + rolls[frameIndex + 1];
      frameIndex += 2;
    }
  }
  return score;
}
```

이제 통과한다. 이번에는 frameIndex를 1만 증가시켰다. 스트라이크가 나오면 해당 프레임에는 투구가 한 번밖에 없기 때문이다. 여러분은 이런 경우를 계속 걱정하고 있지 않았는가?

올바른 설계를 만들었을 때 생기는 상황의 좋은 사례다. 나머지 코드는 그냥 알아서 제자리를 찾아가기 시작한다. 우리 친구 여러분, 규칙 6에 특별히 주목하라. 그리고 일찍부터 올바른 설계를 만들라. 시간을 엄청나게 절약할 수 있다.

정리할 코드가 꽤 많이 보인다. 보기 싫은 주석은 isStrike 메서드를 추출해서 없앨 수 있다. 보기 싫은 연산 기호들도 마음에 드는 이름을 가진 함수들로 추출해 낼 수 있다. 정리를 마치고 나면 다음과 같다.

```
public int score() {
  int score = 0;
  int frameIndex = 0;
  for (int frame = 0; frame < 10; frame++) {
```

```
    if (isStrike(frameIndex)) {
      score += 10 + strikeBonus(frameIndex);
      frameIndex++;
    } else if (isSpare(frameIndex)) {
      score += 10 + spareBonus(frameIndex);
      frameIndex += 2;
    } else {
      score += twoBallsInFrame(frameIndex);
      frameIndex += 2;
    }
  }
  return score;
}
```

테스트에 있는 주석도 rollStrike 메서드를 추출해서 지울 수 있다.

```
@Test
public void oneStrike() throws Exception {
  rollStrike();
  g.roll(2);
  g.roll(3);
  rollMany(16, 0);
  assertEquals(20, g.score());
}
```

다음 테스트는 뭘까? 우리는 아직 10프레임을 테스트하지 않았다. 하지만 예감이 좋다. 규칙 3을 어기고 '최상의 결과를 추구할' 시간인 것 같다. 퍼펙트 게임을 테스트해 보자!

```
@Test
public void perfectGame() throws Exception {
  rollMany(12, 10);
  assertEquals(300, g.score());
}
```

첫 아홉 프레임에는 스트라이크를 던지고, 10프레임에는 스트라이크 이후에 두 번의 10점 투구를 한다. 물론 점수는 모두가 알듯이 300점이다.

이 테스트를 실행하면 어떤 일이 벌어질까? 실패하지 않을까? 그런데 아니다! 통과한다! 우리가 프로그램을 완성해서 통과한 것이다! 이 score 함수가 바로 정답이다. 코드를 읽으면서 스스로 증명할 수 있다. 내가 읽어 줄 테니 한번 들어 보라.

```
10개의 프레임 각각에 대해
    이 프레임이 스트라이크면,
        점수는 10 더하기 스트라이크 보너스(다음 두 개의 공).
    이 프레임이 스페어면,
        점수는 10 더하기 스페어 보너스(다음 한 개의 공).
    그렇지 않으면,
        점수는 이 프레임의 공 두 개의 점수.
```

코드가 마치 볼링 점수 계산 규칙처럼 읽힌다. 볼링 예제의 맨 처음으로 돌아가서 규칙을 다시 읽어 보라. 그리고 코드와 비교해 보면서 이렇게 요구 사항과 코드가 꼭 일치하는 경우를 본 적이 있는지 자문해 보라.

왜 이게 되는지 당황스러운 사람도 있을 수 있다. 점수표의 10프레임을 보면 다른 프레임과 완전히 다르게 생겼는데, 우리 해답에는 10프레임을 특별한 경우로 처리하는 코드가 전혀 없다. 어떻게 이게 가능할까?

그 답은 사실 10프레임이 전혀 특별하지 않다는 것이다. 점수표에는 다르게 그려졌지만, 그렇다고 점수가 다르게 계산되지는 않는다. 10프레임은 특별한 경우가 아니다.

그런데 우리는 10프레임을 별도의 하위 클래스로 만들려고 했었다!

UML 도표를 다시 보자. 우리는 일을 프로그래머 서너 명에게 나누어 준 뒤, 나중에 하루나 이틀 정도 통합 작업을 할 수도 있었다. 그리고 우리가 프로그램을 작동하게 만들었을 때 비극이 시작된다. 우리는 400줄[10]의 작동하는 코드를 자축했을 것이다. 사실 14줄밖에 안 되는 for 반복문 하나와 if문 두 개면 충분한 알고리즘이라는 점은 모르는 채로 말이다.

---

10 물론 내가 작성하기 때문에 400줄이나 된다는 건 알고 있다.

여러분은 이 해답을 더 일찍 눈치챘나? for 반복문과 두 개의 if 문이 떠올랐는가? 아니면 언젠가는 추가하는 테스트가 결국 Frame 클래스를 써야만 하도록 만들 것이라 예상했나? 10프레임 처리를 기다렸나? 거기서 엄청 복잡한 경우가 발생할 것이라 예상했는가?

10프레임 테스트를 실행하기 전에 우리 구현이 끝났다는 것을 알고 있었나, 아니면 할 일이 더 많이 있다고 생각했는가? 할 일이 더 있다고 생각하고 테스트를 작성했는데, 놀랍게도 작업이 이미 끝났다는 것을 알게 되다니 정말 멋지지 않은가?

어떤 이는 우리가 앞서 보여 준 UML 도표를 따랐다면 변경이나 유지 보수가 더 쉬운 코드를 만들어 낼 수 있었을 거라고 불평했다. 완전 헛소리다! 여러분이라면 어떤 코드를 관리하겠는가? 네 개의 클래스가 있는 400줄짜리 코드인가, 아니면 for 반복문 하나와 if 문 두 개가 있는 14줄짜리 코드인가?

결론

이번 장에서 우리는 테스트 주도 개발을 하는 이유와 테스트 주도 개발의 기초를 공부했다. 여기까지 왔다면 여러분의 머리가 빙빙 돌고 있을지도 모르겠다. 이번 장에서 많은 내용을 다루었지만 아직 멀었다. 다음 장에서는 테스트 주도 개발 주제들을 훨씬 더 깊이 다룰 테니, 페이지를 넘기기 전 잠시 휴식을 취해도 좋겠다.

고급 테스트 주도 개발

Advanced TDD

놀라지 말라. 이번 장의 여정은 더 빠르고 평탄치 않을 것이다. 크렐 머신을 안내하는 모비우스 박사[1]의 말을 인용하며 시작하겠다. "새로운 차원의 과학적 가치를 맞이할 마음의 준비를 하십시오."

정렬 1

'2장 테스트 주도 개발'의 마지막 두 예제는 흥미로운 질문을 던진다. 우리가 테스트 주도 개발을 이용해 유도한 알고리즘은 어디에서 나온 걸까? 분명 우리 뇌에서 나오기는 했지만 평소와는 좀 달랐다. 미리 전부 생각해 둔 것도 아닌데 실패하는 테스트를 추가하다 보니 어느새 우리 뇌를 구슬려 알고리즘을 얻어 냈다.

이 예제들은 테스트 주도 개발이 임의의 문제를 풀기 위한 알고리즘을 유도하는 단계적이고 점진적인 절차일 가능성을 보여 준다. 수학이나 기하학 증명 문제를 푸는 방법과 같다고 생각하라. 기본 공리에서 시작한다. 실패하는 퇴화한 테스트가 기본 공리다. 그리고 한 번에 한 단계씩 문제의 해법을 쌓아 올린다.

단계마다 테스트는 더욱더 제한적이고 구체적으로 바뀌는 반면, 제품 코드는 점점 더 일반화된다. 이 과정은 제품 코드가 너무 일반적이어서 실패하는 테스트를 더 이상 생각해 낼 수 없을 때까지 계속된다. 그러면 문제가 모두 풀린 것이다.

이 방식을 실험해 보자. 정수 배열을 정렬하는 알고리즘을 이 접근 방식으로 유도해 보자.

언제나처럼 아무 일도 하지 않는 테스트로 시작한다.

---

1 (옮긴이) 모비우스 박사는 SF 영화 〈금지된 세계〉(1956)의 등장인물로, 과학적으로 더 발달했던 외계 행성의 크렐 문명 유적을 연구한다.

```java
public class SortTest {
  @Test
  public void nothing() throws Exception {

  }
}
```

첫 번째 실패하는 테스트는 가장 퇴화한 경우인 빈 배열의 정렬이다.

```java
public class SortTest {
  @Test
  public void sorted() throws Exception {
    assertEquals(asList(), sort(asList()));
  }
  private List<Integer> sort(List<Integer> list) {
    return null;
  }
}
```

당연하게도 실패한다. 하지만 쉽게 통과시킬 수 있다.

```java
private List<Integer> sort(List<Integer> list) {
  return new ArrayList<>();
}
```

퇴화한 정도를 한 단계 낮춰서 정수가 하나 들어 있는 리스트를 넘겨 본다.

```java
assertEquals(asList(1), sort(asList(1)));
```

예상대로 실패한다. 하지만 제품 코드를 조금만 더 일반화하면 통과시킬 수
있다.

```java
private List<Integer> sort(List<Integer> list) {
  return list;
}
```

깜찍하지 않은가? 이런 수법은 2장의 소인수 분해 예제에서 본 적이 있다. 처음 두 테스트를 각각 가장 퇴화한 답 그리고 입력을 그대로 반환하는 답으로 해결하는 수순은 비교적 흔하다.

　다음 테스트는 시시하다. 정렬되어 있는 원소 두 개짜리 리스트인데, 테스트를 이미 통과하기 때문이다. 어쩌면 이 테스트는 실패하는 테스트가 아니므로 쓰면 안 된다고 주장할 수도 있겠다. 하지만 이 테스트가 통과하는지 확인하는 편이 더 낫다.

```
assertEquals(asList(1, 2), sort(asList(1, 2)));
```

입력 배열의 순서를 바꾸면 테스트가 실패한다. 두 원소가 역순이기 때문이다.

```
assertEquals(asList(1, 2), sort(asList(2, 1)));
```

이 테스트를 통과시키려면 무언가 미미하게라도 머리를 써야 한다. 입력 배열의 원소가 둘 이상인데 첫 두 원소의 순서가 반대로 되어 있으면 순서를 바꿔야 한다.

```
private List<Integer> sort(List<Integer> list) {
  if (list.size() > 1) {
    if (list.get(0) > list.get(1)) {
      int first = list.get(0);
      int second = list.get(1);
      list.set(0, second);
      list.set(1, first);
    }
  }
  return list;
}
```

우리가 어디로 가고 있는지 눈치챘는가? 그렇더라도 다른 이들을 위해 발설하지 말아 달라. 그리고 다음 절에서 이 지점으로 다시 돌아올 테니 이 순간을 잘 기억해 두라.

다음 두 테스트는 바로 통과한다. 첫 번째 테스트에서는 이미 정렬된 입력 배열이 주어진다. 두 번째 테스트에서는 첫 두 원소의 순서가 뒤집혀 있는데, 현재 우리 코드가 둘의 위치를 바꾼다.

```
assertEquals(asList(1, 2, 3), sort(asList(1, 2, 3)));
assertEquals(asList(1, 2, 3), sort(asList(2, 1, 3)));
```

다음 테스트는 원소 세 개짜리 배열에서 뒤쪽 두 원소의 순서가 어긋나 있는 경우다.

```
assertEquals(asList(1, 2, 3), sort(asList(2, 3, 1)));
```

이 테스트를 통과시키기 위해 비교 후 바꾸기 알고리즘을 반복문 안에 넣어서 리스트 전체를 순회하도록 바꾼다.

```
private List<Integer> sort(List<Integer> list) {
  if (list.size() > 1) {
    for (int firstIndex=0; firstIndex < list.size()-1; firstIndex++) {
      int secondIndex = firstIndex + 1;
      if (list.get(firstIndex) > list.get(secondIndex)) {
        int first = list.get(firstIndex);
        int second = list.get(secondIndex);
        list.set(firstIndex, second);
        list.set(secondIndex, first);
      }
    }
  }
  return list;
}
```

우리가 어디로 가고 있는지 이제 알겠는가? 대부분은 알아차렸을 것이다. 어쨌든 다음 실패하는 테스트 케이스는 역순으로 정렬된 원소 세 개짜리 배열이다.

```
assertEquals(asList(1, 2, 3), sort(asList(3, 2, 1)));
```

실패 결과 메시지를 보면 문제를 알 수 있다. sort 함수는 [2, 1, 3]을 반환했다. 3이 리스트의 맨 마지막으로 옮겨진 데 주목하라. 올바른 방향으로 움직인 것이다. 하지만 앞 두 원소의 순서가 아직도 잘못되어 있다. 왜 그런지도 쉽게 알 수 있다. 3과 2의 자리가 바뀌었고, 그다음 3과 1의 자리도 바뀌었다. 하지만 2와 1은 아직 잘못된 순서로 놓여 있다. 2와 1의 자리도 또 바꿔주어야 한다.

그래서 이 테스트를 통과하려면 비교 후 바꾸기 반복문을 다른 반복문 안에 넣어야 한다. 이 반복문은 비교 후 바꾸기를 하는 범위를 조금씩 줄인다. 코드로 보는 편이 더 쉬울지도 모르겠다.

```
private List<Integer> sort(List<Integer> list) {
  if (list.size() > 1) {
    for (int limit = list.size() - 1; limit > 0; limit--) {
      for (int firstIndex = 0; firstIndex < limit; firstIndex++) {
        int secondIndex = firstIndex + 1;
        if (list.get(firstIndex) > list.get(secondIndex)) {
          int first = list.get(firstIndex);
          int second = list.get(secondIndex);
          list.set(firstIndex, second);
          list.set(secondIndex, first);
        }
      }
    }
  }
  return list;
}
```

대규모 테스트로 예제를 마무리하자.

```
assertEquals(
            asList(1, 1, 2, 3, 3, 3, 4, 5, 5, 5, 6, 7, 8, 9, 9, 9),
            sort(asList(3, 1, 4, 1, 5, 9, 2, 6, 5, 3, 5, 8, 9, 7, 9,
                        3)));
```

이 테스트는 통과한다. 그러니 우리의 정렬 알고리즘도 완성된 듯하다.

이 알고리즘은 어디서 왔을까? 우리는 사전에 설계하지 않았다. 이 알고리즘은 각각의 실패하는 테스트를 통과시키기 위해 우리가 내린 작은 결정들로부터 나왔다. 단계적인 유도 과정이었다. 멋지다!

이게 무슨 알고리즘일까? 다들 알겠지만 최악의 정렬 알고리즘 중 하나인 거품bubble 정렬이다.

아마 테스트 주도 개발은 매우 안 좋은 알고리즘을 점진적으로 유도하는 매우 좋은 방법인지도 모르겠다.

정렬 2

다시 한번 해 보자. 이번에는 살짝 다른 경로를 택해 볼 것이다.

이전과 마찬가지로 가능한 한 가장 퇴화한 테스트와 이 테스트를 통과시키는 코드로 시작한다.

```java
public class SortTest {
  @Test
  public void testSort() throws Exception {
    assertEquals(asList(), sort(asList()));
    assertEquals(asList(1), sort(asList(1)));
    assertEquals(asList(1, 2), sort(asList(1, 2)));
  }

  private List<Integer> sort(List<Integer> list) {
    return list;
  }
}
```

역시 마찬가지로 순서가 뒤집어진 원소 두 개짜리 배열을 넣어 본다.

```java
assertEquals(asList(1, 2), sort(asList(2, 1)));
```

하지만 이번에는 입력 리스트 안에서 비교 후 바꾸기를 하는 대신, 비교 후 올바른 순서로 원소들을 넣을 리스트를 완전히 새로 만든다.

```java
private List<Integer> sort(List<Integer> list) {
  if (list.size() <= 1)
    return list;
  else {
    int first = list.get(0);
    int second = list.get(1);
    if (first > second)
      return asList(second, first);
    else
      return asList(first, second);
  }
}
```

잠시 멈춰서 되돌아보기 적절한 순간이다. 앞 예제에서 이 테스트를 만났을 때는 비교 후 바꾸기가 유일한 해결책인 양 주저하지 않고 사용했다. 하지만 사실 그렇지 않았다. 이 예제에서는 다른 해법을 발견했다.

　다시 말해 우리가 실패하는 테스트를 맞닥뜨렸을 때 경우에 따라 여러 해법이 존재할 수 있다는 말이다. 길을 가다가 갈림길을 마주쳤다고 생각해 보자. 어떤 길을 택해야 할까?

　이 갈림길은 어디로 이어지는지 살펴보자.

　당연히 다음으로 테스트할 것은 전에도 그랬듯 이미 정렬된 원소 세 개짜리 배열이다.

assertEquals(asList(1, 2, 3), sort(asList(1, 2, 3)));

하지만 앞 예제와는 달리 테스트가 실패한다. 현재 코드에는 원소가 셋 이상인 리스트를 반환할 수 있는 경로가 없으므로 실패할 수밖에 없다. 하지만 통과하도록 쉽게 고칠 수 있다.

```
private List<Integer> sort(List<Integer> list) {
  if (list.size() <= 1)
    return list;
  else if (list.size() == 2){
    int first = list.get(0);
    int second = list.get(1);
    if (first > second)
      return asList(second, first);
    else
      return asList(first, second);
  }
  else {
    return list;
  }
}
```

맞다. 우스꽝스러운 코드다. 하지만 다음 테스트인 세 원소 중 첫 두 원소의 순서가 뒤집혀 있는 경우를 다룰 때 우스꽝스러운 부분을 없앨 것이다. 물론 현재 코드로는 실패한다.

assertEquals(asList(1, 2, 3), sort(asList(2, 1, 3)));

대체 어떻게 이 테스트를 통과시킬 수 있을까? 원소가 둘인 리스트는 가능한 경우의 수가 두 가지밖에 없으므로 코드에 일일이 나열해서 해결할 수 있다. 하지만 원소가 셋이면 여섯 가지 배열이 가능하다. 정말로 가능한 여섯 가지 조합을 모두 나열하고 처리해야 할까?

　아니, 그건 얼토당토않다. 우리는 더 단순하게 접근해야 한다. 삼분법law of trichotomy을 사용해 보면 어떨까?

삼분법은 어떤 두 수 A와 B에 대해 두 수의 관계는 항상 다음 셋 중 하나라는 것이다: A < B, A = B, A > B. 이제 리스트에서 원소 하나를 임의로 골라서 다른 원소들과의 관계가 셋 중 무엇인지 판별해 보자.

　코드로 옮기면 다음과 같다.

```
else {
  int first = list.get(0);
  int middle = list.get(1);
  int last = list.get(2);
  List<Integer> lessers = new ArrayList<>();
  List<Integer> greaters = new ArrayList<>();

  if (first < middle)
    lessers.add(first);
  if (last < middle)
    lessers.add(last);
  if (first > middle)
    greaters.add(first);
  if (last > middle)
    greaters.add(last);

  List<Integer> result = new ArrayList<>();
  result.addAll(lessers);
  result.add(middle);
  result.addAll(greaters);
  return result;
}
```

자, 겁내지 말고 같이 하나씩 살펴보자.

먼저 세 값을 first, middle, last라는 이름의 세 변수로 각각 추출한다. 코드가 list.get(x)로 뒤덮이지 않도록 편의상 선언한 변수들이다.

다음으로는 middle보다 작은 원소를 담을 리스트 하나와 middle보다 큰 원소를 담을 리스트 하나를 만든다. 리스트에 middle과 같은 값은 없다고 가정한 데 주의하라.

그다음 이어지는 네 개의 if 문에서는 first와 last 원소를 적절한 리스트에 넣는다.

마지막으로 result에 lessers, middle, greaters를 차례대로 넣어서 완성한다.

지금은 이 코드가 마음에 들지 않을 수도 있겠다. 나도 썩 마음에 들지는 않지만 어쨌든 작동하고 테스트가 통과한다.

다음 두 테스트도 역시 통과한다.

```
assertEquals(asList(1, 2, 3), sort(asList(1, 3, 2)));
assertEquals(asList(1, 2, 3), sort(asList(3, 2, 1)));
```

여기까지 중복 없이 원소가 세 개인 리스트가 가질 수 있는 총 여섯 가지 경우 중 네 가지를 테스트했다. 나머지 두 가지인 [2,3,1]과 [3,1,2]도 테스트해야 할 텐데, 이 두 가지를 넣어 보았다면 실패했을 것이다.

그런데 조바심 때문인지 아니면 그냥 깜빡한 건지 그만 원소 네 개짜리 테스트로 넘어가 버렸다.

```
assertEquals(asList(1, 2, 3, 4), sort(asList(1, 2, 3, 4)));
```

이 테스트는 물론 실패한다. 현재 해답은 리스트에 최대 세 개의 원소만 들어 있다고 가정하고 있기 때문이다. 그리고 문제를 first, middle, last로 단순화한 우리 접근 방식은 원소가 넷일 때는 당연히 통하지 않는다. 그러고 보면 왜 1번 원소를 middle로 골랐는지도 좀 의아하다. 0번 원소를 middle로 하면 어떨까?

방금 추가한 테스트를 주석 처리하고 0번 원소를 middle로 바꿔 보자.

```
int first = list.get(1);
int middle = list.get(0);
int last = list.get(2);
```

놀랍게도 [1,3,2] 테스트가 실패한다. 왜인지 알겠는가? middle이 1이면 3과 2가 greaters 리스트에 크기의 역순으로 추가된다.

그런데 공교롭게도 우리 해답 안에는 원소가 두 개인 리스트를 정렬하는 방법이 이미 들어 있다. greaters가 이렇게 원소가 두 개인 리스트이므로

greaters 리스트에 sort 함수를 적용하여 테스트를 통과시킬 수 있다.

```
List<Integer> result = new ArrayList<>();
result.addAll(lessers);
result.add(middle);
result.addAll(sort(greaters));
return result;
```

이제 [1,3,2] 테스트는 통과하는데 이번에는 [3,2,1]가 실패한다. lessers 리스트 안의 순서가 잘못됐기 때문인데 쉽게 고칠 수 있다.

```
List<Integer> result = new ArrayList<>();
result.addAll(sort(lessers));
result.add(middle);
result.addAll(sort(greaters));
return result;
```

맞다. 역시 원소 네 개짜리 리스트로 넘어가기 전에 원소 세 개짜리 리스트 중 남은 경우를 모두 시도해 봤어야 했다.

규칙 7 더 복잡한 다음 경우로 넘어가기 전에 지금 다루고 있는 더 단순한 경우를 모조리 테스트하라.

그건 그렇고 이제는 원소 네 개짜리 리스트를 통과시켜야 한다. 테스트의 주석을 풀고 테스트가 실패하는 것을 확인하자. 코드는 생략했다.

우리의 현재 원소 세 개짜리 리스트 정렬 알고리즘은 더 일반화할 수 있다. 특히 이제는 middle 변수가 리스트의 첫 번째 원소다. 필터를 적용하여 lessers와 greaters를 만들기만 하면 된다.

```
else {
  int middle = list.get(0);
```

```
List<Integer> lessers =
  list.stream().filter(x -> x < middle).collect(toList());
List<Integer> greaters =
  list.stream().filter(x -> x > middle).collect(toList());
List<Integer> result = new ArrayList<>();
result.addAll(sort(lessers));
result.add(middle);
result.addAll(sort(greaters));
return result;
}
```

이 테스트와 다음 두 테스트가 모두 통과하는 것은 그리 놀랍지 않다.

```
assertEquals(asList(1, 2, 3, 4), sort(asList(2, 1, 3, 4)));
assertEquals(asList(1, 2, 3, 4), sort(asList(4, 3, 2, 1)));
```

하지만 middle이 미심쩍을 수도 있겠다. middle과 똑같은 값이 리스트에 또 있으면 어떻게 될까? 시도해 보자.

```
assertEquals(asList(1, 1, 2, 3), sort(asList(1, 3, 1, 2)));
```

그렇다. 실패한다. 더 이상 middle을 특별 취급해서는 안 된다는 뜻이다.

```
else {
  int middle = list.get(0);
  List<Integer> middles =
    list.stream().filter(x -> x == middle).collect(toList());
  List<Integer> lessers =
    list.stream().filter(x -> x < middle).collect(toList());
  List<Integer> greaters =
    list.stream().filter(x -> x > middle).collect(toList());
  List<Integer> result = new ArrayList<>();
  result.addAll(sort(lessers));
  result.addAll(middles);
  result.addAll(sort(greaters));
  return result;
}
```

이제 통과한다. 그런데 저 else를 보자. 그 위에 뭐가 있었는지 기억하는가?
여기에 보여 주겠다.

```
if (list.size() <= 1)
  return list;
else if (list.size() == 2){
  int first = list.get(0);
  int second = list.get(1);
  if (first > second)
    return asList(second, first);
  else
    return asList(first, second);
}
```

==2 부분이 정말 아직도 필요할까? 아니다. 지워도 테스트는 여전히 통과한다.

첫 번째 if 문은 어떨까? 아직도 필요할까? 사실 이 조건문은 더 개선할 수
있다. 자, 이제 그냥 최종 알고리즘을 보여 주겠다.

```
private List<Integer> sort(List<Integer> list) {
  List<Integer> result = new ArrayList<>();

  if (list.size() == 0)
    return result;
  else {
    int middle = list.get(0);
    List<Integer> middles =
      list.stream().filter(x -> x == middle).collect(toList());
    List<Integer> lessers =
      list.stream().filter(x -> x < middle).collect(toList());
    List<Integer> greaters =
      list.stream().filter(x -> x > middle).collect(toList());

    result.addAll(sort(lessers));
    result.addAll(middles);
    result.addAll(sort(greaters));
    return result;
  }
}
```

이 알고리즘에는 이름이 있다. 바로 퀵quick 정렬이라고 부른다. 알려진 최고의 정렬 알고리즘 중 하나다.

얼마나 더 좋을까? 이 알고리즘을 내 노트북에서 실행하면 0에서 100만 사이의 무작위 정수 100만 개가 들어 있는 배열을 1.5초 안에 정렬할 수 있다. 앞선 예제에서 만든 거품 정렬로 같은 배열을 정렬하면 대략 6개월 정도 걸릴 것이다. 훨~씬 낫다.

이를 종합하면 충격적인 결론이 나온다. 순서가 뒤집힌 원소 두 개인 리스트를 정렬하는 데 두 가지 다른 해법이 있었다. 한 가지 해법은 거품 정렬로 우리를 곧장 이끈 반면, 다른 해법은 퀵 정렬로 곧장 이어졌다.

이는 길에서 갈림길을 알아보고 올바른 길을 찾는 일이 때로는 꽤 중요할 수 있다는 의미다. 이번 장에서 살펴본 예제에서 한 경로에서는 꽤 나쁜 알고리즘이 나왔고, 다른 경로에서는 아주 좋은 알고리즘이 나왔다.

우리가 이런 갈림길을 알아보고 어떤 길이 더 나을지 판단할 수 있을까? 어쩌면 그럴 수도 있겠지만 이 문제는 더 어려운 주제를 다룰 때 살펴볼 것이다.

막다른 길

테스트 주도 개발 초보는 이따금 곤경에 빠지곤 한다. 완벽하게 좋은 테스트를 썼는데, 이 테스트를 통과하려면 알고리즘 전체를 한 번에 다 구현할 수밖에 없는 경우가 있다. 나는 이런 경우를 '막다른 길'이라고 부른다.

막다른 길의 해법은 마지막으로 추가한 테스트를 지우고, 통과시킬 만한 더 단순한 테스트를 찾는 것이다.

규칙 8 현재 테스트를 통과시키기 위해 너무 많은 구현을 해야 한다면 테스트를 지우고 더 쉽게 통과시킬 수 있는 더 단순한 테스트를 작성하라.

내가 강의할 때 사람들을 막다른 길에 빠지게 하기 위해 즐겨 사용하는 문제가 있다. 꽤 잘 통한다. 이 문제를 풀려고 시도하는 사람 중 절반을 훨씬 넘는 사람이 막다른 길에서 빠져나오기 힘들어한다.

바로 오래되어 익숙한 문제인 줄 바꿈 문제다. 줄 바꿈이 없는 글이 문자열로 주어졌을 때 N 글자 너비의 화면에 맞도록 줄 바꿈 문자를 적절히 삽입하라. 되도록 단어 사이에만 줄 바꿈을 넣으라.

그러면 학생들은 다음과 같은 함수를 작성해야 한다.

```
Wrapper.wrap(String s, int w);
```

게티즈버그Gettysburg 연설문[2]이 입력으로 주어진다고 가정하자.

```
"Four score and seven years ago our fathers brought forth upon this
continent a new nation conceived in liberty and dedicated to the
proposition that all men are created equal"
```

목표 너비가 30이라면 출력은 다음과 같아야 한다.

```
====!====!====!====!====!====!
Four score and seven years ago
Our fathers brought forth upon
This continent a new nation
Conceived in liberty and
Dedicated to the proposition
That all men are created equal
====!====!====!====!====!====!
```

어떻게 이 알고리즘을 테스트 우선으로 쓸 수 있을까? 평소와 같이 우리는 실패하는 테스트로 시작한다.

```
public class WrapTest {
  @Test
```

---

2 (옮긴이) 에이브러햄 링컨이 미국 남북 전쟁의 격전지였던 게티즈버그에서 한 연설로 "국민의, 국민에 의한, 국민을 위한"이라는 구절이 유명하다.

```
  public void testWrap() throws Exception {
    assertEquals("Four", wrap("Four", 7));
  }

  private String wrap(String s, int w) {
    return null;
  }
}
```

우리가 방금 테스트 주도 개발 규칙을 몇 개나 어겼을까? 무엇을 어겼는지
말할 수 있겠는가? 어쨌든 계속 진행해 보자. 이 테스트는 쉽게 통과시킬 수
있다.

```
private String wrap(String s, int w) {
  return "Four";
}
```

다음 테스트는 꽤 뻔해 보인다.

```
assertEquals("Four\nscore", wrap("Four score", 7));
```

이 테스트를 통과시키는 코드도 꽤 뻔하다.

```
private String wrap(String s, int w) {
  return s.replace(" ", "\n");
}
```

모든 공백을 줄 바꿈으로 대체한다. 완벽하다. 다음으로 넘어가기 전에 코드
를 좀 정리하자.

```
private void assertWrapped(String s, int width, String expected) {
  assertEquals(expected, wrap(s, width));
}

@Test
public void testWrap() throws Exception {
```

```
    assertWrapped("Four", 7, "Four");
    assertWrapped("Four score", 7, "Four\nscore");
}
```

좀 낫다. 이제 다음 실패하는 테스트로 넘어가자. 단순히 게티즈버그 연설문을 계속 따라가면 다음 실패하는 테스트는 이것이다.

```
assertWrapped("Four score and seven years ago our", 7,
    "Four\nscore\nand\nseven\nyears\nago our");
```

그리고 실제로 실패한다. 실패하는 경우를 다음과 같이 조금 줄여서 쓸 수 있다.

```
assertWrapped("ago our", 7, "ago our");
```

자, 이제 어떻게 이 테스트를 통과시킬 수 있을까? 모든 공백을 줄 바꿈으로 대체해서는 안 될 듯하다. 그러면 어떤 경우에 줄 바꿈을 넣어야 할까? 아니면 일단 모든 공백을 줄 바꿈으로 바꾼 다음에 어떤 줄 바꿈을 다시 없앨지 찾아야 할까?

잠시 곰곰이 생각해 보기 바란다. 아마 쉬운 해결책이 떠오르지 않을 것이다. 우리가 막다른 길에 들어섰다는 뜻이다. 이 테스트를 통과하려면 줄 바꿈 알고리즘의 상당 부분을 한 번에 발명할 수밖에 없다.

막다른 길의 해결책은 하나 또는 더 많은 테스트를 지우고, 단계적으로 통과시킬 수 있는 더 단순한 테스트를 추가하는 것이다. 한번 해 보자.

```
@Test
public void testWrap() throws Exception {
    assertWrapped("", 1, "");
}

private String wrap(String s, int w) {
    return "";
}
```

그렇다. 그야말로 퇴화한 테스트 아닌가? 우리가 앞에서 빼먹었던 규칙 중하나다.

자, 다음으로 가장 퇴화한 테스트는 무엇일까? 이건 어떤가?

```
assertWrapped("x", 1, "x");
```

꽤 퇴화한 테스트다. 통과시키기도 정말 쉽다.

```
private String wrap(String s, int w) {
  return s;
}
```

우리가 봤던 그 패턴이 또 나왔다. 첫 번째 테스트는 퇴화한 상수를 반환하여 통과시키고, 두 번째 테스트는 입력을 그대로 반환하여 통과시킨다. 흥미롭다. 자, 그러면 다음으로 가장 퇴화한 테스트는 무엇일까?

```
assertWrapped("xx", 1, "x\nx");
```

이 테스트는 wrap 함수가 "xx"를 반환하므로 실패한다. 하지만 통과시키기그리 어렵지 않다.

```
private String wrap(String s, int w) {
  if (w >= s.length())
    return s;
  else
    return s.substring(0, w) + "\n" + s.substring(w);
}
```

식은 죽 먹기다. 그럼 다음으로 가장 퇴화한 테스트는 무엇일까?

```
assertWrapped("xx", 2, "xx");
```

이 테스트는 이미 통과한다. 멋지다. 다음 테스트는 아마 이것일 테다.

```
assertWrapped("xxx", 1, "x\nx\nx");
```

이 테스트는 실패한다. 무언가 반복문 같은 것이 필요해 보인다. 하지만 잠 깐, 더 쉬운 방법이 있다.

```
private String wrap(String s, int w) {
  if (w >= s.length())
    return s;
  else
    return s.substring(0, w) + "\n" + wrap(s.substring(w), w);
}
```

우리는 재귀를 자주 고려하지 않는다. 그렇지 않은가? 우리는 어쩌면 재귀를 더 빈번하게 떠올려야 할 것이다.

　단순하지만 멋진 패턴에 따라 테스트를 추가하고 있다. 그렇지 않은가? 단 어나 공백은 아직 하나도 없다. x로만 이루어진 문자열뿐이다. 그리고 1에서 문자열의 길이까지 차례로 증가하는 숫자를 함께 넘기고 있다. 다음 테스트 도 예상할 수 있으리라.

```
assertWrapped("xxx", 2, "xx\nx");
```

이건 그냥 통과한다. 다음도 역시 그렇다.

```
assertWrapped("xxx", 3, "xxx");
```

이 패턴을 더는 반복할 필요가 없을 것 같다. 공백을 좀 추가해 볼 시간이다.

```
assertWrapped("x x", 1, "x\nx");
```

이 테스트는 wrap 함수가 "x\n \nx"을 반환하므로 실패한다. 재귀적으로 wrap을 부르기 전에 문자열 앞의 공백을 제거해서 고칠 수 있다.

```
return s.substring(0, w) + "\n" + wrap(s.substring(w).trim(), w);
```

이제 통과한다. 테스트에 새로운 패턴이 생겼다. 그러므로 다음 테스트는 이 것이다.

```
assertWrapped("x x", 2, "x\nx");
```

이 테스트는 첫 번째 부분 문자열 뒤에 공백이 붙어 있어서 실패한다. trim 함수를 한 번 더 써서 제거할 수 있다.

```
return s.substring(0, w).trim() + "\n" + wrap(s.substring(w).trim(), w);
```

이제 통과한다. 패턴에 따라 다음으로 추가하는 테스트도 통과한다.

```
assertWrapped("x x", 3, "x x");
```

다음은 뭘까? 이런 테스트들을 시도해 볼 수 있다.

```
assertWrapped("x x x", 1, "x\nx\nx");
assertWrapped("x x x", 2, "x\nx\nx");
assertWrapped("x x x", 3, "x x\nx");
assertWrapped("x x x", 4, "x x\nx");
assertWrapped("x x x", 5, "x x x");
```

모두 통과한다. 여기에 x를 하나 더 추가해 봐야 별 의미는 없을 것 같다. 다음 테스트를 시도해 보자.

```
assertWrapped("xx xx", 1, "x\nx\nx\nx");
```

이것도 통과한다. 이어지는 다음 두 테스트도 통과한다.

```
assertWrapped("xx xx", 2, "xx\nxx");
assertWrapped("xx xx", 3, "xx\nxx");
```

하지만 그다음 테스트는 실패한다.

```
assertWrapped("xx xx", 4, "xx\nxx");
```

wrap 함수가 "xx x\nx"를 반환하기 때문에 실패한다. 이는 두 '단어' 사이의
공백에서 줄 바꿈을 하지 않았기 때문이다. 이 공백이 어디에 있나? w번째 문
자 이전에 있다. 그러니 w에서부터 거꾸로 가면서 공백을 찾아야 한다.

```
private String wrap(String s, int w) {
  if (w >= s.length())
    return s;
  else {
    int br = s.lastIndexOf(" ", w);
    if (br == -1)
      br = w;
    return s.substring(0, br).trim() + "\n" +
          wrap(s.substring(br).trim(), w);
  }
}
```

이제 통과한다. 왠지 다 된 것 같은 느낌이 든다. 그래도 몇 가지 테스트를 더
해 보자.

```
assertWrapped("xx xx", 5, "xx xx");
assertWrapped("xx xx xx", 1, "x\nx\nx\nx\nx\nx");
assertWrapped("xx xx xx", 2, "xx\nxx\nxx");
assertWrapped("xx xx xx", 3, "xx\nxx\nxx");
assertWrapped("xx xx xx", 4, "xx\nxx\nxx");
assertWrapped("xx xx xx", 5, "xx xx\nxx");
assertWrapped("xx xx xx", 6, "xx xx\nxx");
assertWrapped("xx xx xx", 7, "xx xx\nxx");
assertWrapped("xx xx xx", 8, "xx xx xx");
```

모두 통과한다. 내 생각에는 완성이다. 게티즈버그 연설문과 너비 15를 시도
해 보자.

```
Four score and
seven years ago
our fathers
brought forth
upon this
continent a new
nation
conceived in
liberty and
dedicated to
the proposition
that all men
are created
equal
```

맞는 것 같다.

자, 우리는 무엇을 배웠을까? 첫째, 막다른 길에 다다랐을 때는 그와 같은 테스트에서 벗어나 더 단순한 테스트를 쓰기 시작하라. 그런데 둘째, 테스트를 쓸 때는 다음 규칙을 지키려고 노력하라.

> **규칙 9** 테스트 공간(test space)을 전부 포괄하는 신중하고 점진적인 패턴을 따르라.

준비, 행동, 확인

이제 완전히 다른 내용을 살펴보겠다.

오래전 빌 웨이크Bill Wake는 모든 테스트의 근본적인 패턴을 발견했다. 빌은 이를 3A 또는 AAA 패턴이라고 불렀는데 '준비(arrange)-행동(act)-확인(assert)'을 뜻한다.

테스트를 쓸 때 가장 먼저 하는 일은 테스트할 데이터의 '준비'다. 준비는 보통 Setup 메서드 또는 테스트 함수의 맨 첫 부분에서 이루어진다. 시스템을 테스트 수행 전 필요한 상태로 만들어 놓는 것이 목적이다.

테스트에서 다음으로 하는 일은 '행동'이다. 이 단계에서 테스트는 함수를 호출하거나 동작을 수행하거나 아니면 다른 방법으로 테스트의 대상이 되는 절차를 작동시킨다.

테스트에서 마지막으로 하는 일은 '확인'이다. 이 단계에는 보통 시스템이 원하는 상태로 바뀌었는지 확인하기 위해 행동의 결과를 살펴보는 과정이 있다.

이 패턴의 간단한 예로 2장에서 사용한 볼링 테스트를 살펴보자.

```
@Test
public void gutterGame() throws Exception {
  rollMany(20, 0);
  assertEquals(0, g.score());
}
```

이 테스트의 준비 부분은 Game을 생성하는 Setup 함수와 모든 공이 도랑에 빠진 것으로 설정하는 rollMany(20, 0)이다. 테스트의 행동 부분은 g.score() 호출이다. 테스트의 확인 부분은 assertEquals다.

내가 테스트 주도 개발을 실천해 온 지난 사반세기 동안 이 패턴을 따르지 않는 테스트는 한 번도 본 적이 없다.

동작 주도 개발 도입

2003년에 댄 노스는 크리스 스티븐슨, 크리스 마츠와 함께 테스트 주도 개발을 실천하고 가르치다가 빌 웨이크와 동일한 발견을 했다. 하지만 그들은 다른 용어인 '조건(given)-만일(when)-그러면(then)'을 사용했는데 줄여서 GWT라고 불렀다. 이것이 동작 주도 개발behavior-driven development, BDD의 시작이었다.

처음에 동작 주도 개발은 개선된 테스트 작성 방법으로 여겨졌다. 댄과 다른 동작 주도 개발 지지자들은 GWT라는 용어를 더 좋아했고, JBehave나

RSpec 같은 테스트 도구 안에 이 용어들을 추가했다.

예를 들어 gutterGame 테스트를 동작 주도 개발 용어[3]로 다시 쓰면 다음과 같다.

조건 볼링 게임에서 공을 20번 도랑에 빠트렸을 때,
만일 게임의 점수를 요청하면,
그러면 총점은 0점이다.

이 문장들을 실행할 수 있는 테스트로 번역하기 위해 무언가가 문장을 분석해야 할 것이다. JBehave와 RSpec은 이런 문장 분석을 위한 어포던스affordance[4]를 제공했다. 또한 테스트 주도 개발의 테스트와 동작 주도 개발의 테스트가 아주 비슷하다는 것도 명확하다.

시간이 흐름에 따라 동작 주도 개발 용어들은 테스트에서 시스템 명세의 문제로 자리를 옮겼다. 동작 주도 개발 지지자들은 GWT 문장이 테스트로서 전혀 실행되지 않더라도 동작의 명세로서 여전히 가치가 있다는 점을 깨달았다.

2013년에 리즈 쿄Liz Keogh는 동작 주도 개발에 대해 이렇게 말했다.

예제를 사용하여 애플리케이션이 어떻게 동작하는지 설명한다. ... 그리고 그 예제에 대해 대화한다.

하지만 GWT와 AAA의 용어가 명백하게 뜻이 같다는 점만 놓고 보더라도 동작 주도 개발은 테스트와 완전히 떼어 놓기 힘들다. 믿지 못하겠다면 다음 문장들을 보라.

---

3 (옮긴이) 대표적인 동작 주도 개발 도구인 큐컴버(Cucumber)는 이 예시처럼 한국어 표현도 지원한다.

4 (옮긴이) '어포던스'란 올바른 행동을 유도하는 디자인이나 성질 등을 의미한다. 예를 들어 JBehave가 제공하는 문장 분석 도구를 사용하면 자연스럽게 동작 주도 개발 구조에 맞는 테스트를 작성하게 된다.

- '조건' 테스트 데이터가 '준비'됐을 때
- '만일' 내가 테스트대로 '행동'한다면
- '그러면' 결과가 예상대로인지 '확인'한다.

유한 상태 기계

내가 GWT와 AAA의 세 가지 요소가 동일하다고 열심히 설명한 이유가 있다. 우리가 소프트웨어에서 자주 마주치는 세 가지 요소로 이루어진 유명 인사가 또 있기 때문이다. 바로 유한 상태 기계finite state machine의 상태 이행transition이다.

간단한 턴게이트식 지하철 개찰구turnstile[5]의 상태 이행을 묘사한 다음 도표를 보라(그림 3.1).

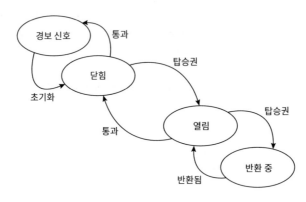

그림 3.1 지하철 개찰구의 상태 이행 도표

개찰구는 닫힘 상태에서 시작한다. 탑승권을 내면 열림 상태로 바뀐다. 누군가가 통과하면 개찰구는 닫힘 상태로 돌아간다. 누군가가 탑승권을 내지 않고 지나가면 경보가 울린다. 누군가가 탑승권을 두 장 내면 남은 한 장이 환불된다.

이 도표는 다음과 같은 상태 이행표로 바꿀 수 있다.

---

5 (옮긴이) 기다란 금속 막대가 세 개 붙어 있고 회전하는 형태의 개찰구를 떠올려 보라.

현재 상태	이벤트	다음 상태
닫힘	탑승권	열림
닫힘	통과	경보 신호
열림	탑승권	반환 중
열림	통과	닫힘
반환 중	반환됨	열림
경보 신호	초기화	닫힘

표의 각 행은 현재 상태에서 이벤트로 인해 다음 상태로 바뀌는 이행을 표현한다. 각 행에는 GWT나 AAA와 마찬가지로 세 가지 요소가 있다. 더 중요한 것은 이런 상태 이행의 세 가지 요소가 GWT나 AAA의 대응되는 세 요소와 뜻이 동일하다는 점이다. 다음 예를 보자.

조건 닫힘 상태일 때
만일 탑승권 이벤트를 받으면
그러면 열림 상태로 이행한다.

이를 바탕으로 "여러분이 쓰는 모든 테스트는 시스템의 동작을 기술하는 유한 상태 기계의 상태 이행이다"라고 추론할 수 있다.

이 문장을 몇 번 반복해서 읽어 보라. 모든 테스트는 여러분이 프로그램에서 만들려고 하는 유한 상태 기계의 상태 이행이다.

여러분이 작성하고 있는 프로그램이 유한 상태 기계라는 사실을 알고 있었나? 당연히 유한 상태 기계다. 사실 모든 프로그램은 유한 상태 기계다. 컴퓨터는 그저 유한 상태 기계 처리기processor일 뿐이다. 컴퓨터 자체는 명령어instruction를 실행할 때마다 하나의 상태에서 다음 상태로 이행한다.

그러니 여러분이 테스트 주도 개발을 실천할 때 작성하는 테스트나 동작 주도 개발을 실천할 때 기술하는 동작은 모두 그저 여러분이 만들려고 하는 유한 상태 기계의 상태 이행일 뿐이다. 테스트 묶음이 완벽하다면, 그 테스트 묶음이 바로 그 유한 상태 기계다.

그렇다면 당연히 다음 질문은 이것이다. 여러분이 상태 기계에서 처리하고 싶은 상태 이행을 모두 빠짐없이 테스트에 넣었는지 어떻게 확인할 수 있을까? 여러분의 테스트가 나타내는 상태 기계가 여러분의 프로그램이 구현해야 하는 상태 기계 전체인지 어떻게 확인할 수 있을까?

필요한 상태 이행을 테스트로 먼저 작성하고 그다음에 상태 이행을 구현하는 제품 코드를 작성하는 방법보다 더 나은 방법이 있을까?

다시 동작 주도 개발

동작 주도 개발 사람들이 시스템의 동작을 설명하는 최고의 방법은 유한 상태 기계로 나타내는 것이라는 결론에 도달했다는 점이, 그것도 어쩌면 의식하지 않고 도달했다는 점이 굉장히 흥미롭고 심지어 조금은 아이러니하지 않은가?

테스트 대역

2000년에 스티브 프리먼, 팀 매키넌, 필립 크레이그는 〈Endo-Testing: Unit Testing with Mock Objects〉라는 논문[6]을 발표했다. 이 논문이 소프트웨어 분야에 끼친 영향이 얼마나 큰지는 그들이 만든 용어인 목mock이 널리 쓰이는 것만 봐도 알 수 있다. 이 용어는 그 후 동사가 됐다.[7] 오늘날 우리는 무언가를 모의 객체로 대신하기 위해, 즉 목mock하기 위해 모킹mocking 프레임워크를 사용한다.

---

6 Steve Freeman, Tim McKinnon, Philip Craig, 'Endo-Testing: Unit Testing with Mock Objects,' eXtreme Programming and Flexible Processes in Software Engineering(XP2000) 콘퍼런스에서 발표됨. https://www2.ccs.neu.edu/research/demeter/related-work/extreme-programming/MockObjectsFinal.PDF

7 (옮긴이) 'mock'이라는 단어에는 여러 뜻이 있는데 가짜라는 의미일 때는 원래 주로 형용사로 쓰인다. 테스트 대역 사용을 돕는 라이브러리나 프레임워크는 대부분 이름에 'mock'이 들어 있다.

아직은 테스트 주도 개발이라는 발상이 소프트웨어 커뮤니티에 막 퍼지기 시작하던 초기였다. 우리 중 대부분은 테스트 코드에 객체 지향 설계를 적용해 본 경험이 없었다. 사실 테스트 코드에 어떤 종류의 설계도 적용해 본 적이 없었다. 이 때문에 테스트를 쓰다 보면 온갖 종류의 문제가 발생했다.

아, 이 책의 앞부분에 실린 예제와 같이 간단한 것들은 테스트할 수 있었다. 하지만 어떻게 테스트해야 할지 막막한 다른 종류의 문제들이 있었다. 예를 들어 입출력 오류에 반응하는 코드는 어떻게 테스트하나? 단위 테스트에서 입출력 장치에 진짜로 오류가 발생하도록 할 수는 없다. 아니면 외부 서비스와 상호 작용하는 코드는 어떻게 테스트하나? 테스트를 위해 외부 서비스를 연결해야만 하나? 그러면 외부 서비스에서 발생하는 오류를 다루는 코드는 어떻게 테스트하나?

최초의 테스트 주도 개발 사용자는 스몰토크 프로그래머들이었다. 스몰토크 프로그래머에게는 우주 만물이 모두 객체였다. 그래서 모의 객체를 쓴 게 거의 확실하지만, 그들은 그걸 아무렇지도 않게 생각했을 것이다. 사실 내가 1999년에 테스트 주도 개발 사용자인 스몰토크 고수에게 자바의 모의 객체 아이디어를 설명했을 때 그의 반응은 이랬다. "메커니즘이 너무 많네요."

그럼에도 불구하고 이 기법은 테스트 주도 개발을 실천하는 사람들을 사로잡았고 주류가 됐다.

기법 자체를 너무 깊이 탐구하기에 앞서 용어 문제를 먼저 정리해야 한다. 거의 모든 사람이 모의 객체라는 용어를 잘못 사용한다. 적어도 엄밀한 의미를 따져 보면 그렇다. 오늘날 우리가 이야기하는 모의 객체는 2000년에 발표된 '내부 테스트endo-testing' 논문의 모의 객체와 매우 다르다. 사실 너무 달라서 각각의 의미를 명확히 하기 위해 다른 용어가 도입됐다.

2007년에 제라드 메스자로스는 《xUnit Test Patterns》[8]를 펴냈는데, 이 책

---

8 Gerard Meszaros, 《xUnit Test Patterns: Refactoring Test Code》(Addison-Wesley, 2007)

에서 메스자로스는 우리가 오늘날 사용하는 엄밀한 의미의 용어들을 정의했다. 우리도 평소에는 '모의 객체'나 '목'이라고 편하게 이야기하지만 엄밀하게 표현해야 할 때는 메스자로스의 공식 용어를 사용한다.

메스자로스는 보통 모의 객체라고 통칭하는 것들을 크게 다섯 종류로 나누었다. 더미dummy, 스텁stub, 스파이spy, 모의 객체mock, 가짜fake다. 그리고 이것들 전체를 묶어서 테스트 대역test double이라고 불렀다.

'테스트 대역'이라니, 참 좋은 이름이다. 영화에서 스턴트 대역은 배우를 대신하고, 손 대역은 클로즈업 장면에서 배우의 손을 대신한다. 배우의 얼굴은 나오지 않고 몸만 화면에 나올 때는 몸 대역이 배우를 대신한다. 그리고 이것이 바로 테스트 대역이 하는 일이다. 테스트 대역은 테스트가 실행될 때 다른 객체를 대신한다.

테스트 대역들은 일종의 타입 계층 구조를 형성한다(그림 3.2).[9] 더미가 가

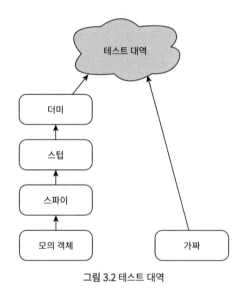

그림 3.2 테스트 대역

---

9 (옮긴이) UML 도표에서 화살표는 자식 클래스에서 부모 클래스를 향한다. 이 그림에서도 같은 관례를 따르고 있다.

장 간단하다. 스텁은 더미이기도 하고, 스파이는 스텁이기도 하며, 모의 객체는 스파이이기도 하다. 가짜는 혼자 떨어져 있다.

모든 테스트 대역이 사용하는 메커니즘(스몰토크 사용자인 내 친구가 '너무 많다'고 여긴 메커니즘)은 단순한 다형성polymorphism이다. 예를 들어 외부 서비스를 관리하는 코드를 테스트하고 싶다면, 외부 서비스를 다형성을 위한 인터페이스 뒤로 떼어 놓은 뒤, 서비스 대신 사용할 이 인터페이스의 구현체를 만들면 된다. 이때 만드는 구현체가 테스트 대역이다.

백문이 불여일견이니 하나씩 직접 살펴보자.

더미

테스트 대역은 일반적으로 메서드 구현이 없는 추상abstract 클래스인 인터페이스로 시작한다. 예를 들어 Authenticator(인증기) 인터페이스로 시작해 보자.

```
public interface Authenticator {
  public Boolean authenticate(String username, String password);
}
```

이 코드는 사용자명과 비밀번호를 이용한 사용자 인증 방법을 우리 애플리케이션에 제공하는 인터페이스다. authenticate 함수는 사용자가 맞으면 true 아니면 false를 반환한다.

이제 사용자가 LoginDialog 대화 상자에서 사용자명과 비밀번호를 입력하기 전에 닫기 아이콘을 누르면 취소되는지 테스트하고 싶다고 해 보자. 테스트는 아마 다음과 같이 생겼을 것이다.

```
@Test
public void whenClosed_loginIsCancelled() throws Exception {
  Authenticator authenticator = new ???;
  LoginDialog dialog = new LoginDialog(authenticator);
  dialog.show();
```

```
  boolean success = dialog.sendEvent(Event.CLOSE);
  assertTrue(success);
}
```

LoginDialog 클래스를 만들 때 Authenticator가 필요하다는 점에 주목하라.
하지만 사실 Authenticator는 이 테스트에서 호출될 일이 없다. 그러면 Login
Dialog에 무엇을 넘겨야 할까?

　한발 더 나아가서 진짜 인증기 클래스인 RealAuthenticator는 만들려면
생성자에 DatabaseConnection을 넘겨야 해서 생성 부담이 큰 객체라고 가정
해 보자. 게다가 DatabaseConnection 클래스의 생성자에는 databaseUser와
databaseAuthCode에 유효한 UID(고유 식별자)를 넘겨야 한다고 해 보자(이런
상황을 분명 겪어 봤을 것이다).

```
public class RealAuthenticator implements Authenticator {
  public RealAuthenticator(DatabaseConnection connection) {
    //...
  }

  //...

}

public class DatabaseConnection {
  public DatabaseConnection(UID databaseUser, UID databaseAuthCode) {
    //...
  }
}
```

우리 테스트에서 RealAuthenticator를 사용하려면 다음과 같이 끔찍한 코드
를 써야 한다.

```
@Test
public void whenClosed_loginIsCancelled() throws Exception {
  UID dbUser = SecretCodes.databaseUserUID;
```

```
  UID dbAuth = SecretCodes.databaseAuthCode;
  DatabaseConnection connection =
    new DatabaseConnection(dbUser, dbAuth);
  Authenticator authenticator = new RealAuthenticator(connection);
  LoginDialog dialog = new LoginDialog(authenticator);
  dialog.show();
  boolean success = dialog.sendEvent(Event.CLOSE);
  assertTrue(success);
}
```

사용하지도 않을 Authenticator를 생성하기 위해 테스트에 너저분한 코드를
끔찍하게도 많이 추가해야 한다. 게다가 테스트에 필요하지도 않은 의존성
을 두 개나 추가한다. 이런 의존성은 컴파일이나 로딩 시점에 우리 테스트를
깨트릴 수도 있다. 우리는 이런 엉망진창이나 골칫거리가 필요 없다.

규칙 10 필요 없는 것을 여러분의 테스트에 넣지 말라.

그 대신 우리는 더미를 사용한다(그림 3.3).

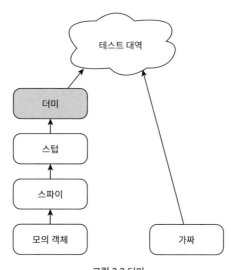

그림 3.3 더미

더미는 아무 일도 하지 않는 구현체다. 인터페이스의 모든 메서드를 아무 일도 하지 않도록 구현한다. 메서드가 무언가 값을 반환해야 한다면 되도록 null이나 0 또는 그와 비슷한 값을 반환한다.

우리 예에서 AuthenticatorDummy는 다음과 같다.

```
public class AuthenticatorDummy implements Authenticator {
  public Boolean authenticate(String username, String password) {
    return null;
  }
}
```

사실 앞의 코드는 내 통합 개발 환경에서 '인터페이스 구현Implement Interface' 명령을 실행했을 때 나오는 결과 그대로다.

이제 너저분한 코드나 나쁜 의존성 없이도 테스트를 작성할 수 있다.

```
@Test
public void whenClosed_loginIsCancelled() throws Exception {
  Authenticator authenticator = new AuthenticatorDummy();
  LoginDialog dialog = new LoginDialog(authenticator);
  dialog.show();
  boolean success = dialog.sendEvent(Event.CLOSE);
  assertTrue(success);
}
```

정리하면 더미는 아무 일도 하지 않도록 인터페이스를 구현하는 테스트 대역이다. 테스트하려는 함수가 객체를 인자로 받는데 테스트의 논리logic상 실제로는 그 객체가 필요하지 않을 때 사용한다.

나는 두 가지 이유로 더미를 그리 자주 사용하지 않는다. 첫째, 나는 받은 인자를 사용하지 않는 코드 경로를 가진 함수를 좋아하지 않는다. 둘째, Login Dialog->Authenticator->DatabaseConnection->UID처럼 연쇄적인 의존성을 갖는 객체를 좋아하지 않는다. 이런 연쇄는 나중에 꼭 문제가 된다.

하지만 이런 문제를 피할 수 없는 경우도 있고, 그런 상황이라면 애플리케이션의 복잡한 객체들과 악전고투하느니 더미가 훨씬 낫다.

스텁

그림 3.4가 보여 주듯이 스텁은 더미다. 아무 일도 하지 않도록 구현한다. 하지만 0이나 null을 반환하는 대신 스텁의 함수는 우리가 원하는 대로 테스트를 실행할 수 있는 값을 반환한다.

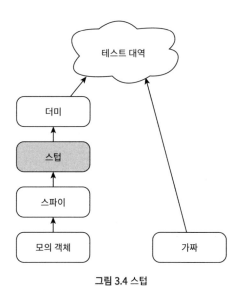

그림 3.4 스텁

예를 들어 Authenticator가 username과 password를 거부하는 경우 로그인 시도가 실패하는지 확인하는 테스트를 상상해 보자.

```
public void whenAuthenticatorRejects_loginFails() throws Exception {
  Authenticator authenticator = new ?;
  LoginDialog dialog = new LoginDialog(authenticator);
  dialog.show();
  boolean success = dialog.submit("bad username", "bad password");
```

```
    assertFalse(success);
}
```

우리가 여기서 RealAuthenticator를 사용한다면 DatabaseConnection과 UID와 관련된 코드 뭉치를 추가해서 RealAuthenticator를 초기화해야 하는 문제가 있었을 것이다. 하지만 또 다른 문제가 있다. 어떤 username과 password를 사용해야 하나?

　우리가 사용자 인증 데이터베이스의 내용을 안다면 존재하지 않는 username과 password를 적절히 고를 수 있을 것이다. 하지만 이는 우리 테스트와 실제 서비스 데이터 사이에 데이터 의존성을 만드는 끔찍한 행위다. 서비스 데이터가 바뀌기라도 하면 우리 테스트가 깨질 수 있다.

규칙 11 테스트에 실제 서비스 데이터를 사용하지 말라.

우리는 스텁을 대신 사용한다. 이 테스트에서는 authenticate 메서드가 단순히 false를 반환하는 일만 하는 RejectingAuthenticator를 사용하면 된다.

```
public class RejectingAuthenticator implements Authenticator {
  public Boolean authenticate(String username, String password) {
    return false;
  }
}
```

이제 이 스텁을 테스트에서 사용하기만 하면 된다.

```
public void whenAuthenticatorRejects_loginFails() throws Exception {
  Authenticator authenticator = new RejectingAuthenticator();
  LoginDialog dialog = new LoginDialog(authenticator);
  dialog.show();
  boolean success = dialog.submit("bad username", "bad password");
  assertFalse(success);
}
```

아마 LoginDialog의 submit 메서드가 authenticate 함수를 호출할 것이고, 그러면 authenticate 함수는 false를 반환할 것이다. 따라서 LoginDialog. submit 메서드가 어떤 코드 경로를 따라서 실행될지 알 수 있다. 바로 우리가 테스트하고 있는 코드 경로를 정확히 따를 것이다.

authenticator가 username과 password를 통과시켜서 로그인이 성공하는 경우를 테스트하고 싶다면 무차별인증기PromiscuousAuthenticator 같이 다른 스텁을 만들어서 똑같이 하면 된다.

```java
public class PromiscuousAuthenticator implements Authenticator {
  public Boolean authenticate(String username, String password) {
    return true;
  }
}
@Test
public void whenAuthenticatorAccepts_loginSucceeds() throws Exception {
  Authenticator authenticator = new PromiscuousAuthenticator();
  LoginDialog dialog = new LoginDialog(authenticator);
  dialog.show();
  boolean success = dialog.submit("good username", "good password");
  assertTrue(success);
}
```

정리하면 스텁은 테스트 대상 시스템system under test을 테스트하고자 하는 경로로 유도하기 위해 특정 값을 반환하는 더미다.

스파이

스파이(그림 3.5)는 스텁이다. 스파이는 테스트 대상 시스템을 원하는 경로로 유도하기 위해 특정 값을 반환한다. 하지만 스파이는 자신에게 수행된 작업을 기억하고, 테스트에서 이를 조회할 수 있다는 점이 다르다.

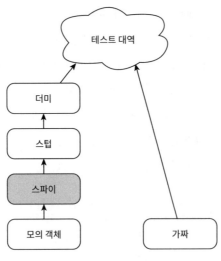

그림 3.5 스파이

역시 예제를 보는 편이 이해하기 쉬울 것이다.

```java
public class AuthenticatorSpy implements Authenticator {
  private int count = 0;
  private boolean result = false;
  private String lastUsername = "";
  private String lastPassword = "";

  public Boolean authenticate(String username, String password) {
    count++;
    lastPassword = password;
    lastUsername = username;
    return result;
  }

  public void setResult(boolean result) {this.result = result;}
  public int getCount() {return count;}
  public String getLastUsername() {return lastUsername;}
  public String getLastPassword() {return lastPassword;}
}
```

authenticate 메서드를 보면 호출된 횟수 및 마지막으로 호출될 때 받은 사용자명과 비밀번호를 기록하고 있다. 이 값을 읽을 수 있는 접근자accessor도 제공하고 있다. 이 클래스가 스파이인 이유는 이런 기록 기능과 접근자 때문이다.

authenticate 메서드는 result를 반환하는데, 이 값을 setResult 메서드로 설정할 수도 있다. 이 덕분에 이 클래스는 프로그래밍 가능한 스텁이기도 하다.

스파이를 활용하는 테스트를 하나 살펴보자.

```
@Test
public void loginDialog_correctlyInvokesAuthenticator() throws Exception
{
  AuthenticatorSpy spy = new AuthenticatorSpy();
  LoginDialog dialog = new LoginDialog(spy);
  spy.setResult(true);
  dialog.show();
  boolean success = dialog.submit("user", "pw");
  assertTrue(success);
  assertEquals(1, spy.getCount());
  assertEquals("user", spy.getLastUsername());
  assertEquals("pw", spy.getLastPassword());
}
```

테스트 이름이 많은 것을 알려 준다. 이 테스트는 LoginDialog가 바르게 Authenticator를 호출했는지 확인한다. 이를 위해 authenticate 메서드가 딱 한 번 불렸는지 그리고 그때 인자가 submit에 넘긴 인자인지 확인한다.

스파이는 단순하게는 특정 메서드의 호출 여부를 기록하는 불값 하나일 수도 있고, 모든 함수 호출을 호출별 인자까지 모두 기록하는 비교적 복잡한 객체일 수도 있다.

스파이는 테스트하는 알고리즘이 정확하게 동작하는지 확인할 때 유용한 방법이다. 스파이는 테스트와 테스트 대상 함수의 구현을 결합하기 때문에 위험하기도 하다. 여기에 대해서는 나중에 더 이야기하겠다.

모의 객체

이제야 드디어 진짜 모의 객체(그림 3.6)가 나타났다. 이것이 매키넌, 프리먼, 크레이그가 그들의 '내부 테스트' 논문에서 설명했던 모의 객체다.

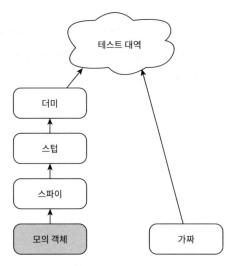

그림 3.6 모의 객체

모의 객체는 스파이다. 테스트 대상 시스템을 원하는 경로로 유도하기 위해 특정 값을 반환하고, 또한 자신에게 수행된 작업을 기억한다. 하지만 모의 객체는 어떤 작업이 일어날지도 알고, 이 예상에 따라 테스트의 성공과 실패를 가름한다. 다시 말해 테스트 단정문이 모의 객체 안에 포함된다.

역시 말로 아무리 설명하는 것보다 코드로 설명하는 편이 더 빠를 테니 AuthenticatorMock을 만들어 보자.

```java
public class AuthenticatorMock extends AuthenticatorSpy{
    private String expectedUsername;
    private String expectedPassword;
    private int expectedCount;

    public AuthenticatorMock(String username, String password,
                             int count) {
```

```
    expectedUsername = username;
    expectedPassword = password;
    expectedCount = count;
  }

  public boolean validate() {
    return getCount() == expectedCount &&
      getLastPassword().equals(expectedPassword) &&
      getLastPassword().equals(expectedUsername);
  }
}
```

앞에서 볼 수 있듯이 이 모의 객체에는 생성자에서 설정하는 세 개의 예상값 expected 필드가 있다. 따라서 이 모의 객체는 프로그래밍할 수 있는 모의 객체다. AuthenticatorMock은 AuthenticatorSpy를 상속한다는 점도 놓치지 말라. 스파이 코드를 모두 이 모의 객체에서 재사용한다.

이 모의 객체의 validate 함수는 마지막 비교를 수행한다. 스파이가 수집한 count나 lastPassword, lastUsername이 모의 객체에 설정된 예상값과 일치하면 validate는 true를 반환한다.

이제 이 모의 객체를 사용하는 테스트가 잘 이해될 것이다.

```
@Test
public void loginDialogCallToAuthenticator_validated() throws Exception {
  AuthenticatorMock mock = new AuthenticatorMock("Bob", "xyzzy", 1);
  LoginDialog dialog = new LoginDialog(mock);
  mock.setResult(true);
  dialog.show();
  boolean success = dialog.submit("Bob", "xyzzy");
  assertTrue(success);
  assertTrue(mock.validate());
}
```

적절한 예상값을 사용하여 모의 객체를 만든다. username은 "Bob", password 는 "xyzzy"이어야 하고, authenticate 메서드의 호출 횟수는 딱 한 번이어야 한다.

다음으로 이 모의 객체를 Authenticator로 사용해서 LoginDialog를 만든다. 모의 객체가 성공을 반환해야 한다고 설정하고 대화 상자를 보여 준다. "Bob"과 "xyzzy"로 로그인 요청을 제출submit한다. 로그인이 성공했는지 확인한다. 그리고 모의 객체가 예상한 값이 맞았는지 단정문으로 확인한다.

이것이 모의 객체다. 모의 객체가 아주 복잡해질 수도 있겠다는 생각이 들 법도 하다. 예를 들어 함수 f가 세 번 불리는데, 매번 다른 인자로 불리고 매번 다른 값을 반환할 수 있다. 함수 g는 함수 f의 첫 번째 호출과 두 번째 호출 사이에 불려야 할 수도 있다. 모의 객체 자체에 대한 단위 테스트 없이 모의 객체를 작성할 엄두가 나겠는가?

나는 모의 객체에 크게 관심이 없다. 모의 객체는 스파이의 동작에 테스트 단정문을 묶어 놓은 것인데, 이게 마음에 들지 않는다. 나는 테스트 검증 작업이 매우 직접적으로 이루어져야지, 다른 복잡한 메커니즘에 검증을 떠넘겨서는 안 된다고 생각한다. 하지만 내 생각일 뿐이다.

가짜

마침내 마지막 테스트 대역인 가짜(그림 3.7)를 다룰 차례다. 가짜는 더미가 아니다. 스텁도, 스파이도, 모의 객체도 아니다. 가짜는 완전히 다른 종류의 테스트 대역이다. 가짜는 시뮬레이터다.

오래전 1970년대 말에 내가 다녔던 회사에서는 전화 회사 설비에 설치해서 전화선을 검사하는 시스템을 만들었다. 중앙국에 있는 중앙 컴퓨터는 우리가 교환국에 설치한 컴퓨터와 모뎀 연결로 통신했다. 중앙국에 있는 컴퓨터는 SACservice area computer라고 불렸고, 교환국에 있는 컴퓨터는 COLTcentral office line tester라고 불렸다.

COLT는 교환기에 접속하여 해당 교환국으로부터 이어지는 임의의 전화선

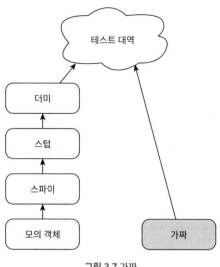

그림 3.7 가짜

과 COLT가 제어하는 측정 기기 사이를 전기적으로 연결할 수 있었다. 그러고는 전화선의 전기적 특성을 측정한 다음 측정치 원본을 SAC에 보고했다.

SAC는 이 원본 데이터로 각종 분석을 수행한 다음 고장이 발생했는지, 발생했다면 위치가 어디인지 밝혀냈다.

우리가 이 시스템을 어떻게 테스트했을까?

우리는 가짜를 만들었다. 우리가 만든 가짜 COLT는 교환기와의 상호 작용을 시뮬레이터로 대체했다. 이 시뮬레이터는 전화선에 접속해서 측정을 수행하는 척했다. 그런 다음 검사 대상 전화번호별로 미리 정해 둔 측정치 원본을 그대로 보고했다.

가짜 덕분에 실제 COLT를 진짜 전화 회사의 교환국에 설치할 필요 없이, 나아가 진짜 교환기나 '진짜' 전화선을 설치할 필요조차도 없이 SAC의 통신과 제어, 분석 소프트웨어를 테스트할 수 있었다.

오늘날 가짜는 아주 기초적인 비즈니스 규칙들을 구현하는 테스트 대역이

다. 그래서 가짜를 사용하는 테스트가 가짜가 어떻게 동작해야 하는지 고를
수 있다. 예제로 설명하는 편이 제일 좋을 것이다.

```java
@Test
public void badPasswordAttempt_loginFails() throws Exception {
  Authenticator authenticator = new FakeAuthenticator();
  LoginDialog dialog = new LoginDialog(authenticator);
  dialog.show();
  boolean success = dialog.submit("user", "bad password");
  assertFalse(success);
}

@Test
public void goodPasswordAttempt_loginSucceeds() throws Exception {
  Authenticator authenticator = new FakeAuthenticator();
  LoginDialog dialog = new LoginDialog(authenticator);
  dialog.show();
  boolean success = dialog.submit("user", "good password");
  assertTrue(success);
}
```

두 테스트는 똑같이 FakeAuthenticator를 사용하지만 서로 다른 비밀번호를
넘긴다. 테스트는 bad password가 사용되면 실패하고, good password가 사용
되면 성공하리라 예상한다.

FakeAuthenticator의 코드는 쉽게 떠올릴 수 있을 것이다.

```java
public class FakeAuthenticator implements Authenticator {
  public Boolean authenticate(String username, String password)
  {
    return (username.equals("user") &&
            password.equals("good password"));
  }
}
```

가짜의 문제는 애플리케이션이 커짐에 따라 테스트해야 하는 조건도 늘어난다
는 점이다. 그 결과 새로운 테스트 조건을 추가할 때마다 가짜도 커지는 경향

이 있다. 결국 너무 크고 복잡해져서 가짜 자체를 위한 테스트가 필요해진다.

나는 가짜를 거의 쓰지 않는다. 가짜가 커지지 않을 리 없다고 보기 때문이다.

모의 객체 사용 시점이 문제가 되는 이유

모의 객체를 쓸 것이냐 쓰지 않을 것이냐, 그것이 문제다. 사실 이것은 문제가 아니다. 정말 던져야 하는 질문은 '언제' 모의 객체를 쓰느냐다.

이에 대해 생각이 다른 두 학파가 있다. 런던 학파와 시카고 학파인데, 이번 장의 끝부분에서 살펴보겠다. 그 내용을 다루기에 앞서 애초에 이것이 왜 문제인지부터 분명히 해야 한다. 바로 테스트 주도 개발 불확정성 원리TDD uncertainty principle 때문이다.

이해를 돕기 위해 내가 조금 장난스럽게 '극단적으로 가더라도' 양해해 주기를 바란다. 앞으로 나올 사례를 여러분이 실제로 겪을 리는 없지만 내가 설명하려는 요점을 꽤 잘 보여 준다.

테스트 주도 개발을 사용해서 라디안radian 단위의 각도에 대해 삼각 함수 사인sine값을 계산하는 함수를 작성하고 싶다고 하자. 맨 첫 테스트는 무엇일까?

잊지 말라. 가장 퇴화한 경우로 시작해야 한다. 0의 사인값을 계산할 수 있는지 테스트해 보자.

```java
public class SineTest {
  private static final double EPSILON = 0.0001;
  @Test
  public void sines() throws Exception {
    assertEquals(0, sin(0), EPSILON);
  }

  double sin(double radians) {
    return 0.0;
  }
}
```

자, 여러분이 한발 앞서서 생각하고 있다면 벌써부터 마음이 불편할 것이다. 이 테스트는 sin(0)의 값 외에는 아무것도 확인하지 않는다.

이게 무슨 뜻일까? 우리가 테스트 주도 개발로 작성하는 대부분의 함수는 테스트 묶음이 커질수록 제약 사항이 늘어나면서 가능한 답의 범위가 점점 더 줄어든다. 결국 작성한 함수가 가능한 제약 사항을 모두 통과하면서 우리가 떠올릴 수 있는 모든 테스트를 통과하는 시점이 온다는 뜻이다. 소인수 분해나 볼링 예제에서 보았듯이, 각각의 테스트가 가능한 해답을 점점 좁혀 나가다 보면 최종 해답이 밝혀진다.

하지만 여기서 sin(r) 함수는 그런 식으로 동작하지 않는 듯하다. sin(0) == 0 테스트는 맞지만 딱 그 점 이외에는 해답을 좁히지 못하는 것 같다.

다음 테스트를 시도해 보면 훨씬 더 분명해진다. 다음으로 무엇을 테스트해야 할까? sin(π)는 어떤가?

```java
public class SineTest {
  private static final double EPSILON = 0.0001;
  @Test
  public void sines() throws Exception {
    assertEquals(0, sin(0), EPSILON);
    assertEquals(0, sin(Math.PI), EPSILON);
  }

  double sin(double radians) {
    return 0.0;
  }
}
```

이번에도 해답이 좁혀지지 않는 느낌이다. 이 테스트는 해답에 아무런 보탬이 되지 않는 것 같다. 문제를 어떻게 풀어야 하는지 힌트를 전혀 주지 않는다. 이번에는 π/2를 시도해 보자.

```java
public class SineTest {
  private static final double EPSILON = 0.0001;
  @Test
  public void sines() throws Exception {
    assertEquals(0, sin(0), EPSILON);
    assertEquals(0, sin(Math.PI), EPSILON);
    assertEquals(1, sin(Math.PI/2), EPSILON);
  }
  double sin(double radians) {
    return 0.0;
  }
}
```

이번에는 실패한다. 어떻게 통과시킬 수 있을까? 이 테스트는 어떻게 통과시킬 수 있을지 여전히 힌트를 주지 않는다. 끔찍한 if 문을 추가해 볼 수도 있겠지만, 이 방식은 결국 더욱더 많은 if 문으로 이어질 뿐이다.

이쯤에서 여러분은 사인 함수의 테일러급수Taylor series를 찾아본 다음, 테일러급수를 그대로 구현하는 방법이 가장 좋겠다고 생각했을지도 모르겠다.

$$x - \frac{x^3}{3!} + \frac{x^5}{5!} - \frac{x^7}{7!} + \dots$$

그리 어렵지 않다.

```java
public class SineTest {
  private static final double EPSILON = 0.0001;
  @Test
  public void sines() throws Exception {
    assertEquals(0, sin(0), EPSILON);
    assertEquals(0, sin(Math.PI), EPSILON);
    assertEquals(1, sin(Math.PI/2), EPSILON);
  }

  double sin(double radians) {
    double r2 = radians * radians;
    double r3 = r2*radians;
    double r5 = r3 * r2;
    double r7 = r5 * r2;
```

```
    double r9 = r7 * r2;
    double r11 = r9 * r2;
    double r13 = r11 * r2;
    return (radians - r3/6 + r5/120 - r7/5040 + r9/362880 -
            r11/39916800.0 + r13/6227020800.0);
  }
}
```

이제 통과는 하지만 좀 보기 좋지 않다. 그래도 이 방법으로 몇 가지 다른 사
인값을 계산할 수 있다.

```
public void sines() throws Exception {
  assertEquals(0, sin(0), EPSILON);
  assertEquals(0, sin(Math.PI), EPSILON);
  assertEquals(1, sin(Math.PI/2), EPSILON);
  assertEquals(0.8660, sin(Math.PI/3), EPSILON);
  assertEquals(0.7071, sin(Math.PI/4), EPSILON);
  assertEquals(0.5877, sin(Math.PI/5), EPSILON);
}
```

그렇다. 여전히 통과한다. 하지만 이 코드는 정확도에 한계가 있기 때문에
별로다. 우리가 원하는 정확도 범위 안으로 수렴할 때까지 테일러급수의 항
term 개수를 계속 늘려야 한다(EPSILON 상수의 값이 바뀌었다).

```
public class SineTest {
  private static final double EPSILON = 0.000000001;
  @Test
  public void sines() throws Exception {
    assertEquals(0, sin(0), EPSILON);
    assertEquals(0, sin(Math.PI), EPSILON);
    assertEquals(1, sin(Math.PI/2), EPSILON);
    assertEquals(0.8660254038, sin(Math.PI/3), EPSILON);
    assertEquals(0.7071067812, sin(Math.PI/4), EPSILON);
    assertEquals(0.5877852523, sin(Math.PI/5), EPSILON);
  }

  double sin(double radians) {
    double result = radians;
```

```
        double lastResult = 2;
        double m1 = -1;
        double sign = 1;
        double power = radians;
        double fac = 1;
        double r2 = radians * radians;
        int n = 1;
        while (!close(result, lastResult)) {
          lastResult = result;
          power *= r2;
          fac *= (n+1) * (n+2);
          n += 2;
          sign *= m1;
          double term = sign * power / fac;
          result += term;
        }

        return result;
    }

    boolean close(double a, double b) {
      return Math.abs(a - b) < .0000001;
    }
}
```

자, 아주 잘 해냈다. 그런데 잠깐, 테스트 주도 개발은 어떻게 된 건가? 이 알고리즘이 정말로 잘 동작하는지는 어떻게 아는가? 그러니까, 코드를 잔뜩 쓰긴 했는데, 이 코드가 맞는지는 어떻게 알 수 있을까?

테스트를 몇 개 더 쓸 수도 있다. 그런데 어휴, 테스트가 점점 번잡스러워진다. 리팩터링도 조금 하자.

```
private void checkSin(double radians, double sin) {
  assertEquals(sin, sin(radians), EPSILON);
}

@Test
public void sines() throws Exception {
  checkSin(0, 0);
```

```
    checkSin(PI, 0);
    checkSin(PI/2, 1);
    checkSin(PI/3, 0.8660254038);
    checkSin(PI/4, 0.7071067812);
    checkSin(PI/5, 0.5877852523);

    checkSin(3* PI/2, -1);
}
```

좋다. 잘 통과한다. 좀 더 추가해 보자.

```
checkSin(2*PI, 0);
checkSin(3*PI, 0);
```

2π는 통과하지만 3π에서 실패한다. 그래도 4.6130E-9 차이였으니 근소한 차이였다. close() 함수에서 비교하는 값을 줄여서 고칠 수도 있겠지만, 편법 같기도 하고 입력값이 100π 또는 1000π가 되면 다시 문제가 될 수 있다. 더 나은 방법은 각도를 0에서 2π 사이가 되도록 줄이는 것이다.

```
double sin(double radians) {
  radians %= 2*PI;
  double result = radians;
```

와, 잘 된다. 그렇다면 음수는 어떨까?

```
checkSin(-PI, 0);
checkSin(-PI/2, -1);
checkSin(-3*PI/2, 1);
checkSin(-1000*PI, 0);
```

와, 역시 모두 통과한다. 그렇다면 2π의 배수가 아닌 큰 숫자는 어떨까?

```
checkSin(1000*PI + PI/3, sin(PI/3));
```

음, 이것도 된다. 더 시도해 볼 것이 있을까? 실패할 것 같은 숫자가 있는가? 윽! 나는 모르겠다.

테스트 주도 개발 불확정성 원리

테스트 주도 개발 불확정성 원리의 전반전에 온 것을 환영한다. 우리가 아무리 많은 값을 시도해 보더라도 우리 마음에는 무언가 빠뜨린 듯한, 어떤 값은 틀린 출력값을 내놓을 듯한 찜찜한 불확실함이 계속 남을 것이다.

대부분의 함수는 이런 기분을 남기지 않는다. 대부분의 함수는 여러분이 마지막 테스트를 작성하고 나면 잘 동작할 것이 분명한 높은 품질에 도달할 것이다. 그러나 실패할 어떤 값이 있지는 않을지 계속 신경이 쓰이는 귀찮은 함수들도 있다.

우리가 그동안 써 온 종류의 테스트로 이 문제를 해결하려면 가능한 값을 전부 테스트로 쓰는 방법밖에 없다. 그리고 double 숫자는 64비트에 저장하므로 우리가 2×10^{19}개의 테스트를 써야 한다는 뜻이다. 이보다는 좀 적게 쓰고 싶은데 말이다.

그렇다면 이 함수에 대해 믿을 수 있는 부분은 무엇일까? 테일러급수를 이용해 라디안으로 주어진 각도의 사인값을 계산할 수 있다고 믿는가? 그렇다. 우리는 수학 증명을 보았고, 테일러급수가 올바른 값으로 수렴하리라고 아주 확신한다.

그렇다면 테일러급수에 대한 이런 믿음을 어떻게 테일러급수 계산의 정확성을 증명하는 일련의 테스트로 바꿀 수 있을까?

어쩌면 테일러 전개의 각 항을 조사할 수 있을 것이다. 예를 들어 $\sin(\pi)$을 계산할 때 테일러급수 각 항의 값은 다음과 같다: 3.141592653589793, −2.0261201264601763, 0.5240439134171688, −0.07522061590362306, 0.006925270707505149, −4.4516023820919976E−4, 2.114256755841263E−5, −7.727858894175775E−7, 2.2419510729973346E−8

나는 이런 테스트가 우리가 이미 작성한 테스트보다 나은 점이 조금이라도 있는지 모르겠다. 이 값들은 딱 하나의 테스트에만 적용할 수 있고, 다른 값에 대해서는 각 항의 값이 제대로 계산되는지 전혀 알려 주지 않는다.

아니, 우리는 무언가 다른 것을 원한다. 무언가 결정적인 것, 우리가 사용하는 알고리즘이 테일러급수를 정말로 알맞게 실행하고 있다고 증명하는 무언가를 원한다.

자, 그럼 테일러급수란 무엇일까? x의 홀수 거듭제곱을 홀수 계승factorial으로 나눈 항을 무한히 교대로 더하고 뺀 값이다.

$$\sum_{n=1}^{\infty} (-1)^{(n-1)} = \frac{x^{2n-1}}{(2n-1)!}$$

다르게 표현할 수도 있다.

$$x - \frac{x^3}{3!} + \frac{x^5}{5!} - \frac{x^7}{7!} + \frac{x^9}{9!} - \cdots$$

이것이 어떻게 도움이 될까? 글쎄, 혹시 스파이를 사용해서 테일러급수의 각 항이 어떻게 계산되는지 알려 줄 수 있다면 어떨까? 다음과 같은 테스트를 쓸 수 있을 것이다.

```
@Test
public void taylorTerms() throws Exception {
  SineTaylorCalculatorSpy c = new SineTaylorCalculatorSpy();
  double r = Math.random() * PI;
  for (int n = 1; n <= 10; n++) {
    c.calculateTerm(r, n);
    assertEquals(n - 1, c.getSignPower());
    assertEquals(r, c.getR(), EPSILON);
    assertEquals(2 * n - 1, c.getRPower());
    assertEquals(2 * n - 1, c.getFac());
  }
}
```

무작위 숫자 r과 적절한 n 값들을 사용했기 때문에 특정한 값을 쓰지 않아도 된다. 여기에서 우리의 관심사는 특정한 r과 n을 사용했을 때 적절한 숫자가 적절한 함수에 넘어가는지다. 테스트가 성공한다면 부호(sign)와 거듭제곱수(power), 계승(factorial)을 계산하는 곳에 올바른 값이 입력됐음을 알 수 있다.

다음과 같이 간단한 코드로 테스트를 통과시킬 수 있다.

```java
public class SineTaylorCalculator {
  public double calculateTerm(double r, int n) {
    int sign = calcSign(n-1);
    double power = calcPower(r, 2*n-1);
    double factorial = calcFactorial(2*n-1);
    return sign*power/factorial;
  }

  protected double calcFactorial(int n) {
    double fac = 1;
    for (int i=1; i<=n; i++)
      fac *= i;
    return fac;
  }

  protected double calcPower(double r, int n) {
    double power = 1;
    for (int i=0; i<n; i++)
      power *= r;
    return power;
  }

  protected int calcSign(int n) {
    int sign = 1;
    for (int i=0; i<n; i++)
      sign *= -1;
    return sign;
  }
}
```

여기서 실제 계산 함수들은 테스트하지 않는다는 데 주의하라. 실제 계산 함수들의 코드는 꽤 간단하고 어쩌면 테스트가 필요 없을 수도 있다. 우리가 쓰려고 하는 다른 테스트들을 생각해보면 더욱 그렇다.

스파이는 다음과 같다.

```
package London_sine;

public class SineTaylorCalculatorSpy extends SineTaylorCalculator {
  private int fac_n;
  private double power_r;
  private int power_n;
  private int sign_n;
  public double getR() {
    return power_r;
  }

  public int getRPower() {
    return power_n;
  }

  public int getFac() {
    return fac_n;
  }

  public int getSignPower() {
    return sign_n;
  }

  protected double calcFactorial(int n) {
    fac_n = n;
    return super.calcFactorial(n);
  }

  protected double calcPower(double r, int n) {
    power_r = r;
    power_n = n;
    return super.calcPower(r, n);
  }

  protected int calcSign(int n) {
    sign_n = n;
    return super.calcSign(n);
  }
```

```
public double calculateTerm(double r, int n) {
    return super.calculateTerm(r, n);
}
}
```

이 테스트가 통과한다면 알고리즘에서 남은 부분인 급수의 합을 구하는 코드
는 얼마나 쓰기 어려울까?

```
public double sin(double r) {
    double sin=0;
    for (int n=1; n<10; n++)
        sin += calculateTerm(r, n);
    return sin;
}
```

전체 코드의 효율성에 불만이 있을 수도 있다. 하지만 제대로 동작하리라 믿
는가? calculateTerm 함수가 정확한 테일러 항을 적절하게 계산하는가? sin
함수가 각 항의 합을 잘 구하는가? 항을 10개 계산하면 충분한가? 맨 처음에
작성한 값 기반 테스트 없이 이를 어떻게 검증할 수 있을까?

홍미로운 테스트를 하나 살펴보자. 모든 sin(r)의 값은 −1보다 크고 1보다
작아야[10] 한다.

```
@Test
public void testSineInRange() throws Exception {
    SineTaylorCalculator c = new SineTaylorCalculator();
    for (int i=0; i<100; i++) {
        double r = (Math.random() * 4 * PI) - (2 * PI) ;
        double sinr = c.sin(r);
        assertTrue(sinr < 1 && sinr > -1);
    }
}
```

---

10 (옮긴이) 사실 PI/2이나 −PI/2처럼 sin값이 −1이나 1이 되는 경우도 있지만, 근사치 계산이므로
   딱 떨어지지는 않을 것이다.

통과한다. 이건 어떤가? 다음과 같은 항등식이 성립한다.

```
public double cos(double r) {
  return (sin(r+PI/2));
}
```

그렇다면 다음 삼각 함수 제곱 공식Pythagorean identity을 테스트해 보자: $\sin^2 + \cos^2 = 1$

```
@Test
public void PythagoreanIdentity() throws Exception {
  SineTaylorCalculator c = new SineTaylorCalculator();
  for (int i=0; i<100; i++) {
    double r = (Math.random() * 4 * PI) - (2 * PI) ;
    double sinr = c.sin(r);
    double cosr = c.cos(r);
    assertEquals(1.0, sinr * sinr + cosr * cosr, 0.00001);
  }
}
```

음, 사실 이 테스트는 실패하다가 우리가 테일러급수 항의 수를 20개까지 늘려야 겨우 통과했다. 황당할 정도로 높은 숫자이기는 하지만 내가 말했듯이 극단적인 예일 뿐이다.

이렇게 테스트한 후에 사인을 제대로 계산했는지 얼마나 확신이 드는가? 여러분의 생각은 알 수 없지만 나는 꽤 확신이 든다. 테일러급수의 각 항에 정확한 숫자가 넘겨졌다는 것을 안다. 간단한 계산기로 sin 함수가 사인처럼 동작하는지 눈으로 비교해 볼 수도 있다.

에잇, 귀찮다. 그냥 몇 가지 값 테스트를 해 보자.

```
@Test
public void sineValues() throws Exception {
  checkSin(0, 0);
  checkSin(PI, 0);
  checkSin(PI/2, 1);
```

```
  checkSin(PI/3, 0.8660254038);
  checkSin(PI/4, 0.7071067812);
  checkSin(PI/5, 0.5877852523);
}
```

와, 모두 잘 동작한다. 멋지다. 이제 내 자신감 문제를 해결했다. 사인을 제대로 계산하는지 더는 불안하지 않다. 스파이에게 이 영광을 돌린다!

(다시) 테스트 주도 개발 불확정성 원리

하지만 잠깐. 사인을 계산하는 더 좋은 알고리즘이 있다는 사실을 아는가? CORDIC이라고 부른다. 아니, 여기서 이 알고리즘을 설명하지는 않겠다. 이 장의 범위를 훨씬 벗어난다. 그냥 우리 함수를 CORDIC을 사용하도록 바꾸고 싶다는 정도로 해 두자.

우리 스파이 테스트가 깨질 것이다!

우리가 테일러급수 알고리즘에 얼마나 많은 코드를 투자했는지 잠시 되돌아보라. 테일러급수 알고리즘에서만 사용할 수 있는 SineTaylorCalculator와 SineTaylorCalculatorSpy라는 두 개의 클래스를 만들었다. 이 모두를 버리고 완전히 새로운 테스트 전략을 만들어야 한다.

스파이 테스트는 깨지기 쉽다. 알고리즘을 바꾸면 사실상 모든 테스트가 깨진다. 그러면 깨진 테스트를 고치거나 심지어는 새로 써야 할 수도 있다.

반면에 원래의 값 기반 테스트를 계속 사용했다면 새로운 CORDIC 알고리즘으로도 계속 통과했을 것이다. 테스트는 전혀 새로 작성할 필요가 없다.

테스트 주도 개발 불확정성 원리의 후반전에 온 것을 환영한다. 테스트에서 확실함을 얻고 싶다면 결국 여러분의 테스트를 구현에 결합할couple 수밖에 없을 것이고 테스트가 깨지기 쉬워진다.

테스트 주도 개발 불확정성 원리: 여러분이 확실함을 요구하는 만큼 여러분의 테스트는 유연하지 않게 된다. 유연성을 요구하는 만큼 확실함은 줄 어들 것이다.

런던 대 시카고

테스트 주도 개발 불확정성 원리 때문에 테스트가 가망이 없는 행위처럼 보일 수도 있지만 전혀 그렇지 않다. 우리 테스트의 유용성에 어느 정도 제한이 생길 뿐이다.

우리는 한편으로는 융통성 없고 깨지기 쉬운 테스트를 원하지 않는다. 또 한편으로는 최대한 확신을 많이 얻고 싶다. 우리는 엔지니어로서 두 가지 문제 사이에서 올바른 절충점을 찾아야 한다.

깨지기 쉬운 테스트 문제

테스트 주도 개발 초보들은 깨지기 쉬운 테스트 문제를 자주 경험하는데, 이는 테스트를 주의 깊게 설계하지 않아서다. 테스트를 부차적인 요소로 여기고 결합과 응집성 규칙을 모두 어겼기 때문이다. 그래서 제품 코드를 조금만 바꾸거나 아주 사소한 리팩터링만 해도 많은 테스트가 실패하고, 테스트 코드를 죄다 수정해야만 한다.

실패한 테스트를 고치려고 테스트 코드를 상당 부분 다시 쓰다 보면, 테스트 주도 개발에 대해 실망스러운 첫인상을 갖게 되고, 성급하게 테스트 주도 개발 규율을 포기해 버리기도 한다. 숱한 미숙한 새내기 테스트 주도 개발 사용자들이 단순히 테스트 역시 제품 코드만큼이나 잘 설계되어야 한다는 사실을 깨닫지 못한 탓에 테스트 주도 개발 규율에서 멀어졌다.

테스트를 제품 코드와 더 많이 결합할수록 테스트는 더 깨지기 쉬워진다. 그리고 스파이보다 더 밀접한 결합을 만드는 테스트 도구는 흔치 않다. 스파이는 알고리즘을 중심부까지 깊이 살피고, 테스트와 알고리즘을 떼어 놓을 수 없을 정도로 결합한다. 그리고 스파이의 일종인 모의 객체도 마찬가지다.

이것이 내가 모의 객체 도구mocking tool를 좋아하지 않는 이유 중 하나다. 모의 객체 도구는 여러분이 모의 객체와 스파이를 자주 작성하도록 하며, 이는 깨지기 쉬운 테스트로 이어진다.

확실성 문제

여러분이 나처럼 스파이 작성을 꺼린다면 여러분에게는 값 테스트와 속성 property 테스트만이 남아 있다. 값 테스트는 앞부분에서 우리가 했던 사인값 테스트 같은 것이다. 입력값과 출력값을 짝지어 나열한다.

속성 테스트는 우리가 앞에서 사용한 testSineInRange나 Pythagorean Identity(삼각 함수 제곱 공식) 같은 것이다. 적절한 입력값을 다양하게 넣어 보면서 불변식이 성립하는지 검사한다. 이 테스트로 확신을 얻는 경우도 있지만, 찜찜한 기분이 남는 경우도 자주 있다.

반면에 이런 테스트는 구현에 사용한 알고리즘과 분리되어 있기 때문에 알고리즘을 바꾸거나 리팩터링을 하더라도 영향을 받지 않는다.

여러분이 유연성보다 확실성을 중요시하는 사람이라면 아마 테스트에 '스파이'를 많이 사용할 테고, 그에 따르는 테스트의 연약함은 감수할 것이다.

하지만 여러분이 확실성보다 유연성을 중요시하는 사람이라면 아마 나와 비슷할 것이다. '스파이'보다는 값이나 속성 테스트를 선호하고 찜찜한 불확실함은 감수한다.

이런 두 가지 마음 자세가 테스트 주도 개발 사상의 두 학파로 이어졌고, 우리 산업에 심대한 영향을 주었다. 유연성과 확실성 중 어느 쪽을 중요시하는지가 제품 코드를 설계하는 과정에, 때로는 실제 설계 자체에까지 급격한 변화를 불러온다는 사실이 밝혀졌다.

런던

테스트 주도 개발의 런던 학파는 이 주제에 관한 책[11]을 쓴 스티브 프리먼과 냇 프라이스가 런던 사람인 데서 그 이름이 유래했다. 이 학파는 유연성보다 확실성을 선호한다.

'보다'라고 표현한 부분에 주의하라. 런던 학파에서도 유연성을 포기하지는 않는다. 사실 유연성의 가치를 중요시한다. 그저 더 확실하게 하기 위해 어느 정도의 경직성을 감수하는 것뿐이다.

따라서 런던 학파 사람들이 작성한 테스트를 살펴보면 상대적으로 일관되게 거리낌 없이 모의 객체와 스파이를 사용하는 모습을 볼 수 있다.

이런 자세는 결과보다 알고리즘에 더 초점을 둔다. 런던 학파에게는 결과도 중요하지만 '그 결과를 얻는 과정'이 더 중요하다. 이는 흥미로운 설계 방식으로 이어지는데, 런던 학파는 밖에서 안으로outside-in 설계를 한다.

'밖에서 안으로' 접근해 가는 프로그래머는 사용자 인터페이스에서 시작해 '한 번에 유스케이스use case 하나씩' 비즈니스 규칙을 향해 나아가면서 설계한다. 경계마다 모의 객체와 스파이를 사용해서 내부와 통신하기 위해 사용하는 알고리즘이 잘 작동하는지 증명한다. 결국 비즈니스 규칙을 만나면 이를 구현하고 데이터베이스에 연결한 다음, 방향을 바꿔 모의 객체와 스파이를 사용해 사용자 인터페이스로 다시 돌아오는 경로를 테스트한다.

다시 말하지만 이렇게 밖에서 안으로 한 번 왕복하는 작업을 통틀어 한 번에 하나의 유스케이스만 다룬다.

'밖에서 안으로' 설계는 매우 잘 정의되어 있고 질서 정연한 접근 방법으로, 실제로도 매우 잘 작동할 수 있다.

---

11 《테스트 주도 개발로 배우는 객체 지향 설계와 실천》(인사이트, 2013)

시카고

테스트 주도 개발의 시카고 학파는 당시 시카고를 거점으로 했던 소트웍스 ThoughtWorks에서 그 이름을 따왔다. 마틴 파울러Martin Fowler가 소트웍스의 수석 과학자였다(이 글을 쓰는 2021년 현재도 그렇다). 사실 시카고라는 이름은 더 기이한 구석이 있다. 한때 이 학파는 디트로이트 학파로도 불렸다.

시카고 학파는 확실성보다 유연성에 집중한다. 다시 한번 말하지만 '보다'에 주의하라. 시카고 학파 사람들도 확실성의 가치를 알지만, 선택권이 있을 때는 테스트를 좀 더 유연하게 만드는 쪽을 택한다. 따라서 상호 작용이나 알고리즘보다는 결과에 훨씬 집중한다.

당연히 이는 매우 다른 설계 철학으로 이어진다. 시카고 학파는 비즈니스 규칙에서 시작해 사용자 인터페이스를 향해 바깥쪽으로 나아간다. 이런 접근 방법은 종종 안에서 밖으로inside-out 설계라고도 부른다.

시카고 설계 과정도 런던 과정만큼이나 잘 정의되어 있지만 매우 다른 순서로 문제를 공략한다. 시카고 학파는 다음 문제에 착수하기 전에 유스케이스 하나를 처음부터 끝까지 전부 해결하지 않는다. 도리어 값 테스트와 속성 테스트를 사용해 아무런 사용자 인터페이스 없이 몇 가지 비즈니스 규칙만 구현한다. 사용자 인터페이스 그리고 사용자 인터페이스와 비즈니스 규칙 사이의 계층은 필요할 때 그에 맞추어 구현한다.

시카고 학파는 비즈니스 규칙을 데이터베이스에 이르는 모든 단계에 곧바로 적용하지 않기도 한다. 한 번에 유스케이스를 하나씩 왕복하기보다는, 각 계층 안에서 협력할 수 있는 기회나 중복을 찾는다. 유스케이스 입력에서 출력으로 이어지는 전체 경로를 가는 실 하나로 꿰기보다는 각 계층 안에서 더 굵은 줄무늬를 만들며 일한다. 그렇게 비즈니스 규칙에서부터 시작해 점점 단계적으로 사용자 인터페이스와 데이터베이스를 향해 움직인다. 계층을 하나씩 탐험하면서 추상화나 일반화의 기회와 디자인 패턴을 찾는다.

런던 학파보다는 질서가 조금 없지만 더 총체적인 접근 방법이다. 내 사견으로는 시카고 방식이 큰 그림을 더 명확하게 계속 시야에 두는 경향이 있다.

통합

두 가지 사상의 학파가 존재하기는 하지만 그리고 이쪽 아니면 저쪽으로 편향된 실무자들도 있지만 런던 대 시카고로 전쟁을 하지는 않는다. 사실 대단한 의견 차이가 있는 것도 아니다. 강조점이 소소하게 다른 정도에 불과하다.

사실 시카고 학파든 런던 학파든 모든 실무자는 업무에 양쪽 기법을 모두 사용한다. 누구는 이쪽을 조금 더 사용하고, 누구는 저쪽을 조금 더 사용할 뿐이다.

무엇이 옳을까? 물론 어느 쪽도 아니다. 나는 시카고 쪽으로 기우는 경향이 있지만, 여러분은 런던 학파를 살펴본 후 더 잘 맞는다고 판단할 수도 있다. 나는 여러분의 의견이 틀렸다고 보지 않는다. 사실 여러분과 기꺼이 짝 프로그래밍을 함으로써 우리의 견해를 멋지게 통합synthesis해 낼 것이다.

이런 통합은 아키텍처를 고려하기 시작하면 매우 중요해진다.

아키텍처

런던과 시카고 전략 사이에서 만드는 절충점은 아키텍처에 영향을 준다. 《클린 아키텍처》를 읽었다면 내가 시스템을 컴포넌트들로 나누기를 좋아한다는 사실을 알 것이다. 나는 그런 컴포넌트들이 분할되는 지점을 경계boundary라고 부른다. 내게는 경계에 대한 규칙이 하나 있다. 소스 코드가 다른 컴포넌트에 의존할 때, 다시 말해 의존 관계가 경계를 넘어가야 할 때는 언제나 저수준 정책이 고수준 정책에 의존하는 방향으로 경계를 횡단해야 한다는 것이다.

이는 그래픽 사용자 인터페이스나 데이터베이스처럼 저수준 세부 사항을 담고 있는 컴포넌트가 비즈니스 규칙 같은 고수준 컴포넌트에 의존한다는 의미다. 고수준 컴포넌트는 저수준 컴포넌트에 의존하지 않는다. 이는 의존성 역전dependency inversion 원칙의 한 예로, SOLID의 D에 해당한다.

가장 낮은 수준의 프로그래머 테스트를 작성하고 있다면 나는 스파이를 그리고 드물게는 모의 객체를 사용해서 아키텍처 경계를 테스트할 것이다. 다시 말해, 나는 컴포넌트를 테스트할 때 맞물려 동작하는 컴포넌트를 스파이로 대체함으로써 내가 테스트하는 컴포넌트가 맞물리는 대상을 올바르게 호출하는지 확인한다. 따라서 내 테스트가 아키텍처 경계를 넘어간다면 나는 런던 학파다.

하지만 테스트가 그런 경계를 지나지 않는다면 나는 시카고 학파라고 할 수 있다. 나는 컴포넌트 내에서는 상태와 속성 테스트에 더 많이 의존한다. 결합을 방지해서 내 테스트가 최대한 깨지지 않도록 하기 위해서다.

다음 예제를 보자. 그림 3.8의 UML 도표는 여러 클래스를 보여 준다. 클래스들이 네 개의 컴포넌트로 나뉘어 있다.

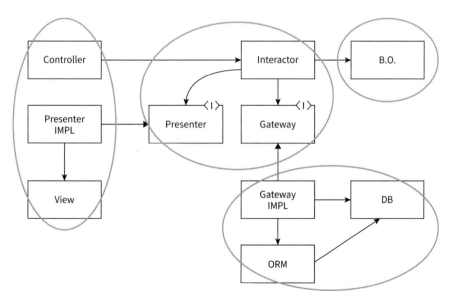

그림 3.8 네 개의 컴포넌트와 각각에 속한 클래스

화살표가 항상 저수준 컴포넌트에서 고수준 컴포넌트를 향하고 있다는 사실을 눈여겨보라. 이것이 《클린 아키텍처》에서 설명한 의존성 규칙이다. 가장 높은 수준의 컴포넌트는 비즈니스 객체business object, B.O.를 갖고 있다. 그다음으로 높은 수준의 컴포넌트는 인터랙터와 통신 인터페이스(〈I〉)를 가진다. 가장 낮은 수준에는 GUI와 데이터베이스가 위치한다.

비즈니스 객체를 테스트할 때는 스텁을 좀 사용할 수는 있어도 스파이나 모의 객체가 필요하지는 않을 것이다. 비즈니스 객체는 다른 컴포넌트에 대해 아무것도 모르기 때문이다.

반면에 인터랙터는 비즈니스 객체와 데이터베이스, GUI를 조종한다. 우리 테스트는 데이터베이스와 GUI를 제대로 조종하는지 확인하기 위해 스파이를 사용할 가능성이 높다. 하지만 비즈니스 객체의 기능은 아마 무겁지 않을 테니 인터랙터와 비즈니스 객체 사이에서는 스파이나 심지어 스텁도 별로 사용하지 않을 것이다.

컨트롤러를 테스트할 때는 테스트용 호출이 데이터베이스나 프레젠터까지 전달되지 않기를 원할 테니 인터랙터 자리에 스파이를 사용할 게 거의 확실하다.

프레젠터가 흥미로운데 우리는 프레젠터를 GUI 컴포넌트의 일부라고 생각하지만, 실제로 프레젠터를 테스트하려면 스파이가 필요할 것이다. 진짜 뷰를 사용하지 않고 프레젠터를 테스트하는 편이 더 좋기 때문에 컨트롤러와 프레젠터 없이 뷰만 가진 다섯 번째 컴포넌트가 아마 필요할 것이다.

프레젠터처럼 다소 복잡해지는 경우는 꽤 흔하다. 테스트 때문에 컴포넌트 경계를 수정하는 일도 자주 있다.

결론

이번 장에서 우리는 테스트 주도 개발의 몇 가지 측면을 좀 더 깊이 있게 살펴보았다. 알고리즘의 단계적인 개발부터 막다른 길 문제까지, 유한 상태 기계로서의 테스트부터 테스트 대역과 테스트 주도 개발 불확정성 원리까지 알아보았다. 하지만 아직 끝이 아니다. 또 다른 내용이 기다리고 있으니 향기롭고 뜨거운 홍차를 한 잔 준비한 다음 불가능 확률 추진기[12]를 무한으로 가동하자.

---

12 (옮긴이) 더글러스 애덤스의 소설 《은하수를 여행하는 히치하이커를 위한 안내서》에 나오는 우주선 추진 장치로, 뜨거운 홍차로 동작시킨다.

테스트 설계
Test Design

'2장 테스트 주도 개발'에서 제시한 테스트 주도 개발의 세 가지 법칙을 보고서 테스트 주도 개발은 얄팍한 기술이라고 판단할 수도 있다. 세 가지 법칙만 따르면 끝이라고 말이다. 하지만 이는 아주 잘못된 생각이다. 테스트 주도 개발은 깊이 있는 기술이다. 많은 층위가 있고, 모두 완전히 익히려면 수개월에서 수년은 걸린다.

이번 장에서는 테스트 주도 개발의 많은 층위 중 몇 개를 골라 탐구해 본다. 데이터베이스나 그래픽 사용자 인터페이스처럼 테스트에서 겪는 다양한 난제부터 좋은 테스트 설계를 낳는 설계 원칙, 테스트에서 나타나는 패턴, 흥미롭고 심오한 이론적 가능성까지 살펴본다.

데이터베이스 테스트하기

데이터베이스를 테스트할 때 첫 번째 규칙은 다음과 같다. 데이터베이스를 테스트하지 말라. 여러분은 데이터베이스를 테스트할 필요가 없다. 그냥 잘 동작한다고 가정해도 된다. 설사 문제가 있더라도 머지않아 알게 된다.

사실 여러분이 테스트하고 싶은 것은 쿼리다. 아니 더 정확하게는 데이터베이스에 보내는 명령어가 적절히 구성되는지 테스트하고 싶다. SQL을 직접 작성한다면 SQL 문장이 의도대로 동작하는지 테스트하고 싶을 테고, 하이버네이트Hibernate 같은 객체 관계 매핑object-relational mapping, ORM을 사용한다면 하이버네이트가 여러분이 의도한 대로 데이터베이스를 조작하는지 테스트하고 싶을 것이다. NoSQL 데이터베이스를 사용한다면 모든 데이터베이스 접근이 의도대로 이루어지는지 테스트하고 싶을 것이다.

이런 테스트에서는 비즈니스 규칙을 검사할 필요가 없다. 그저 쿼리 자체만 테스트할 뿐이다. 그래서 데이터베이스를 테스트할 때 두 번째 규칙은 다음과 같다. 데이터베이스를 비즈니스 규칙과 분리하라.

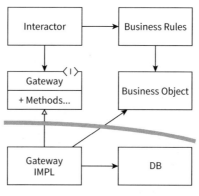

그림 4.1 데이터베이스 테스트하기

데이터베이스를 비즈니스 규칙과 분리하기 위해 인터페이스를 만든다. 그림 4.1의 게이트웨이(Gateway)[1]가 이런 인터페이스다. `Gateway` 인터페이스 안에 수행하고 싶은 쿼리 종류별로 각각 메서드를 추가하는데, 이 메서드는 인자를 받아서 쿼리에 적용한다. 예를 들어 데이터베이스에서 2001년 이후에 입사한 모든 `Employee`를 불러오고 싶다면, 게이트웨이에 `getEmployeesHired After(2001)`과 같이 메서드를 호출한다.

데이터베이스에서 수행하려는 모든 조회, 갱신, 삭제, 추가 동작에 해당하는 메서드가 `Gateway` 인터페이스에 추가되어야 한다. 물론 데이터베이스를 어떻게 나누느냐에 따라 여러 개의 `Gateway`를 사용할 수도 있다.

게이트웨이를 구현하는 `GatewayImpl` 클래스는 실제 데이터베이스가 필요한 기능을 수행하도록 지휘한다. SQL 데이터베이스라면 `GatewayImpl` 클래스 안에서 모든 SQL이 만들어진다. ORM을 사용한다면 `GatewayImpl` 클래스가 ORM 프레임워크를 다룬다. `GatewayImpl`로부터 `Gateway`를 분리하는 아키텍처 경계 너머에서는 SQL도, ORM 프레임워크도, 데이터베이스 API도 알지 못한다.

---

1 Martin Fowler, 《Patterns of Enterprise Application Architecture》(Addison-Wesley, 2003), p. 466
   (옮긴이) 《엔터프라이즈 애플리케이션 아키텍처 패턴》(위키북스, 2015), 492쪽

사실 경계 너머에서는 데이터베이스 스키마도 몰랐으면 좋겠다. 데이터베이스에서 꺼내 온 것이 레코드든 데이터 항목이든 GatewayImpl이 알아서 해석한 다음, 그 데이터로 적절한 비즈니스 객체를 구성하여 경계 너머 비즈니스 규칙에 넘겨주면 된다.

이제 데이터베이스 테스트는 간단하다. 적당히 단순한 테스트 데이터베이스를 만들고, 여러분의 테스트에서 GatewayImpl의 쿼리 함수를 하나씩 각각 호출한 후, 테스트 데이터베이스에 원하는 효과가 일어나는지 확인하면 된다. 각 쿼리 함수가 잘 만들어진 비즈니스 객체들을 반환하는지도 확인해야 하고, 각 갱신·추가·삭제 함수가 데이터베이스를 예상대로 바꾸는지도 확인해야 한다.

테스트에 실제 서비스용 데이터베이스를 사용하지 말라. 테스트가 잘 작동하는지 확인할 수 있는 만큼의 데이터만 가진 테스트 데이터베이스를 만들고 이 데이터베이스의 백업을 만들라. 테스트를 실행하기 전에 이 백업을 복원하여 '언제나' 동일한 테스트 데이터로 테스트를 실행하라.

비즈니스 규칙을 테스트할 때는 스텁이나 스파이로 GatewayImpl 클래스를 대체하라. 진짜 데이터베이스에 연결한 채로 비즈니스 규칙을 테스트하지 말라. 진짜 데이터베이스는 느리고 오류가 더 잦다. 대신 여러분의 비즈니스 규칙과 인터랙터가 Gateway 인터페이스를 정확하게 조작하는지만 테스트하라.

GUI 테스트하기

GUI 테스트의 규칙은 다음과 같다.

1. GUI를 테스트하지 말라.
2. 모든 것을 테스트하라. GUI만 빼고.
3. GUI는 여러분 생각보다 작다.

세 번째 규칙을 먼저 음미해 보자. GUI는 여러분 생각보다 훨씬 작다. GUI는 화면에 정보를 표시하는 소프트웨어의 아주 작은 요소 하나일 뿐이다. 아마 소프트웨어에서 제일 작은 부분일 것이다. 명령을 만들어서 엔진에 보내면 엔진이 화면의 픽셀에 실제로 색을 칠한다.

웹 기반 시스템이라면 HTML을 생성하는 소프트웨어가 GUI다. 데스크톱 시스템이라면 그래픽 제어 소프트웨어의 API를 호출하는 소프트웨어가 GUI 다. 소프트웨어 설계자로서 여러분의 일은 GUI 소프트웨어를 가능한 한 작 게 만드는 것이다.

예를 들어 GUI 소프트웨어가 날짜나 금액, 일반적인 숫자를 어떻게 표기 하는지 꼭 알아야 할까? 아니다. 다른 모듈이 처리할 수 있다. GUI는 날짜든 금액이든 숫자든 적절히 표현된 문자열만 있으면 된다.

이런 처리를 하는 다른 모듈을 프레젠터presenter라고 부른다. 프레젠터는 화 면 또는 창에 표시되는 데이터를 꾸미고 배치하는 일을 담당한다. 프레젠터 가 최대한 많은 부분을 처리하면 GUI는 어처구니없을 정도로 쪼그라든다.

자, 예를 들어 프레젠터가 모든 버튼과 메뉴 항목의 상태를 결정하는 모듈 이라고 해 보자. 프레젠터가 각각의 이름이나 활성화 여부를 지정한다. 창의 상태에 따라 버튼의 이름이 바뀐다면 상태를 알아내서 이름을 바꾸는 일은 프레젠터의 몫이다. 숫자를 격자 형태로 화면에 표시해야 한다면 프레젠터가 적절히 문자열의 서식을 맞추고 배치해서 표를 만든다. 표의 특정 칸에 다른 색깔이나 글꼴을 사용해야 한다면 프레젠터가 색깔과 글꼴을 결정한다.

프레젠터가 세세한 서식과 배치를 모두 처리해서 문자열과 플래그로 채운 간단한 자료 구조를 생성한다. GUI는 이 자료 구조를 사용해서 화면에 보낼 명령어들을 만든다. 물론 이렇게 하면 GUI는 정말 매우 작아진다.

프레젠터가 만드는 이 자료 구조를 보통 뷰 모델이라고 부른다.

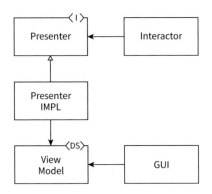

그림 4.2 인터랙터는 화면에 어떤 데이터를 표시할지 프레젠터에 알려 주어야 한다.

그림 4.2의 도표에서 인터랙터는 화면에 표시할 데이터가 무엇인지 프레젠터에 알려 주어야 한다. 인터랙터와 프레젠터 사이의 통신은 인터랙터가 하나 이상의 자료 구조를 일련의 함수를 통해 프레젠터에 넘겨주는 형태로 일어난다. 프레젠터 인터페이스 덕분에 진짜 프레젠터는 인터랙터로부터 숨겨져 있다. 그래서 고수준 인터랙터가 저수준 프레젠터의 구현에 의존하지 않아도 된다.

프레젠터는 뷰 모델 자료 구조를 만들고 GUI는 이를 화면을 제어하는 명령어로 번역한다.

프레젠터 자리에 스파이를 사용해서 인터랙터를 테스트할 수 있다. 프레젠터 테스트도 마찬가지로 명령을 보내서 그 결과로 나오는 뷰 모델을 검사하면 된다.

자동화 단위 테스트로 쉽게 테스트할 수 없는 유일한 요소는 GUI 자체다. 따라서 GUI를 매우 작게 만들어야 한다.

물론 GUI 역시 테스트할 수는 있다. 여러분이 눈으로 직접 봐야 할 뿐이다. 하지만 알고 보면 꽤 간단하다. 미리 정해진 뷰 모델들을 바로 GUI에 넘겨서 이들이 정확하게 그려지는지 눈으로 확인하기만 하면 된다.

이 마지막 부분을 자동화해 주는 도구도 있지만 나는 보통 사용하지 않는 쪽을 추천한다. 이런 도구들은 보통 느리고 잘 깨진다. 게다가 GUI는 매우 자주 바뀌는 모듈일 가능성이 높다. 누군가가 화면에 표시되는 요소의 모습이나 스타일을 바꾸려고 할 때마다 GUI 코드에 영향을 줄 수밖에 없다. 그래서 이 마지막 작은 부분을 위해 자동화 테스트를 작성하는 일은 시간 낭비가 되기 십상이다. GUI 코드는 매우 자주 바뀌고, 이렇게 단명하는 코드 때문에 테스트도 오래 살아남기 힘들기 때문이다.

GUI 입력

GUI 입력 테스트도 같은 규칙을 따른다. GUI를 가능한 한 단순하게 만든다. 그림 4.3의 도표에서 GUI 프레임워크는 시스템의 경계에 위치한 코드다. 웹 컨테이너일 수도 있고, 데스크톱을 제어하는 스윙Swing[2]이나 프로세싱Processing[3] 같은 것일 수도 있다.

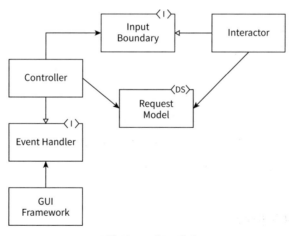

그림 4.3 GUI 테스트하기

---

2   *https://docs.oracle.com/javase/8/docs/technotes/guides/swing/*
    (옮긴이) 자바에 내장된 GUI 개발 툴킷이다.

3   *https://processing.org/*
    (옮긴이) 시각 예술이나 미디어 아트 등에 많이 쓰이는 프로그래밍 언어이자 통합 개발 환경이다.

GUI 프레임워크는 EventHandler 인터페이스를 통해 컨트롤러와 통신한다. 그래야 컨트롤러가 GUI 프레임워크에 간접적인 소스 코드 의존성을 가지지 않을 수 있다. 컨트롤러는 GUI 프레임워크로부터 필요한 이벤트를 수집해서 순수한 자료 구조를 만드는 역할을 한다. 이 자료 구조data structure(〈DS〉)를 여기서는 RequestModel(요청 모델)이라고 부르겠다.

RequestModel이 완성되면 컨트롤러는 이를 InputBoundary 인터페이스를 통해 인터랙터에 넘긴다. 여기에서도 인터페이스를 활용하여 소스 코드 의존성이 아키텍처적으로 올바른 방향을 향하도록 한다.

인터랙터 테스트는 간단하다. 적절한 요청 모델을 만들어서 인터랙터에 넘기면 된다. 결과를 직접 확인할 수도 있고, 스파이를 사용해 확인할 수도 있다. 컨트롤러 테스트 역시 간단하다. 이벤트 핸들러 인터페이스를 통해 이벤트를 발생시켰을 때 컨트롤러가 요청 모델을 정확하게 생성하는지만 확인하면 된다.

테스트 패턴

테스트에는 다양한 디자인 패턴이 있고 이를 정리한 책도 여러 권 있다. 두 권만 꼽아 보자면 제라드 메스자로스의 《xUnit Test Patterns》와 J. B. 레인스버거, 스콧 스털링의 《JUnit Recipes》[4]가 있다.

여기에 그 모든 패턴과 레시피를 늘어놓고 싶지는 않다. 내가 지난 세월 동안 가장 유용하다고 느낀 세 가지만 언급하고 싶다.

테스트용 하위 클래스

이 패턴은 주로 안전장치 역할을 맡는다. 예를 들어 XRay(엑스레이) 클래스

---

4 J. B. Rainsberger, Scott Stirling, 《JUnit Recipes: Practical Methods for Programmer Testing》 (Manning, 2006)

의 align(정렬) 메서드를 테스트하고 싶다고 하자. 그런데 align 메서드는 turnOn(켜기) 메서드를 호출한다. 아마 테스트를 수행할 때마다 엑스레이를 켜고 싶지는 않을 것이다.

해결책은 그림 4.4에 나오듯이 XRay 클래스의 테스트용 하위 클래스test-specific subclass를 만들고, turnOn 메서드를 오버라이드해 아무 일도 하지 않는 것이다. 테스트에서 SafeXRay 클래스의 인스턴스를 만들고 align 메서드를 호출하더라도 엑스레이 기계가 실제로 켜질까 걱정하지 않아도 된다.

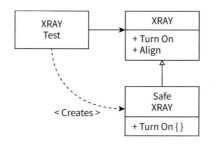

그림 4.4 테스트용 하위 클래스 패턴

테스트용 하위 클래스를 스파이로 사용하면 유용할 때가 많다. 위험한 메서드가 실제로 호출됐는지 여부를 안전한 객체에게 물어볼 수 있다.

이 예시에서 SafeXRay가 스파이였다면 turnOn 메서드가 호출됐다고 기록을 남겼을 테고, XRayTest 클래스의 테스트 메서드는 turnOn이 실제로 호출됐는지 기록을 조사할 수 있었을 것이다.

때로는 안전보다 편의성과 성능 때문에 '테스트용 하위 클래스' 패턴을 쓰기도 한다. 예를 들어 테스트 대상 메서드가 매번 새로운 프로세스를 시작하거나 무거운 계산을 수행하는 일을 피하고 싶을 수도 있다.

위험하거나 곤란하고 느린 동작을 테스트용 하위 클래스에서 오버라이드하기 위해 새로운 메서드로 추출하는 광경은 어렵지 않게 찾아볼 수 있다. 테스트가 코드의 설계에 영향을 주는 한 가지 방식일 뿐이다.

셀프 션트

테스트용 하위 클래스 패턴의 변형 형태로 셀프 션트self-shunt[5] 패턴이 있다. 테스트 클래스 자체도 하나의 클래스이기 때문에 그림 4.5처럼 테스트 클래스를 테스트용 하위 클래스로 사용하면 편리할 때가 있다.

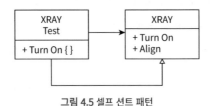

그림 4.5 셀프 션트 패턴

우리 예시에서는 XRayTest 클래스가 turnOn 메서드를 오버라이드해서 이 메서드의 스파이 역할을 한다.

단순한 스파이나 간단한 안전장치가 필요할 때 셀프 션트는 아주 편리하다. 반면에 명확하게 안전장치나 스파이 기능을 제공하는 이름을 제대로 붙인 별도 클래스가 없어서 코드를 읽는 사람이 헷갈릴 수 있다. 그래서 나는 이 패턴을 신중하게 사용한다.

셀프 션트 패턴을 사용할 때는 각 테스트 프레임워크마다 테스트 클래스를 제각기 다른 시점에 생성한다는 것을 꼭 기억해야 한다. 예를 들어 JUnit은 테스트 메서드 호출 시마다 테스트 클래스의 인스턴스를 새로 생성한다. 반면에 NUnit[6]은 테스트 클래스 인스턴스 하나로 모든 테스트 메서드를 실행한다. 따라서 잊지 말고 스파이 변수를 잘 초기화해야 한다.

---

5 (옮긴이) shunt는 어떤 흐름을 분기시킨다는 뜻이다. 여기서는 테스트 대상 클래스의 실행 흐름을 테스트 클래스 자신에게 분기시키기에 셀프 션트라고 부른다. 구체적인 사례는 《테스트 주도 개발》(인사이트, 2014)에서도 찾아볼 수 있다.

6 (옮긴이) 닷넷 프레임워크용 테스트 프레임워크

험블 객체

시스템의 모든 코드를 비트 하나까지 죄다 테스트 주도 개발의 세 가지 법칙으로 테스트할 수 있다면 좋겠지만 언제나 그럴 수는 없다. 하드웨어 경계를 가로질러 상호 작용하는 부분의 코드는 테스트하기 끔찍하게 어렵다.

예를 들어 화면에 무엇이 표시되는지, 아니면 네트워크 인터페이스를 통해 무엇이 보내지는지, 병렬 또는 직렬 입출력 포트로 무엇이 출력되는지는 테스트하기 어렵다. 테스트가 직접 상호 작용할 수 있는 특별히 고안된 하드웨어 장치가 없다면 이런 테스트는 불가능하다.

엎친 데 덮친 격으로 이런 하드웨어 장치는 아마 느려지기도, 불안정해지기도 할 것이다. 예를 들어 비디오카메라가 화면을 촬영하고 있고, 화면에 출력하라고 지시한 이미지와 카메라에 비치는 이미지가 동일한지 테스트 코드로 확인하기 위해 애를 쓰고 있다고 상상해 보라. 아니면 네트워크 어댑터의 출력 포트를 그대로 자신의 입력 포트와 연결하는 루프백 네트워크 케이블을 상상해 보라. 여러분의 테스트는 입력 포트로 들어오는 데이터 스트림을 읽으면서 출력 포트로 보낸 특정 데이터를 찾아야 할 것이다.

대부분의 경우 이런 특수 하드웨어는 사용이 불가능하거나 가능하더라도 쓰기 불편하다.

험블 객체humble object 패턴이 타협책이다. 이 패턴은 실질적으로 테스트할 수 없는 코드가 있다고 인정한다. 따라서 이 패턴의 목표는 너무 단순해서 테스트할 필요가 없을 정도로 그 코드를 빈약humble하게 만드는 것이다. 우리는 이미 'GUI 테스트하기' 절(158쪽)에서 험블 객체의 간단한 예를 봤다. 이제 좀 더 깊이 알아보자.

일반적인 전략은 그림 4.6과 같다. 경계boundary를 가로질러 상호 작용하는 코드를 프레젠터와 험블 객체로 나눈다. 여기서는 HumbleView가 험블 객체에 해당한다. 이 둘은 Presentation이라는 자료 구조를 주고받는다.

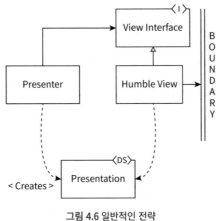

그림 4.6 일반적인 전략

그림에는 표현되어 있지 않지만 우리 애플리케이션이 화면에 무언가를 표시하고 싶다고 해 보자. 애플리케이션이 적당한 데이터를 프레젠터에 보낸다. 프레젠터는 데이터를 꺼내서 가능한 한 가장 단순한 형태로 바꾼 다음 Presentation에 담는다. 이렇게 바꾸는 이유는 HumbleView에 제일 단순한 처리 단계만 남기고 나머지는 모두 제거하고 싶기 때문이다. HumbleView가 할 일은 단순히 Presentation에 담긴 데이터를 경계 너머로 보내는 것뿐이다.

더 구체적인 예로, 애플리케이션에서 대화 상자를 하나 띄우고 싶다고 해 보자. 여기에는 등록·취소 버튼, 주문 아이디 선택 메뉴, 날짜와 금액이 정리된 표가 들어 있다. 애플리케이션이 프레젠터에 보내는 데이터에는 Date와 Money 객체들이 들어 있는 데이터 배열 그리고 메뉴에서 선택할 수 있는 Order 객체 목록이 들어 있다.

프레젠터는 이 모두를 문자열과 플래그로 바꿔 Presentation에 담는다. Money와 Date 객체는 로캘locale에 맞는 문자열로 바꾸고, Order 객체는 아이디 문자열로 바꾼다. 화면에 표시할 두 버튼의 이름도 문자열로 담는다. 둘 중 회색으로 비활성화해야 하는 버튼이 있으면 Presentation에 적절한 플래그를 설정한다.

그 결과 HumbleView에 남은 일은 이 문자열들을 플래그에 해당하는 메타데이터와 함께 경계 너머로 보내는 것밖에 없다. 다시 한번 말하지만, Humble View가 너무 간단해서 테스트할 필요가 없게 만드는 것이 목표다.

이 전략은 당연히 디스플레이가 아닌 다른 경계를 가로지르는 경우에도 쓸 수 있다.

또 다른 사례로 입증해 보자. 우리는 자율 주행 자동차의 제어 소프트웨어를 코딩하고 있다. 자동차 핸들은 1도 단위로 핸들을 돌릴 수 있는 스테퍼 모터stepper motor로 조종하는데, 우리 소프트웨어는 다음 명령으로 모터를 제어한다.

```
out(0x3ff9, d);
```

여기서 0x3ff9는 모터 컨트롤러의 입출력 주소이고 d가 1이면 핸들을 오른쪽으로, 0이면 왼쪽으로 돌린다.

높은 차원에서 작동하는 자율 주행 인공 지능은 SteeringPresenter에 명령을 다음과 같이 보낸다.

```
turn(RIGHT, 30, 2300);
```

이 명령은 자동차(핸들이 아니다!)가 이후 2300밀리초 동안 오른쪽으로 30도 회전해야 한다는 뜻이다. 이를 달성하려면 핸들을 오른쪽으로 특정한 빈도로 몇 단계 돌린 후 다시 왼쪽으로 특정한 빈도로 돌려서, 2300밀리초 후에 기존 경로 대비 30도 오른쪽으로 향하게 만들어야 한다.

인공 지능이 핸들을 잘 조종하는지 어떻게 테스트할 수 있을까? 저수준의 핸들 제어 소프트웨어를 빈약하게 만들어야 한다. 대략 다음과 같은 자료 구조의 배열을 Presentation으로 만들어 저수준 제어 소프트웨어에 보내면 된다.

```
struct SteeringPresentationElement{
  int steps;
  bool direction;
  int stepTime;
  int delay;
};
```

저수준 제어 소프트웨어는 배열을 차례대로 읽으면서 명시된 steps 횟수만큼 지정된 direction으로 회전하라고 스테퍼 모터에 지시한다. 각 지시 사이에는 stepTime 밀리초만큼씩 기다리고, 회전 처리가 끝난 후에는 배열의 다음 요소로 넘어가기 전에 delay만큼 기다린다.

SteeringPresenter는 인공 지능이 내린 지시를 SteeringPresentationElement 배열로 변환할 책임을 진다. 이를 위해 SteeringPresenter는 자동차 속도 그리고 핸들 각도와 자동차 바퀴 각도 사이의 비율을 알아야 한다.

SteeringPresenter는 당연히 테스트하기 쉽다. 그저 Turn 명령을 적당히 SteeringPresenter에 보낸 후, 결과로 나오는 SteeringPresentationElement 배열을 검사하면 된다.

마지막으로 그림 4.6에서 ViewInterface를 주목하라. ViewInterface와 프레젠터, Presentation을 묶어서 하나의 컴포넌트라고 보면 HumbleView가 이 컴포넌트에 의존한다. 이 아키텍처 전략 덕분에 고수준인 프레젠터가 구체적인 구현체인 HumbleView에 의존하지 않을 수 있다.

테스트 설계

제품 코드를 잘 설계해야 한다는 건 우리 모두 잘 안다. 그런데 여러분 테스트의 설계에 대해서는 생각해 본 적이 있는가? 많은 프로그래머가 생각해 본 적이 없을 것이다. 사실 많은 프로그래머가 테스트를 어떻게 설계할지 별로 생각해 보지 않고 코드에 테스트를 마구 집어넣는다. 그리고 언제나 문제가 발생한다.

깨지기 쉬운 테스트 문제

테스트 주도 개발을 처음 접하는 프로그래머들을 괴롭히는 문제 중 하나로 깨지기 쉬운 테스트 문제가 있다. 제품 코드를 조금 바꿨을 뿐인데 테스트가 많이 깨지는가? 그렇다면 여러분의 테스트 묶음은 깨지기 쉬운 것이다. 제품 코드를 바꾼 양이 적을수록 문제로 인한 좌절도 더 크다. 깨지는 테스트의 수가 많아져도 마찬가지다. 바로 이 문제 때문에 많은 프로그래머가 입문한 지 한두 달 만에 테스트 주도 개발을 포기한다.

쉽게 깨지는 것은 언제나 설계 때문이다. 한 모듈을 조금 바꿨는데 이 때문에 다른 모듈을 많이 바꿔야 한다면 명백히 설계에 문제가 있다. 사실 무언가를 조금 바꿨을 때 많은 곳이 우르르 망가지는 것이 형편없는 설계의 정의다.

테스트도 시스템의 여타 부분과 동일한 방식으로 설계해야 한다. 제품 코드에 적용되는 모든 설계 원칙은 테스트에도 적용된다. 테스트는 이런 면에서 특별하지 않다. 쉽게 깨지지 않도록 하려면 제대로 설계해야 한다.

초창기 테스트 주도 개발 지침은 테스트 설계를 무시했다. 사실 어떤 지침은 좋은 설계와 정반대인 구조를 추천했고, 테스트와 제품 코드를 긴밀하게 결합하는 바람에 매우 깨지기 쉬운 테스트를 낳았다.

일대일 대응

흔하지만 특히 유해한 방식은 제품 코드 모듈과 테스트 모듈 사이에 일대일 대응을 만들고 유지하는 것이다. 테스트 주도 개발을 처음 접할 때 χ라는 제품 모듈이나 클래스에는 그에 해당하는 χTest 테스트 모듈이나 클래스가 있어야 한다고 잘못 배우는 경우가 많다.

안타깝지만 이 일대일 대응 때문에 제품 코드와 테스트 묶음 사이에 강한 구조적 결합structural coupling이 생기고 만다. 이 결합은 깨지기 쉬운 테스트를 낳는다. 프로그래머가 제품 코드의 모듈 구조를 바꾸고 싶을 때마다 테스트 코드의 모듈 구조 또한 바꿔야 한다.

이 구조적 결합을 그림으로 살펴보면 좋을 것이다(그림 4.7).

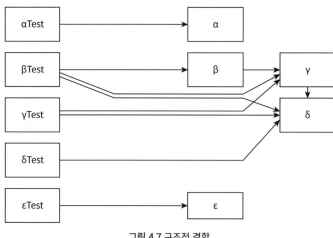

그림 4.7 구조적 결합

그림 오른쪽에는 α, β, γ, δ, ε 다섯 개의 제품 코드 모듈이 있다. α와 ε은 혼자 쓰이지만 β는 γ와, γ는 또 δ와 얽혀 있다. 왼쪽에는 테스트 모듈이 있다. 각 테스트 모듈이 대응되는 제품 코드 모듈과 결합되어 있음을 볼 수 있다. 그런데 β가 γ, δ와 결합되어 있기 때문에 βTest 역시 γ, δ와 결합될 수 있다.

이 결합이 한눈에 잘 들어오지 않을 수도 있다. βTest가 γ, δ와 결합이 있을 가능성이 높은 이유는 β를 만들 때 γ와 δ가 필요하거나, 아니면 β의 메서드가 γ와 δ를 인자로 받을 수도 있기 때문이다.

βTest가 제품 코드 대부분과 이렇게 강력하게 결합되어 있기 때문에 δ가 조금이라도 바뀌면 βTest와 γTest, δTest에 영향을 줄 수 있다. 이렇게 테스트와 제품 코드 간의 일대일 대응은 매우 강한 결합과 깨지기 쉬운 테스트를 낳을 수 있다.

대응을 해체하기

테스트 코드와 제품 코드의 대응을 해체하거나 애초부터 만들지 않으려면, 테스트 모듈에 대해 생각할 때도 소프트웨어 시스템의 다른 모듈들을 생각하듯이 해야 한다. 모듈들이 서로서로 독립적이고 분리되어야 한다.

처음에는 황당할 수도 있다. 테스트는 제품 코드와 결합되어야 한다고 주장할 수도 있다. 테스트는 제품 코드를 실행하니까. 마지막 문장은 맞는 말이다. 하지만 그 앞 문장은 틀렸다. 코드를 실행한다고 강한 결합이 꼭 필요하지는 않다. 사실 훌륭한 설계자는 모듈 간의 강한 결합을 끊어 내면서도 모듈들이 상호 작용하고 서로를 실행할 수 있도록 하기 위해 끊임없이 노력한다.

어떻게 해야 할까? 인터페이스 계층을 만들면 된다.

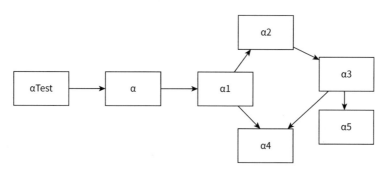

그림 4.8 인터페이스 계층

그림 4.8에서 αTest는 α에 연결되어 있다. α 뒤에는 α를 도와주지만 αTest로부터 숨겨져 있는 모듈 그룹이 있다. α 모듈은 이 모듈 그룹의 인터페이스다. 좋은 프로그래머는 α 모듈 그룹의 세부 사항이 인터페이스 너머로 새어 나가지 않도록 많은 공을 들인다.

좀 더 능력 있는 프로그래머라면 그림 4.9처럼 다형성을 위한 인터페이스를 사이에 추가해 αTest가 α 모듈 그룹 내부의 세부 사항으로부터 영향을 받지 않도록 할 수도 있다. 이 인터페이스는 테스트 모듈과 제품 코드 모듈 사이의 추이적transitive 의존성을 끊어 낸다.

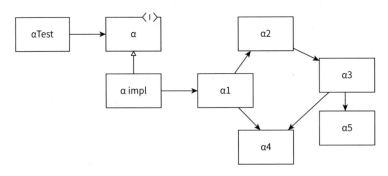

그림 4.9 다형성을 위한 인터페이스를 테스트와 α 모듈 그룹 사이에 끼워 넣기

다시 한번 말하지만 테스트 주도 개발이 처음이라면 황당하게 느껴질 수 있다. 이런 질문이 떠오를 것이다. α5는 αTest에서 접근할 수 없는데 어떻게 테스트를 작성할 수 있을까? 답은 간단하다. α5의 기능을 테스트하기 위해 꼭 α5에 접근해야 하는 것은 아니다.

α5가 α에서 중요한 기능을 수행한다면 이 기능은 α 인터페이스를 통해 테스트할 수 있어야 한다. 이 말은 대충 만든 규칙이 아니라 수학 증명처럼 확실한 명제다. 어떤 행동이 중요하다면 그 행동은 인터페이스를 통해 볼 수 있어야 한다. 직접적으로 보일 수도, 간접적으로 보일 수도 있지만 어쨌든 그런 인터페이스가 존재해야 한다.

더 명확하게 설명하기 위해 예를 들어 보겠다.

비디오 대여점

비디오 대여점은 제품 코드와 테스트 코드의 분리라는 개념을 잘 보여 주는 전통적인 예제다. 하지만 역설적이게도 이 예제는 원래 모범 사례가 아니었다. 이 예제는 마틴 파울러의 《리팩터링》 1판[7]에서 리팩터링 예제로 처음 모습을 드러냈다. 파울러는 테스트도 없는 꽤 엉망인 자바 코드를 먼저 제시한 후, 이를 훨씬 깨끗한 형태로 리팩터링해 나간다.

이번 예제에서는 테스트 주도 개발을 사용하여 프로그램을 처음부터 만들어 본다. 진행하면서 테스트를 추가하다 보면 시스템 요구 사항을 알 수 있을 것이다.

요구 사항 1: 일반(Regular) 영화 대여. 대여료(RentalFee)는 첫째 날에 1.5달러이고, 대여 기간 하루당 1포인트(RenterPoint)가 적립된다.

빨강: 고객(Customer) 객체를 위한 테스트 클래스인 `CustomerTest`를 만들고 첫 번째 테스트 메서드를 추가한다.

```
public class CustomerTest {
  @Test
  public void RegularMovie_OneDay() throws Exception {
    Customer c = new Customer();
    c.addRental("RegularMovie", 1);
    assertEquals(1.5, c.getRentalFee(), 0.001);
    assertEquals(1, c.getRenterPoints());
  }
}
```

초록: 쉽게 통과시킬 수 있다.

```
public class Customer {
```

---

7 Martin Fowler, 《Refactoring》(Addison-Wesley, 1999)

```
  public void addRental(String title, int days) {
  }

  public double getRentalFee() {
    return 1.5;
  }

  public int getRenterPoints() {
    return 1;
  }
}
```

리팩터링: 정리할 구석이 꽤 많다.

```
public class CustomerTest {
  private Customer customer;

  @Before
  public void setUp() throws Exception {
    customer = new Customer();
  }

  private void assertFeeAndPoints(double fee, int points) {
    assertEquals(fee, customer.getRentalFee(), 0.001);
    assertEquals(points, customer.getRenterPoints());
  }

  @Test
  public void RegularMovie_OneDay() throws Exception {
    customer.addRental("RegularMovie", 1);
    assertFeeAndPoints(1.5, 1);
  }
}
```

요구 사항 2: 일반 영화는 이틀째와 사흘째에는 무료다. 단, 이때는 포인트가 없다.

초록: 테스트가 통과하므로 제품 코드는 고칠 게 없다.

```
@Test
public void RegularMovie_SecondAndThirdDayFree() throws Exception {
  customer.addRental("RegularMovie", 2);
  assertFeeAndPoints(1.5, 1);
  customer.addRental("RegularMovie", 3);
  assertFeeAndPoints(1.5, 1);
}
```

요구 사항 3: 그 이후에는 하루당 1.5달러이고 1포인트씩 적립된다.

빨강: 테스트는 간단하다.

```
@Test
public void RegularMovie_FourDays() throws Exception {
  customer.addRental("RegularMovie", 4);
  assertFeeAndPoints(3.0, 2);
}
```

초록: 고치기 어렵지 않다.

```
public class Customer {
  private int days;

  public void addRental(String title, int days) {
    this.days = days;
  }

  public double getRentalFee() {
    double fee = 1.5;
    if (days > 3)
      fee += 1.5 * (days - 3);
    return fee;
  }

  public int getRenterPoints() {
    int points = 1;
    if (days > 3)
      points += (days - 3);
    return points;
```

```
    }
}
```

리팩터링: 제거할 만한 중복이 보인다. 그런데 문제가 좀 있다.

```
public class Customer {
  private int days;

  public void addRental(String title, int days) {
    this.days = days;
  }

  public int getRentalFee() {
    return applyGracePeriod(150, 3);
  }

  public int getRenterPoints() {
    return applyGracePeriod(1, 3);
  }

  private int applyGracePeriod(int amount, int grace) {
    if (days > grace)
      return amount + amount * (days - grace);
    return amount;
  }
}
```

빨강: 적립 포인트와 대여료 둘 다에 applyGracePeriod를 사용하고 싶은데, 대여료는 double 타입인 반면, 포인트는 int 타입이다. 돈은 절대 double로 처리하면 안 된다! 그러니 대여료를 센트 단위로 변환하여 int 타입으로 처리하자. 타입을 바꿨더니 모든 테스트가 깨진다. 뒤로 돌아가서 테스트를 모두 고쳐야 한다.

```
public class CustomerTest {
  private Customer customer;

  @Before
```

```
public void setUp() throws Exception {
  customer = new Customer();
}

private void assertFeeAndPoints(int fee, int points) {
  assertEquals(fee, customer.getRentalFee());
  assertEquals(points, customer.getRenterPoints());
}

@Test
public void RegularMovie_OneDay() throws Exception {
  customer.addRental("RegularMovie", 1);
  assertFeeAndPoints(150, 1);
}

@Test
public void RegularMovie_SecondAndThirdDayFree() throws Exception {
  customer.addRental("RegularMovie", 2);
  assertFeeAndPoints(150, 1);
  customer.addRental("RegularMovie", 3);
  assertFeeAndPoints(150, 1);
}

@Test
public void RegularMovie_FourDays() throws Exception {
  customer.addRental("RegularMovie", 4);
  assertFeeAndPoints(300, 2);
}
}
```

요구 사항 4: 아동(Children) 영화 대여료는 하루에 1달러고 1포인트가 적립된다.

빨강: 첫째 날의 비즈니스 규칙은 간단하다.

```
@Test
public void ChildrensMovie_OneDay() throws Exception {
  customer.addRental("ChildrensMovie", 1);
  assertFeeAndPoints(100, 1);
}
```

초록: 보기 흉한 코드를 좀 넣으면 쉽게 통과시킬 수 있다.

```
public int getRentalFee() {
  if (title.equals("RegularMovie"))
    return applyGracePeriod(150, 3);
  else
    return 100;
}
```

리팩터링: 이제 저 보기 흉한 부분을 정리해야 한다. 영화 종류를 제목으로 판단하는 것은 말이 안 되니 영화 목록(registry)을 만들자.

```
public class Customer {
  private String title;
  private int days;
  private Map<String, VideoType> movieRegistry = new HashMap<>();

  enum VideoType {REGULAR, CHILDRENS};

  public Customer() {
    movieRegistry.put("RegularMovie", REGULAR);
    movieRegistry.put("ChildrensMovie", CHILDRENS);
  }

  public void addRental(String title, int days) {
    this.title = title;
    this.days = days;
  }

  public int getRentalFee() {
    if (getType(title) == REGULAR)
      return applyGracePeriod(150, 3);
    else
      return 100;
  }

  private VideoType getType(String title) {
    return movieRegistry.get(title);
  }
```

```
  public int getRenterPoints() {
    return applyGracePeriod(1, 3);
  }

  private int applyGracePeriod(int amount, int grace) {
    if (days > grace)
      return amount + amount * (days - grace);
    return amount;
  }
}
```

좀 낫다. 하지만 단일 책임 원칙[8] 위반이다. Customer 클래스가 영화 목록 초기화를 책임져서는 안 되기 때문이다. 영화 목록은 시스템을 처음 설정할 때 초기화해야 한다. 영화 목록을 Customer에서 분리해 보자.

```
public class VideoRegistry {
  public enum VideoType {REGULAR, CHILDRENS}

  private static Map<String, VideoType> videoRegistry = new HashMap<>();

  public static VideoType getType(String title) {
    return videoRegistry.get(title);
  }

  public static void addMovie(String title, VideoType type) {
    videoRegistry.put(title, type);
  }
}
```

VideoRegistry는 모노스테이트[9] 클래스로, 딱 하나의 인스턴스만 존재하는 것이 보장된다. 이 인스턴스는 테스트가 정적으로 초기화한다.

---

8 Robert C. Martin, 《Clean Architecture: A Craftsman's Guide to Software Structure and Design》
(Addison-Wesley, 2018), 61ff
(옮긴이) 《클린 아키텍처》, 65쪽

9 Robert C. Martin, 《Agile Software Development: Principles, Patterns, and Practices》(Prentice
Hall, 2003), 180ff
(옮긴이) 《클린 소프트웨어》(제이펍, 2017), 236쪽

```
@BeforeClass
public static void loadRegistry() {
  VideoRegistry.addMovie("RegularMovie", REGULAR);
  VideoRegistry.addMovie("ChildrensMovie", CHILDRENS);
}
```

그 덕분에 Customer 클래스를 많이 정리할 수 있다.

```
public class Customer {
  private String title;
  private int days;

  public void addRental(String title, int days) {
    this.title = title;
    this.days = days;
  }

  public int getRentalFee() {
    if (VideoRegistry.getType(title) == REGULAR)
      return applyGracePeriod(150, 3);
    else
      return 100;
  }

  public int getRenterPoints() {
    return applyGracePeriod(1, 3);
  }

  private int applyGracePeriod(int amount, int grace) {
    if (days > grace)
      return amount + amount * (days - grace);
    return amount;
  }
}
```

빨강: 그런데 요구 사항 4에서 아동 영화는 하루당 1포인트가 아니라 대여 1
회당 1포인트가 적립된다고 했다. 그래서 다음과 같은 테스트를 추가한다.

```
@Test
public void ChildrensMovie_FourDays() throws Exception {
  customer.addRental("ChildrensMovie", 4);
  assertFeeAndPoints(400, 1);
}
```

여기서 군이 4일간 대여한 것은 Customer의 getRenterPoints 메서드에서 apply
GracePeriod의 두 번째 인자로 3을 사용하고 있기 때문이다(테스트 주도 개
발을 하다 보면 이따금 아무것도 모르는 척하기는 하지만, 사실 우리는 무슨
일이 벌어지고 있는지 다 알고 있다).

초록: 영화 목록이 있으므로 쉽게 고칠 수 있다.

```
public int getRenterPoints() {
  if (VideoRegistry.getType(title) == REGULAR)
    return applyGracePeriod(1, 3);
  else
    return 1;
}
```

여기서 잠깐 생각해 보면 VideoRegistry 클래스에는 테스트가 없다. 조금 더
정확히 말하자면 직접적인 테스트가 없다. VideoRegistry는 사실 간접적으
로 테스트되고 있다. VideoRegistry가 제대로 작동하지 않는다면 다른 테스
트도 모두 실패할 것이기 때문이다.

빨강: 여기까지 Customer 클래스는 딱 하나의 영화만 처리할 수 있었다. 영화
여러 편을 처리하도록 해 보자.

```
@Test
public void OneRegularOneChildrens_FourDays() throws Exception {
  customer.addRental("RegularMovie", 4); // 3달러+2포인트
  customer.addRental("ChildrensMovie", 4); // 4달러+1포인트

  assertFeeAndPoints(700, 3);
}
```

초록: 멋지고 간단한 리스트와 반복문 몇 개만 추가하면 된다. 영화 목록과 관련된 사항을 새로운 Rental 클래스로 옮긴 것도 멋지다.

```java
public class Customer {
  private List<Rental> rentals = new ArrayList<>();

  public void addRental(String title, int days) {
    rentals.add(new Rental(title, days));
  }

  public int getRentalFee() {
    int fee = 0;
    for (Rental rental : rentals) {
      if (rental.type == REGULAR)
        fee += applyGracePeriod(150, rental.days, 3);
      else
        fee += rental.days * 100;
    }
    return fee;
  }

  public int getRenterPoints() {
    int points = 0;
    for (Rental rental : rentals) {
      if (rental.type == REGULAR)
        points += applyGracePeriod(1, rental.days, 3);
      else
        points++;
    }
    return points;
  }

  private int applyGracePeriod(int amount, int days, int grace) {
    if (days > grace)
      return amount + amount * (days - grace);
    return amount;
  }
}

public class Rental {
  public String title;
```

```
  public int days;
  public VideoType type;

  public Rental(String title, int days) {
    this.title = title;
    this.days = days;
    type = VideoRegistry.getType(title);
  }
}
```

사실 이렇게 바꾸면 기존 테스트가 하나 실패한다. Customer는 두 대여 건을
합해서 계산하기 때문이다.

```
@Test
public void RegularMovie_SecondAndThirdDayFree() throws Exception {
  customer.addRental("RegularMovie", 2);
  assertFeeAndPoints(150, 1);
  customer.addRental("RegularMovie", 3);
  assertFeeAndPoints(150, 1);
}
```

테스트를 둘로 쪼개야 한다. 테스트 실패 때문이 아니더라도 쪼개는 편이 더
낫다.

```
@Test
public void RegularMovie_SecondDayFree() throws Exception {
  customer.addRental("RegularMovie", 2);
  assertFeeAndPoints(150, 1);
}
```

```
@Test
public void RegularMovie_ThirdDayFree() throws Exception {
  customer.addRental("RegularMovie", 3);
  assertFeeAndPoints(150, 1);
}
```

리팩터링: Customer에 내가 좋아하지 않는 것들이 잔뜩 생겼다. 수상한 if 문

이 들어 있는 더러운 반복문은 좀 끔찍하다. 반복문에서 메서드를 몇 개 추출하면 한결 낫다.

```
public int getRentalFee() {
  int fee = 0;
  for (Rental rental : rentals)
    fee += feeFor(rental);
  return fee;
}

private int feeFor(Rental rental) {
  int fee = 0;
  if (rental.getType() == REGULAR)
    fee += applyGracePeriod(150, rental.getDays(), 3);
  else
    fee += rental.getDays() * 100;
  return fee;
}

public int getRenterPoints() {
  int points = 0;
  for (Rental rental : rentals)
    points += pointsFor(rental);
  return points;
}

private int pointsFor(Rental rental) {
  int points = 0;
  if (rental.getType() == REGULAR)
    points += applyGracePeriod(1, rental.getDays(), 3);
  else
    points++;
  return points;
}
```

이 비공개 메서드 두 개는 Customer보다는 Rental 클래스에 더 어울릴 것 같다. 유틸리티 함수인 applyGracePeriod와 함께 Rental로 옮기자. 덕분에 Customer 클래스는 훨씬 깨끗해졌다.

```java
public class Customer {
  private List<Rental> rentals = new ArrayList<>();

  public void addRental(String title, int days) {
    rentals.add(new Rental(title, days));
  }

  public int getRentalFee() {
    int fee = 0;
    for (Rental rental : rentals)
      fee += rental.getFee();
    return fee;
  }

  public int getRenterPoints() {
    int points = 0;
    for (Rental rental : rentals)
      points += rental.getPoints();
    return points;
  }
}
```

Rental 클래스는 훨씬 커졌고 더 볼썽사나워졌다.

```java
public class Rental {
  private String title;
  private int days;
  private VideoType type;

  public Rental(String title, int days) {
    this.title = title;
    this.days = days;
    type = VideoRegistry.getType(title);
  }

  public String getTitle() {
    return title;
  }

  public VideoType getType() {
    return type;
  }
```

```
  public int getFee() {
    int fee = 0;
    if (getType() == REGULAR)
      fee += applyGracePeriod(150, days, 3);
    else
      fee += getDays() * 100;
    return fee;
  }

  public int getPoints() {
    int points = 0;
    if (getType() == REGULAR)
      points += applyGracePeriod(1, days, 3);
    else
      points++;
    return points;
  }

  private static int applyGracePeriod(int amount, int days, int grace) {
    if (days > grace)
      return amount + amount * (days - grace);
    return amount;
  }
}
```

이 보기 싫은 if 문을 없애야 한다. 이 if 문에서는 영화 종류를 추가할 때마다 분기문을 늘려야 한다. 하위 클래스와 다형성으로 대체해 보자.

먼저 추상 클래스 Movie가 있다. 이 클래스에는 유틸리티 함수인 apply GracePeriod 그리고 각각 대여료와 포인트를 계산하는 두 개의 추상 메서드가 있다.

```
public abstract class Movie {
  private String title;

  public Movie(String title) {
    this.title = title;
  }
```

```java
  public String getTitle() {
    return title;
  }

  public abstract int getFee(int days, Rental rental);
  public abstract int getPoints(int days, Rental rental);
  protected static int applyGracePeriod(int amount, int days,
                                        int grace) {
    if (days > grace)
      return amount + amount * (days - grace);
    return amount;
  }
}
```

RegularMovie는 꽤 간단하다.

```java
public class RegularMovie extends Movie {
  public RegularMovie(String title) {
    super(title);
  }

  public int getFee(int days, Rental rental) {
    return applyGracePeriod(150, days, 3);
  }

  public int getPoints(int days, Rental rental) {
    return applyGracePeriod(1, days, 3);
  }
}
```

ChildrensMovie는 더 간단하다.

```java
public class ChildrensMovie extends Movie {
  public ChildrensMovie(String title) {
    super(title);
  }

  public int getFee(int days, Rental rental) {
    return days * 100;
  }
```

```
  public int getPoints(int days, Rental rental) {
    return 1;
  }
}
```

Rental에는 남은 것이 별로 없다. 위임을 하는 함수 몇 개뿐이다.

```
public class Rental {
  private int days;
  private Movie movie;

  public Rental(String title, int days) {
    this.days = days;
    movie = VideoRegistry.getMovie(title);
  }

  public String getTitle() {
    return movie.getTitle();
  }

  public int getFee() {
    return movie.getFee(days, this);
  }

  public int getPoints() {
    return movie.getPoints(days, this);
  }
}
```

VideoRegistry 클래스는 Movie 팩터리로 변신했다.

```
public class VideoRegistry {
  public enum VideoType {REGULAR, CHILDRENS;}

  private static Map<String, VideoType> videoRegistry =
    new HashMap<>();

  public static Movie getMovie(String title) {
    switch (videoRegistry.get(title)) {
      case REGULAR:
```

```
        return new RegularMovie(title);
      case CHILDRENS:
        return new ChildrensMovie(title);
    }
    return null;
  }

  public static void addMovie(String title, VideoType type) {
    videoRegistry.put(title, type);
  }
}
```

그렇다면 Customer는? 자, 그동안 이 클래스에는 잘못된 이름이 붙어 있었다. 사실은 RentalCalculator, 그러니까 대여 계산기 클래스다. 그리고 RentalCalculator는 이 클래스가 사용하는 다른 클래스들로부터 우리 테스트를 보호한다.

```
public class RentalCalculator {
  private List<Rental> rentals = new ArrayList<>();

  public void addRental(String title, int days) {
    rentals.add(new Rental(title, days));
  }

  public int getRentalFee() {
    int fee = 0;
    for (Rental rental : rentals)
      fee += rental.getFee();
    return fee;
  }

  public int getRenterPoints() {
    int points = 0;
    for (Rental rental : rentals)
      points += rental.getPoints();
    return points;
  }
}
```

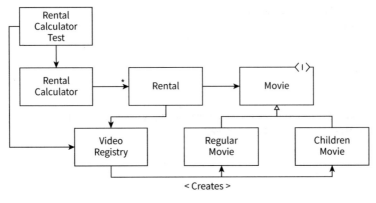

그림 4.10 결과

이제 완성된 결과를 그림으로 그려 보자(그림 4.10).

코드가 진화함에 따라 RentalCalculator 오른쪽에 있는 클래스들이 다양한 리팩터링을 통해 생겨났다. 하지만 RentalCalculatorTest는 테스트 데이터 초기화에 사용하는 VideoRegistry 이외의 것은 하나도 모른다. 게다가 오른쪽 클래스들을 실행하는 별도 테스트 모듈이 있는 것도 아니다. RentalCalculatorTest가 다른 클래스들을 모두 간접적으로 테스트한다. 일대일 대응 관계가 깨졌다.

좋은 프로그래머는 이렇게 제품 코드의 구조를 테스트의 구조로부터 지키고 분리한다. 그 결과 깨지기 쉬운 테스트 문제를 피할 수 있다.

물론 거대한 시스템에서는 이런 패턴이 계속 반복된다. 시스템 안에는 모듈 그룹이 많이 있을 테고, 각 모듈 그룹은 해당 모듈 그룹의 특정한 퍼사드 facade[10]나 인터페이스 모듈을 통해서만 실행할 수 있도록 보호받는다.

모듈 그룹을 퍼사드를 통해 동작시키는 테스트는 통합 테스트integration test 라고 주장할지도 모르겠다. 통합 테스트에 대해서는 이 책의 뒷부분에서 다

---

10 (옮긴이) 건축물 외벽을 일컫는 단어이나 소프트웨어에서는 다른 모듈에 노출되는 부분을 지칭하기도 한다. 예를 들어 여러 인터페이스를 통합해 하나의 인터페이스를 제공하는 디자인 패턴을 퍼사드 패턴이라고 한다.

루겠지만, 일단 짚고 넘어가자면 여기서 보여 준 테스트의 목적은 통합 테스트의 목적과 매우 다르다. 이 테스트들은 '프로그래머 테스트'다. 프로그래머가 프로그래머를 위해, 동작을 기술하기 위한 목적으로 쓰는 테스트다.

구체성 대 일반성

테스트 코드와 제품 코드는 구분되어야 하는 또 다른 측면이 있다. 2장에서 소인수 분해 예제를 공부할 때 배운 계율인데, 여기서는 규칙으로 적어 보겠다.

규칙 13 테스트가 **구체적**specific이 될수록 코드는 **일반적**generic이 된다.

제품 코드 모듈 그룹은 테스트가 커짐에 따라 함께 커진다. 하지만 이 둘은 서로 매우 다른 방향으로 진화한다.

새로운 테스트 케이스를 추가할 때마다 테스트 묶음은 점점 더 구체적이 된다. 반면에 프로그래머는 테스트 대상인 모듈 그룹을 반대 방향으로 향하

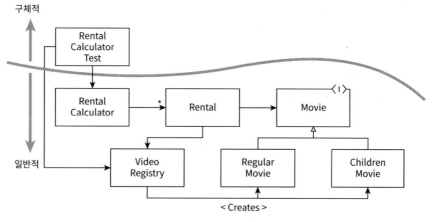

그림 4.11 테스트 묶음은 더 구체적이 되고 테스트 대상인 모듈 그룹은 더 일반적이 된다.

게 만들어야 한다. 모듈 그룹은 점점 더 일반적이 되어야 한다(그림 4.11).
이것이 리팩터링 단계의 목표 중 하나다. 비디오 대여점 예제에서 이 과정을
목격했을 것이다. 먼저 테스트 케이스를 추가한다. 그다음으로 테스트를 통
과시키기 위해 더러운 제품 코드를 조금 추가한다. 이 제품 코드는 일반적이
지 않다. 사실 너무 구체적인 경우도 많다. 그다음 리팩터링 단계에서 구체
적인 코드를 더 일반적인 형태로 다듬는다.

테스트와 제품 코드가 이렇게 다른 방향으로 진화하므로 이 둘의 모양은
현저하게 달라진다. 테스트는 제약 조건과 명세를 순차적으로 나열한 목록
형태로 커진다. 반면에 제품 코드는 다채로운 논리나 동작을 한데 모은 모습
이 되는데, 이런 논리나 동작은 애플리케이션을 운용하는 근본적인 추상화에
초점을 두고 조직된다.

이렇게 상이한 형태는 테스트를 제품 코드로부터 더 떼어 놓는다. 이로써
서로를 상대의 변경 사항으로부터 보호한다.

물론 결합이 완벽하게 끊어질 수는 없다. 한쪽을 바꾸면 다른 쪽도 바뀌어
야 한다. 우리의 목표는 이런 변경을 아예 없애는 것이 아니라 최소화하는 것
이다. 그리고 앞에서 설명한 기술이 이에 효과적이다.

어떻게 변환해야 할까?

앞 절에서 우리는 대단히 흥미로운 점을 발견했다. 우리는 테스트 주도 개발
규율을 실천할 때 테스트는 점점 더 구체적으로 바꾸고, 제품 코드는 늘 더
일반적이 되도록 바꾼다. 그런데 어떻게 이렇게 바꿀 수 있을까?

테스트에 제약 조건을 추가하는 것은 간단하다. 기존 테스트에 단정문을
추가하거나 새로운 제약 조건을 준비, 행동, 확인(AAA)하는 완전히 새로운
테스트 메서드를 추가하면 된다. 이 동작은 오직 더하기만 한다. 기존 테스

트 코드는 바뀌지 않고 새로운 코드만 추가된다.

하지만 추가한 제약 조건을 통과하게 만드는 일은 코드 추가만으로는 불가능할 때가 많다. 그 대신 다르게 동작하도록 기존 제품 코드를 변환transformation해야 한다. 코드의 동작이 달라지도록 기존 코드를 조금 바꾸는 것이다.

물론 그 후에는 제품 코드를 리팩터링해서 깨끗하게 정리한다. 이런 리팩터링 역시 제품 코드를 조금 바꾸지만, 이번에는 동작이 바뀌지 않는다.

이쯤이면 빨강·초록·리팩터링 반복과 추가·변환·정리 사이의 관계를 파악했을 것이다. 빨강 단계에는 추가만 일어난다. 초록 단계에는 변환이 일어나고 리팩터링 단계에는 복구를 한다.

리팩터링 단계의 복구에 대해서는 '5장 리팩터링'에서 이야기하고 지금은 변환만 더 살펴보자.

변환은 코드를 조금 바꿈으로써 동작을 바꿈과 동시에 해법을 일반화한다. 예를 들어 설명하는 것이 좋겠다.

2장에서 다룬 소인수 분해 연습 문제kata[11]를 떠올려 보라. 처음에는 실패하는 테스트와 퇴화한 구현이 있었다.

```java
public class PrimeFactorsTest {
  @Test
  public void factors() throws Exception {
    assertThat(factorsOf(1), is(empty()));
  }

  private List<Integer> factorsOf(int n) {
    return null;
  }
}
```

우리는 다음과 같이 null을 new ArrayList<>()로 변환해서 실패하던 테스트를 통과하게 했다.

---

11 (옮긴이) 카타는 가라데 같은 일본 무술에서 유래한 개념으로, 코드 카타는 간단한 코딩 문제를 풀어 보는 연습을 말한다.

```
private List<Integer> factorsOf(int n) {
  return new ArrayList<>();
}
```

이 변환은 우리가 쓴 코드의 동작을 바꾸었지만 동시에 일반화하기도 했다. null은 극도로 구체적인 반면 ArrayList는 null보다 일반적이다.

그다음 실패하는 테스트도 역시 일반화하는 변환으로 해결했다.

```
assertThat(factorsOf(2), contains(2));

private List<Integer> factorsOf(int n) {
  ArrayList<Integer> factors = new ArrayList<>();
  if (n > 1)
    factors.add(2);
  return factors;
}
```

먼저 ArrayList를 추출해 factors 변수를 만들었다. 그리고 if 문이 추가됐다. 두 가지 변환 모두 일반화다. 변수는 상수보다 언제나 더 일반적이다. 하지만 추가한 if 문은 부분적으로만 일반화다. if 문에 1과 2가 있기 때문에 이 테스트에 맞춰 구체화된 면이 있다. 하지만 n > 1 부등식 덕분에 그 구체성이 다소 옅어졌다. 결국 이 부등식은 맨 마지막까지 일반화된 해법 중 일부로 남아 있었다.

이런 지식으로 무장하고 몇 가지 다른 변환을 둘러보자.

{} → Nil

이 변환은 보통 테스트 주도 개발 작업을 시작할 때 맨 처음으로 사용하는 변환이다. 우리는 아무 코드가 없는 상태에서 시작한다. 우리가 생각할 수 있는 가장 퇴화한 테스트를 작성한다. 그다음에는 이 테스트가 컴파일은 되지만 실패해야 한다. 그러니 테스트하는 함수가 null[12]을 반환하도록 한다. 소인수 분해 연습 문제에서도 마찬가지였다.

```
private List<Integer> factorsOf(int n) {
  return null;
}
```

무無를 '무無를 반환하는 함수'로 변환했다. 하지만 이것만으로 실패하던 테스트가 통과하는 경우는 많지 않다. 그래서 보통 다음 변환을 바로 이어서 사용한다.

Nil → 상수

이번 변환도 소인수 분해 문제에서 봤다. 반환값인 null을 빈 정수 리스트로 변환했다.

```
private List<Integer> factorsOf(int n) {
  return new ArrayList<>();
}
```

2장의 볼링 문제에서도 봤다. 그런데 이때는 {}→Nil 변환을 건너뛰고 곧바로 상수를 사용했다.

```
public int score() {
  return 0;
}
```

상수 → 변수

이 변환은 상수를 변수로 바꾼다. 2장의 스택 문제에서 이 변환을 본 적이 있다. empty 변수를 만들어 true를 저장하고 isEmpty가 이 값을 반환하도록 했다.

---

12 아니면 반환할 수 있는 가장 퇴화한 값.
(옮긴이) 무(無)를 표현하는 단어는 프로그래밍 언어마다 다르다. 스위프트처럼 nil을 쓰기도 하고 자바처럼 null을 쓰기도 한다.

```
public class Stack {
  private boolean empty = true;

  public boolean isEmpty() {
    return empty;
  }
  ...
}
```

소인수 분해에서도 3을 통과하기 위해 사용했다. 상수 2를 메서드의 인자인 n으로 바꿨다.

```
private List<Integer> factorsOf(int n) {
  ArrayList<Integer> factors = new ArrayList<>();
  if (n > 1)
    factors.add(n);
  return factors;
}
```

이쯤이면 지금까지 살펴본 이런 변환들이 모두 코드를 매우 구체적인 상태에서 살짝 더 일반적인 상태로 옮긴다는 것을 파악했으리라. 이런 변환은 모두 일반화, 즉 코드가 이전보다 더 다양한 제약 조건을 처리할 수 있도록 하는 방법이다.

곰곰이 생각해 보면 이런 변환을 적용함으로써 처리할 수 있게 되는 조건이, 지금 실패하는 테스트가 코드에 더하는 제약 조건보다 훨씬 더 폭이 넓다는 걸 깨달을 수 있다. 따라서 이런 변환을 하나둘 추가하다 보면 테스트 제약 조건 추가와 코드 일반화 사이의 경주는 코드 일반화의 승리로 끝날 수밖에 없다. 결국에는 제품 코드가 충분히 일반화되어 현재 요구 사항의 범위 내에 있는 추가 가능한 제약 조건을 전부 통과할 것이다.

잠시 이야기가 곁길로 빠졌다.

무조건적 → 선택적

이 변환은 if 문 또는 그에 준하는 것을 추가한다. if 문 추가가 언제나 일반화는 아니다. 프로그래머는 언제나 선택 조건식이 지금 실패하는 테스트에만 국한되지 않도록 주의해야 한다.

소인수 분해 문제에서 숫자 2를 소인수 분해할 때 이 변환이 필요했다. 이 문제에서 if 문의 조건식이 (n==2)처럼 매우 구체적이지 않았다는 점을 눈여겨보라. (n>1) 부등식을 사용하여 if 문을 더욱 일반적으로 만들고자 했었다.

```
private List<Integer> factorsOf(int n) {
  ArrayList<Integer> factors = new ArrayList<>();
  if (n>1)
    factors.add(2);
  return factors;
}
```

값 → 리스트

이 일반화 변환은 값 하나를 가진 변수를 값의 리스트를 가진 변수로 바꾼다. 이 리스트는 배열일 수도 있고 더 복잡한 컨테이너일 수도 있다. 스택 문제에서 이 변환을 사용해 element 변수를 elements 배열로 바꿨다.

```
public class Stack {
  private int size = 0;
  private int[] elements = new int[2];

  public void push(int element) {
    this.elements[size++] = element;
  }

  public int pop() {
    if (size == 0)
      throw new Underflow();
    return elements[--size];
  }
}
```

명령문 → 재귀

이 일반화 변환은 명령문 하나를 재귀 명령문으로 바꾼다. 반복문 대신이다. 이런 종류의 변환은 재귀를 지원하는 언어에서 아주 흔하게 쓰이는데, 리스프나 로고Logo처럼 재귀 외에는 별도 반복 기능이 없는 경우에 특히 자주 볼 수 있다. 이 변환은 반복이 없는 표현식을 계산 과정에 자기 자신을 다시 포함하는 표현식으로 바꾼다. '3장 고급 테스트 주도 개발'의 줄 바꿈 연습 문제에서 이 변환을 접한 적이 있다.

```java
private String wrap(String s, int w) {
  if (w >= s.length())
    return s;
  else
    return s.substring(0, w) + "\n" + wrap(s.substring(w), w);
}
```

선택적 → 반복

소인수 분해 문제에서 if 문을 while 문으로 바꿀 때 이 변환을 여러 번 봤다. 반복문은 선택문보다 일반적인 형태이고, 선택문은 퇴화한 반복문에 불과하므로 이 변환은 명백한 일반화다.

```java
private List<Integer> factorsOf(int n) {
  ArrayList<Integer> factors = new ArrayList<>();
  if (n > 1) {
    while (n % 2 == 0) {
      factors.add(2);
      n /= 2;
    }
  }
  if (n > 1)
    factors.add(n);
  return factors;
}
```

값 → 변경된 값

이 변환은 변수의 값을 변경한다. 보통 반복문에서 부분값들을 모으거나 점진적인 계산을 하기 위해 사용한다. 다양한 예제에서 쓰였지만 아마 3장의 정렬 문제에서 가장 중요하게 사용했을 것이다.

첫 두 할당문은 값을 변경하지 않는다는 데 주의하라. first와 second를 단순히 초기화한 것이다. 값을 변경하는 부분은 list.set(...) 연산으로, 여기서 실제로 리스트 안의 원소들을 바꾼다.

```
private List<Integer> sort(List<Integer> list) {
  if (list.size() > 1) {
    if (list.get(0) > list.get(1)) {
      int first = list.get(0);
      int second = list.get(1);
      list.set(0, second);
      list.set(1, first);
    }
  }
  return list;
}
```

예제: 피보나치

간단한 연습 문제를 풀어 보면서 변환을 더 알아보자. 널리 검증된 피보나치 연습 문제다. 알겠지만 fib(0) = 1, fib(1) = 1이고 fib(n) = fib(n-1) + fib(n-2)다.

언제나처럼 실패하는 테스트로 시작한다. 왜 BigInteger를 사용하는지 궁금한가? 피보나치수열은 급격하게 커지기 때문이다.

```
public class FibTest {
  @Test
  public void testFibs() throws Exception {
    assertThat(fib(0), equalTo(BigInteger.ONE));
  }
```

```
  private BigInteger fib(int n) {
    return null;
  }
}
```

Nil→상수 변환을 적용해 통과시킬 수 있다.

```
private BigInteger fib(int n) {
  return new BigInteger("1");
}
```

맞다. 내가 봐도 String 인자를 쓰는 게 이상하다. 하지만 자바 라이브러리가
그렇게 동작한다.

다음 테스트를 추가했더니 그냥 통과한다.

```
@Test
public void testFibs() throws Exception {
  assertThat(fib(0), equalTo(BigInteger.ONE));
  assertThat(fib(1), equalTo(BigInteger.ONE));
}
```

그다음 테스트는 실패한다.

```
@Test
public void testFibs() throws Exception {
  assertThat(fib(0), equalTo(BigInteger.ONE));
  assertThat(fib(1), equalTo(BigInteger.ONE));
  assertThat(fib(2), equalTo(new BigInteger("2")));
}
```

무조건적→선택적 변환을 적용해 통과시킬 수 있다.

```
private BigInteger fib(int n) {
  if (n > 1)
    return new BigInteger("2");
  else
```

```
    return new BigInteger("1");
}
```

이 변환은 별로 일반적이지 않고 위험할 정도로 구체적인 것에 가깝다. fib 함수를 음수 인자와 함께 불러 볼 수도 있겠다는 생각이 들어 흥분되기는 한다. 다음 테스트는 '최상의 결과를 추구하라'고 우리를 유혹한다.

```
assertThat(fib(3), equalTo(new BigInteger("3")));
```

이번에는 명령문→재귀 변환으로 해결한다.

```
private BigInteger fib(int n) {
  if (n > 1)
    return fib(n-1).add(fib(n-2));
  else
    return new BigInteger("1");
}
```

아주 우아한 해답이다. 하지만 시간[13]과 메모리 측면에서 끔찍할 정도로 비싸다. 너무 일찍 최상의 결과를 추구하면 대가를 치러야 할 때가 많다. 조금 전 단계를 다르게 해결할 방법이 있을까? 물론 있다.

```
private BigInteger fib(int n) {
  return fib(BigInteger.ONE, BigInteger.ONE, n);
}

private BigInteger fib(BigInteger fm2, BigInteger fm1, int n) {
  if (n > 1)
    return fib(fm1, fm1.add(fm2), n-1);
  else
    return fm1;
}
```

13 fib(40)==165580141 계산은 내 2.3GHz 맥북 프로에서 9초가 걸렸다.

그래도 봐줄 만큼은 빠른 멋진 꼬리 재귀tail-recursion 알고리즘이다.[14]

마지막 변환이 명령문→재귀 변환을 다르게 적용한 것에 불과하다고 생각할지도 모르겠지만 그렇지 않다. 이 변환은 실제로는 선택적→반복 변환이다. 사실 자바 컴파일러가 꼬리 재귀 최적화라는 선물을 하사해 주기만 했더라면[15] 앞의 코드는 다음 코드와 거의 똑같이 바뀌었을 것이다. if가 while로 바뀌는 부분을 눈여겨보라.

```
private BigInteger fib(int n) {
  BigInteger fm2 = BigInteger.ONE;
  BigInteger fm1 = BigInteger.ONE;
  while (n > 1) {
    BigInteger f = fm1.add(fm2);
    fm2 = fm1;
    fm1 = f;
    n--;
  }
  return fm1;
}
```

중요한 부분을 짚어 주려고 약간 돌아서 왔다.

규칙 14 변환을 적용한 결과 최적이 아닌 해답에 도달했다면 다른 변환을 시도해 보라.

변환을 적용한 결과 최적이 아닌 해답에 도달한 다음, 다시 다른 변환을 적용해 훨씬 나은 결과를 얻은 것은 사실 이번이 두 번째다. 정렬 문제에서 이런

---

14 fib(100)==573147844013817084101을 10밀리초 만에 계산한다.
   (옮긴이) 꼬리 재귀란 함수 내의 마지막 연산으로 자기 자신을 호출하는 방식을 말한다. 이 예제에서는 재귀 호출을 두 번에서 한 번으로 줄인 덕분에 속도가 훨씬 빨라졌다.

15 자바, 자바, 왜 그대는 자바인가요?
   (옮긴이) 셰익스피어의 《로미오와 줄리엣》에서 줄리엣이 로미오에게 하는 대사를 비튼 문장이다. 꼬리 재귀 최적화란 꼬리 재귀 함수 호출이 일어날 때 스택 프레임을 새로 쌓지 않음으로써 시간과 메모리를 절약하는 기법이다. 자바에는 2021년 기준으로 아직 꼬리 재귀 최적화가 없는데, 자바 라이브러리의 일부 기능에 스택 프레임 수를 체크하는 부분이 있어 추가하지 못하고 있다고 한다. 스칼라나 코틀린 같은 다른 자바 가상 머신 기반 언어에서는 자체적으로 꼬리 재귀 최적화를 지원하고 있다.

경우를 겪었다. 정렬 문제에서는 값→변경된 값 변환을 적용했더니 샛길로 빠져서 거품 정렬을 구현하게 됐다. 하지만 무조건적→선택적 변환으로 바꿨더니 어느새 퀵 정렬을 구현하고 있었다. 결정적인 단계는 다음과 같았다.

```java
private List<Integer> sort(List<Integer> list) {
  if (list.size() <= 1)
    return list;
  else {
    int first = list.get(0);
    int second = list.get(1);
    if (first > second)
      return asList(second, first);
    else
      return asList(first, second);
  }
}
```

변환 우선순위 가정

여러분이 목격했듯이 우리가 테스트 주도 개발의 세 가지 법칙을 따르다 보면 갈림길을 마주칠 때가 있다. 갈림길의 각 갈래에서는 지금 실패하고 있는 테스트를 통과시키기 위해 다른 변환을 사용한다. 이런 분기점에 섰을 때 최선의 변환을 고르는 방법이 있을까? 다시 말해 혹시 어떤 변환은 다른 변환보다 언제나 나을까? 변환에 우선순위가 있을까?

나는 우선순위가 있다고 믿는다. 잠시 후에 우선순위를 알려 주겠다. 하지만 이는 내 생각일 뿐이고 가정premise일 뿐이라는 점을 명확히 하고 싶다. 수학적인 증명도 없고, 모든 경우에 들어맞는지도 모르겠다. 내가 비교적 확신하는 부분은 대략 다음과 같은 순서로 변환을 선택하면 더 나은 구현이 만들어질 가능성이 높다는 것이다.

- {}→Nil
- Nil→상수

- 상수→변수
- 무조건적→선택적
- 값→리스트
- 선택적→반복
- 명령문→재귀
- 값→변경된 값

이 순서를 자연법칙으로 받아들이거나 절대 어기면 안 된다고 생각하는 실수를 저지르지 말라(예를 들어 Nil→상수 변환을 끝내기 전에는 상수→변수 변환을 쓰면 안 된다고 생각하지 말라). 아마 Nil→상수 단계를 거치지 않고 Nil에서 바로 두 상수를 '선택적'으로 고르는 코드로 건너뛰어서 테스트를 통과시키는 프로그래머가 많을 것이다.

다시 말해 둘 이상의 변환을 조합하여 테스트를 통과시키고 싶은 생각이 든다면, 하나 또는 그 이상의 테스트를 빠트린 것일 수도 있다. 그 변환들 중 딱 하나만 사용해서 통과시킬 수 있는 테스트를 찾아보라. 그리고 갈림길을 만났다면 이 목록에서 먼저 나오는 변환을 사용해 통과시킬 수 있는 갈래를 먼저 고르라.

이 방법이 언제나 잘 작동할까? 아마 아니겠지만 나는 재미를 꽤 많이 봤다. 그리고 우리가 목격했듯이 정렬과 피보나치 알고리즘에서도 더 좋은 결과를 가져다주었다.

예리한 독자들은 설명한 순서대로 변환을 적용하다 보면 함수형 프로그래밍 스타일을 사용하는 해법을 구현하게 된다는 점을 벌써 눈치챘을지도 모르겠다.

결론

이것으로 테스트 주도 개발 규율에 대한 논의를 마친다. 지난 세 장에서 많은 내용을 살펴봤다. 이번 장에서 우리는 테스트 설계의 문제 및 패턴에 대해 이야기했다. GUI에서 데이터베이스까지, 구체적인 것에서 일반적인 것까지, 변환들과 그 우선순위까지 다뤘다.

하지만 물론 이게 끝이 아니다. 우리가 고려해야 할 네 번째 법칙이 있다. 바로 다음 장의 주제인 리팩터링이다.

리팩터링
Refactoring

리팩터링 대중화에 크게 기여한 마틴 파울러

나는 마틴 파울러의 《리팩터링》[1]을 1999년에 읽었다. 명작이다. 여러분도 한 권씩 사서 읽으면 좋겠다. 파울러는 최근에 2판[2]을 출간했는데, 많은 부분을 새로 쓰고 요즘 실정에 맞게 바꿨다. 1판에서는 예제에 자바를 사용했지만 2판에서는 자바스크립트를 사용한다.

내가 1판을 읽던 당시, 12살이던 내 아들 저스틴은 아이스하키 팀에서 뛰고 있었다. 아이스하키 하는 자녀를 키워 본 경험이 없는 사람들을 위해 잠시 설명하자면, 아이들은 5분 정도 빙판 위에서 경기를 뛴 후, 10~15분 정도 빙판에서 빠져나와 숨을 돌린다.

저스틴이 빙판에서 나와 있는 동안 나는 파울러의 환상적인 책을 읽었다. 무언가 주물럭거릴 수 있는 코드가 제시된 책을 읽어 본 건 처음이었다. 그 당시 또는 그 이전의 다른 책들은 대부분 코드를 최종 형태로 보여 주었다. 하지만 이 책은 나쁜 코드를 가져다 어떻게 깨끗하게 정리하는지 보여 주었다.

책을 읽는 동안 사람들이 빙판 위의 자녀들을 향해 환호하는 소리가 들려왔다. 나 역시 소리를 질렀지만 빙판을 향한 환호는 아니었다. 나는 내가 읽고 있던 책에 환호하고 있었다. 여러모로 이 책은 내가 《클린 코드》를 쓰도록 이끌었다.

이 책에 나온 파울러의 표현보다 더 딱 맞는 말은 없다.

> 컴퓨터가 이해할 수 있는 코드는 바보도 작성할 수 있다. 사람이 이해하도록 작성하는 프로그래머가 진정한 실력자다.

이번 장에서는 리팩터링 기술을 내 개인적인 관점에서 살펴본다. 파울러의 책을 대체하려는 것은 아니다.

---

1 Martin Fowler, 《Refactoring: Improving the Design of Existing Code》, 1st ed. (Addison-Wesley, 1999)

2 Martin Fowler, 《Refactoring: Improving the Design of Existing Code》, 2nd ed. (Addison-Wesley, 2019)
(옮긴이) 《리팩터링 2판》 (한빛미디어, 2020)

리팩터링이란?

이번에는 파울러의 리팩터링 정의를 내 식으로 바꾸어 표현해 보겠다.

> 리팩터링은 동작을 바꾸지 않으면서 코드를 연속적으로 조금씩 바꿔서 소프트웨어의 구조를 개선하는 것인데, 각 변경을 마무리할 때마다 포괄적인 테스트 묶음을 통과시킴으로써 동작이 바뀌지 않았음을 증명한다.

이 정의에는 핵심적인 부분이 두 군데 있다.

첫째, 리팩터링은 동작을 보존한다. 한 차례 또는 연속적인 리팩터링 후에도 소프트웨어의 동작은 변하지 않고 그대로여야 한다. 동작이 그대로 보존됐음을 증명하는 내가 아는 유일한 방법은 '포괄적인' 테스트 묶음을 지속적으로 통과시키는 것이다.

둘째, 개별 리팩터링은 작다. 얼마나 작아야 할까? 내가 쓰는 기준이 있다. 디버깅이 필요 없을 만큼 작아야 한다.

여러 가지 구체적인 리팩터링 방법이 있고 몇 가지는 뒤에서 설명할 것이다. 정규 리팩터링 목록에는 속하지 않지만, 동작은 보존하면서 구조를 바꾸는 다른 변경 방법도 많이 있다. 몇몇 리팩터링은 매우 정형화되어서 통합 개발 환경이 자동으로 해 주기도 한다. 또 몇몇은 아주 간단해서 별걱정 없이 손으로 직접 할 수도 있다. 하지만 좀 더 심각하고 특별한 주의가 필요한 것도 있다. 이렇게 주의가 필요한 경우에 나는 내 기준을 적용한다. 디버거의 힘을 빌려야 할 것 같다는 걱정이 들면, 변경 사항을 더 작고 안전한 조각들로 쪼갠다. 그럼에도 불구하고 어쩌다 디버거를 사용할 일이 생기면, 향후 안전을 위해 다음에는 변경을 더 많이 쪼개서 디버깅을 피해야겠다고 다짐한다.

규칙 15 디버거 사용을 피하라.

리팩터링의 목표는 코드를 깨끗하게 하는 것이다. 리팩터링 절차는 빨강→초록→리팩터링 주기를 따른다. 리팩터링은 일정이나 계획에 맞춰 하는 활동이 아니라 지속적인 활동이다. 빨강→초록→리팩터링 주기를 반복할 때마다 리팩터링을 해서 코드를 깨끗하게 유지해야 한다.

대규모 리팩터링이 필요한 경우도 있다. 시스템 설계를 바꿔야 하는 때가 반드시 올 테고, 설계 변경을 코드 전반에 걸쳐 반영하고 싶을 것이다. 하지만 일정을 잡지는 않는다. 리팩터링을 한다는 핑계로 기능 추가와 버그 수정을 멈추지 않는다. 그저 빨강→초록→리팩터링 주기에서 리팩터링에 조금 더 노력을 들이고, 변경 사항을 서서히 적용하는 와중에도 비즈니스 가치를 끊임없이 만들어 나가야 한다.

기본 도구

나는 몇 가지 리팩터링을 나머지보다 훨씬 더 자주 사용한다. 이 리팩터링들은 내가 사용하는 통합 개발 환경에서 자동화되어 있다. 이 리팩터링들을 숙지하고 통합 개발 환경이 자동으로 수행하는 복잡한 리팩터링 절차들을 잘 파악하기를 강력히 권고한다.

이름 바꾸기

내가 쓴 《클린 코드》에는 이름 잘 짓는 방법을 설명하는 부분이 있다. 이름 잘 짓는 방법을 배우기에 좋은 다른 책도 많이 있다.[3] 중요한 것은… 이름을 잘 짓는 것이다.

이름 짓기는 힘들다. 무언가의 정확한 이름을 찾는 일은 연속적이고 반복

---

3 다른 좋은 참고 자료로 에릭 에반스의 《도메인 주도 설계: 소프트웨어의 복잡성을 다루는 지혜 (Domain-Driven Design: Tackling Complexity in the Heart of Software)》(위키북스, 2011)가 있다. (옮긴이) 《실용주의 프로그래머》(인사이트, 2022)에서도 이름 짓기를 다룬다.

적인 개선 과정인 경우가 많다. 정확한 이름을 추구하는 일을 두려워하지 말라. 프로젝트가 아직 초기일 때 가능한 한 자주 이름을 개선하라.

프로젝트가 나이를 먹을수록 이름을 바꾸기가 점점 더 어려워진다. 더 많은 프로그래머가 그 이름을 자신의 기억 속에 저장했을 것이고, 이름을 갑자기 바꾸면 좋은 소리를 듣기는 힘들다. 시간이 지남에 따라 중요한 클래스나 함수 이름을 바꾸려면 회의와 합의가 필요해진다.

그러니 새로운 코드를 작성할 때 그리고 그 코드가 아직 널리 알려지기 전에 다른 이름들을 시도해 보라. 클래스와 메서드 이름을 자주 바꾸라. 바꿀 때마다 클래스나 함수를 다르게 모아 보고 싶어질 것이다. 새로 붙인 이름에 어울리도록 메서드를 이 클래스에서 저 클래스로 옮기기도 하고, 새로운 명명 방식에 부합하도록 함수나 클래스를 다시 나누게 될 것이다.

요컨대 최고의 이름을 찾는 행위는 코드를 클래스와 모듈로 나누는 방식에 대단히 긍정적인 영향을 끼칠 가능성이 높다.

그러니 '이름 바꾸기' 리팩터링을 자주, 잘 사용하는 방법을 익히라.

메서드 추출하기

'메서드 추출하기' 리팩터링은 아마 모든 리팩터링 중에서 가장 중요할 것이다. 메서드 추출이 여러분의 코드를 깨끗하고 잘 정돈된 상태로 유지하는 데 정말로 가장 중요한 메커니즘일 수 있다.

내 조언은 '바닥날 때까지 추출하라extract 'til you drop' 규율을 따르라는 것이다.

이 규율은 두 가지 목표를 추구한다. 첫째, 모든 함수는 '한 가지 일'만 해야 한다.[4] 둘째, 여러분의 코드는 '잘 쓴 문장'처럼 읽혀야 한다.[5]

---

4 Martin, 《Clean Code》, p. 7
   (옮긴이) 《클린 코드》 9쪽, C++ 창시자 비야네 스트롭스트룹의 말에서 인용한 것이다.

5 Martin, p. 8
   (옮긴이) 《클린 코드》 10쪽, 객체 지향 프로그래밍 선구자인 그래디 부치의 말에서 인용한 것이다.

함수를 더 이상 추출할 수 없다면 한 가지 일만 한다고 볼 수 있다. 따라서 여러분의 함수가 모두 한 가지 일만 하도록 더 이상 추출할 수 없을 때까지 추출하고, 추출하고, 또 추출해야 한다.

그러다 보면 당연히 작고 조그만 함수가 수도 없이 생긴다. 그래서 마음이 불편할 수도 있다. 작고 조그만 함수가 너무 많아서 코드의 의도를 흐리는 것처럼 느껴질 수도 있다. 거대한 함수 더미 속에서 헤매게 될까 봐 걱정할지도 모르겠다.

하지만 정반대 일이 일어난다. 코드의 의도가 훨씬 더 명확해진다. 추상화 계층들은 견고해지고 각 계층 사이의 경계는 명확해진다.

오늘날 프로그래밍 언어들은 모듈이나 클래스, 네임스페이스를 풍부하게 제공한다는 것을 명심하라. 그래서 여러분은 이름들의 계층을 만들고 함수를 그중 어디에 넣을지 고를 수 있다. 네임스페이스에는 여러 클래스가 들어가고 클래스에는 함수가 들어간다. 공개public 함수는 비공개private 함수를 참조하고, 클래스에는 내부inner 클래스나 중첩nested 클래스를 넣을 수 있다. 이밖에도 여러 가지 계층이 있다. 코드 구조를 만들 때 이런 도구들을 잘 활용해서 다른 프로그래머가 여러분이 만드는 함수를 쉽게 찾을 수 있도록 하라.

그다음에는 좋은 이름을 고르라. 함수 이름의 길이는 함수가 노출된 범위scope에 '반비례'해야 함을 기억하라. 공개 함수의 이름은 상대적으로 짧고, 비공개 함수의 이름은 더 길어야 한다.

추출하고 또 추출하면 함수 이름은 길어지고 또 길어질 것이다. 함수의 목적이 점점 더 비일반적이 되기 때문이다. 추출한 대부분의 함수는 오직 한 곳에서만 호출될 것이고, 따라서 이런 함수의 목적은 극도로 전문적이고 정밀할 것이다. 이렇게 전문적이고 정밀한 함수의 이름은 길어야 한다. 주어와 동사를 다 갖추고 있거나 아니면 아예 온전한 문장일 가능성이 높다.

이런 함수는 while 반복문이나 if 문의 괄호 안에서 호출되거나 이들의 본문에서 호출될 수 있다. 그래서 다음과 같은 코드가 만들어진다.

```
if (employeeShouldHaveFullBenefits())
  AddFullBenefitsToEmployee();
```

그 덕분에 여러분의 코드를 잘 쓴 문장처럼 읽을 수 있다.

또한 '메서드 추출하기' 리팩터링을 사용해야 여러분의 함수가 내려가기 규칙stepdown rule[6]을 따를 수 있다. 우리는 함수의 각 줄이 모두 같은 추상화 수준에 있기를 원하고, 이 수준은 함수 이름의 바로 아래 수준이어야 한다. 이를 위해 원하는 추상화 수준보다 낮은 코드 조각은 함수에서 모두 추출해야 한다.

변수 추출하기

'메서드 추출하기'가 가장 중요한 리팩터링이라면, '변수 추출하기extract variable'는 재빠르게 메서드 추출을 돕는 조수다. 메서드를 추출하려다 보면 변수를 먼저 추출해야 하는 경우가 많기 때문이다.

예를 들어 '2장 테스트 주도 개발'의 볼링 문제에서 했던 리팩터링을 다시 보자. 원래 코드는 다음과 같았다.

```
@Test
public void allOnes() throws Exception {
  for (int i=0; i<20; i++)
    g.roll(1);
  assertEquals(20, g.score());
}
```

그리고 이렇게 바꾸었다.

```
private void rollMany(int n, int pins) {
  for (int i = 0; i < n; i++) {
```

---

6 Martin, p. 37
   (옮긴이)《클린 코드》46쪽

```
    g.roll(pins);
  }
}

@Test
public void allOnes() throws Exception {
  rollMany(20, 1);
  assertEquals(20, g.score());
}
```

리팩터링이 이루어진 순서는 다음과 같다.

1. 변수 추출하기: g.roll(1)의 1을 pins라는 변수로 추출했다.
2. 변수 추출하기: assertEquals(20, g.score());의 20을 n이라는 변수로 추출했다.
3. 두 변수를 for 반복문 위로 옮겼다.
4. 메서드 추출하기: for 반복문을 rollMany 함수로 추출했다. 변수 이름이 그대로 함수의 인자 이름이 됐다.
5. 인라인하기: allOnes에서 두 변수를 없애고 다시 상수를 직접 사용하도록 바꾸었다. 변수를 추출한 목적을 모두 달성했으므로 더는 필요하지 않다.

'변수 추출하기'를 사용하는 다른 흔한 경우는 설명용 변수explanatory variable[7] 를 만들기 위해서다. 예를 들어 다음 if 문을 보라.

```
if (employee.age > 60 && employee.salary > 150000)
  ScheduleForEarlyRetirement(employee);
```

설명용 변수가 있으면 더 읽기 쉬워진다.

```
boolean isEligibleForEarlyRetirement = employee.age > 60 &&
                                       employee.salary > 150000
if (isEligibleForEarlyRetirement)
  ScheduleForEarlyRetirement(employee);
```

---

7   Kent Beck, 《Smalltalk Best Practice Patterns》(Addison-Wesley, 1997), p. 108

필드 추출하기

이 리팩터링은 매우 긍정적인 영향을 줄 수 있다. 나는 그리 자주 사용하지 않지만, 일단 사용하면 코드를 상당히 많이 개선할 수 있다.

이 리팩터링은 '메서드 추출하기'에 실패하면서 시작된다. 다음 클래스를 살펴보자. CSV 파일의 데이터를 보고서로 변환하는 클래스인데 다소 지저분하다.

```java
public class NewCasesReporter {
  public String makeReport(String countyCsv) {
    int totalCases = 0;
    Map<String, Integer> stateCounts = new HashMap<>();
    List<County> counties = new ArrayList<>();

    String[] lines = countyCsv.split("\n");
    for (String line : lines) {
      String[] tokens = line.split(",");
      County county = new County();
      county.county = tokens[0].trim();
      county.state = tokens[1].trim();
      // 이동 평균(rolling average)을 계산한다.
      int lastDay = tokens.length - 1;
      int firstDay = lastDay - 7 + 1;
      if (firstDay < 2)
        firstDay = 2;
      double n = lastDay - firstDay + 1;
      int sum = 0;
      for (int day = firstDay; day <= lastDay; day++)
        sum += Integer.parseInt(tokens[day].trim());
      county.rollingAverage = (sum / n);

      // 사례(case) 수의 합을 계산한다.
      int cases = 0;
      for (int i = 2; i < tokens.length; i++)
        cases += (Integer.parseInt(tokens[i].trim()));
      totalCases += cases;
      int stateCount = stateCounts.getOrDefault(county.state, 0);
      stateCounts.put(county.state, stateCount + cases);
      counties.add(county);
    }
```

```
    StringBuilder report = new StringBuilder("" +
      "County      State     Avg New Cases\n" +
      "======      =====     =============\n");
    for (County county : counties) {
      report.append(String.format("%-11s%-10s%.2f\n",
        county.county,
        county.state,
        county.rollingAverage));
    }
    report.append("\n");
    TreeSet<String> states = new TreeSet<>(stateCounts.keySet());
    for (String state : states)
      report.append(String.format("%s cases: %d\n",
        state, stateCounts.get(state)));
    report.append(String.format("Total Cases: %d\n", totalCases));
    return report.toString();
  }

  public static class County {
    public String county = null;
    public String state = null;
    public double rollingAverage = Double.NaN;
  }
}
```

우리로서는 다행스럽게도 코드 저자가 친절하게 테스트를 몇 개 써 놓았다. 훌륭하지는 않지만 그래도 작동한다.

```
public class NewCasesReporterTest {
  private final double DELTA = 0.0001;
  private NewCasesReporter reporter;

  @Before
  public void setUp() throws Exception {
    reporter = new NewCasesReporter();
  }

  @Test
  public void countyReport() throws Exception {
    String report = reporter.makeReport("" +
```

```java
        "c1, s1, 1, 1, 1, 1, 1, 1, 1, 7\n" +
        "c2, s2, 2, 2, 2, 2, 2, 2, 2, 7");
    assertEquals("" +
        "County      State       Avg New Cases\n" +
        "======      =====       =============\n" +
        "c1          s1          1.86\n" +
        "c2          s2          2.71\n\n" +
        "s1 cases: 14\n" +
        "s2 cases: 21\n" +
        "Total Cases: 35\n",
      report);
  }

  @Test
  public void stateWithTwoCounties() throws Exception {
    String report = reporter.makeReport("" +
        "c1, s1, 1, 1, 1, 1, 1, 1, 1, 7\n" +
        "c2, s1, 2, 2, 2, 2, 2, 2, 2, 7");
    assertEquals("" +
        "County      State       Avg New Cases\n" +
        "======      =====       =============\n" +
        "c1          s1          1.86\n" +
        "c2          s1          2.71\n\n" +
        "s1 cases: 35\n" +
        "Total Cases: 35\n",
      report);
  }

  @Test
  public void statesWithShortLines() throws Exception {
    String report = reporter.makeReport("" +
        "c1, s1, 1, 1, 1, 1, 7\n" +
        "c2, s2, 7\n");
    assertEquals("" +
        "County      State       Avg New Cases\n" +
        "======      =====       =============\n" +
        "c1          s1          2.20\n" +
        "c2          s2          7.00\n\n" +
        "s1 cases: 11\n" +
        "s2 cases: 7\n" +
        "Total Cases: 18\n",
      report);
  }
}
```

테스트를 보니 어떤 일을 하는 프로그램인지 감이 온다. 입력은 CSV 문자열인데 각 줄에는 카운티county[8] 하나의 하루 신규 코로나 확진자 수 목록이 들어 있다. 출력으로 나오는 보고서에는 카운티별 신규 확진자 수의 7일 이동평균값과 주state별 합계 그리고 총합이 담겨 있다.

당연히 이 거대하고 끔찍한 함수에서 메서드를 추출하고 싶다. 맨 위의 반복문부터 시작하자. 이 반복문은 모든 카운티별로 필요한 계산을 전담하고 있으니 아마 `calculateCounties` 같은 이름을 붙여야 할 것이다.

하지만 반복문을 선택하고 메서드를 추출하려고 하니 그림 5.1 같은 대화 상자가 나타난다.

그림 5.1 메서드 추출하기 대화 상자

8 (옮긴이) 카운티는 미국의 지방 행정 구역 단위로, 한 주는 여러 개의 카운티로 이루어진다.

통합 개발 환경은 getTotalCases라는 함수 이름을 추천한다. 통합 개발 환경 제작자를 칭찬할 만하다. 이름 추천 기능을 만드느라 꽤 고생했으리라. 통합 개발 환경이 이 이름을 고른 것은 반복문 다음에 나오는 코드가 신규 확진자 수를 필요로 하고, 추출된 함수가 값을 반환하지 않으면 그 숫자를 얻을 수 없기 때문이다.

하지만 이 함수를 getTotalCases라고 부르고 싶지는 않다. 우리 의도와 다르기 때문이다. 우리는 calculateCounties라고 부르고 싶었다. 게다가 그림에 나오는 네 가지 인자를 모두 넘기고 싶지도 않다. 우리가 추출 중인 함수에 넘기고 싶은 것은 lines 배열뿐이다.

그러니 Cancel을 눌러서 취소하고 다시 살펴보자.

리팩터링을 제대로 하려면 반복문 안의 지역 변수 몇 개를 추출해서 이 코드를 감싸고 있는 클래스의 필드로 옮겨야 한다. 이를 위해 '필드 추출하기 Extract Field' 리팩터링을 사용한다.

```java
public class NewCasesReporter {
  private int totalCases;
  private final Map<String, Integer> stateCounts = new HashMap<>();
  private final List<County> counties = new ArrayList<>();

  public String makeReport(String countyCsv) {
    totalCases = 0;
    stateCounts.clear();
    counties.clear();

    String[] lines = countyCsv.split("\n");
    for (String line : lines) {
      String[] tokens = line.split(",");
      County county = new County();
```

makeReport 함수 맨 위에서 이 변수들을 초기화하는데 그 덕분에 기존 동작을 유지할 수 있다.

이제 우리가 원하는 것 이외의 변수를 추가로 넘기지도, totalCases를 반환하지도 않으면서 반복문을 추출할 수 있다.

```java
public class NewCasesReporter {
  private int totalCases;
  private final Map<String, Integer> stateCounts = new HashMap<>();
  private final List<County> counties = new ArrayList<>();

  public String makeReport(String countyCsv) {
    String[] countyLines = countyCsv.split("\n");
    calculateCounties(countyLines);

    StringBuilder report = new StringBuilder("" +
      "County     State    Avg New Cases\n" +
      "======     =====    =============\n");
    for (County county : counties) {
      report.append(String.format("%-11s%-10s%.2f\n",
        county.county,
        county.state,
        county.rollingAverage));
    }
    report.append("\n");
    TreeSet<String> states = new TreeSet<>(stateCounts.keySet());
    for (String state : states)
      report.append(String.format("%s cases: %d\n",
        state, stateCounts.get(state)));
    report.append(String.format("Total Cases: %d\n", totalCases));
    return report.toString();
  }

  private void calculateCounties(String[] lines) {
    totalCases = 0;
    stateCounts.clear();
    counties.clear();

    for (String line : lines) {
      String[] tokens = line.split(",");
      County county = new County();
      county.county = tokens[0].trim();
      county.state = tokens[1].trim();
```

```
    // 이동 평균(rolling average)을 계산한다.
    int lastDay = tokens.length - 1;
    int firstDay = lastDay - 7 + 1;
    if (firstDay < 2)
      firstDay = 2;
    double n = lastDay - firstDay + 1;
    int sum = 0;
    for (int day = firstDay; day <= lastDay; day++)
      sum += Integer.parseInt(tokens[day].trim());
    county.rollingAverage = (sum / n);

    // 사례(case) 수의 합을 계산한다.
    int cases = 0;
    for (int i = 2; i < tokens.length; i++)
      cases += (Integer.parseInt(tokens[i].trim()));
    totalCases += cases;
    int stateCount = stateCounts.getOrDefault(county.state, 0);
    stateCounts.put(county.state, stateCount + cases);
    counties.add(county);
  }
}

public static class County {
  public String county = null;
  public String state = null;
  public double rollingAverage = Double.NaN;
}
}
```

변수들을 필드로 옮겼기 때문에 추출하기와 이름 바꾸기를 마음껏 계속할 수 있다.

```
public class NewCasesReporter {
  private int totalCases;
  private final Map<String, Integer> stateCounts = new HashMap<>();
  private final List<County> counties = new ArrayList<>();

  public String makeReport(String countyCsv) {
    String[] countyLines = countyCsv.split("\n");
    calculateCounties(countyLines);
```

```java
    StringBuilder report = makeHeader();
    report.append(makeCountyDetails());
    report.append("\n");
    report.append(makeStateTotals());
    report.append(String.format("Total Cases: %d\n", totalCases));
    return report.toString();
}

private void calculateCounties(String[] countyLines) {
    totalCases = 0;
    stateCounts.clear();
    counties.clear();
    for (String countyLine : countyLines)
        counties.add(calculateCounty(countyLine));
}

private County calculateCounty(String line) {
    County county = new County();
    String[] tokens = line.split(",");
    county.county = tokens[0].trim();
    county.state = tokens[1].trim();

    county.rollingAverage = calculateRollingAverage(tokens);

    int cases = calculateSumOfCases(tokens);
    totalCases += cases;
    incrementStateCounter(county.state, cases);

    return county;
}

private double calculateRollingAverage(String[] tokens) {
    int lastDay = tokens.length - 1;
    int firstDay = lastDay - 7 + 1;
    if (firstDay < 2)
        firstDay = 2;
    double n = lastDay - firstDay + 1;
    int sum = 0;
    for (int day = firstDay; day <= lastDay; day++)
        sum += Integer.parseInt(tokens[day].trim());
    return (sum / n);
}
```

```java
private int calculateSumOfCases(String[] tokens) {
  int cases = 0;
  for (int i = 2; i < tokens.length; i++)
    cases += (Integer.parseInt(tokens[i].trim()));
  return cases;
}

private void incrementStateCounter(String state, int cases) {
  int stateCount = stateCounts.getOrDefault(state, 0);
  stateCounts.put(state, stateCount + cases);
}

private StringBuilder makeHeader() {
  return new StringBuilder("" +
    "County     State     Avg New Cases\n" +
    "======     =====     =============\n");
}

private StringBuilder makeCountyDetails() {
  StringBuilder countyDetails = new StringBuilder();
  for (County county : counties) {
    countyDetails.append(String.format("%-11s%-10s%.2f\n",
      county.county,
      county.state,
      county.rollingAverage));
  }
  return countyDetails;
}

private StringBuilder makeStateTotals() {
  StringBuilder stateTotals = new StringBuilder();
  TreeSet<String> states = new TreeSet<>(stateCounts.keySet());
  for (String state : states)
    stateTotals.append(String.format("%s cases: %d\n",
      state, stateCounts.get(state)));
  return stateTotals;
}

public static class County {
  public String county = null;
  public String state = null;
  public double rollingAverage = Double.NaN;
}
}
```

훨씬 나아졌다. 하지만 나는 데이터를 계산하는 코드와 보고서를 꾸미는 코드가 같은 클래스에 속해 있다는 점이 마음에 걸린다. 보고서 형식과 데이터 계산은 각각 다른 이유로 바뀔 가능성이 높으므로 이는 단일 책임 원칙 위반이다.

데이터 계산 부분의 코드를 새로운 클래스로 뽑아내기 위해 '상위 클래스 추출하기Extract Superclass' 리팩터링을 사용한다. 계산 부분은 NewCasesCalculator란 이름의 상위 클래스로 뽑아내고, NewCasesReporter는 이를 상속받는다.

```
public class NewCasesCalculator {
  protected final Map<String, Integer> stateCounts = new HashMap<>();
  protected final List<County> counties = new ArrayList<>();
  protected int totalCases;

  protected void calculateCounties(String[] countyLines) {
    totalCases = 0;
    stateCounts.clear();
    counties.clear();

    for (String countyLine : countyLines)
      counties.add(calculateCounty(countyLine));
  }

  private County calculateCounty(String line) {
    County county = new County();
    String[] tokens = line.split(",");
    county.county = tokens[0].trim();
    county.state = tokens[1].trim();

    county.rollingAverage = calculateRollingAverage(tokens);

    int cases = calculateSumOfCases(tokens);
    totalCases += cases;
    incrementStateCounter(county.state, cases);

    return county;
  }
```

```
  private double calculateRollingAverage(String[] tokens) {
    int lastDay = tokens.length - 1;
    int firstDay = lastDay - 7 + 1;
    if (firstDay < 2)
      firstDay = 2;
    double n = lastDay - firstDay + 1;
    int sum = 0;
    for (int day = firstDay; day <= lastDay; day++)
      sum += Integer.parseInt(tokens[day].trim());
    return (sum / n);
  }

  private int calculateSumOfCases(String[] tokens) {
    int cases = 0;
    for (int i = 2; i < tokens.length; i++)
      cases += (Integer.parseInt(tokens[i].trim()));
    return cases;
  }

  private void incrementStateCounter(String state, int cases) {
    int stateCount = stateCounts.getOrDefault(state, 0);
    stateCounts.put(state, stateCount + cases);
  }

  public static class County {
    public String county = null;
    public String state = null;
    public double rollingAverage = Double.NaN;
  }
}

=======

public class NewCasesReporter extends NewCasesCalculator {
  public String makeReport(String countyCsv) {
    String[] countyLines = countyCsv.split("\n");
    calculateCounties(countyLines);

    StringBuilder report = makeHeader();
    report.append(makeCountyDetails());
    report.append("\n");
    report.append(makeStateTotals());
```

```
      report.append(String.format("Total Cases: %d\n", totalCases));
      return report.toString();
   }

   private StringBuilder makeHeader() {
      return new StringBuilder("" +
        "County      State     Avg New Cases\n" +
        "======     =====     =============\n");
   }

   private StringBuilder makeCountyDetails() {
      StringBuilder countyDetails = new StringBuilder();
      for (County county : counties) {
         countyDetails.append(String.format("%-11s%-10s%.2f\n",
            county.county,
            county.state,
            county.rollingAverage));
      }
      return countyDetails;
   }

   private StringBuilder makeStateTotals() {
      StringBuilder stateTotals = new StringBuilder();
      TreeSet<String> states = new TreeSet<>(stateCounts.keySet());
      for (String state : states)
         stateTotals.append(String.format("%s cases: %d\n",
            state, stateCounts.get(state)));
      return stateTotals;
   }
}
```

멋지게 잘 분할했다. 보고서 작성과 계산이 분리된 모듈에서 이루어진다. 모
두 처음에 '필드 추출하기'를 한 덕분이다.

루빅큐브

지금까지 나는 몇 가지 안 되는 리팩터링이 얼마나 강력한지 보여 주고자 했
다. 나는 평소에 일하면서 방금 보여 준 리팩터링 이외의 것은 별로 사용하지

않는다. 이 리팩터링들을 잘 익히고, 통합 개발 환경의 세부 사항과 리팩터링 수행 요령을 이해하는 것이 비결이다.

나는 리팩터링을 루빅큐브Rubik's cube 맞추기와 자주 비교한다. 큐브를 한 번도 맞춰 본 적이 없다면 시간을 투자해서 배워 보는 것도 좋다. 일단 요령을 익히고 나면 비교적 쉽다.

사실 큐브에는 대부분 조각의 위치는 그대로 유지하면서 특정한 조각들의 위치만 원하는 대로 바꿀 수 있는 일련의 '공식'이 있다. 이런 공식을 서너 개만 익히면 큐브를 조금씩 조작하여 맞추기 쉬운 형태로 바꿀 수 있다.

공식을 더 많이 익히고 공식에 따른 조작에 더 능숙해지면 큐브를 더 빠르게, 더 적은 단계를 사용하여 맞출 수 있게 된다. 하지만 공식을 제대로 익혀야 한다. 공식에서 한 번이라도 삐끗하면 큐브는 뒤죽박죽이 되어 조각들이 제멋대로 섞여 버리고, 결국 처음부터 다시 시작해야만 한다.

코드 리팩터링도 이와 매우 비슷하다. 리팩터링 방법을 더 많이 알수록 그리고 더 능숙해질수록 코드를 여러분이 원하는 방향으로 밀고 당기고 늘이기 쉬워진다.

아, 테스트도 있는 편이 좋다. 테스트가 없다면 거의 확실히 뒤죽박죽이 되고 만다.

규율

리팩터링은 여러분이 규칙적으로 규율을 갖추고 접근한다면 안전하고 쉽고 강력하다. 하지만 여러분이 일시적이고 산발적인 임기응변식 활동으로 접근한다면 안전성과 강력함은 빠르게 자취를 감춘다.

테스트

첫 번째 규율은 당연히 테스트다. 테스트, 테스트, 테스트, 테스트, 더 많은 테스트. 코드를 안전하게 안정적으로 리팩터링하려면 목숨을 걸고 믿을 수 있는 테스트 묶음이 필요하다. 여러분은 테스트가 필요하다.

빠른 테스트

테스트는 빠르기도 해야 한다. 테스트를 돌리는 데 몇 시간이 걸린다면(아니 몇 분밖에 안 걸린다고 하더라도) 리팩터링을 제대로 하기 힘들다.

대규모 시스템이라면 테스트 시간을 줄이기 위해 제아무리 노력하더라도 몇 분 이내로 줄이기는 힘들다. 이 때문에 나는 테스트 묶음을 구성할 때 해당 시점에 관련된 일부 테스트, 즉 코드에서 리팩터링 중인 부분을 검사하는 테스트만 빠르고 쉽게 실행할 수 있도록 구성하는 걸 좋아한다. 그러면 보통 테스트 시간을 몇 분에서 눈 깜빡할 사이 정도로 줄일 수 있다. 전체 테스트는 한 시간에 한 번 정도 수행하여 새어 나온 버그가 없는지 확인한다.

깊은 일대일 대응 깨트리기

관련된 부분만 수행할 수 있는 테스트 구조를 만든다는 것은 모듈이나 컴포넌트 수준에서는 테스트 설계가 코드의 설계를 반영한다는 뜻이다. 높은 수준high-level의 테스트 모듈과 높은 수준의 제품 코드 모듈 사이에는 아마 일대일 대응이 있을 것이다.

앞 장에서 배웠듯이 테스트와 코드 사이에 깊은 일대일 대응이 있으면 테스트가 깨지기 쉬워진다.

이런 높은 수준에서는 테스트의 관련된 부분만 수행하여 얻는 속도의 이득이 일대일 대응의 비용보다 훨씬 크다. 하지만 테스트가 쉽게 깨지지 않도록 하려면 이런 일대일 대응이 계속 낮은 수준까지 이어지지 않는 편이 좋다. 그러니 모듈과 컴포넌트 수준 아래에서는 일대일 대응을 일부러 깨트려야 한다.

지속적으로 리팩터링하기

식사 준비를 할 때 나는 조리 과정에 사용한 접시를 바로바로 정리하는 것을 원칙으로 하고 있다.[9] 나는 접시를 개수대에 쌓아 놓지 않는다. 음식이 익는 동안 사용한 조리 도구와 냄비를 닦기에 충분한 시간이 언제나 있다.

리팩터링도 이와 같다. 리팩터링 시간을 기다리지 말라. 진행하면서 리팩터링하라. 빨강→초록→리팩터링 반복을 염두에 두고 1~2분 단위로 계속 반복하라. 그러면 엉망진창인 부분이 겁이 날 만큼 많이 쌓이는 일을 애초에 방지할 수 있다.

무자비하게 리팩터링하기

무자비한 리팩터링은 켄트 벡의 익스트림 프로그래밍 구호 중 하나였다. 좋은 말이다. 이 규율은 단순히 리팩터링을 할 때 용기를 가지라는 것이다. 시도를 두려워하지 말라. 바꾸기를 주저하지 말라. 코드는 점토고 여러분은 조각가라고 생각하며 코드를 조작하라. 코드에 대한 두려움은 정신을 죽인다.[10] 두려움은 어둠의 길이다. 한번 어둠의 길에 발을 들이면, 어둠은 여러분의 운명을 영원히 지배할 것이다. 사로잡을 것이다. 여러분을.[11]

테스트는 계속 통과해야 한다!

가끔은 여러분이 구조적인 문제를 만들어 버린 탓에 코드를 넓은 범위에 걸쳐서 바꿔야 하는 때가 있다. 현재 설계에 들어맞지 않는 새로운 요구 사항이 인입됐을 때 또는 어느 날 난데없이 프로젝트 향후 계획에 더 적절한 구조가

---

9 내 배우자가 이의를 제기한다.
10 (옮긴이) 프랭크 허버트의 SF 소설 《듄》의 경구에서 따온 표현이다.
11 (옮긴이) 〈스타워즈: 에피소드 5〉에 나오는 요다의 대사다.

갑자기 떠올랐을 때 이런 일이 생길 수 있다.

여러분은 무자비해야 하지만 동시에 현명하기도 해야 한다. 절대 테스트를 깨트리지 말라! 더 정확히는 한 번에 몇 분 이상 테스트를 깨진 상태로 내버려 두지 말라.

몇 시간이나 며칠에 걸쳐서 구조를 바꿔야만 한다면 모든 테스트가 통과하도록 유지하면서 그리고 다른 활동도 함께 진행하면서 구조를 조금씩 바꿔야 한다.

예를 들어 넓은 범위에 걸친 코드에서 사용하는 시스템의 기반 자료 구조를 바꿀 일이 생겼다고 해 보자. 이 자료 구조를 바꾸면 넓은 범위의 코드가 동작하지 않을 것이고 많은 테스트가 깨진다.

여러분은 그 대신 기존 자료 구조의 내용을 반영하는 새로운 자료 구조를 추가해야 한다. 그리고 테스트를 계속 통과시키면서 코드를 단계적으로 조금씩 기존 자료 구조에서 새로운 자료 구조로 옮긴다.

그 와중에도 여러분의 정기적인 일정에 따라 새로운 기능을 추가하고 버그를 수정할 수 있다. 구조 변경을 수행하기 위해 특별한 시간을 요청할 필요가 없다. 기존 코드가 더 이상 사용되지 않아서 삭제할 수 있을 때까지 여러분은 다른 일을 계속하면서 기회가 있을 때마다 코드를 바꿔 넣는다.

이 과정은 구조 변경의 영향도에 따라 몇 주, 심지어 몇 달이 걸릴 수도 있다. 그렇더라도 배포를 위해 시스템을 중지시킬 필요는 없다. 구조가 일부만 바뀐 상태에서도 테스트는 통과하고, 시스템은 실제 서비스에 배포될 수 있다.

퇴로를 확보하라

비행기 조종사는 기상이 불량할 수도 있는 곳으로 비행할 때 빠져나갈 수 있는 경로를 언제나 확보해 놓으라고 배운다. 리팩터링도 그와 비슷할 수 있다. 가끔은 일련의 리팩터링을 시작한 지 한두 시간 후에 막다른 곳에 다다르기도 한다. 애초에 떠올렸던 발상이 무언가 때문에 그다지 잘 풀리지 않는다.

이런 상황이라면 git reset --hard[12]가 친구가 되어 줄 것이다.

그러니 여러 건의 리팩터링을 시작할 때는 필요할 때 돌아올 수 있도록 소스 저장소에 표시tag를 해 두라.

결론

마틴 파울러의 《리팩터링》에 덧붙일 발상이 그리 많지 않았기 때문에 이번 장은 일부러 짧게 썼다. 더 자세히 알고 싶다면 《리팩터링》을 읽어 볼 것을 다시 한번 권한다.

리팩터링에 접근하는 최고의 방법은 여러분이 편안하게 활용할 수 있는 리팩터링 레퍼토리를 만들어서 자주 사용하고, 다른 리팩터링 방법에 대해서도 실용적인 지식을 풍부하게 쌓는 것이다. 리팩터링 기능을 제공하는 통합 개발 환경을 사용한다면 통합 개발 환경의 동작도 상세하게 이해해야 한다.

리팩터링은 테스트가 없으면 말이 안 된다. 테스트 없이는 실수할 가능성이 너무나 높다. 통합 개발 환경이 제공하는 자동화된 리팩터링조차도 가끔은 실수를 한다. 그러니 '언제나' 포괄적인 테스트 묶음으로 리팩터링 작업을 뒷받침하라.

마지막으로 규율을 따르라. 자주 리팩터링하라. 무자비하게 리팩터링하라. 그리고 양해를 구하지 말라. 리팩터링을 해도 되는지 절대, 절대 묻지 말라.

---

12 (옮긴이) 커밋한 내용을 지우고 기존 코드로 되돌리는 명령이다.

단순한 설계
Simple Design

설계. 소프트웨어 기예의 성배이자 궁극의 목표. 우리는 모두 완벽한 설계, 그래서 아무런 수고도, 문제도 없이 기능을 추가할 수 있는 설계를 만들려 애쓴다. 수개월, 수년에 걸쳐서 끊임없는 유지 보수를 겪고 나서도 시스템이 여전히 쉽고 유연할 수 있는 그런 탄탄한 설계를 추구한다. 결국 설계가 가장 중요하다.

나는 설계에 대해 많은 글을 써 왔다. 설계 원칙과 설계 패턴, 아키텍처에 관한 책을 썼다. 게다가 나 말고도 설계를 다루는 글을 쓰는 사람은 많다. 소프트웨어 설계에 대한 저작물은 세상에 넘쳐 난다.

하지만 이번 장에서는 이런 문제를 다루지 않는다. 설계 문제들을 탐구하고 관련 저자들의 책을 읽고 소프트웨어 설계와 아키텍처의 원칙과 패턴, 전반적인 형태gestalt를 이해한다면 좋을 것이다.

그런데 이 모든 일의 핵심, 우리가 갈망하는 모든 특성을 불어넣는 설계의 양상은 한마디로 단순함simplicity이다. 쳇 헨드릭슨Chet Hendrickson의 말처럼 "엉클 밥은 클린 코드에 대해 수천 페이지를 썼다. 켄트 벡은 네 줄을 썼다."[1] 이번 장에서 우리는 이 '네 줄'에 집중한다.

언뜻 보기에는 시스템에 필요한 모든 기능을 지원하고, 이와 함께 향후 변경을 위해 최대한의 유연성을 제공하는 가장 단순한 설계가 이 시스템을 위한 최고의 설계라는 건 당연하다. 그런데 이 문장은 단순함의 의미를 곰곰이 생각하게 만든다.[2] 단순하다는 게 쉽다는 말은 아니다. 단순하다는 건 얽혀 있지 않다는 뜻이고 얽히지 않게 하는 일은 어렵다.

소프트웨어 시스템에서 무엇이 서로 얽힐까? 높은 수준의 정책과 낮은 수준의 세부 사항이 함께 얽혀 있는 경우가 가장 큰 대가를 치러야 하는 경우

---

1   애자일 얼라이언스 기술 콘퍼런스(Agile Alliance Technical Conference, AATC) 2017에서 쳇 헨드릭슨이 한 말을 마틴 파울러가 트위터에서 인용했다. 쳇이 이 말을 했을 때 나(엉클 밥)도 현장에 있었고 전적으로 동의한다.

2   2011년에 리치 히키(Rich Hickey)는 '단순함을 쉽게(Simple Made Easy)'라는 아주 멋진 강연 (*https://www.youtube.com/watch?v=SxdOUGdseq4*)을 했다. 여러분도 들어 보길 추천한다.
(옮긴이) 리치 히키는 리스프의 방언인 함수형 프로그래밍 언어 클로저(Clojure)의 창시자다.

다. SQL과 HTML을 붙여 놓거나 프레임워크와 핵심 가치를 붙여 놓거나 또는 보고서 형식과 보고서 안의 값을 계산하는 비즈니스 규칙을 붙여 놓으면 끔찍하게 복잡해진다. 이렇게 얽힌 코드는 일단 만들기는 쉽다. 하지만 코드가 얽히면 새로운 기능 추가나 버그 수정, 설계 개선이나 정리가 어려워진다.

단순한 설계는 높은 수준의 정책이 낮은 수준의 세부 사항을 모르는 설계다. 높은 수준의 정책이 낮은 수준의 세부 사항으로부터 분리되어 격리되므로 낮은 수준의 세부 사항을 바꿔도 높은 수준의 정책에는 아무 영향이 없다.[3]

이런 분리와 격리를 만드는 주요 수단은 '추상화'다. 추상화는 본질은 증폭하고 상관없는 것들은 제거하는 일이다. 높은 수준의 정책은 본질적이므로 증폭한다. 낮은 수준의 세부 사항은 지엽적인 부분이므로 분리해서 격리시킨다.

이런 추상화를 위해 실제로 사용하는 수단은 '다형성'이다. 우리는 높은 수준의 정책이 다형성 인터페이스를 사용해서 낮은 수준의 세부 사항을 조정하도록 한다. 그리고 낮은 수준의 세부 사항은 이 다형성 인터페이스의 구현에 위치시킨다. 이 방법으로 모든 소스 코드 의존성이 낮은 수준의 세부 사항에서 높은 수준의 정책을 가리키도록 하고, 높은 수준의 정책은 낮은 수준의 세부 사항 구현을 몰라도 되도록 한다. 낮은 수준의 세부 사항을 바꾸더라도 높은 수준의 정책에 영향을 주지 않는다(그림 6.1).

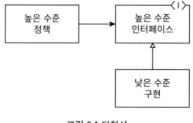

그림 6.1 다형성

---

3   여기에 대해서는 《클린 아키텍처》에서 자세히 설명했다.

필요한 기능을 지원하는 가장 단순한 설계가 최고의 시스템 설계라면, 그런 설계는 높은 수준의 정책을 낮은 수준의 세부 사항으로부터 분리해 내는 추상화의 수가 가장 적어야 할 것이다.

그런데 이는 우리가 1980년대와 1990년대 내내 채택했던 전략과는 정반대다. 이 시기에 우리는 예상 가능한 미래의 변경 사항에 대비해 훅hook[4]을 추가함으로써 우리 코드를 어떤 미래가 오더라도 쓸모 있게 만드는 데 집착했다.

이런 방식을 택한 이유는 그 당시에는 소프트웨어를 바꾸기가 어려웠기 때문이다. 아무리 설계가 단순해도 말이다.

왜 소프트웨어를 바꾸기 어려웠을까? 빌드가 오래 걸려서 그리고 테스트는 더 오래 걸려서였다.

1980년대에는 조그만 시스템을 빌드하는 데 한 시간 이상, 테스트하는 데는 여러 시간이 걸렸다. 물론 테스트는 수동이었고 따라서 한심할 정도로 불충분했다. 시스템이 점점 커지고 더 복잡해질수록 프로그래머는 변경을 더욱 두려워하게 됐다. 이는 과하게 설계를 하는 사고방식으로 이어졌고, 실제 기능상 필요한 것보다 훨씬 더 복잡한 시스템을 만들게 됐다.

1990년대 말 익스트림 프로그래밍 그리고 애자일이 차례로 출현하면서 이런 경향이 뒤집혔다. 그동안 하드웨어는 정말 엄청나게 강력해졌고 빌드 시간은 몇 분 또는 몇 초로 줄어들었다. 그 덕분에 매우 빠르게 수행되는 자동화 테스트를 돌릴 수 있게 됐다.

이런 기술 도약을 통해 YAGNI 규율과 켄트 벡이 설명한 단순한 설계의 네 가지 원칙을 실천할 수 있게 됐다.

---

4 (옮긴이) 소프트웨어에서 발생하는 이벤트에 반응하는 코드를 외부에서 추가할 수 있게 만들어 놓은 구조를 말한다. 외부에서 추가하는 코드는 별도로 관리할 수 있으므로 핵심부를 건드리지 않고 쉽게 기능을 확장할 수 있다.

YAGNI

그게 필요하지 않다면You Aren't Gonna Need It, YAGNI 어떨까?

1999년에 나는 마틴 파울러, 켄트 벡, 론 제프리즈를 비롯한 사람들과 함께 익스트림 프로그래밍[5]을 가르치고 있었다. 강의 주제가 과도한 설계와 성급한 일반화의 위험으로 넘어갔다. 누군가가 칠판에 YAGNI라고 쓰고 말했다. "그건 필요하지 않을 거예요." 그때 벡이 끼어들어서 YAGNI는 아마 그게 필요하겠지만 "필요하지 않다면 어떨까?"를 스스로에게 물어봐야 한다는 취지라고 말했다.

이것이 원래 YAGNI가 던지는 질문이었다. '이 훅이 필요하겠지' 하는 생각이 들 때마다 훅을 넣지 않는다면 어떤 일이 벌어질지 자문해 봐야 한다. 훅을 뺐을 때 비용이 용인할 정도라면 아마 훅을 넣지 않아야 할 것이다. 설계에 훅을 달고 다니는 높은 비용을 매년 감수해야 하는데, 훅이 언젠가 필요할 확률이 낮다면 아마 훅을 넣지 않는 편이 좋을 것이다.

1990년대 말에 이 새로운 관점이 제기되자 반응이 얼마나 격렬했는지, 여러분은 상상조차 할 수 없을 것이다. 설계하는 사람이라면 누구나 모든 곳에 훅을 끼워 넣는 것이 매우 익숙한 상황이었다. 그 당시에는 훅을 넣는 것이 일반 통념이자 모범 사례로 여겨졌다.

그래서 익스트림 프로그래밍의 YAGNI 규율이 알려지기 시작하자 이단적이고 허풍에 불과하다고 대대적인 비판과 비난을 받았다.

역설적이게도 지금은 YAGNI가 좋은 소프트웨어 설계의 가장 중요한 규율에 속한다. 좋은 테스트 묶음이 있고 리팩터링 규율을 따르는 데 익숙하다면, 새로운 기능을 추가하고 지원할 수 있도록 설계를 바꾸는 비용은 언젠가 필요할지도 모를 온갖 훅을 구현하고 유지 보수하는 비용보다 거의 항상 적다.

훅은 언제나 문제가 많다. 훅을 제대로 넣는 경우는 아주 적다. 우리는 고

---

5 (옮긴이) 《Extreme Programming Installed》(인사이트, 2002)

객이 미래에 실제로 무엇을 할지 잘 예측하지 못하기 때문이다. 그 결과 우리는 거의 실현되지 않는 가정에 기반을 두고 필요한 것보다 혹을 훨씬 더 많이 넣는 경향이 있다.

이 이야기의 핵심은 기가헤르츠 클록 속도와 테라바이트 메모리가 소프트웨어 설계 과정과 아키텍처에 끼친 영향을 보며 우리가 깜짝 놀랐다는 것이다. 우리는 1990년대 말까지도 이런 진보 덕분에 설계를 급격하게 '단순화'할 수 있음을 알아채지 못했다.

이는 우리 산업의 엄청난 역설이기도 하다. 무어의 법칙에서 말하는 기하 급수적인 성능 향상 때문에 끝없이 복잡한 소프트웨어 시스템을 만들었지만, 동시에 그런 시스템의 설계를 단순화할 수 있게 됐다.

알고 보니 YAGNI는 사실상 무제한의 컴퓨팅 파워가 우리 손에 들어오면서 생겨난 의도하지 않았던 결과였다. 빌드 시간이 몇 초로 줄어들었고, 몇 초 안에 실행되는 포괄적인 테스트 묶음을 작성하고 운영할 수 있게 됐으며, 혹을 넣어 두는 대신 바뀌는 요구 사항에 맞춰 설계를 리팩터링할 수 있게 됐기 때문이다.

그러면 혹을 넣으면 절대 안 된다는 뜻일까? 우리는 언제나 오늘 당장 필요한 기능만 고려해서 시스템을 설계해야 할까? 앞날을 미리 고려해서 미래를 대비한 계획을 세우지 않아야 하나?

아니다. YAGNI는 그런 뜻이 아니다. 특정한 혹을 넣는 편이 더 좋은 경우도 있다. 미래에도 문제없는 코드는 여전히 필요하고, 미래를 고민하는 것은 언제나 현명한 일이다.

단지 지난 몇십 년간 절충해야 하는 지점이 급격하게 바뀌었고, 오늘날에는 대부분의 혹을 넣지 않는 편이 보통 더 좋을 뿐이다. 그래서 우리는 이 질문을 던진다.

그게 필요하지 않다면?

테스트로 검사함

내가 단순한 설계에 대한 벡의 규칙을 처음 접한 것은 《익스트림 프로그래밍》1판[6]에서였다. 그 당시 네 가지 규칙은 다음과 같았다.

1. 시스템(코드와 테스트)은 여러분이 소통하기 원하는 모든 것과 소통해야 한다.
2. 시스템에는 중복 코드가 없어야 한다.
3. 시스템의 클래스 수를 최소화해야 한다.
4. 시스템의 메서드 수를 최소화해야 한다.

2011년에는 다음과 같이 진화했다.

1. 테스트가 통과한다.
2. 의도를 드러낸다.
3. 중복이 없다.
4. 작다.

2014년에 코리 헤인스는 이 네 가지 규칙에 대한 책[7]을 썼다.

2015년에 마틴 파울러는 관련된 블로그 글[8]에서 다음과 같이 표현을 바꾸었다.

1. 테스트를 통과한다.
2. 의도를 드러낸다.

---

6 Kent Beck, 《Extreme Programming Explained》(Addison-Wesley, 1999)
   (옮긴이) 한국어판은 2판을 옮긴 것이다.

7 Corey Haines, 《Understanding the Four Rules of Simple Design》(Leanpub, 2014)

8 Martin Fowler, 'BeckDesignRules', 2015년 3월 2일, https://martinfowler.com/bliki/BeckDesign-Rules.html

3. 중복이 없다.
4. 가장 적은 수의 요소

이 책에서 나는 첫 번째 규칙을 다음과 같이 표현하려고 한다.

　　1. 테스트로 검사한다covered by tests.

첫 번째 규칙이 강조하는 부분이 수년에 걸쳐 어떻게 바뀌었는지 보라. 첫 번째 규칙은 둘로 나뉘었고, 마지막 두 규칙은 하나로 합쳐졌다. 또한 세월이 흐르면서 테스트에 대한 규칙은 소통을 다루는 것에서 테스트 커버리지에 대한 것으로 그 중요성이 커졌다.

테스트 커버리지

테스트 커버리지coverage라는 개념은 오래됐다. 내가 찾을 수 있었던 최초의 언급은 1963년[9]까지 거슬러 올라간다. 이 논문을 여는 첫 두 단락이 아마 흥미로울 것이다. 어쩌면 추억을 불러일으킬지도 모르겠다.

> 복잡한 컴퓨터 프로그램을 만들 때는 언제나 반드시 효과적인 프로그램 검사를 해야 한다. 하나 또는 그 이상의 테스트 케이스를 실행해 봐야 프로그램을 실제 문제에 적용할 준비가 됐다고 본다. 각 테스트 케이스는 수행 과정에서 이용하는 프로그램의 일부를 검사한다. 하지만 프로그램이 운영에 투입된 이후 여러 달, 심지어는 여러 해가 지나서야 실수가 발견되는 경우가 너무 많다. 이는 프로그램에서 아주 드물게 발생하는 입력 조건에 의해서만 실행되는 부분이 검사 단계에서 제대로 테스트되지 않았음을 보여 준다.
>
> 어느 프로그램이든 대부분의 경우 동작했다거나 지금까지는 실수한 적이

9　Joan Miller, Clifford J Maloney, 'Systematic Mistake Analysis of Digital Computer Programs', *Communications of the ACM* 6, no, 2(1963): 58-63

없다는 정도로는 확신을 갖고 의지할 수 없다. 중요한 건 모든 경우에 있어 기능 명세를 성공적으로 수행하리라 믿고 의지할 수 있느냐다. 이는 프로그램이 검사 단계를 통과한 후라면, 드문 입력 데이터 조합이나 조건 때문에 숨어 있던 프로그램의 실수가 드러날 가능성이 없어야 한다는 말이다. 정확성을 확증하려면 검사 과정에서 프로그램의 모든 부분이 사용되어야 한다.

1963년이면 최초의 전자식 컴퓨터에서 최초의 프로그램이 실행된 지 고작 17년 지난 시점[10]이다. 우리는 코드의 모든 줄을 테스트하는 방식이 소프트웨어 오류의 위험을 효과적으로 완화하는 유일한 방법임을 이미 알고 있었다.

코드 커버리지 도구가 등장한 지 수십 년이 흘렀다. 내가 언제 처음으로 접했는지는 기억이 나지 않는다. 1980년대 말이나 1990년대 초였던 것 같다. 그 당시 나는 선Sun Microsystems의 스팍Sparc 스테이션[11]으로 일했는데, 선에는 tcov라는 도구가 있었다.

다음 질문을 언제 처음 들었는지도 기억이 나지 않는다. "너희 코드 커버리지는 얼마야?" 아마 2000년대에 막 들어선 즈음이었을 것이다. 그러나 그 후 코드 커버리지가 숫자를 나타낸다는 사실은 거의 보편적인 개념이 됐다.

그 이후로 소프트웨어 팀이 지속적 빌드 과정의 일부로 코드 커버리지 도구를 실행하고, 빌드마다 코드 커버리지 숫자를 기록하는 일은 꽤 흔해졌다.

코드 커버리지 숫자가 얼마면 좋은 걸까? 80%? 90%? 많은 팀이 이 정도 숫자만으로도 더할 나위 없이 기뻐한다. 하지만 이 책이 출판되기 60년 전, 앞에 인용된 논문에서 밀러와 멀로니가 내놓은 답은 아주 달랐다. 바로 100%였다.

---

10 최초의 컴퓨터가 ACE(Automatic Computing Engine: 자동 계산 기관)이고 첫 프로그램이 1946년에 실행됐다고 봤다.

11 (옮긴이) 선에서 판매하던 워크스테이션 시리즈로, SPARC(Scalable Processor Architecture) 기반 프로세서를 사용했다. 당시 일반 PC보다 더 높은 성능을 갖춘 전문가용 컴퓨터를 워크스테이션이라고 불렀는데, 이 시장에서 높은 인기를 누렸다.

이 숫자가 아니라면 어떤 숫자가 납득할 만할까? 여러분이 80% 커버리지로 만족한다면, 여러분 코드의 20%는 동작 여부를 모른다는 뜻이다. 어떻게 여러분은 겨우 이 정도로 만족할 수 있나? 어떻게 여러분의 고객은 이 정도로 만족할 수 있나?

따라서 내가 단순한 설계의 첫 번째 규칙에서 사용한 '검사함'이라는 단어는 코드가 커버리지에 포함된다는 뜻이다. 100%의 줄 커버리지와 100%의 브랜치 커버리지를 의미한다.

점근적 목표

어쩌면 100%는 도달할 수 없는 목표라고 불평할지도 모르겠다. 나조차도 같은 생각을 하기도 한다. 줄 커버리지와 브랜치 커버리지 100% 달성은 보통 일이 아니다. 사실 상황에 따라서는 비현실적인 목표일 수도 있다. 하지만 그렇다고 여러분의 커버리지가 나아질 수 없다는 뜻은 아니다.

100%라는 숫자를 끝없이 가까이 가야 하는 점근적asymptotic 목표라고 생각하라. 영원히 도착하지 못할 수도 있지만 그것이 매 커밋마다 가까이, 더 가까이 가기 위해 노력하지 않는 핑계는 될 수 없다.

내가 개인적으로 참여했던 여러 프로젝트에서도 늘 코드 커버리지를 100에 가까운 90% 후반으로 계속 유지하면서 코드를 수만 줄로 키워 나갈 수 있었다.

설계?

그런데 높은 코드 커버리지가 단순한 설계와 무슨 상관일까? 왜 커버리지가 첫 번째 규칙인 걸까?

테스트할 수 있는 코드는 결합되지 않은 코드다.

코드 각 부분에서 줄 커버리지와 브랜치 커버리지를 높이려면 이 부분들을 테스트 코드에서 접근할 수 있어야 한다. 그러려면 해당 부분이 코드의 나머지 부분과 결합되어 있지 않아서 개별 테스트에서 분리한 후 실행할 수 있어야 한다. 따라서 이런 테스트는 동작을 검사할 뿐 아니라 결합이 없는지도 검사한다. 잘 분리된 테스트를 작성하는 일은 설계 행위다. 테스트할 코드를 테스트에 적합하도록 설계해야 하기 때문이다.

'4장 테스트 설계'에서 우리는 테스트 코드와 제품 코드를 다른 방향으로 진화시켜서 테스트와 제품 코드가 너무 긴밀하게 결합하지 않도록 막는 방법을 이야기했다. 이로써 쉽게 깨지는 테스트 문제를 방지할 수 있었다. 하지만 쉽게 깨지는 테스트 문제는 쉽게 깨지는 모듈 문제와 전혀 다르지 않고 그 해결책도 동일하다. 여러분 시스템의 설계 덕분에 테스트가 쉽게 깨지지 않는다면, 그 설계는 여러분 시스템의 다른 요소들도 쉽게 깨지지 않도록 지켜줄 것이다.

그런데 그뿐이 아니다

테스트는 결합도가 낮고 튼튼한 설계를 만들도록 이끌 뿐 아니라 시간이 흐름에 따라 설계를 개선할 수 있도록 해 주기도 한다. 앞에서 여러 차례 이야기했듯이 믿을 수 있는 테스트 묶음은 설계가 바뀌는 것에 대한 두려움을 크게 줄여 준다. 그런 테스트 묶음이 있다면 그리고 그 테스트 묶음을 빠르게 실행할 수 있다면, 더 나은 접근 방법을 발견할 때마다 코드 설계를 항상 개선할 수 있을 것이다. 현재 설계에서 수용하기 어려운 방향으로 요구 사항이 바뀌었을 때 테스트 덕분에 새 요구 사항에 더 잘 어울리는 설계로 두려움 없이 옮겨 갈 수 있다.

그래서 이 규칙이 단순한 설계의 첫 번째이자 가장 중요한 규칙이다. 시스템을 모두 포괄하는 테스트 묶음이 없으면 다른 세 가지 규칙은 지킬 수가 없다. 다른 규칙들은 나중에 적용하기 좋기 때문이다. 다른 규칙들은 리팩터링을 수반하는 규칙이다. 그리고 좋은 포괄적인 테스트 묶음이 없다면 리팩터링은 사실상 불가능하다.

표현력 최대화하기

프로그래밍 여명기에 우리가 쓰는 코드는 의도를 드러낼 수 없었다. 사실 '코드code'라는 낱말 자체가 암호 또는 부호라는 뜻이니 의도를 이해하기 어려움을 암시한다. 이 시기의 코드는 그림 6.2와 같이 생겼다.

```
------

/ROUTINE TO TYPE A MESSAGE                    PALS-V10D NO DATE    PAGE 1

                    /ROUTINE TO TYPE A MESSAGE
            0200        *200
            7600        MONADR=7600
    00200   7300  START,  CLA CLL        /CLEAR ACCUMULATOR AND LINK
    00201   6046          TLS            /CLEAR TERMINAL FLAG
    00202   1216          TAD BUFADR     /SET UP POINTER
    00203   3217          DCA PNTR       /FOR GETTING CHARACTERS
    00204   6041  NEXT,   TSF            /SKIP IF TERMINAL FLAG SET
    00205   5204          JMP .-1        /NO: CHECK AGAIN
    00206   1617          TAD I PNTR     /GET A CHARACTER
    00207   6046          TLS            /PRINT A CHARACTER
    00210   2217          ISZ PNTR       /DONE YET?
    00211   7300          CLA CLL        /CLEAR ACCUMULATOR AND LINK
    00212   1617          TAD I PNTR     /GET ANOTHER CHARACTER
    00213   7640          SZA CLA        /JUMP ON ZERO AND CLEAR
    00214   5204          JMP NEXT       /GET READY TO PRINT ANOTHER
    00215   5631          JMP I MON      /RETURN TO MONITOR
    00216   0220  BUFADR, BUFF           /BUFFER ADDRESS
    00217   0220  PNTR,   BUFF           /POINTER
    00220   0215  BUFF,   215;212;"H;"E;"L;"L;"O;"!;0
    00221   0212
    00222   0310
    00223   0305
    00224   0314
    00225   0314
    00226   0317
    00227   0241
    00230   0000
    00231   7600  MON,    MONADR         /MONITOR ENTRY POINT
```

그림 6.2 초기 프로그램 예시

줄마다 빠짐없이 달린 주석을 보라. 코드 자체는 프로그램의 의도를 전혀 나타내지 못했으므로 주석이 절대적으로 필요했다.

하지만 우리는 1970년대를 벗어난 지 오래다. 우리가 사용하는 언어는 표현력이 어마어마하게 풍부하다. 적절한 규율만 있다면 "설계자의 의도를 숨기지 않는 잘 쓴 문장"[12]처럼 읽히는 코드를 만들어 낼 수 있다.

그런 코드의 예로 4장의 비디오 대여점 예제에서 가져온 다음 자바 코드 조각을 살펴보자.

```java
public class RentalCalculator {
  private List<Rental> rentals = new ArrayList<>();

  public void addRental(String title, int days) {
    rentals.add(new Rental(title, days));
  }

  public int getRentalFee() {
    int fee = 0;
    for (Rental rental : rentals)
      fee += rental.getFee();
    return fee;
  }

  public int getRenterPoints() {
    int points = 0;
    for (Rental rental : rentals)
      points += rental.getPoints();
    return points;
  }
}
```

여러분이 이 프로젝트의 프로그래머가 아니라면 이 코드에서 벌어지는 일을 모조리 이해하지는 못할 수도 있다. 하지만 잠깐 흘깃 보기만 해도 설계자의 기본적인 의도를 파악하기 쉽다. 변수나 함수, 타입 이름이 충분한 설명을 담고 있다. 알고리즘의 구조도 이해하기 쉽다. 코드의 표현력이 뛰어나다. 코드가 단순하다.

---

12 Martin, 《Clean Code》, p. 8(그래디 부치와의 개인 서신에서)
　(옮긴이) 《클린 코드》 10쪽

기반이 되는 추상화

행여 표현력이 그저 함수나 변수 이름을 잘 짓는 문제일 뿐이라고 착각하지 않도록 표현력을 결정하는 다른 요인도 있음을 짚고 넘어가야겠다. 바로 '수준의 분리separation of levels'와 '기반 추상화underlying abstraction 드러내기'다.

소프트웨어 시스템의 표현력이 풍부해지려면 코드의 각 줄, 각 함수, 각 모듈을 잘 정의된 구역에 배치해서 해당 구역이 코드의 수준과 추상화한 전체 모습 속의 위치를 명확히 묘사할 수 있어야 한다.

앞 문장을 이해하기가 좀 어려울지도 모르겠다. 이해를 돕기 위해 훨씬 더 장황하게 풀어서 설명해 보겠다.

복합적인 요구 사항이 있는 애플리케이션을 하나 상상해 보자. 내가 즐겨 사용하는 예제는 급여 시스템이다.

- 시급제 직원은 기록된 근무 시간을 기반으로 매주 금요일에 급여를 받는다. 주당 40시간을 초과하여 근무한 경우, 초과 시간 동안은 1.5배를 받는다.
- 성과급 계약을 한 직원은 매월 첫째, 셋째 금요일에 급여를 받는다. 기본 연봉 이외에 등록한 판매 기록에 해당하는 성과급을 추가로 받는다.
- 정액 연봉을 받는 직원은 매월 말일에 급여를 받는다. 이들은 고정된 월 급여액을 받는다.

이런 요구 사항을 표현하는 복잡한 switch 문이나 줄줄이 연결된 if/else를 사용하는 일련의 함수들을 상상하기 그리 어렵지 않으리라. 그런데 이런 함수들은 기반이 되는 추상화를 가려 버리기가 쉽다. 기반이 되는 추상화는 무엇일까?

```
public List<Paycheck> run(Database db) {
  Calendar now = SystemTime.getCurrentDate();
  List<Paycheck> paychecks = new ArrayList<>();
  for (Employee e : db.getAllEmployees()) {
```

```
    if (e.isPayDay(now))
      paychecks.add(e.calculatePay());
  }
  return paychecks;
}
```

요구 사항을 뒤덮고 있는 흉측한 세부 사항은 여기에 전혀 들어 있지 않다. 이 애플리케이션의 근본이 되는 진리는 모든 직원에게 각자의 급여일에 급여를 주어야 한다는 것뿐이다. 높은 수준의 정책을 낮은 수준의 세부 사항과 분리하는 일은 단순하고 표현력이 높은 설계를 만드는 데 가장 근본적인 부분이다.

테스트: 문제의 남은 반쪽

벡의 원래 첫 번째 규칙을 다시 보자.

> 1. 시스템(코드와 테스트)은 여러분이 소통하기 원하는 모든 것과 소통해야 한다.

벡이 이런 표현을 사용한 이유가 있다. 어떤 면에서는 규칙의 표현이 바뀐 게 아쉽기도 하다.

여러분의 제품 코드가 아무리 표현력이 높다고 해도 그 코드가 어떤 맥락에서 사용되는지는 말해 줄 수 없다. 그건 테스트가 할 일이다.

여러분이 작성하는 모든 테스트, 특히 결합되어 있지 않고 잘 분리된 테스트는 제품 코드가 어떻게 사용되어야 하는지 보여 준다. 잘 작성된 테스트는 테스트 대상인 코드 조각의 사용 예시다.

따라서 코드와 테스트를 종합한 것이 시스템의 각 요소가 무엇을 하는지 그리고 시스템의 각 요소가 어떻게 사용되어야 하는지를 표현한다.

이것이 설계의 어떤 면과 관련이 있을까? 당연히 모든 면과 관계가 있다.

우리가 설계할 때 달성하고자 하는 주요 목표는 다른 프로그래머가 우리 시스템을 쉽게 이해하고 개선하고 업그레이드할 수 있도록 만드는 것이기 때문이다. 그리고 시스템의 기능과 사용 방법을 시스템이 직접 표현하도록 하는 것이 이 목표를 달성하는 최선의 방법이다.

중복 최소화하기

소프트웨어 초창기에는 소스 코드 편집기가 아예 없었다. 우리는 HB 연필로 미리 인쇄된 코딩 양식지 위에 코드를 썼다. 우리에게 주어진 가장 좋은 편집 도구는 지우개였다. 복사 후 붙여 넣기는 아예 불가능했다.

그 덕분에 우리는 중복 코드를 만들지 않았다. 코드 한 토막을 한 벌만 만든 다음, 서브루틴에 넣는 편이 더 쉬웠다.

그러다 소스 코드 편집기가 나타났는데 편집기에는 복사·붙여 넣기 기능이 있었다. 코드 한 토막을 복사해서 새로운 위치에 붙여 넣은 다음, 이리저리 끼워 맞춰 코드가 동작하도록 만드는 일이 갑자기 훨씬 쉬워졌다.

그 결과 세월이 흐를수록 점점 더 많은 시스템에 막대한 양의 코드 중복이 나타났다.

중복은 보통 문제가 된다. 둘 또는 그 이상의 비슷한 코드 뭉치를 함께 수정해야 하는 경우가 많아진다. 하지만 이런 비슷한 코드 뭉치를 찾는 일은 어렵다. 코드들은 각각 다른 맥락에 놓여 있으므로 알맞게 수정하기는 더욱 어렵다. 그래서 중복 때문에 코드가 쉽게 깨진다.

일반적으로는 비슷한 코드 뭉치를 한 벌로 줄이는 것이 최선이다. 코드를 새로운 함수로 추상화하고 맥락의 차이를 전달하기 위해 인자를 적절히 덧붙여야 한다.

때로는 이 전략이 통하지 않기도 한다. 예를 들어 복잡한 자료 구조를 순회

하는 코드에 중복이 있을 때가 있다. 시스템의 다양한 부분에서 자료 구조를 순회하고 싶어서 동일한 반복문과 순회 코드를 사용하려는데 이 코드 안에서 자료 구조마다 특정한 동작을 해야만 한다.

시간이 흐르면서 자료 구조가 바뀌면 프로그래머는 중복인 순회 코드를 모두 찾아서 적절히 갱신해야 한다. 순회 코드의 중복이 많을수록 코드가 깨질 위험은 계속 커진다.

순회 코드의 중복은 순회 코드를 한자리에 캡슐화하고 람다lambda[13]나 커맨드Command 객체, 전략Strategy 패턴 또는 템플릿 메서드 패턴[14]을 사용해서 순회 중 수행할 작업을 전달함으로써 없앨 수 있다.

우연한 중복

모든 중복을 제거해야 하는 것은 아니다. 두 코드 뭉치가 매우 비슷하거나 심지어는 완전히 동일하더라도 매우 다른 이유로 바뀌는 코드들이 있다.[15] 나는 이런 경우를 우연한 중복accidental duplication이라고 부른다. 우연한 중복은 없애면 안 된다. 중복인 상태를 유지해야 한다. 중복인 코드는 변화하는 요구 사항에 따라 각기 진화할 테고, 우연한 중복은 사라질 것이다.

중복을 관리하는 일이 만만치 않음을 깨달았을 것이다. 어떤 중복이 진짜고 어떤 중복이 우연인지 구분한 후, 진짜 중복만 캡슐화하고 분리하려면 상당히 많은 고민과 주의가 필요하다.

진짜 중복을 우연한 중복과 잘 구분하려면 코드가 의도를 얼마나 잘 표현하고 있는지가 매우 중요하다. 우연한 중복은 의도가 서로 제각각이다. 진짜 중복은 의도가 하나로 모인다.

추상화와 람다, 디자인 패턴을 사용해서 진짜 중복을 캡슐화하고 분리하는

---

13 (옮긴이) 여기서 람다는 간단하게 정의하여 사용하는 익명 함수를 가리킨다.
14 《GoF의 디자인 패턴: 재사용성을 지닌 객체지향 소프트웨어의 핵심요소(Design Patterns: Elements of Reusable Object-Oriented Software)》(프로텍미디어, 2015)
15 《클린 소프트웨어》의 단일 책임 원칙을 보라.

일은 상당한 양의 리팩터링을 수반한다. 그리고 리팩터링에는 견고하고 훌륭한 테스트 묶음이 필요하다.

그래서 중복 제거가 단순한 설계의 규칙 목록 우선순위에서 테스트와 표현력 다음 세 번째인 것이다.

크기 최소화하기

단순한 설계는 단순한 요소들로 구성된다. 단순한 요소는 작다. 단순한 설계의 마지막 규칙이 말하는 바는 다음과 같다. 함수 하나를 작성할 때마다 모두 테스트를 통과시키고, 코드의 표현력도 최대로 높이고, 중복도 모두 제거한 다음, 다른 세 가지 원칙을 어기지 않는 가운데 함수 내의 코드 크기를 줄이려고 노력해야 한다.

어떻게 줄일 수 있을까? 대개 더 많은 함수를 추출하면 된다. '5장 리팩터링'에서 논의했듯이 더 이상 추출할 수 없을 때까지 함수를 추출해야 한다.

이 규칙을 실천하면 멋지고 긴 이름을 가진 멋지고 작은 함수들이 남는다. 그 덕분에 함수들의 크기는 매우 작아지고 표현력은 매우 높아진다.

단순한 설계

오래전 켄트 벡과 나는 설계의 원칙에 관해 토론한 적이 있다. 벡의 말 하나가 내 마음에 계속 남았다. 벡은 네 가지 규칙을 최대한 열심히 따른다면 다른 모든 설계 원칙도 함께 충족시키게 될 거라고 말했다. 모든 설계 원칙은 테스트 커버리지, 표현, 단일화singularization, 줄이기, 단 네 가지로 요약할 수 있다고 말이다.

이 말이 진실인지 여부는 모르겠다. 완벽하게 빠짐없이 테스트하고, 표현하고, 단일화하고, 줄인 프로그램이 반드시 개방-폐쇄 원칙이나 단일 책임 원칙을 따르게 되는지도 나는 모르겠다. 하지만 내가 확신하는 점은 좋은 설계와 좋은 아키텍처의 원칙(예를 들어 SOLID 원칙)을 알고 공부하면 잘 나뉜 단순한 설계를 만들기 훨씬 쉽다는 것이다.

이 책은 설계와 아키텍처의 원칙에 대한 책은 아니다. 이런 원칙에 대해서는 나도 여러 권 썼고[16] 다른 이들이 쓴 책도 있다. 여러분의 기예를 연마하는 과정의 일환으로 이 책들을 읽고 이 원칙들을 공부하기를 권한다.

16 《클린 코드》, 《클린 아키텍처》, 《클린 소프트웨어》를 보라.

공동 프로그래밍
Collaborative Programming

팀의 일부라는 건 어떤 의미일까? 운동장에서 공을 상대 팀 골대 쪽으로 몰고 가는 선수들로 이루어진 팀을 상상해 보라. 선수 한 명이 발이 걸려 넘어졌지만 경기는 계속 이어진다고 상상해 보라. 다른 선수들은 무엇을 해야 할까?

다른 선수들은 포지션을 바꾸어 새로운 상황에 적응함으로써 공을 계속해서 앞으로 보내려 한다. 이것이 팀이 움직이는 방식이다. 팀 구성원 한 명이 쓰러지면 그가 다시 일어날 때까지 팀이 그를 대신한다.

어떻게 프로그래밍 팀이 이런 팀이 될 수 있을까? 누군가가 일주일 동안 아프거나 아니면 그저 프로그래밍 일진이 안 좋은 날일 때 어떻게 팀이 그를 대신할 수 있을까? 우리는 공동으로 일한다! 우리는 함께 일해서 시스템 전반에 대한 지식을 팀 전체에 퍼트린다.

밥이 쓰러지더라도 최근에 밥과 함께 일한 누군가가 나서서 밥이 다시 일어날 때까지 구멍을 메꿀 수 있다.

머리 둘이 모이면 하나보다 낫다는 오래된 서양 속담이 공동 프로그래밍의 기본 전제다. 프로그래머 둘이 공동으로 일하면 보통 짝 프로그래밍pair programming[1]이라고 부른다. 셋 이상이 모이면 몹 프로그래밍mob programming[2]이라고 부른다.

이 규율은 동시에 같은 코드를 놓고 함께 일하는 둘 이상의 사람이 필요하다. 요즘에는 보통 화면 공유 소프트웨어를 사용해 이 규율을 실천한다. 모든 프로그래머가 각자 화면에서 동일한 코드를 본다. 모두가 각자 마우스와 키보드로 코드를 편집할 수 있다. 각자의 컴퓨터는 상대가 바로 옆에서 또는 원격에서 마음대로 조종할 수 있다.

보통 이런 종류의 공동 작업으로 업무 시간을 100% 다 채워야 하는 것은 아니다. 오히려 이런 공동 작업 세션은 대개 짧고 격식이 없으며 간헐적이다. 공동으로 일하는 시간의 비중은 팀의 성숙도와 기술, 지리적인 위치와 구

1　Laurie Williams, Robert Kessler, 《Pair Programming Illuminated》(Addison-Wesley, 2002)
2　Mark Pearl, 《Code with the Wisdom of the Crowd》(Pragmatic Bookshelf, 2018)

성에 따라 다른데 팀 전체를 놓고 봤을 때 20~70% 사이가 적당하다.[3]

공동 작업 세션 한 번의 길이는 10분밖에 안 될 수도 있고, 한두 시간까지 길어질 수도 있다. 이 범위를 벗어날 만큼 짧거나 길면 전혀 도움이 되지 않을 확률이 높다. 내가 가장 좋아하는 공동 작업 전략은 뽀모도로 기법[4]을 사용하는 것이다. 뽀모도로 기법은 작업 시간을 20분 정도의 '뽀모도로'로 나누고, 사이사이에 짧은 휴식 시간을 둔다. 공동 작업 세션 한 번에 1뽀모도로에서 3뽀모도로 사이의 시간을 써야 한다.

공동 작업 세션은 개별 프로그래밍 작업보다 길이가 훨씬 더 짧다. 특정한 작업의 책임은 개별 프로그래머가 진다. 그리고 때때로 자신이 책임진 작업을 도와 달라고 공동 작업자를 초대한다.

공동 작업 세션 자체나 세션 동안 편집하는 코드는 한 사람이 책임을 떠맡지 않는다. 반대로 모든 참여자가 세션 동안 다루는 코드의 동등한 저자이자 공헌자다. 세션 도중 논란이 생기면 해당 작업을 책임지는 프로그래머가 최종 결정권자가 된다.

공동 작업 세션 동안 모두가 화면에 눈을 고정하고 문제에 온정신을 집중한다. 한 사람이나 두 사람만 키보드 앞에 앉기도 하는데, 세션 동안 키보드 잡는 사람을 계속 바꾸기도 한다. 실제 코딩 작업과 코드 리뷰를 동시에 한다고 생각하라.

공동 작업 세션은 매우 격렬하고 막대한 정신적, 감정적 에너지를 소모한다. 평균적인 프로그래머라면 이런 강도에서는 한두 시간 정도가 다른 저강도 업무로 전환하기 전에 견딜 수 있는 한계일 것이다.

이런 공동 작업을 하면 인력을 비효율적으로 이용한다는 염려가 들 수도 있다. 각자 독립적으로 일하면 함께 일할 때보다 더 많은 일을 할 수 있을 테

---

3 100% 짝 프로그래밍을 하는 팀도 있다. 그런 팀은 짝 프로그래밍을 즐기는 듯 보인다. 부디 성공하길.

4 Francesco Cirillo, 《The Pomodoro Technique》(Currency Publishing, 2018)
   (옮긴이) 뽀모도로는 이탈리아어로 토마토를 뜻한다. 자세한 내용은 13장을 참고하라.

니 말이다. 하지만 꼭 그렇지는 않은 것으로 드러났다. 짝으로 일하는 프로그래머에 대한 연구[5]에 따르면 짝 프로그래밍 세션 동안 떨어지는 생산성은 걱정하던 대로 50%가 아니라 15% 정도에 그쳤다. 그런데 짝 프로그래밍 세션 동안 짝들은 결함을 약 15% 적게 만들었으며 (더 중요하게는) 기능을 구현하는 데 필요한 코드 분량도 약 15% 줄였다.

마지막 두 통계는 짝 프로그래밍 동안 생산되는 코드의 구조가 혼자 일하는 프로그래머가 생산했을 코드보다 유의미하게 뛰어남을 시사한다.

몹 프로그래밍에 대한 연구는 아직 본 적이 없지만, 개인적인 경험에 비추어 보자면[6] 긍정적이다.

고급 프로그래머가 초급 프로그래머와 공동으로 일할 수 있다. 이때 고급 프로그래머는 세션 동안 초급 프로그래머 때문에 속도가 느려진다. 반면에 초급 프로그래머는 남은 인생 전체에 걸쳐 속도가 올라간다. 그러니 남는 장사다.

고급 프로그래머가 고급 프로그래머와 공동으로 일할 수 있다. 사무실에 무기가 없는지만 꼭 확인하라.

초급 프로그래머가 초급 프로그래머와 공동으로 일할 수도 있지만, 고급 프로그래머가 이런 세션을 주의 깊게 살펴봐야 한다. 초급 프로그래머는 다른 초급 프로그래머와 일하기를 선호하기 쉽다. 이런 세션이 너무 잦으면 고급 프로그래머가 개입해야 한다.

어떤 이는 이런 공동 작업에 참여하기를 그냥 싫어할 수도 있다. 혼자 일하는 편이 나은 사람도 있다. 이런 사람에게 공동 작업에 참여하라고 합리적인 수준의 사회적 압력을 줄 수는 있지만 그 이상 몰아붙여서는 안 된다. 그런

---

5 이런 연구 중 두 가지로 Laurie Williams, Robert R. Kessler, Ward Cunningham, Ron Jeffries의 'Strengthening the Case for Pair Programming', *IEEE Software* 17, no. 4(2000), 19-25 그리고 J. T. Nosek의 'The Case for Collaborative Programming', *Communications of the ACM* 41, no. 3(1998), 105-108가 있다.

6 Agile Alliance, 'Mob Programming: A Whole Team Approach', AATC2017, https://www.agilealliance.org/resources/sessions/mob-programming-aatc2017/

선택을 했다고 해서 그 사람을 깎아내려서도 안 된다. 이런 사람은 짝보다 몹을 선호하는 경우도 많다.

공동 작업은 습득하는 데 시간과 인내가 필요한 기술이다. 연습에 많은 시간을 들이지도 않고서 잘할 수 있을 것으로 기대하지 말라. 하지만 팀 전체에 그리고 참여하는 프로그래머 각자에게 매우 도움이 되는 기술이다.

인수 테스트
Acceptance Tests

이 책에서 다루는 장인 정신의 모든 규율 중 인수 테스트가 프로그래머의 제어권이 가장 적다. 이 규율을 준수하려면 사업 부서의 참여가 필요하다. 하지만 불행하게도 지금까지는 많은 사업 부서가 이 규율에 제대로 참여하기를 꺼린다는 사실이 드러났다.

시스템이 배포할 준비가 됐는지 어떻게 알 수 있을까? 전 세계 많은 조직에서 QA 부서나 그룹이 관여하여 배포를 '승인'함으로써 배포가 결정된다. 이는 보통 QA 사람들이 꽤 많은 수의 수동 테스트를 수행한다는 뜻이다. 이런 수동 테스트는 시스템의 다양한 동작을 실행해 보는 것으로, 시스템이 명세대로 동작한다는 확신을 얻을 때까지 이어진다. 테스트가 '통과'하면 시스템을 배포할 수 있다.

이는 시스템의 진정한 요구 사항이 이런 수동 테스트라는 뜻이다. 요구 사항 문서에 뭐라고 적혀 있는지는 상관없다. 정말로 중요한 것은 테스트뿐이다. QA가 테스트를 수행한 후 승인하면 시스템은 배포된다. 따라서 이런 테스트가 바로 요구 사항이다.

인수 테스트 규율은 이 단순한 사실을 인정한다. 그리고 모든 요구 사항을 '테스트로' 명시하라고 추천한다. 이런 테스트는 업무 분석가business analysis, BA나 QA 팀이 작성해야 한다. 기능 하나하나마다 각 기능을 구현하기 직전에 작성해야 한다. 테스트를 실행하는 일은 QA가 맡지 않는다. 테스트 실행은 프로그래머의 몫이고, 따라서 프로그래머는 테스트를 자동화할 가능성이 매우 높다.

제정신인 프로그래머라면 시스템을 수동으로 거듭 반복해서 테스트하고 싶어 하지 않는다. 프로그래머는 자동화에 능하다. 따라서 프로그래머가 테스트를 실행할 책임을 진다면 프로그래머는 그런 테스트를 '자동화할' 것이다.

그런데 테스트를 작성하는 사람은 BA와 QA이므로 프로그래머는 자신이 자동화해서 실행하는 테스트가 BA와 QA가 작성한 테스트가 맞는지 증명할 수 있어야 한다. 그래서 테스트를 자동화하는 언어는 BA와 QA가 이해할 수 있는 언어여야 한다. 사실 BA와 QA가 자동화 언어로 테스트를 작성할 수 있는 편이 더 바람직하다.

오랜 세월 동안 이 문제를 해결하기 위해 여러 가지 도구가 발명됐다. 그러한 도구의 예로 FitNesse, JBehave, 스펙플로SpecFlow, 큐컴버Cucumber 등이 있다. 하지만 진짜 문제는 도구가 아니다. 소프트웨어 동작의 명세는 언제나 단순한 함수일 뿐이다. 입력 데이터, 수행할 행동, 예상되는 출력 데이터를 기술하면 된다. 유명한 AAA 패턴[1]이 바로 이것으로 준비-행동-확인Arrange-Act-Assert으로 이루어진다.

모든 테스트는 테스트에 필요한 입력 데이터를 준비하는 작업으로 시작된다. 그다음 테스트할 행동을 실행하고, 마지막으로 행동에서 나온 출력 데이터가 예상과 일치하는지 확인한다.

이 세 가지 요소는 다양한 방법으로 명시할 수 있는데, 간단한 표 형식이 이해하기 가장 쉽다.

예를 들어 그림 8.1에 FitNesse 도구의 인수 테스트 중 일부가 있다. FitNesse는 위키이고 이 테스트는 다양한 마크업 표현식이 HTML로 정확하게 변환되는지 확인한다. 수행할 행동은 widget should render(위젯이 그려져야 함)이고, 입력 데이터는 wiki text 열에, 출력은 html text 열에 있다.

널리 쓰이는 다른 형식으로 조건-만일-그러면Given-When-Then도 있다.

```
# 조건 위키 페이지 내용이 다음과 같을 때: !1 header
Given a page with the wiki text: !1 header
# 만일 페이지가 그려지면
When that page is rendered.
# 그러면 페이지에는 다음 내용이 있어야 한다: <h1>header</h1>
Then the page will contain: <h1>header</h1>
```

---

1 이 패턴은 빌 웨이크(Bill Wake)가 2001년에 발견했다(*https://xp123.com/articles/3a-arrange-act-assert*).

widget should render		
wiki text	html text	
normal text	normal text	
this is ''italic'' text	this is \<i>italic\</i> text	italic widget
this is '''bold''' text	this is \bold\ text	bold widget
!c This is centered text	\<center>This is centered text\</center>	
!1 header	\<h1>header\</h1>	
!2 header	\<h2>header\</h2>	
!3 header	\<h3>header\</h3>	
!4 header	\<h4>header\</h4>	
!5 header	\<h5>header\</h5>	
!6 header	\<h6>header\</h6>	
http://files/x	\<a href="files/x">http://files/x\</a>	file link
http://fitnesse.org	\<a href="http://fitnesse.org">http://fitnesse.org\</a>	http link
SomePage	SomePage\<a title="create page" href="SomePage\?edit&nonExistent=true">\[\?\]\</a>	missing wiki word

그림 8.1 FitNesse 도구의 인수 테스트 결과 중 하나를 발췌

이런 형식을 따르면 인수 테스트 도구를 사용하든 아니면 단순한 스프레드시트나 텍스트 편집기를 사용하든 자동화하기가 상대적으로 쉽다는 점이 중요하다.

규율

인수 테스트 규율을 가장 엄격한 방식으로 적용하면, 인수 테스트는 BA와 QA가 작성해야 한다. BA는 정상 동작 경로의 시나리오에 집중하는 반면, QA는 시스템이 실패하는 무수한 경우의 수를 탐험하는 데 집중한다.

인수 테스트는 테스트 대상이 되는 기능을 개발함과 동시에 또는 개발하기 직전에 작성한다. 프로젝트를 스프린트나 반복 주기로 나누는 애자일 환경에서는 스프린트의 전반부 며칠 동안 테스트를 작성한다. 스프린트가 끝나기 전까지 테스트가 모두 통과해야 한다.

BA와 QA가 프로그래머에게 인수 테스트를 건네면, 프로그래머는 BA와 QA를 계속 참여시키면서 테스트를 자동화한다.

이 테스트가 '완료의 정의'다. 기능 개발은 인수 테스트가 모두 통과할 때까지 끝나지 않는다. 모든 인수 테스트가 통과하면 기능 개발을 완료한 것이다.

이렇게 되면 당연히 BA와 QA에게 막대한 책임이 생긴다. 이들이 작성하는 테스트는 테스트 대상 기능을 빠짐없이 기술해야 한다. 인수 테스트 묶음이 바로 전체 시스템의 요구 사항 문서다. BA와 QA는 인수 테스트를 작성함으로써 이 테스트를 통과한다면 기술한 기능이 완성됐고 작동한다고 인증하는 셈이다.

이렇게 엄밀하고 상세한 문서를 작성하는 일이 익숙하지 않은 BA나 QA 팀도 있을 수 있다. 그런 경우에는 프로그래머가 BA와 QA의 안내를 받아 가며 인수 테스트를 작성하고 싶을지도 모르겠다. BA와 QA가 '읽을 수 있고' 승인할 수 있는 테스트를 만드는 단계를 중간 목표로 삼으라. 궁극적인 목표는 BA와 QA가 수월하게 인수 테스트를 작성하는 것이다.

지속적 빌드

인수 테스트가 통과하면 이 테스트를 지속적 빌드continuous build 동안 실행되는 테스트 묶음에 추가한다.

지속적 빌드는 프로그래머가 소스 코드 관리 시스템에 코드를 등록할 때마다[2] 자동으로 실행되는 절차다. 지속적 빌드가 소스 코드에서부터 시스템을 빌드하고, 자동화된 프로그래머 단위 테스트와 인수 테스트 묶음을 실행한다. 실행 결과는 눈에 띄는 곳에 게시하는데, 모든 프로그래머와 이해관계자에게 이메일로 보내는 경우가 많다. 모든 사람이 지속적 빌드 상태를 지속적으로 인지하고 있어야 한다.

---

2 몇 분 안에 끝나야 한다.

이 모든 테스트를 지속적으로 실행해야 나중에 시스템을 바꾸더라도 작동하던 기능이 망가지지 않는다고 보장할 수 있다. 이전에 통과하던 인수 테스트가 지속적 빌드에서 실패한다면 팀원들은 즉시 반응해서 다른 부분을 더 바꾸기 전에 테스트부터 고쳐야 한다. 지속적 빌드에 실패하는 테스트를 쌓는 일은 자살행위다.

기준
The Standard

기준은 기본적인 '기대 수준'이다. 이는 우리가 지켜야 한다고 정한 기준선이다. 우리가 수용할 수 있는 최소한도를 설정한 매개 변수다. 기준을 능가하는 건 상관없지만 절대 그에 못 미쳐서는 안 된다.

내가 여러분의 신임 CTO라면

내가 여러분의 신임 CTO라고 상상해 보라. 내가 여러분에게 무엇을 기대하는지 말해 주겠다. 여러분은 이런 기대 사항을 읽을 때 두 가지 충돌하는 관점에서 바라보게 될 것이다.

첫 번째는 여러분의 관리자나 경영진, 최종 사용자의 관점이다. 이들의 관점에서 앞으로 나올 기대 사항들은 당연하고 평범해 보일 것이다. 어떤 관리자나 경영진, 사용자도 이보다 덜 요구하지는 않는다.

여러분은 프로그래머로서 두 번째 관점에 더 익숙할 텐데 바로 프로그래머, 아키텍트, 기술 리더의 관점이다. 이들의 관점에서는 앞으로 나올 기대 사항들이 극단적이고 달성이 불가능하며 심지어 제정신이 아닌 듯 보일 것이다.

이 두 가지 관점의 차이, 기대 사항의 불일치가 소프트웨어 산업의 가장 심각한 결함이다. 우리는 이를 시급히 고쳐야 한다.

여러분의 신임 CTO로서 내가 기대하는 것은 바로…

생산성
Productivity

스페이스 엑스의 로켓 1단 발사체가 지상으로 다시 귀환하고 있다.
발사체를 재사용하면 우주 산업의 생산성을 획기적으로 높일 수 있다.

여러분의 CTO로서 나는 생산성에 있어 몇 가지를 기대한다.

우리는 절대 똥덩어리를 출시하지 않겠다

신임 CTO로서 나는 우리가 절대 '똥덩어리s**т'를 출시하지 않기를 기대한다.

똥덩어리가 무엇을 의미하는지 잘 알리라 믿는다. 여러분의 CTO로서 나는 '우리가 똥덩어리를 출시하지 않기를' 기대한다.

똥덩어리를 출시해 본 적이 있는가? 대부분은 있을 것이다. 나도 그렇다. 기분이 좋지 않았다. 나도 좋아하지 않았고 사용자들도 좋아하지 않았다. 관리자도 좋아하지 않았다. '누구도' 좋아하지 않았다.

그러면 왜 그랬을까? 왜 우리는 똥덩어리를 출시했을까?

웬일인지 우리에게 선택의 여지가 없다고 판단했었다. 아마 우리가 반드시 맞춰야 하는 마감 기한 때문이었을 것이다. 어쩌면 틀리면 너무 곤란해지는 추정 때문이었을 수도 있다. 순전히 엉성해서 또는 경솔해서였을 수도 있다. 경영진의 압박 때문이거나 자존감 문제 때문이었을 수도 있다.

이유가 무엇이든 그 이유는 옳지 않다. 우리가 똥덩어리를 출시하지 않는 것은 절대적인 최소 기준이다.

무엇이 똥덩어리일까? 여러분도 다 알겠지만 그래도 한번 살펴보자.

* 여러분이 내보내는 버그는 모두 똥덩어리다.
* 테스트하지 않은 함수는 모두 똥덩어리다.
* 형편없이 작성한 함수는 모두 똥덩어리다.
* 세부 사항에 대한 의존은 모두 똥덩어리다.
* 필요 없는 결합은 모두 똥덩어리다.
* GUI에 들어 있는 SQL은 똥덩어리다.
* 비즈니스 규칙에 들어 있는 데이터베이스 스키마는 똥덩어리다.

계속할 수도 있지만 이 정도에서 멈추겠다. 이 책의 앞부분에 나온 규율을 지키지 못할 때마다 모두 똥덩어리를 출시할 각오를 해야 한다.

그렇다고 규율을 언제나 하나하나 반드시 준수해야 한다는 뜻은 아니다.

우리는 엔지니어다. 엔지니어는 절충점을 찾는다. 하지만 엔지니어가 절충점을 찾는 일은 경솔하거나 엉성한 행동이 아니다. 규율을 깨야만 한다면 타당한 이유가 있어야 한다.

더 중요한 점은 규율을 깨서 생기는 문제를 완화할 계획을 잘 세워야 한다는 것이다.

예를 들어 CSS 코드를 작성하고 있다고 해 보자. CSS를 실제로 적용해 보기 전에 자동화 테스트를 작성하는 일은 비현실적인 경우가 대부분이다. 실제로 화면에서 확인해 보기 전에는 CSS가 어떻게 그려질지 알기 어렵기 때문이다.

그렇다면 CSS가 테스트 주도 개발 테스트 규율을 깨는 문제를 어떻게 완화할 수 있을까?

우리는 CSS를 수동으로 두 눈을 사용해서 테스트할 것이다. 고객이 사용할 만한 모든 브라우저에서 테스트해 봐야 한다. 그러니 화면이 어떻게 표시되어야 하고, 어느 정도 차이를 감내할 수 있는지 기준을 잘 제시해야 한다. 더더욱 중요한 건 CSS를 쉽게 수동으로 테스트할 수 있는 기술적인 해결책을 찾는 편이 낫다는 점이다. 개발한 내용을 릴리스하기 전에 테스트하는 사람은 QA가 아니라 '우리'니까.

내가 기대하는 바를 완전히 다르게 표현해 보면 '잘하라Do a good job!'는 말이다.

이것이 모두가 실제로 기대하는 것이다. 모든 관리자, 모든 사용자 그리고 우리 소프트웨어를 만지거나 우리 소프트웨어에 영향을 받는 모든 사람이 우리가 잘 해내길 기대한다. 이들을 실망시켜서는 안 된다.

나는 절대 똥덩어리를 출시하지 않기를 기대한다.

낮은 수정 비용

소프트웨어software는 '말랑말랑한 제품'이라는 의미의 합성어다. 소프트웨어가 존재하는 이유는 오직 우리 기계의 동작을 쉽고 빠르게 바꾸기 위해서다. 우리가 바꾸기 어려운 소프트웨어를 개발한다면, 그만큼 소프트웨어가 존재하는 바로 그 이유를 훼손하는 셈이다.

유연하지 않은 소프트웨어는 여전히 우리 산업의 거대한 문제로 남아 있다. 우리가 설계와 아키텍처에 그렇게 집중하는 이유는 시스템을 더 유연하고, 더 유지 보수하기 쉽게 만들기 위해서다.

왜 소프트웨어가 뻣뻣하고 유연하지 않으며 쉽게 망가질까? 역시나 소프트웨어 팀이 유연성과 유지 보수의 용이성을 증진하는 테스트와 리팩터링 규율을 따르지 못했기 때문이다. 어떤 경우에는 소프트웨어 팀이 초기 설계와 아키텍처에만 의지한다. 지속 불가능한 약속을 떠드는 일시적인 유행에 의존하는 경우도 있다.

마이크로서비스를 몇 개나 만드는지 그리고 초기 설계와 아키텍처 계획이 얼마나 좋은 구조를 가졌는지는 상관없다. 테스트와 리팩터링 규율이 없다면 코드가 빠르게 나빠지고 시스템은 유지 보수하기 점점 더 힘들어질 것이다.

나는 이런 모습을 기대하지 않는다. 나는 고객이 변경 사항을 요청했을 때 개발 팀이 '변경 범위에 비례하는' 비용만을 필요로 하는 전략으로 대응할 수 있기를 기대한다.

고객이 시스템 내부는 이해하지 못할 수 있지만, 자신이 요청하는 변경 사항의 범위는 잘 이해하고 있을 수 있다. 고객은 변경 사항이 여러 기능에 영향을 줄 수 있음을 이해한다. 그리고 변경 비용이 이런 변경 범위에 비례하기를 기대한다.

하지만 안타깝게도 너무 많은 시스템이 시간이 흐름에 따라 유연성이 떨어지고, 그 결과 시스템 변경 비용이 올라간다. 고객이 요청한 변경 범위를 고려하면 고객이나 관리자가 납득하기 힘든 수준까지 비용이 치솟는다. 설상가상으로 변경 사항이 시스템 아키텍처에 위배된다며 특정 종류의 변경 요청을 반대하고 나서는 일도 드물지 않다.

고객이 요청한 변경 사항에 방해가 되는 아키텍처는 소프트웨어의 의미와 의도를 훼손하는 아키텍처다. 그런 아키텍처는 고객이 요청하는 변경 사항을 수용할 수 있도록 바꿔야 한다. 잘 리팩터링된 시스템과 신뢰할 수 있는 테스트 묶음은 아키텍처를 바꿀 때 제일 큰 힘이 된다.

나는 시스템 설계와 아키텍처가 요구 사항과 함께 진화하기를 기대한다. 나는 고객이 변경 사항을 요청했을 때 기존 아키텍처 때문에 또는 뻣뻣하고 쉽게 망가지는 기존 시스템 때문에 변경이 지연되지 않기를 기대한다.

나는 낮은 수정 비용을 기대한다.

우리는 언제나 준비되어 있을 것이다

여러분의 신임 CTO로서 나는 우리가 언제나 준비되어 있기를 기대한다.

애자일이 대중화되기 한참 전에도 대부분의 소프트웨어 전문가는 잘 운영되는 프로젝트에 일정한 배포와 릴리스 리듬이 있다는 걸 잘 알고 있었다. 소프트웨어 산업 초창기에는 이 리듬이 매주, 나아가 매일 릴리스를 할 정도로 빠른 편이었다. 하지만 1970년대에 폭포수waterfall 운동이 시작되면서 이 리듬이 대단히 느려졌고, 릴리스 주기는 몇 달에 한 번, 어떤 경우는 몇 년에 한 번이 됐다.

새천년을 맞이하던 시기, 애자일이 출현하며 빠른 리듬이 필요하다고 다시 주장했다. 스크럼은 30일 단위 스프린트sprint를 제안했고, 익스트림 프로그래밍은 3주 단위 반복 주기iteration를 추천했다. 둘 다 곧 주기를 2주 단위로 바꾸며 피치를 올렸다. 요즘은 개발 팀이 하루에도 여러 번 배포하는 모습을 심심치 않게 볼 수 있다. 개발 주기를 사실상 0에 가깝게 줄인 것이다.

나는 빠른 리듬을 기대한다. 길어도 한두 주여야 한다. 나는 각 스프린트가 끝나는 시점에 우리 소프트웨어의 릴리스 준비도 기술적으로는 끝나기를 기대한다.

'기술적으로는 릴리스가 준비됐다'는 말이 사업 부서가 릴리스를 원할 것이라는 뜻은 아니다. 기술적으로 준비된 소프트웨어에는 사업 부서가 완성됐다고 판단하거나 고객 또는 사용자에게 적절한 수준이라고 판단하는 기준이 되는 기능 집합이 없을 수도 있다. 기술적으로 준비됐다는 말은 그저 사업 부서가 릴리스하기로 결정한다면, QA를 포함한 개발 팀은 반대하지 않는다는 뜻이다. 소프트웨어는 작동하고 테스트를 마쳤고 문서도 작성했으며 배포할 준비가 된 것이다.

이것이 '언제나 준비되어 있다'는 말의 의미다. 나는 개발 팀이 사업 부서에 기다려 달라고 말하는 걸 기대하지 않는다. 나는 긴 번인burn-in[1] 기간이나 이른바 안정화 스프린트를 기대하지 않는다. 사용자들을 대상으로 기능 호환성을 점검할 때는 알파나 베타 테스트가 적절할 수 있다. 하지만 코딩 오류를 잡아내기 위해 알파나 베타 테스트를 해서는 안 된다.

오래전 우리 회사에서 법률가용 워드 프로세서를 만드는 팀을 컨설팅한 적이 있다. 우리는 익스트림 프로그래밍을 가르쳤다. 그들은 결국 매주 CD를 새로 굽는 단계[2]까지 도달했다. 그들은 개발자 연구실에 보관하던 주간 릴리스 CD 탑의 맨 꼭대기에 새로 구운 CD를 올려놓았다. 영업 사원은 잠재 고객에게 데모하러 가는 길에 연구실에 들러서 탑 맨 위의 CD를 집어 갔다. 그 개발 팀은 그렇게 준비되어 있었다. 내가 기대하는 '준비'도 이것이다.

이 정도로 자주 준비되어 있으려면 계획, 테스트, 의사소통, 시간 관리의 규율이 매우 높아야 한다. 물론 이는 애자일의 규율이다. 이해관계자와 개발자는 일정을 추정하고 가치가 가장 높은 개발 스토리를 고르는 일에 자주 참여해야 한다. QA는 '완료'를 정의하는 자동화된 인수 테스트를 제공하는 일에 발을 깊숙이 담가야 한다. 개발자들은 함께 긴밀하게 일하고 테스트, 검토, 리팩터링 규율을 철저하게 지킴으로써 짧은 개발 기간 동안 진전을 이뤄내야 한다.

하지만 '언제나 준비되어 있기'는 애자일의 신조나 의례를 따르는 것 이상이다. 언제나 준비되어 있기는 태도이자 삶의 방식이다. 더 많은 가치를 지속적으로 제공하겠다는 약속이다.

나는 우리가 언제나 준비되어 있기를 기대한다.

---

1 (옮긴이) 번인이란 전자 부품이나 기기를 실제 사용하기 전에 일정 조건에서 미리 사용함으로써 상대적으로 높은 초기 불량률 문제를 완화하기 위한 절차다. 소프트웨어에서도 마찬가지 전략을 적용하여 내부 사용자를 대상으로 하는 테스트나 실제 요청을 테스트 목적으로 적용해 보는 다크 런치(dark launch) 과정을 거칠 수 있다. 다크 런치는 마틴 파울러의 다음 글을 참고하라: *https://martinfowler.com/bliki/DarkLaunching.html*

2 그렇다. 까마득한 과거의 일이지만 소프트웨어가 CD로 배포되던 시절이 있었다.
   (옮긴이) CD 기반 기록 장치에 기록하는 행위를 굽는다(bum)고 표현한다. 참고로 프로그래밍 가능한 롬(ROM) 칩에 프로그램을 기록하는 행위도 마찬가지로 굽는다는 표현을 사용한다.

안정적인 생산성

많은 소프트웨어 프로젝트가 시간이 흐름에 따라 생산성 감소를 겪는다. 이 생산성 감소는 심각한 기능 장애의 징후다. 테스트와 리팩터링 규율을 등한시한 탓이다. 그 결과 얽혀 있고 쉽게 깨지며 뻣뻣한 코드라는 장애물이 계속 늘어나기만 한다.

이런 장애물은 통제가 불가능할 정도로 폭주한다. 깨지기 쉽고 뻣뻣한 코드가 시스템에 많아질수록 코드를 깨끗하게 유지하기는 더 어렵다. 코드가 깨지기 쉬워질수록 변경의 공포도 커진다. 개발자는 엉망인 코드 정리를 더 주저하게 된다. 코드를 정리하려다가 더 많은 문제를 만들어 버릴까 봐 두렵기 때문이다.

이런 과정이 이어지면 불과 몇 달 만에 생산성이 점점 더 빠르게 극단적으로 추락한다. 한 달 한 달 지날 때마다 팀의 생산성이 0을 향해 수렴한다.

관리자는 흔히 이런 생산성 저하를 프로젝트에 인력을 추가해서 극복하려고 노력한다. 하지만 이런 전략은 보통 실패한다. 팀에 새로 투입된 프로그래머도 원래 있었던 프로그래머 못지않게 변경을 두려워하기 때문이다. 새로 온 사람도 다른 팀원의 행동을 모방하는 법을 빠르게 배우고 이로써 문제를 더 고착시킨다.

개발자에게 생산성 저하에 대해 추궁하면 개발자는 보통 현재 코드의 끔찍한 특징에 대해 불평한다. 심지어 시스템 재설계를 옹호하고 나서기도 한다. 일단 물꼬가 터지면 불평은 점점 더 많이 쏟아져서 관리자가 무시할 수 없을 지경에 이른다.

개발자는 시스템을 백지에서부터 다시 설계하면 생산성을 올릴 수 있다고 주장한다. 자신들이 범한 실수를 알고 있으므로 다시 반복하지 않을 것이라는 주장이다. 물론 관리자는 이런 주장을 믿지 않는다. 하지만 관리자는 생산성만 올릴 수 있다면 무엇이든 하려 한다. 결국 많은 관리자가 비용과 위험에도 불구하고 프로그래머의 요구에 응한다.

나는 이런 일이 벌어지지 않기를 기대한다. 나는 개발 팀이 생산성을 꾸준히 높게 유지하기를 기대한다. 소프트웨어의 구조가 악화되지 않도록 방지하는 규율을 개발 팀이 견실하게 활용하기를 기대한다.

나는 안정적인 생산성을 기대한다.

품질
Quality

엉클 밥의 비행기인 더 카운티스(The Countess)호다. 'The Countess and
the Curmudgeon(백작 부인과 괴팍한 사람)' 유튜브 채널에서 엉클 밥의
비행 영상을 볼 수 있다.

여러분의 CTO로서 나는 품질에 있어 몇 가지를 기대한다.

지속적 개선

나는 지속적인 개선을 기대한다.

인간은 시간이 흐름에 따라 무언가를 개선한다. 인간은 혼돈에 질서를 부여한다. 무언가를 더 좋게 만든다.

우리 컴퓨터는 예전에 비해 좋아졌다. 우리 자동차도 예전보다 좋아졌다. 우리 비행기, 도로, 전화기, 방송이나 통신 서비스도 모두 예전보다 좋아졌다. 우리 의학 기술도, 우주 기술도 예전보다 좋아졌다. 우리 문명은 예전보다 훨씬 좋아졌다.

그런데 왜 소프트웨어는 시간이 흐를수록 나빠질까? 나는 소프트웨어가 나빠지지 않기를 기대한다.

나는 시간이 흐름에 따라 우리 시스템의 설계와 아키텍처가 더 좋아지기를 기대한다. 한 주 한 주가 지날 때마다 소프트웨어가 더 깨끗해지고 더 유연해지기를 기대한다. 소프트웨어가 나이를 먹을수록 변경 비용이 감소하기를 기대한다. 시간이 흐를수록 모든 것이 좋아지기를 기대한다.

시간이 흐를수록 소프트웨어가 좋아지려면 무엇이 필요할까? 의지가 필요하다. 태도가 필요하다. 그리고 우리가 잘 작동한다고 알고 있는 규율에 대한 헌신이 필요하다.

나는 모든 프로그래머가 코드를 제출할 때마다 내려받은 코드보다 더 깨끗한 코드를 제출하기를 기대한다. 모든 프로그래머가 코드를 건드릴 때 그 코드를 건드리는 이유를 불문하고 언제나 개선하기를 기대한다. 버그를 고친다면 코드 또한 더 좋아져야 한다. 기능을 추가한다면 코드 또한 더 좋아져야 한다. 코드를 조작할 때마다 항상 더 나은 코드, 더 나은 설계, 더 나은 아키텍처를 만들어야 한다.

나는 지속적인 개선을 기대한다.

두려움을 이기는 능력

나는 두려움을 이기는 능력을 기대한다.

시스템 내부 구조가 악화됨에 따라 시스템 복잡도는 순식간에 다루기 힘든 지경이 될 수 있다. 그러면 개발자는 자연히 변경을 점점 더 두려워하게 된다. 단순한 개선 사항조차도 위험투성이가 된다. 변경이나 개선을 주저한다면 프로그래머가 시스템을 관리하고 유지 보수하는 능력이 급격히 저하될 수 있다.

이런 능력 저하는 피할 수 없는 특성이 아니다. 사실 프로그래머의 역량은 저하되지 않았다. 다루기 힘들 정도로 커진 시스템 복잡도가 프로그래머 본연의 역량을 넘어서기 시작한 것이다.

시스템이 다루기 점점 더 어려워지면 프로그래머는 시스템을 다루는 일을 두려워하기 시작한다. 두려움은 문제를 더 악화시킨다. 시스템 변경을 무서워하는 프로그래머가 자신이 가장 안전하다고 느껴지는 방향으로만 시스템을 변경하기 때문이다. 이런 식으로 변경해서 시스템이 개선되는 경우는 매우 드물다. 사실 이른바 가장 안전한 변경은 시스템을 더 나쁘게 만들기 일쑤다.

이런 두려움과 소심함을 그냥 놔두면 일정 추산은 늘어날 테고, 결함 비율은 올라가고, 마감 일자는 점점 더 맞추기 힘들어질 것이다. 생산성은 곤두박

질치고 사기는 진흙탕에 빠진다.

해법은 시스템 악화를 가속하는 두려움을 제거하는 것이다. 프로그래머가 전적으로 신뢰할 수 있는 테스트 묶음을 만드는 규율을 사용해서 두려움을 제거해야 한다.

프로그래머에게 이런 테스트가 갖춰져 있다면 그리고 리팩터링 기술과 단순한 설계로 이끄는 기술이 있다면, 시스템의 어떤 부분이 나빠졌을 때 깨끗이 정리하기를 두려워하지 않을 것이다. 나빠진 부분을 빠르게 고치고 소프트웨어를 끊임없이 개선할 자신감과 능력이 있을 것이다.

나는 우리 팀이 언제나 두려움을 이기는 능력을 보여 주기를 기대한다.

극한의 품질

나는 극한의 품질을 기대한다.

우리는 언제부터 버그가 소프트웨어의 자연스러운 일부라고 받아들이기 시작했을까? 언제부터 어느 정도 결함이 있는 소프트웨어를 출시해도 된다고 여기게 됐을까? 일반 대중을 대상으로 베타 테스트를 해도 된다고 언제 결정했을까?

나는 버그가 불가피하다고 인정하지 않는다. 나는 결함이 당연하다고 여기는 태도를 인정하지 않는다. 나는 모든 프로그래머가 결함 없는 소프트웨어를 내놓기를 기대한다.

단순한 동작의 결함만을 말하는 것이 아니다. 나는 모든 프로그래머가 동작 그리고 구조에 결함이 없는 소프트웨어를 내놓기를 기대한다.

이것이 달성할 수 있는 목표일까? 이 기대에 부응할 수 있을까? 가능 여부에 상관없이 나는 모든 프로그래머가 이를 기준으로 받아들이고 달성하기 위해 끊임없이 노력하기를 기대한다.

나는 프로그래밍 팀에서 극한의 품질이 나오기를 기대한다.

우리는 QA에게 떠넘기지 않을 것이다

나는 우리가 QA에게 떠넘기지 않기를 기대한다.

왜 QA 부서가 존재할까? 왜 회사는 프로그래머가 작업한 내용을 검사하기 위해 완전히 분리된 그룹의 사람들에게 돈을 쓸까? 그 답은 뻔하고 또 우울하다. 회사가 소프트웨어 QA 부서를 만들기로 한 이유는 프로그래머가 자기 일을 하지 않고 있었기 때문이다.

언제부터 QA가 프로세스의 마지막에 속한다고 믿게 됐을까? 이런 조직이 너무나 많다. QA는 가만히 앉아서 프로그래머가 소프트웨어를 자신들에게 릴리스해 주기만 기다린다. 당연히 프로그래머는 일정대로 소프트웨어를 릴리스하지 않는다. 테스트를 짧게 줄여서 릴리스 날짜를 맞추려고 노력하는 일은 QA의 몫이다.

이런 상황은 QA 부서 사람들에게 어마어마한 압박을 가한다. 스트레스가 많고 지루한 일이다. 출시일을 지켜야 한다면 지름길을 사용할 수밖에 없는데, 이 길은 분명 품질을 보장하는 길이 아니다.

QA병

QA가 일을 잘하는지 어떻게 알 수 있을까? 연봉을 올려 주고 승진을 시켜 주는 근거가 무엇인가? 결함을 발견했는지인가? 결함을 가장 많이 찾는 사람이 최고의 QA인가?

만약 그렇다면 QA는 결함을 긍정적인 것으로 보게 된다. 다다익선이다! 그리고 이는 당연히 잘못된 생각이다.

그런데 결함을 긍정적인 시선으로 보는 게 QA뿐이 아닐지도 모른다. 소프트웨어 분야에는 이런 격언[1]이 있다. "나는 당신이 원하는 어떤 일정이든 맞출 수 있어. 소프트웨어가 작동할 필요가 없다면 말이지."

웃기게 들릴 수도 있지만 이 말은 개발 마감 일정을 지키기 위해 개발자가 사용할 수 있는 전략이기도 하다. 버그를 찾는 일이 QA 담당이라면 일단 일정에 맞춰 내놓은 후 QA가 버그를 몇 개 찾도록 하면 어떨까?

말 한마디도 필요 없다. 미리 합의할 필요도 없다. 만나서 악수할 일도 없다. 그럼에도 개발자와 QA 사이를 순환하는 버그의 경제가 있다는 걸 누구나 안다. 이건 매우 심각한 질병이다.

나는 우리가 QA에게 떠넘기지 않기를 기대한다.

QA는 아무것도 찾지 못할 것이다

QA가 프로세스의 마지막에 속한다면 나는 QA가 아무것도 찾지 못하기를 기대한다. 프로세스 마지막에 있는 QA가 버그를 하나도 찾지 못하는 것이 개발 팀의 목표가 되어야 한다. QA가 버그를 찾을 때마다 개발자들은 버그의 원인을 찾고, 프로세스를 수정하고, 버그가 다시는 발생하지 않도록 하겠다고 결심해야 한다.

---

1 나는 이 말을 켄트 벡에게 처음 들었다.

QA는 늘 아무것도 찾지 못하는데 왜 자신들이 프로세스의 마지막에 있어야 하는지 고민할 것이다.

사실 QA는 프로세스의 마지막에 속하지 않는다. QA는 프로세스의 시작에 속한다. QA의 일은 버그를 모두 찾는 것이 아니다. 그건 프로그래머의 일이다. QA의 일은 시스템의 동작을 충분한 세부 사항을 담은 테스트 형태로 기술함으로써 최종 시스템에서 결함을 제거하는 것이다. 이 테스트는 QA가 아니라 프로그래머가 실행해야 한다.

나는 QA가 아무것도 찾지 못하기를 기대한다.

테스트 자동화

대개의 경우 수동 테스트는 시간과 돈을 엄청나게 낭비한다. 자동화할 수 있는 거의 모든 테스트는 '반드시' 자동화해야 한다. 단위 테스트, 인수 테스트, 통합 테스트, 시스템 테스트 모두를 말이다.

수동 테스트는 비용이 많이 든다. 수동 테스트는 오로지 사람의 판단이 필요한 상황에서만 사용해야 한다. 예를 들어 GUI가 얼마나 아름다운지 확인할 때 또는 탐험적exploratory 테스트를 할 때, 상호 작용의 용이성을 주관적으로 평가할 때 등이 이런 상황에 속한다.

탐험적 테스트는 특별히 더 살펴볼 필요가 있다. 이런 종류의 테스트는 온전히 사람의 독창성이나 직감, 통찰에 의존한다. 시스템이 작동하는 방식을 광범위하게 관찰함으로써 시스템의 동작을 경험에 의거하여 도출해 내는 것을 목표로 한다. 탐험적 테스트를 하는 사람은 예외적인 경우를 추측한 다음, 그런 경우를 유도할 수 있는 적절한 실행 경로를 추론해 내야만 한다. 탐험적 테스트는 만만치 않은 일이고 상당한 양의 전문 지식이 필요하다.[2]

---

2 (옮긴이) 탐험적 테스트를 소개하는 책으로 《탐험적 테스팅: 배우고 통찰하며 개선하는 소프트웨어 테스트》(인사이트, 2014)가 있다.

반면에 대부분의 테스트는 상당한 수준으로 자동화할 수 있다. 대다수가 단순한 준비-행동-확인으로 구성되므로 정해진 입력을 넣은 후 예상한 출력인지 검사하는 방식으로 실행할 수 있다. 개발자는 함수에서 호출할 수 있는 테스트 실행 API를 제공할 책임을 맡는다. 이런 API를 사용하여 복잡한 실행 환경을 구성하지 않고도 테스트를 빠르게 실행할 수 있어야 한다.

개발자는 느리거나 준비가 복잡한 작업을 추상화해서 빼낼 수 있도록 시스템을 설계해야 한다. 예를 들어 시스템이 관계형 데이터베이스RDBMS를 다양하게 활용한다면, 개발자는 시스템에서 비즈니스 규칙만 캡슐화하는 추상화 계층을 만들어야 한다. 이런 방법을 활용하면 자동화 테스트가 따로 저장한 입력 데이터로 RDBMS를 대체할 수 있고, 이로써 테스트 속도와 안정성을 모두 현격히 개선할 수 있다.

느리고 불편한 주변 기기나 인터페이스, 프레임워크도 추상화해야 한다. 그래야 개별 테스트를 몇 마이크로초 만에 수행하거나 주변 환경으로부터 격리한 채 실행할 수 있고[3] 소켓 타이밍이나 데이터베이스 내용물, 프레임워크 동작으로 인한 불확실성에 영향을 받지 않을 수 있다.

자동화 테스트와 사용자 인터페이스

자동화 테스트는 비즈니스 규칙을 사용자 인터페이스를 통해 테스트하지 않아야 한다. 사용자 인터페이스가 바뀌는 이유는 비즈니스 규칙보다는 유행이나 기능, 흔한 마케팅 난장판과 관련이 더 많다. 그림 10.1처럼 자동화 테스트를 사용자 인터페이스를 통해 실행하면 사용자 인터페이스를 바꿀 때 테스트도 바뀌어야 한다. 그 결과 테스트는 매우 쉽게 깨지게 되고, 결국 유지 보수가 너무 힘들어서 테스트 자체를 버리게 되는 경우가 많다.

---

3 예를 들어 대서양 1만 미터 상공에서 여러분의 노트북으로

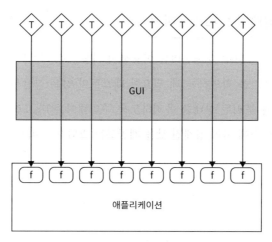

그림 10.1 사용자 인터페이스를 통해 실행되는 테스트

이런 상황을 피하려면 그림 10.2처럼 개발자가 함수 호출 API를 사용하여 비즈니스 규칙을 사용자 인터페이스에서 분리해 내야 한다. 이 API를 사용하는 테스트는 사용자 인터페이스와 완전히 무관하고, 인터페이스 변경에 영향을 받지 않는다.

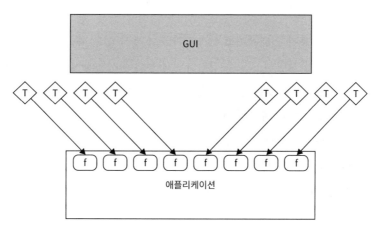

그림 10.2 API를 통한 테스트는 사용자 인터페이스와 무관하다.

사용자 인터페이스 테스트하기

비즈니스 규칙을 함수 호출 API를 이용하여 자동으로 테스트한다면, 사용자 인터페이스 동작을 확인하는 데 필요한 테스트의 양은 상당히 줄어든다. 비즈니스 규칙과 분리된 상태를 유지하도록 주의해야 한다. 그림 10.3처럼 사용자 인터페이스에 미리 정해진 값을 제공하는 스텝으로 비즈니스 규칙을 대체하면 된다.

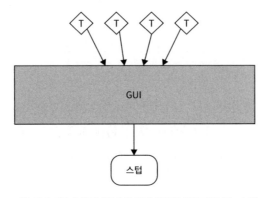

그림 10.3 사용자 인터페이스에 미리 정해진 값을 제공하는 스텝

이렇게 하면 사용자 인터페이스 테스트가 모호하지 않고 빠를 것이다. 사용자 인터페이스가 상당히 크고 복잡하다면 자동화된 사용자 인터페이스 테스트 프레임워크를 사용하는 편이 좋을 수도 있다. 이때도 비즈니스 규칙 스텝을 사용하면 테스트가 더 안정적일 것이다.

사용자 인터페이스가 작고 간단하다면 그냥 수동 테스트에 의존하는 편이 더 빠를 수도 있다. 특히 미적인 기준에서도 평가가 필요하다면 더욱 그렇다. 이럴 때도 비즈니스 규칙 스텝을 사용하면 수동 테스트를 수행하기 훨씬 쉬워진다.

나는 현실적으로 자동화 가능한 모든 테스트가 '자동화되기를' 기대한다. 그리고 이 테스트가 빠르게 실행되고 쉽게 깨지지 않기를 기대한다.

용기
Courage

여러분의 CTO로서 나는 용기에 있어 몇 가지를 기대한다.

우리는 서로를 대신한다

우리는 프로젝트를 함께하는 개발자 그룹을 팀이라는 단어로 부른다. 그런데 팀이 정말 무엇인지 우리는 이해하고 있는가?

팀이란 자신들의 목표와 상호 작용을 잘 이해하는, 함께 일하는 사람들의 집단이다. 그래서 팀원 하나가 어떤 이유로 빠지더라도 목표를 향해 계속 전진한다. 예를 들어 배에 탄 선원은 모두 각자 맡은 일이 있다. 모든 선원은 다른 선원의 업무를 하는 방법도 숙지하고 있다. 이유는 뻔하다. 선원 하나가 빠지더라도 배는 항해를 계속해야 하기 때문이다.

나는 프로그래밍 팀의 팀원들이 선원들처럼 서로를 대신하기를 기대한다. 팀원 하나가 빠졌을 때 빠진 팀원이 다시 제 역할을 할 수 있을 때까지 다른 팀원이 그 역할을 이어받기를 기대한다.

팀원들은 여러 이유로 빠질 수 있다. 어디가 아플 수도 있고, 집에 문제가 있어 집중이 어려울 수도 있다. 휴가를 떠날 수도 있다. 프로젝트 작업은 멈출 수 없다. 나머지 사람들이 남겨진 구멍을 메꿔야 한다.

밥이 데이터베이스 담당이라고 해 보자. 밥이 빠진다면 다른 누군가가 데이터베이스 작업에 뛰어들어서 작업을 계속 진행해야 한다. 짐이 GUI 담당인데 짐이 빠진다면 다른 누군가가 GUI 작업에 뛰어들어 작업을 계속 진행해야 한다.

그러려면 팀원 각각은 자신이 맡은 작업 이외의 일에도 익숙해야만 한다. 다른 사람의 작업을 익히 파악하고 있어서 그들 중 하나가 빠지더라도 대신해서 작업을 할 수 있어야 한다.

그런데 뒤집어서 생각해 보자. 여러분을 대신할 수 있는 사람을 확보할 책임은 여러분에게 있다. 여러분이 팀에 없어서는 안 될 단 한 명이 되지 않도록 할 책임은 여러분에게 있다. 사람을 찾고 여러분의 업무를 충분히 가르쳐서 그들이 비상시에 여러분을 대신할 수 있게 만들 책임은 여러분에게 있다.

여러분의 업무를 다른 사람에게 어떻게 가르쳐야 할까? 아마 최선의 방법은 컴퓨터 앞에 함께 앉아서 한 시간 정도 함께 코드를 쓰는 것일 테다. 현명한 사람이라면 한 명이 아니라 여러 팀원을 가르친다. 여러분의 업무를 더 많은 사람이 알수록 여러분이 빠졌을 때 빈자리를 메워 줄 수 있는 사람이 더 많아진다.

명심하라. 한 번으로는 부족하다. 프로젝트에서 여러분이 담당한 부분이 진행됨에 따라 다른 이들에게도 작업 현황을 계속해서 잘 알려 주어야 한다.

이때 공동 프로그래밍 규율이 도움이 될 것이다.

나는 프로그래밍 팀의 팀원들이 서로를 대신할 수 있기를 기대한다.

정직한 추정

나는 정직한 추정을 기대한다.

프로그래머로서 여러분이 내놓을 수 있는 가장 정직한 추정은 "모르겠습니다"다. 여러분은 그 작업이 얼마나 걸릴지 정말로 모르기 때문이다. 다른 한 편으로 여러분이 그 작업을 아마 1억 년 안에 끝낼 수 있다는 것은 안다. 그러므로 정직한 추정이란 여러분이 모르는 것과 여러분이 아는 것을 혼합한 것이다.

정직한 추정은 대략 다음과 같은 형태다.

- 5%의 확률로 이 작업을 금요일 전에 마칠 수 있다.
- 50%의 확률로 다음 주 금요일 전에 마칠 수 있다.
- 95%의 확률로 그다음 주 금요일 전에 마칠 수 있다.

이런 추정은 여러분의 불확실성을 표현하는 확률 분포를 보여 준다. 불확실성을 표현한 덕분에 추정이 정직해졌다.

관리자가 큰 프로젝트의 추정치를 요구하면 이런 형식으로 추정치를 전달해야 한다. 예를 들어 프로젝트를 승인하기 전에 비용을 평가하는 중이라고 해 보자. 불확실성에 대한 정직함이 가장 빛을 발하는 순간이다.

더 작은 작업의 경우에는 애자일 실천 방법 중 스토리 포인트story point를 사용하는 것이 제일 좋다. 스토리 포인트는 정직하다. 시간에 대한 약속을 하지 않기 때문이다. 스토리 포인트는 작업 비용을 다른 작업과의 비교를 통해 표현한다. 포인트에 사용하는 숫자는 임의적이지만 상대적인 값이다.

스토리 포인트 추정은 다음과 같은 형태다.

'입금' 스토리는 비용이 5입니다.

5가 뭘까? 임의의 포인트 숫자다. 하지만 크기를 알고 있는 다른 작업에 상대적인 숫자다. 예를 들어 '로그인' 스토리에 임의로 3포인트를 부여했다고 하자. '입금' 스토리를 추정할 때 '입금'은 '로그인'의 두 배만큼 어렵지는 않다고 판단했다. 그래서 5포인트를 주었다. 이게 전부다.

스토리 포인트는 그 안에 확률 분포를 내포하고 있다. 첫째, 포인트는 며칠이나 몇 시간이 아니다. 그저 포인트일 뿐이다. 둘째, 포인트는 약속이 아니라 추측이다. 애자일 반복 주기(보통 1주나 2주)가 끝날 때 우리는 완료한 포인트를 모두 더한다. 그리고 이 합을 다음 반복 주기에 처리하는 포인트 수를 추정하는 데 사용한다.

나는 여러분의 불확실성을 표현하는 정직한 추정을 기대한다. 날짜를 약속하리라 기대하지 않는다.

"아니요"라고 말해야 한다

나는 답이 "아니요"일 때 여러분이 "아니요"라고 말하기를 기대한다.

프로그래머가 할 수 있는 말 중 가장 중요한 것 중 하나가 "아니요!"다. 적절한 순간에, 적절한 상황에서 말한다면 이 대답은 여러분 고용주의 막대한 돈을 아끼고, 끔찍한 실패와 곤란함을 예방할 수 있다.

이런 기대가 모든 일에 아니라고 꽥꽥대며 돌아다닐 수 있는 허가증은 아니다. 우리는 엔지니어고 우리의 임무는 "예"에 도달하는 방법을 찾는 것이다. 하지만 가끔은 "예"가 불가능할 때가 있다. 오직 우리만이 이를 판단할 수 있다. 우리는 답을 아는 사람이다. 따라서 답이 정말 "아니요"일 때 "아니요"라고 말하는 일은 우리 몫이다.

상사가 여러분에게 어떤 일을 금요일까지 마쳐 달라고 부탁했다고 해 보자. 여러분은 충분한 검토 끝에 금요일까지 작업을 완료할 가능성이 현실적으로 없음을 깨달았다. 여러분은 상사에게 돌아가서 "아니요"라고 말해야 한다. 여러분이 현명하다면 다음 주 화요일까지는 마칠 수 있다고 덧붙였을지도 모른다. 어쨌든 금요일은 이론의 여지가 없음을 확실히 해야 한다.

관리자들은 "아니요"를 듣기 싫어하는 경우가 많다. 여러분에게 반박할 수도 있다. 여러분과 부딪힐 수도 있다. 고함을 지를지도 모른다. 어떤 관리자는 감정적인 대립을 하나의 수단으로 활용하기도 한다.

이런 반발에 지면 안 된다. 답이 "아니요"라면 여러분은 이 답을 고수하고 압력에 굴복하지 않아야 한다.

"최소한 노력이라도 해 보겠어요?" 이 전술을 특히 주의해야 한다. 노력을 해 달라는 말은 너무나 합리적으로 들린다. 그렇지 않은가? 하지만 실은 전혀 합리적이지 않은데, '여러분은 이미 노력하고 있기' 때문이다. "아니요"를 "예"로 바꾸기 위해 여러분이 추가로 할 수 있는 일은 없다. 그러니 노력한다는 말은 그냥 거짓말이다.

나는 답이 "아니요"일 때 여러분이 "아니요"라고 말하기를 기대한다.

지속적이고 적극적인 학습

소프트웨어 산업은 매우 역동적이다. 꼭 이래야만 하는지는 토론해 볼 수 있겠지만, 실제로 역동적인지 여부는 왈가왈부할 필요가 없다. 이게 사실이기 때문이다. 그러니 우리는 모두 지속적이고 적극적으로 학습해야 한다.

여러분이 오늘 사용 중인 언어와 5년 후에 사용하는 언어는 아마 다를 것이다. 오늘 사용 중인 프레임워크는 아마 내년에 사용하는 프레임워크와 다를 것이다. 여러분 주위의 무엇이 바뀌는지 전방위적으로 파악하여 이런 변화에 대비하라.

프로그래머에게 매년 새로운 언어를 배우라는 조언[1]을 많이들 한다. 좋은 조언이다. 더 나아가서 여러분이 친숙하지 않은 방식의 언어를 고르라. 동적 타입 언어로 코드를 작성해 본 적이 없다면 그런 언어를 하나 배우라. 선언적 언어declarative language로 코딩해 본 적이 없다면 하나 배우라. 리스프나 프롤로그Prolog, 포스Forth를 써 본 적이 없다면 배우라.

언제 어떻게 학습을 해야 할까? 여러분의 고용주가 공부할 시간이나 장소를 제공한다면 기회를 최대한 활용하라. 고용주가 도움을 주지 않는다면 여러분의 시간을 할애해서 공부해야 한다. 한 달에 몇 시간 정도씩 투자할 준비를 하라. 이를 위해 개인 시간을 따로 확보해 두어야 한다.

나도 안다. 여러분은 가족을 위해 해야 할 일이 있고, 생활비도 벌어야 하고, 비행기도 타야 한다. 여러분에게 삶이 있다는 걸 안다. 하지만 여러분은 전문직 종사자다. 전문직에는 관심과 관리가 필요하다.

나는 우리 모두가 지속적이고 적극적으로 학습하기를 기대한다.

멘토링

세상에는 프로그래머가 끝없이 많이, 더 많이 필요해 보인다. 전 세계 프로그래머 수는 맹렬하게 기하급수적으로 늘어나고 있다. 대학에서 교육 가능한 수에는 한계가 있고, 안타깝게도 많은 경우 그만큼도 가르치지 못하고 있다.

따라서 새로운 프로그래머를 가르치는 일은 우리 몫이다. 수년간 일해 온 우리 프로그래머들이 이제 막 뛰어든 새내기들을 가르치는 과제를 짊어져야 한다.

---

1 《실용주의 프로그래머(The Pragmatic Programmer: From Journey to Mastery)》(인사이트, 2022)

어쩌면 힘든 일이라는 생각이 들 수도 있다. 하지만 여기에는 큰 혜택이 있다. 가르치기는 최고의 학습 방법이다. 다른 어떤 방법보다도 월등하다. 그러니 무언가를 배우고 싶다면 가르치라.

여러분이 5년 차 또는 10년 차, 15년 차 프로그래머라면 여러분에게는 이제막 시작한 신입 프로그래머를 가르칠 수 있는 어마어마한 양의 경험과 인생의 교훈이 있다. 신입 한둘을 여러분의 품 안에 두고 첫 6개월간 안내해 주라.

신입들 컴퓨터 앞에 함께 앉아서 코드 작성을 도와주라. 여러분의 과거 실패와 성공 이야기를 들려주라. 규율과 기준, 윤리에 대해 가르치라. 기예를 가르치라.

나는 모든 프로그래머가 멘토가 되기를 기대한다. 여러분이 다른 이의 학습을 돕는 데 참여하기를 기대한다.

윤리
The Ethics

신에게 십계(十誡)를 받은 모세

최초의 프로그래머

소프트웨어 개발자라는 전문직은 1935년 여름 앨런 튜링이 한 논문에 착수하면서 암울한 전망과 함께 시작됐다. 튜링의 목표는 수학자들을 10년 이상 괴롭혀 온 수학 딜레마인 결정 문제Entscheidungsproblem[1]를 푸는 것이었다.

논문의 목표는 성공적으로 달성했지만 그의 논문이 낳은 산업이 전 지구에 퍼지고 우리 모두를 뒷받침하며 우리 문명 전체를 움직이는 혈관이 될 줄은 그 당시에는 알지 못했다.

많은 사람이 시인 바이런의 딸인 에이다 러브레이스 백작 부인을 최초의 프로그래머라고 보는데 여기에는 타당한 이유가 있다. 에이다는 계산 기계가 다루는 숫자로 숫자가 아닌 개념을 표현할 수 있다는 사실을 이해한 최초의 사람으로 알려졌다. 숫자뿐 아니라 기호도 표현할 수 있다고 말이다. 게다가 사실 에이다는 찰스 배비지의 '해석 기관'용 알고리즘을 작성하기도 했다. 하지만 안타깝게도 해석 기관이 실제로 제작되지는 못했다.

전자식 컴퓨터에서 실행되는 프로그램을 최초로[2] 작성한 사람은 앨런 튜링이었다. 소프트웨어 개발자라는 전문직을 정의한 것도 앨런 튜링이었다.

1945년에 튜링은 자동 계산 기관ACE용 코드를 작성했다. 튜링은 이 코드를 이진 기계어로 썼는데, 이진수를 사람이 읽기 편하도록 다섯 비트씩 나누어 32진수로 표기했다.[3] 이런 코드를 쓰는 일은 전례가 없었기 때문에 튜링은 서브루틴이나 스택, 부동 소수점 숫자 같은 개념을 발명하고 구현해야만 했다.

튜링은 기본적인 개념을 발명하고서는 이를 이용하여 수학 문제를 해결하

---

1 (옮긴이) '수리 명제 자동 생성 문제'라고도 부른다. 주어진 명제가 참인지 거짓인지 판단하는 알고리즘을 만드는 문제로, 17세기에 라이프니츠가 처음 제기했다. 튜링의 업적에 대한 설명은 《컴퓨터과학이 여는 세계》(인사이트, 2015)를 참고하라.

2 몇몇 사람이 튜링이 ACE로 프로그래밍하기 이전에 콘라트 추제가 전기 기계식 컴퓨터용 알고리즘을 작성했다고 지적해 주었다.

3 (옮긴이) 이 시기에는 다섯 비트로 32가지 글자 중 하나를 표현하는 체계가 많이 쓰였다. 전신 타자기에 널리 쓰였던 보도(Baudot) 부호가 대표적이다.

며 몇 달을 보낸 후, 다음과 같은 결론을 명시한 보고서를 작성했다.

> 우리는 능력을 갖춘 수학자가 다수 필요할 것이다. 아마 이런 종류의 할
> 일이 많을 것이기 때문이다.[4]

'다수'라, 튜링이 어떻게 알았을까? 사실 튜링은 이 문장이 얼마나 대단한 선
견지명이었는지 전혀 몰랐다. 분명 지금 이 일을 하는 사람은 '다수'다.

그런데 튜링이 한 말이 또 있다. "능력을 갖춘 수학자." 여러분은 자신이 능
력을 갖춘 수학자라고 생각하는가?

같은 보고서에 튜링은 또 이렇게 썼다.

> 우리가 하는 작업을 계속 파악할 수 있도록 적절한 규율을 갈고닦는 일이
> 어려운 과제가 될 것이다.[5]

'규율!' 튜링이 어떻게 알았을까? 어떻게 70년 후를 내다보고 우리가 규율이
라는 문제를 겪을 줄 알았을까?

70년 전 앨런 튜링은 소프트웨어의 전문성이라는 체계의 초석을 놓았다.
우리가 적절한 규율을 지키는, 능력을 갖춘 수학자가 되어야 한다고 말했다.

우리가 그러한가? 여러분은 그러한가?

75년

한 사람의 일생이다. 이 글을 쓰는 시점 기준으로 우리 직업의 나이다. 겨우
75년. 그렇다면 사반세기가 세 번 지나는 동안 어떤 일이 일어났을까? '1장

---

4   A.M. Turing's ACE Report of 1946 and Other Papers - Vol. 10, "In the Charles Babbage Institute
Reprint Series for the History of Computing", (B.E. Carpenter, B.W. Doran, eds.). The MIT
Press, 1986

5   A.M. Turing's ACE Report of 1946 and Other Papers - Vol. 10, "In the Charles Babbage Institute
Reprint Series for the History of Computing", (B.E. Carpenter, B.W. Doran, eds.). The MIT
Press, 1986

장인 정신'에서 설명한 역사를 좀 더 자세히 다시 살펴보자.

1945년에 세상에는 한 대의 컴퓨터 그리고 한 명의 프로그래머, 앨런 튜링이 있었다. 산업 초창기에 이 숫자는 가파르게 증가하지만, 일단 이 시점을 우리의 기원으로 삼자.

1945년 컴퓨터: $O(1)$, 프로그래머: $O(1)$[6]

그 후 10년간 진공관의 신뢰성, 지속성, 전력 효율이 급격하게 발전했다. 그 덕분에 더 크고 강력한 컴퓨터를 만들 수 있었다.

1960년까지 IBM은 모델 700 시리즈를 140대 팔았다. 이 컴퓨터는 군대나 정부, 초대형 기업만 감당할 수 있을 만큼 거대하고 비쌌다. 또한 느리고 자원은 제한적이었으며 쉽게 망가졌다.

그레이스 호퍼가 고수준 언어라는 개념을 발명하고 컴파일러라는 용어를 만들어 낸 것이 이 시기였다. 1960년에는 호퍼의 작업이 코볼COBOL로 이어졌다.

1953년에 존 배커스는 포트란 명세를 제안했다. 알골이 바로 뒤를 이어 개발되었다. 1958년에 존 매카시John McCarthy는 리스프를 개발했다. 각양각색의 언어가 확산되기 시작했다.

이 시기에는 운영 체제가 없었다. 프레임워크나 서브루틴 라이브러리도 없었다. 무언가가 여러분의 컴퓨터에서 실행된다면 여러분이 그것을 작성했다는 뜻이었다. 따라서 이 시기에는 컴퓨터 하나를 계속 작동시키는 데만도 10명이 넘는 프로그래머 팀이 필요했다.

튜링 이후 15년이 지난 1960년까지 전 세계에는 $O(100)$대의 컴퓨터가 있었다. 프로그래머 숫자는 컴퓨터 숫자보다 자릿수가 하나 더 많아서 $O(1000)$이었다.

이런 프로그래머는 대체 누구였을까? 그레이스 호퍼, 에츠허르 데이크스

6　(옮긴이) 엄밀한 대문자 O 표기법과는 맞지 않지만, 이 책에서는 이런 방식으로 숫자의 자릿수를 표현한다. 즉, $O(1E6)$은 10^6과 같은 자릿수의 숫자이므로 수백만이라는 의미다.

트라, 존 폰 노이만, 존 배커스, 진 제닝스 같은 사람이었다. 과학자나 수학자, 엔지니어였다. 대부분은 이미 경력이 있는 사람이었고, 자신이 고용된 사업과 분야에 대해 이미 이해하고 있었다. 많은 수가, 어쩌면 대부분이 30대나 40대 또는 50대였다.

1960년대는 트랜지스터의 시대였다. 이 작고 단순하고 저렴하고 신뢰성 높은 장치가 진공관을 서서히 대체했다. 그리고 컴퓨터라는 판 자체를 뒤집어 놓았다.

1965년까지 IBM은 트랜지스터 기반 컴퓨터인 1401을 1만 대가 넘게 생산했다. IBM은 이 컴퓨터를 월 2500달러에 임대했는데, 이 정도 금액을 지불할 수 있는 중간 규모 기업은 수천 개에 달했다.

1401 컴퓨터는 어셈블러, 포트란, 코볼, RPGReport Program Generator[7]로 프로그램할 수 있었다. 그리고 컴퓨터를 임대한 모든 회사는 필요한 애플리케이션을 작성할 프로그래머가 필요했다.

이 시기에 컴퓨터를 만드는 회사는 IBM만이 아니었으므로 1965년까지 전 세계에 $O(10000)$대의 컴퓨터가 있었다고 할 수 있다. 그리고 컴퓨터 운용을 위해 한 대당 10명의 프로그래머가 필요했다면 $O(100000)$명의 프로그래머가 있었을 것이다.

튜링 이후 20년이 지난 시점에 전 세계 프로그래머 수는 수십만 명으로 불어났을 것이다. 이 프로그래머들은 어디에서 왔을까? 수요를 감당하기에는 수학자나 과학자, 엔지니어의 수가 부족했다. 대학에서 컴퓨터 과학을 전공한 졸업생도 없었다. 컴퓨터 과학 학위 과정 같은 것은 어느 곳에도 없었기 때문이다.

회사들은 사내 회계사, 사무원, 기획자 등 어떤 사람이든 기술적인 소질이 검증된 직원 중에서 가장 훌륭하고 명석한 사람을 차출했다. 이렇게 프로그

---

7 (옮긴이) IBM이 1401과 함께 발표한 고수준 프로그래밍 언어다. 이름이 가리키듯 보고서 생성 용도로 개발됐다.

래머를 많이 뽑을 수 있었다.

다시 한번 말하는데 이 사람들은 이미 다른 분야의 전문가였다. 이들은 30대 아니면 40대였고 마감 기한, 책임, 남겨야 할 것과 버려야 할 것[8]을 이미 알고 있었다. 이 사람들은 원래 수학자는 아니었지만 규율을 갖춘 전문가였다. 튜링이라도 아마 괜찮다고 생각했을 것이다.

하지만 톱니바퀴는 계속 돌았다. 1966년이 되자 IBM은 매달 시스템/360을 1000대씩 생산하고 있었다. 이 컴퓨터는 어디에서나 볼 수 있었다. 그 당시로서는 엄청나게 강력한 컴퓨터였다. 시스템/360 중 모델 30은 64킬로바이트 메모리에 접근할 수 있었고, 초당 3만 5000개의 명령어를 처리할 수 있었다.

이 시기에 속하는 1960년대 중반, 올레-요한 달과 크리스텐 뉘고르가 최초의 객체 지향 언어인 시뮬라-67을 발명했다. 에츠허르 데이크스트라가 구조적 프로그래밍을 발명한 것도 이 시기였다. 또한 켄 톰프슨과 데니스 리치가 C와 유닉스를 발명한 것도 이 시기에 속한다.

여전히 톱니바퀴는 돌았다. 1970년대 초에 집적 회로integrated circuit가 상용화됐다. 작은 칩 안에 수십, 수백, 나아가 수천 개의 트랜지스터를 넣을 수 있었다. 그 덕분에 전자 회로를 극도로 소형화할 수 있었다.

그 결과 미니컴퓨터minicomputer[9]가 탄생했다.

1960년대 후반에서 1970년대에 걸쳐서 DECDigital Equipment Corporation는 미니컴퓨터인 PDP-8 시스템을 5만 대, PDP-11 시스템을 수십만 대 팔았다.

게다가 DEC만이 아니었다. 미니컴퓨터 시장은 폭발했다. 1970년대 중반이 되자 미니컴퓨터를 판매하는 회사는 수십 개로 늘었다. 튜링 이후 30년이 지난 1975년에는 전 세계에 컴퓨터가 100만 대가량 있었다. 그러면 프로그

---

8 밥 시거(Bob Seger)에게 양해를 구한다.
   (옮긴이) 원문은 "deadlines and commitments, what to leave in, what to leave out"으로 미국 가수 밥 시거의 〈Against the Wind〉 가사에서 가져온 표현이다.

9 (옮긴이) 이전의 컴퓨터보다 작아서 '미니'라는 이름이 붙었지만 여전히 커다란 책장 정도의 크기였다.

래머는 얼마나 많았을까? 비율이 바뀌기 시작했다. 컴퓨터 수가 프로그래머 수와 비슷해지기 시작했다. 그래서 1975년에는 $O(1E6)$명의 프로그래머가 있었다.

수백만의 프로그래머는 어디에서 왔을까? 그들은 누구였을까?

나 같은 사람이었다. 나와 내 친구들. 어리고, 에너지 넘치고, 괴짜스러웠던 나 그리고 나 같은 사내아이 집단이었다.

전자 공학이나 컴퓨터 과학을 전공한 대학 졸업생 수만 명이었다. 우리는 모두 어렸다. 우리는 모두 똘똘했다. 미국에서는 우리 모두 병역[10]을 걱정하고 있었고 거의 모두 남성이었다.

아, 숫자상으로 여성들이 이 분야를 떠나고 있지는 않았다. 그때까지는 그랬다. 1980년대 중반까지는 그런 경향이 나타나지 않았다. 그저 젊은 남성들(바로 우리였다)이 훨씬 많이 이 분야에 들어오고 있을 뿐이었다.

1969년에 내가 프로그래머로서 처음 다닌 직장에는 프로그래머가 2~30명가량 있었다. 그들은 모두 30대 아니면 40대였고, 여성은 3분의 1에서 절반가량이었다.

10년이 지나자 나는 50명의 프로그래머가 있는 회사에서 일하고 있었고 그중 여성은 아마 3명뿐이었을 것이다.

그러니까 튜링 이후 30년이 흐르자 프로그래머 인구 구성이 아주 젊은 남성들 쪽으로 급격하게 기울었다. 20대 남자 수십만 명. 우리는 대부분 튜링이 묘사했던 규율을 갖춘 수학자가 아니었다.

하지만 사업에는 프로그래머가 꼭 있어야 했다. 수요는 지붕을 뚫었다. 아주 젊은 남성들의 부족한 규율은 그들의 넘치는 에너지로 만회했다.

우리는 값싸기도 했다. 요즘 프로그래머의 높은 초봉과는 달리 그 시절 기업들은 꽤 저렴하게 프로그래머를 뽑을 수 있었다. 내가 1969년에 받은 첫

10 (옮긴이) 1960~1970년대 베트남 전쟁으로 인해 많은 수의 젊은 미국 남성이 징집됐다.

연봉은 7200달러였다.

이런 추세가 계속 이어졌다. 매년 컴퓨터 과학 전공을 이수한 젊은 남자들이 쏟아져 나오고 있었지만, 업계가 필요로 하는 프로그래머는 그보다 더 많은 듯했다.

1945년과 1975년 사이 30년간 프로그래머 수는 최소 100만 배 이상 늘었다. 그 이후 40년간 성장세가 다소 주춤해지기는 했지만 지금도 여전히 매우 빠르게 늘고 있다.

2020년 전 세계 프로그래머 수는 얼마나 됐을 것 같은가? VBA[11] 프로그래머를 포함한다면 오늘날 전 세계 프로그래머 숫자는 수억 명에 달할 것 같다.

분명히 기하급수적인 성장세다. 기하급수적인 성장 곡선을 보면 숫자가 두 배가 되는 주기가 있다. 여러분도 직접 계산해 볼 수 있다. "헤이, 알버트.[12] 75년 만에 1에서 1억이 됐으면 얼마마다 두 배가 되는 거야?"

1억의 밑이 2인 로그값은 약 27이다. 이 값으로 75를 나누면 약 2.8이 된다. 그러니 아마도 대략 2년 반마다 프로그래머 수가 두 배로 늘었을 것이다.

사실 우리가 앞에서 살펴보았듯이 증가율이 첫 10년간은 높다가 지금은 다소 낮아졌다. 짐작건대 지금은 대략 5년마다 수가 두 배로 늘고 있을 것 같다. 5년마다 전 세계 프로그래머 수가 두 배로 늘어난다.

이 사실이 의미하는 바는 충격적이다. 전 세계 프로그래머 수가 5년마다 두 배가 된다면, 전 세계 프로그래머의 절반은 경력이 5년 미만이라는 뜻이다. 그리고 이는 성장세가 유지되는 이상 앞으로도 계속 적용되는 사실이다. 따라서 프로그래밍 산업은 경험 부족이 끊임없이 계속되는 위태로운 처지에 놓인다.

---

11 비주얼 베이직 포 애플리케이션(Visual Basic for Applications)
　　(옮긴이) 마이크로소프트 오피스에 내장된 프로그래밍 환경으로, 워드나 엑셀의 기능을 확장할 때 주로 사용한다.
12 (옮긴이) 아마존 알렉사를 패러디한 것으로 보인다.

괴짜와 구원자

끊임없이 계속되는 경험 부족. 아, 걱정하지 않아도 된다. 여러분이 영원히 경험이 부족한 상태일 것이라는 뜻이 아니다. 여러분이 5년간 경험을 쌓고 나면, 프로그래머 수가 두 배가 된다는 의미일 뿐이다. 경력이 10년으로 늘어나면 프로그래머 수는 네 배가 되어 있을 것이다.

사람들은 프로그래밍 업계에 속한 젊은이들의 숫자만 보고서는 젊은이들의 직업이라고 결론을 내린다. 그리고 묻는다. "나이 든 사람들은 모두 어디 갔어요?"

아직 모두 여기 있다! 우리는 아무 데도 가지 않았다. 우리는 애초에 사람이 적었을 뿐이다.

문제는 새롭게 진입하는 프로그래머들을 가르칠 수 있는 경험을 갖춘 사람이 충분하지 않다는 점이다. 30년 경력을 가진 프로그래머라면 자신에게서 무언가 배워야 할 프로그래머가 63명이나 있다. 게다가 이 중 32명은 신참이다.

따라서 문제를 바로잡을 멘토는 부족하고 경험 부족 상태는 계속 이어진다. 해묵은 실수가 똑같이 반복되고 반복되고 또 반복된다.

그런데 지난 70년간 일어난 또 다른 일이 있다. 프로그래머가 이런 것을 얻으리라고는 앨런 튜링이 절대 내다보지 못했으리라 확신한다. 바로 악명이다.

과거 1950년대, 1960년대에는 프로그래머가 무엇인지 아무도 몰랐다. 사회에 영향을 끼치기에는 수가 모자랐다. 대부분 사람들은 주변에서 프로그래머를 만날 수 없었다.

1970년대가 되자 이런 상황이 바뀌기 시작했다. 아버지들이 아들에게, 가끔은 딸에게, 컴퓨터 과학과는 어떠냐고 조언했다. 전 세계 프로그래머 수도 많아져서 누구나 아는 사람의 아는 사람 중에서 프로그래머를 찾을 수 있었다. 그리고 트윙키[13]를 먹는 괴짜 이미지가 탄생했다.

컴퓨터를 실제로 본 사람은 많지 않았지만 거의 모든 사람이 들어 본 적은 있었다. 〈스타 트렉〉 같은 TV 드라마나 〈2001 스페이스 오디세이〉, 〈콜로서스〉 같은 영화에 컴퓨터가 등장했다. 하지만 이런 영상물에서 컴퓨터는 너무나 자주 악당 역할을 맡았다. 하지만 로버트 하인라인이 1966년에 쓴 책《달은 무자비한 밤의 여왕》(황금가지, 2009)에서는 컴퓨터가 자신을 희생하는 영웅 역할을 맡았다.

하지만 주목할 점은 이럴 때도 프로그래머는 주요 인물이 아니었다는 것이다. 그 당시에는 사회가 프로그래머를 어떻게 여겨야 할지 몰랐다. 프로그래머는 잘 보이지 않았고, 숨겨져 있었으며, 컴퓨터 기계 자체에 비해 다소 하찮게 여겨졌다.

이 시기의 한 텔레비전 광고가 기억에 남는다. 한 부부가 함께 식료품점에서 가격을 비교하고 있었다. 이 중 남편은 안경을 쓰고 포켓 프로텍터pocket protector[14]를 하고 계산기를 들고 있는 괴짜스럽고 왜소한 사람이었다. 올슨 부인Mrs. Olsen이 등장하여 남편을 '컴퓨터 천재'로 묘사하면서 특정 브랜드의 커피가 좋은 이유를 남편과 아내에게 똑같이 가르쳐 주었다.[15]

이 광고에 등장하는 컴퓨터 프로그래머는 순진하고 책을 좋아하며 중요하지 않은 사람이었다. 똑똑하지만 지혜나 상식은 없는 사람, 파티에 초대하고 싶지 않은 사람이었다. 실은 컴퓨터 프로그래머는 학창 시절 동네북이었던 부류의 사람으로 여겨졌다.

1983년이 되자 개인용 컴퓨터가 등장하기 시작했고, 십 대들이 다양한 이

---

13 (옮긴이) 미국의 유명한 과자 브랜드. 대표적인 정크 푸드로 여겨지며 영화나 드라마 등에서 괴짜들이 즐겨 먹는 모습으로 연출됐다.

14 (옮긴이) 펜 따위를 안전하고 쉽게 꼽을 수 있도록 셔츠의 가슴 포켓에 끼우는 도구다. 컴퓨터 괴짜의 소품으로 여겨지며 기업들이 광고를 위해 무료로 배포하기도 했었다.

15 (옮긴이) 폴거스(Folger's) 커피는 올슨 부인이 등장하는 광고를 100편 넘게 제작했다. 이 시기에는 커피 만드는 일을 여성의 일이라고 여겼기 때문에 올슨 부인은 대개 여성에게만 커피에 관해 설명했다.

유로 개인용 컴퓨터에 관심을 보이는 경향이 확연했다. 그때쯤에는 꽤 많은 수의 사람이 컴퓨터 프로그래머를 적어도 한 명은 알았다. 컴퓨터 프로그래머가 전문가로 간주되기는 했지만 여전히 신비에 싸여 있었다.

1983년에 영화 〈위험한 게임〉은 어린 매슈 브로더릭을 컴퓨터에 능통한 십 대이자 해커로 묘사했다. 브로더릭은 미국의 무기 제어 시스템을 비디오 게임으로 착각하고 해킹으로 뚫고 들어갔다. 그러고는 핵전쟁으로 이어질 수 있는 카운트다운을 시작시켰다. 영화 결말에서 브로더릭은 유일하게 이길 수 있는 수는 아무것도 하지 않는 수라고 컴퓨터를 설득해 세계를 구한다.

컴퓨터와 프로그래머의 역할이 바뀌었다. 이제 컴퓨터가 순진한 철부지 캐릭터 역할을 했고, 프로그래머는 지혜의 원천 아니면 전달자 역을 맡았다.

1986년 영화 〈조니 5 파괴 작전〉에서도 비슷한 상황이 벌어진다. 컴퓨터화된 로봇 '넘버 5'는 유치하고 순진하다. 하지만 자신의 창조자인 프로그래머와 그의 여자 친구의 도움을 받아 깨달음을 얻는다.

1993년에는 상황이 극적으로 바뀌었다. 영화 〈쥐라기 공원〉에서는 프로그래머가 악당이고, 컴퓨터는 아예 캐릭터가 아니었다. 그저 도구일 뿐이었다.

사회가 우리가 누구이고 어떤 역할을 하는지 이해하기 시작했다. 우리는 단 20년 만에 괴짜에서 스승으로 또 악당으로 변신했다.

하지만 전망은 다시 바뀌었다. 1999년 영화 〈매트릭스〉에서 주인공들은 프로그래머인 동시에 구원자였다. 사실 그들의 초능력은 '코드'를 읽고 이해할 수 있는 능력에 바탕을 두고 있다.

우리의 역할은 빠르게 바뀌었다. 불과 몇 년 만에 악당에서 구원자가 됐다. 우리가 선을 위해, 또 악을 위해 사용할 수 있는 능력을 사회가 대체로 이해하기 시작했다.

롤 모델과 악당

15년 후인 2014년에 나는 스톡홀름에 위치한 모장Mojang 사무실을 방문해서 클린 코드와 테스트 주도 개발에 대한 강의를 몇 번 했다. 혹시나 싶어 알려 주자면 모장은 마인크래프트Minecraft라는 게임을 만드는 회사다.[16]

강의가 끝나고 좋은 날씨를 핑계 삼아 모장의 프로그래머들과 함께 야외 테이블에 앉아 대화를 하고 있었다. 갑자기 12살쯤 되어 보이는 어린 남자아이가 울타리로 달려와 프로그래머 중 하나를 불렀다. "아저씨가 젭Jeb인가요?"

그 아이는 모장의 선임 프로그래머 중 한 명인 옌스 베리엔스텐Jens Bergensten을 부르고 있었다.

아이는 옌스에게 사인을 해 달라고 하면서 질문을 퍼부었다. 아이의 눈에 다른 사람은 들어오지 않았다.

그리고 나는, 음, 그냥 앉아 있었다….

어쨌든 요점은 프로그래머가 어린이들의 롤 모델이자 아이돌이 됐다는 것이다. 아이들은 자라서 젭이나 디너본Dinnerbone, 노치Notch[17]가 되는 게 꿈이다.

프로그래머, 진짜 세상의 프로그래머가 영웅이다.

하지만 진짜 영웅이 있는 반면 진짜 악당도 있다.

2015년 10월 폭스바겐 북미 지역 대표였던 마이클 혼Michael Horn은 미국 의회에서 증언을 했다. 미 환경 보호청Environmental Protection Agency, EPA의 검사 기기를 속였던 폭스바겐 차량의 소프트웨어에 관한 증언이었다. 왜 폭스바겐이 그런 일을 했느냐는 질문에 마이클 혼은 프로그래머를 탓하며 이렇게 말했다. "이유는 알 수 없지만 그 소프트웨어를 넣은 것은 두 명의 소프트웨어 엔지니어였습니다."

물론 "이유는 알 수 없다"는 건 거짓말이다. 그는 이유가 무엇인지 알았고,

---

16 (옮긴이) 2014년 9월 마이크로소프트가 모장을 25억 달러에 인수했다.
17 (옮긴이) 디너본과 노치도 모두 마인크래프트 개발에 참여한 프로그래머다.

폭스바겐 회사 역시 전반적으로 이유를 알았다. 프로그래머에게 책임을 뒤집어씌우려는 시답잖은 시도는 속이 뻔히 들여다보였다.

반면에 그 말은 정확하기도 하다. 거짓말을 하고 속이는 코드를 작성한 사람은 바로 어떤 프로그래머들이었다.

누구였든지 간에 이 프로그래머들이 우리 모두에게 오명을 씌웠다. 우리에게 진짜 전문가 조직이 있었다면 아마 그들의 프로그래머 지위를 박탈했을 것이다. 그래야만 했을 것이다. 그들은 우리 모두를 배신했다. 우리 직업의 명예를 더럽혔다.

그러니까 우리는 변화한 것이다. 75년이 걸렸다. 하지만 그동안 우리는 무에서 괴짜로 그리고 롤 모델과 악당으로 변화했다.

사회는 우리가 누구인지, 우리의 존재가 어떤 위협과 약속을 의미하는지 이해하기 시작했다. 이제 막.

우리가 세상을 지배한다

하지만 아직 사회가 모든 것을 이해하지는 못했다. 사실 우리도 이해하지 못했다. 잘 들으라. 여러분과 나, 우리는 프로그래머이고 우리가 세상을 지배한다.

과장된 수사처럼 들릴 수도 있지만 한번 생각해 보라. 지금 이 순간 세상에 있는 컴퓨터 수는 세상에 있는 사람 수보다 많다. 사람 수를 넘는 이 많은 컴퓨터가 우리에게 필수적인 무수한 일을 수행한다. 할 일 목록을 기록하고 일정을 관리한다. 채팅 메시지를 전달하고 사진 앨범을 보관한다. 전화 통화를 연결하고 문자 메시지를 전송한다. 차의 엔진뿐 아니라 브레이크, 가속 장치, 가끔은 핸들까지도 제어한다.

컴퓨터 없이는 요리도 할 수 없다. 빨래도 할 수 없다. 컴퓨터는 우리 집을 겨울에 따뜻하게 유지해 주고, 우리가 심심할 때는 재미있게 해 준다. 우리

은행 장부와 신용 카드를 관리한다. 우리가 돈을 내는 걸 도와준다.

사실 현대 세계에 사는 대부분의 사람은 매일 깨어 있는 동안 매분 소프트웨어 시스템과 상호 작용한다. 심지어 잠자는 동안에도 계속 상호 작용하는 사람도 있다.

요점은 소프트웨어가 없다면 우리 사회에 '아무 일도' 일어날 수 없다는 것이다. 어떤 상품도 사고팔 수 없다. 어떤 법률도 제정하거나 집행할 수 없다. 운전도 할 수 없다. 택배도 배달되지 않는다. 전화도 연결되지 않는다. 콘센트에서는 전기가 나오지 않는다. 상점에 먹거리도 채워지지 않는다. 수도꼭지에서도 물이 나오지 않는다. 보일러에 가스가 공급되지 않는다. 이 모두를 감시하고 제어하는 소프트웨어가 없다면 이 중 어떤 일도 일어나지 않는다.

그리고 우리가 소프트웨어를 작성한다. 그래서 우리가 세상의 지배자다.

아, 자신들이 규칙을 만든다고 생각하는 사람들이 있기는 하다. 하지만 그들은 자신들이 만든 규칙을 우리에게 건넨다. 그리고 우리 삶의 모든 측면을 감시하고 제어하는 기계들에서 실제로 실행되는 규칙을 작성하는 사람은 우리다.

사회는 아직 이를 그다지 잘 이해하지 못하고 있다. 아직. 그다지. 하지만 우리 사회가 이를 너무나도 잘 이해하게 될 날이 그리 머지않았다.

우리 프로그래머들도 아직 이를 그다지 잘 이해하지 못하고 있다. 진정으로는 말이다. 하지만 마찬가지로 우리가 이 사실을 모진 방식으로 이해하게 될 날이 다가오고 있다.

재앙들

우리는 수년간 소프트웨어 재앙을 많이 봐 왔다. 가끔은 사람들의 시선을 꽤 끌기도 했다.

예를 들어 우리는 2016년에 스키아파렐리Schiaparelli 화성 착륙선을 소프트웨어 문제 때문에 잃어버렸다. 소프트웨어는 착륙선이 이미 지면에 도달했다고 생각했지만, 사실은 거의 4km 상공이었던 것이다.

1999년에는 화성 기후 궤도선Mars Climate Orbiter을 잃었다. 지상에서 운용하던 소프트웨어가 궤도선에 데이터를 전송할 때 미터법이 아니라 영국식 도량형인 야드파운드법을 사용하는 오류를 범했기 때문이었다. 이 오류로 인해 궤도선은 화성 대기 너무 깊숙한 곳까지 하강했고 결국 산산조각이 나고 말았다.

1996년에는 유럽 우주국에서 제작한 아리안 5Ariane 5 로켓과 탑재물이 발사 37초 만에 폭발했다. 64비트 부동 소수점 숫자를 16비트 정수로 검증 없이 변환하다 발생한 정수 오버플로 예외 때문이었다. 예외 때문에 탑재된 컴퓨터가 작동을 멈추면서 로켓은 자폭했다.

이 이야기도 해야 할까? 테락-25Therac-25 방사선 치료기는 경합 조건race condition 문제 때문에 과도한 출력의 전자 빔을 뿜어내서 세 명을 죽이고 세 명을 다치게 했다.

아니면 나이트 캐피털 그룹 이야기를 해야 할까? 나이트 캐피털 그룹은 시스템에 남아 있던 미사용 코드를 활성화하는 플래그를 재사용하는 바람에 45분 만에 4억 6000만 달러를 날렸다.

어쩌면 토요타의 스택 오버플로 버그 이야기를 해야 할지도 모르겠다. 이 버그로 인한 운전 불능 상태의 급발진으로 최대 89명이 사망했다.

아니면 HealthCare.gov[18] 이야기를 해야 할 수도 있겠다. 소프트웨어 실패로 인해 그렇지 않아도 논란이 많았던 미국의 신규 의료 보험 법안이 거의 뒤집힐 뻔했다.

이런 재난들은 수조 원의 비용과 많은 생명을 빼앗아 갔다. 그리고 재난을 일으킨 사람은 프로그래머였다. 우리 프로그래머가 우리가 작성하는 코드를

---

18 (옮긴이) 2013년 '오바마케어'라고도 부르는 미국의 의료 보험 신청을 위해 신설된 웹 사이트로, 서비스 개시 직후 심각한 접속 문제가 발생했다.

통해 사람을 죽이고 있다.

그래, 여러분이 사람을 죽이기 위해 이 일에 뛰어들지 않았다는 건 안다. 아마 여러분은 무한 루프를 돌며 자기 이름을 출력하는 프로그램을 한번 짜 보고서는, 그 힘에서 나오는 즐거움을 맛보았기에 프로그래머가 됐을 것이다.

하지만 사실은 사실이다. 우리 사회에서 우리는 우리의 행동이 재산과 생계, 생명을 파괴할 수 있는 위치에 와 있다. 어느 날, 아마 지금으로부터 그리 머지않은 날, 어떤 불쌍한 프로그래머가 다소 바보 같은 짓을 좀 했을 뿐인데 수만 명의 사람이 죽는 일이 생길 것이다.

무모한 억측이 아니다. 그저 시간문제일 뿐이다. 그리고 그런 재앙이 일어났을 때 세상의 정치인들은 해명을 요구할 것이다. 그리고 장래에 이런 오류를 예방할 방법을 내놓으라고 요구할 것이다. 그리고 우리가 윤리에 대한 계획 없이 나타난다면, 어떤 기준이나 정의된 규율 없이 나타난다면 또는 나타나서 상사가 어떤 식으로 비현실적인 일정과 마감일을 지정했는지 투덜대기나 한다면, 우리는 유죄 판결을 받을 것이다.

선서

소프트웨어 개발자로서 우리가 지켜야 할 윤리에 대한 논의를 시작하기 위해 나는 다음 선서를 제안한다.

컴퓨터 프로그래머라는 직업의 명예를 옹호하고 지키기 위해 나는 내 능력과 판단력이 닿는 한 다음을 약속합니다.

1. 나는 유해한 코드를 만들지 않겠습니다.
2. 내가 만드는 코드는 언제나 내 최선의 결과물일 것입니다. 나는 동작이나 구조에 결함이 있는 코드가 누적되는 것을 좌시하지 않겠습니다.

3. 나는 릴리스마다 코드의 모든 요소가 제대로 작동함을 빠르고 확실하게 반복적으로 보여 주는 증명을 만들겠습니다.

4. 나는 작은 릴리스를 자주 만들어서 다른 이들의 진척을 방해하지 않겠습니다.

5. 나는 기회가 있을 때마다 내 저작물을 두려움 없이 그리고 가차 없이 개선하겠습니다. 나는 절대 내 저작물의 품질을 떨어뜨리지 않겠습니다.

6. 나는 나 자신과 다른 이들의 생산성을 최대한 높게 유지하기 위해 할 수 있는 모든 일을 하겠습니다. 생산성을 낮추는 일은 하지 않겠습니다.

7. 나는 다른 이들이 나를 대신할 수 있고, 내가 다른 이들을 대신할 수 있는지 지속적으로 확인하겠습니다.

8. 나는 규모나 정밀도 측면에서 모두 정직한 추정을 내놓겠습니다. 납득할 만한 확실함 없이는 약속을 하지 않겠습니다.

9. 나는 내 동료 프로그래머의 윤리와 기준, 규율, 기술을 존중하겠습니다. 다른 속성이나 특징은 무엇도 동료 프로그래머를 대하는 데 영향을 주지 않을 것입니다.

10. 나는 배우기를 그리고 내 기예를 갈고닦기를 절대 멈추지 않겠습니다.

피해

Harm

선서의 몇 가지 약속은 피해에 대한 것이다.

우선 해를 끼치지 말라

약속 1. 나는 유해한 코드를 만들지 않겠습니다.

소프트웨어 전문가의 첫 번째 약속은 이것이다. 해를 끼치지 말라! 이 말은 여러분의 코드가 사용자, 여러분의 고용주나 관리자, 동료 프로그래머에게 해를 입히지 않아야 한다는 뜻이다.

여러분은 여러분의 코드가 무슨 일을 하는지 알아야만 한다. 여러분의 코드가 작동한다는 걸 알아야만 한다. 그리고 깨끗하다는 걸 알아야만 한다.

몇 해 전 폭스바겐의 어떤 프로그래머들이 미국 환경 보호청의 배출 가스 검사를 일부러 방해하는 코드를 작성한 사실이 발각됐다. 이 프로그래머들은 유해한 코드를 만들었다. 이 코드는 속임수였기 때문이다. 이 코드가 환경 보호청을 속여 넘긴 결과, 해로운 질소 산화물을 환경 보호청에서 제시한 안전 기준보다 20배나 더 많이 배출하는 차를 판매할 수 있었다. 따라서 이 코드는 문제의 차들이 운행된 지역에 사는 모든 사람의 건강에 해를 끼쳤을 수 있다.

이 프로그래머들에게 어떤 일이 일어나야 할까? 그들이 코드의 목적을 알았을까? 그들이 알았어야 했을까?

나라면 그들을 해고하고 고발하겠다. 실제로 알았는지에 상관없이 그들은 알았어야만 했기 때문이다. 다른 사람이 작성한 요구 사항 뒤에 숨으려 해도 소용없다. 키보드 위에 있는 것은 여러분의 손가락이고, 실행되는 것은 여러분의 코드다. 여러분도 자신의 코드가 무슨 일을 하는지 알아야 한다!

힘든 일이다. 그렇지 않은가? 우리는 컴퓨터를 움직이는 코드를 작성하고,

이 컴퓨터들은 엄청난 해를 끼칠 수도 있는 위치에 있다. 우리 코드가 끼치는 피해에 책임을 져야 하므로 우리는 우리 코드가 어떤 일을 할지 알 책임이 있다.

모든 프로그래머가 저마다 경험 수준이나 맡은 업무에 따라 책임을 져야한다. 여러분의 경험이 쌓이고 지위가 상승할수록, 여러분의 행동이나 여러분이 관리하는 사람들의 행동에 대한 책임도 증가한다.

당연히 신입 프로그래머에게는 팀 리더와 동일한 책임을 물을 수 없다. 팀 리더에게 지위가 더 높은 수석 프로그래머만큼 책임을 지울 수는 없다. 제일 높은 자리에 있는 사람은 매우 높은 기준을 지켜야 하고, 자신이 이끄는 사람들에 대한 궁극적인 책임을 져야 한다.

그렇다고 수석 프로그래머나 관리자에게 모든 책임이 돌아간다는 뜻은 아니다. 모든 프로그래머는 자신의 원숙함이나 이해도에 맞춰 코드가 하는 일을 알 책임이 있다. 모든 프로그래머가 자신의 코드가 끼치는 해에 대해 책임을 져야 한다.

사회에 해를 끼치지 말라

첫째, 여러분이 속한 사회에 해를 끼치지 않아야 한다.

이것이 폭스바겐의 프로그래머들이 어긴 규칙이다. 이들이 만든 소프트웨어가 고용주인 폭스바겐에는 이득이 됐을지도 모른다. 하지만 사회 전반에 해를 끼쳤다. 그리고 우리 프로그래머들은 이런 행동을 해서는 절대 안 된다.

그런데 여러분이 사회에 해를 끼치는지 여부는 어떻게 판단해야 할까? 예를 들어 무기 체계를 제어하는 소프트웨어는 사회에 해로운가? 도박 소프트웨어는 어떤가? 폭력적이거나 성차별적인 비디오 게임은 어떤가? 포르노는?

여러분의 소프트웨어가 법을 어기지는 않았지만 그래도 사회에 해로울 수있을까?

솔직히 이건 본인의 판단에 달렸다. 여러분이 할 수 있는 최선의 결정을 내리기만 하면 된다. 여러분의 양심이 여러분을 이끌 것이다.

사회에 해를 끼친 또 다른 사례로 실패한 HealthCare.gov 웹 사이트 서비스 개시가 있다. 의도적으로 해를 끼친 것은 아니지만 말이다. 부담 적정 보험법Affordable Care Act은 2010년에 미 의회를 통과하고 대통령이 서명하여 제정됐다.

법안이 요구한 많은 사항 중에 웹 사이트를 2013년 10월 1일까지 만들고 작동시켜야 한다는 것이 있었다.

완전히 새로운 거대한 소프트웨어 시스템을 특정 날짜에 작동시켜야 한다고 법안으로 지정해 놓은 정신 나간 짓은 일단 제쳐 두자. 진짜 문제는 2013년 10월 1일에 웹 사이트를 실제로 가동시켰다는 점이다.

이날 혹시 어떤 프로그래머들은 자신의 책상 밑에 숨어 있지 않았을까?

아, 이런, 가동시켜 버린 것 같아요.

네, 네. 진짜 가동시켜서는 안 됐는데….

아, 불쌍한 우리 엄마. 우리 엄마는 어떻게 해야 하죠?

이 사례에서는 기술적인 실패가 새로운 초대형 공공 정책을 위험에 몰아넣었다. 이 실패 때문에 부담 적정 보험법은 뒤집히기 일보 직전까지 갔다. 이 상황에 대한 여러분의 정치적인 견해와 상관없이 이 사건은 사회에 해를 끼쳤다.

누가 이 피해를 책임져야 할까? 시스템이 준비되지 않았다는 걸 알았음에도 불구하고 침묵한 모든 프로그래머, 팀 리더, 관리자, 임원이 책임을 져야 한다.

경영진에게 수동적 공격성을 보인 소프트웨어 개발자들, "나는 그냥 내 일을 할 뿐이고 그건 저 사람들 문제죠"라고 말한 모든 사람이 바로 사회에 해를 끼친 사람들이다. 무언가 잘못됐다는 걸 알았으면서도 시스템 배포를 멈추려는 노력을 전혀 하지 않은 모든 소프트웨어 개발자가 일정 부분 책임을 져야 한다.

그 이유는 다음과 같다. 여러분이 프로그래머로 채용된 주요 이유 중 하나는 무언가 잘못되어 가는 걸 여러분이 알아차릴 수 있어서다. 여러분은 문제가 실제로 일어나기 전에 이를 발견할 수 있는 지식을 가지고 있다. 따라서 무언가 끔찍한 일이 일어나기 전에 목소리를 높일 책임이 있다.

기능에 해를 끼치지 말라

여러분은 여러분의 코드가 작동하는지 알아야만 한다. 여러분은 여러분 코드의 동작이 회사, 사용자, 동료에게 해를 끼치지 않는다는 것을 알아야만 한다.

2012년 8월 1일 나이트 캐피털 그룹의 엔지니어들이 서버에 새 소프트웨어를 설치했다. 하지만 불행히도 서버 8대 중 7대에만 새로운 버전이 설치됐기 때문에 한 대는 예전 버전을 계속 쓰고 있었다.

왜 이런 실수를 했는지는 알 수 없다. 누군가 경솔했던 탓일 것이다.

나이트 캐피털은 뉴욕 증권 거래소에서 주식을 사고파는 시스템을 운영했다. 이 시스템에는 큰 부모 거래 하나를 가져다 작은 자식 거래 여럿으로 쪼개는 기능이 있었다. 주식 시장의 다른 사람들이 원래 부모 거래의 규모를 보고서는 그에 맞춰 가격을 바꾸는 일을 막기 위한 기능이었다.

8년 전 파워 펙Power Peg이라는 이름의 간단한 부모-자식 알고리즘이 비활성화되고, SMARSSmart Market Access Routing System라는 훨씬 나은 알고리즘이 그 자리를 대신했다. 그런데 웬일인지 기존 파워 펙 코드는 시스템에서 지워지지 않았다. 그저 플래그로 비활성화되어 있었을 뿐이었다.

이 플래그는 원래 부모-자식 처리를 조절하기 위한 목적이었다. 플래그가 켜져 있으면 자식 거래가 이루어졌다. 자식 거래가 충분히 일어나서 부모 거래가 완수되면 플래그가 꺼졌다.

파워 펙 코드는 단순히 플래그를 끄는 방법으로 비활성화되어 있었던 것이다.

공교롭게도 8대 중 7대에만 설치된 새 소프트웨어 업데이트는 이 플래그의 용도를 바꾸었다. 소프트웨어 업데이트가 끝난 후 모든 서버의 플래그를 일제히 활성화하자 여덟 번째 서버는 빠른 속도로 무한 반복문을 돌며 자식 거래를 생성하기 시작했다.

프로그래머들은 무언가 잘못된 것을 알아차렸지만 정확히 무엇이 문제인지 몰랐다. 그들이 오동작하는 서버를 끄기까지 45분이 걸렸다. 서버는 45분 동안 무한 반복문을 돌며 잘못된 거래를 계속 만들어 냈다.

그 결과 잘못된 거래가 생성된 45분 동안 나이트 캐피털은 의도치 않게 필요 없는 주식을 70억 달러어치가 넘게 사들였고, 이를 4억 6000만 달러의 손해를 보며 처분해야 했다. 엎친 데 덮친 격으로 이 회사에는 현금이 3억 6000만 달러밖에 없었다. 나이트 캐피털은 파산했다.

45분. 단 하나의 바보 같은 실수. 4억 6000만 달러.

그렇다면 무엇을 실수한 걸까? 시스템이 무슨 동작을 할지 프로그래머가 알지 못한 것이 실수다.

이렇게 설명하면 어쩌면 여러분은 내가 코드의 동작에 대해 완벽한 지식을 요구한다고 걱정할 수도 있겠다. 물론 완벽한 지식은 얻을 수 없다. 어딘가 지식이 부족한 구석이 항상 있을 것이다. 중요한 것은 지식의 완벽함이 아니다. 해를 끼치지 않으리라는 것을 확실히 알고 있어야 한다는 점이 중요하다.

서투른 나이트 캐피털 직원들은 지식이 부족했고, 결과는 끔찍할 정도로 해로웠다. 그리고 이 시스템에 무엇이 걸려 있었는지 감안한다면 지식이 부족하도록 내버려 두면 안 되는 부분이었다.

다른 사례로 토요타가 있다. 토요타 자동차의 소프트웨어 시스템은 제어가 불가능한 급발진을 일으켰다. 이 소프트웨어 때문에 무려 89명이 사망했다. 부상자도 있었다.

여러분이 붐비는 시내 번화가에서 운전하고 있다고 상상해 보라. 차가 급가속을 하고 브레이크는 말을 듣지 않는다고 상상해 보라. 차가 순식간에 로켓처럼 질주하며 정지 신호와 횡단보도를 지나치는데 멈출 방법이 없다. 조사관들은 토요타 소프트웨어가 이런 문제를 일으킬 수 있음을 밝혀냈다. 아마 실제로 그런 일이 발생했을 것이다.

이 소프트웨어는 사람을 죽이고 있었다.

이 코드를 작성한 프로그래머는 자신의 코드가 사람을 죽이지 않아야 한다는 것을 알지 못했다. 부정 표현이 두 번 들어갔다. 그들은 사람을 죽이지 않아야 한다는 것을 알지 못했다. 하지만 알았어야 했다. 그들의 코드가 사람을 죽이지 않아야 한다는 것을 알았어야만 했다.

다시 한번 말하자면, 모두 위험에 관한 것이다. 많은 것이 걸려 있다면 여러분이 달성할 수 있는 한 가장 완벽에 가깝게 여러분의 지식을 쌓고 싶을 것이다. 목숨이 걸려 있다면 여러분의 코드가 아무도 죽이지 않아야 한다는 것을 알아야만 한다. 큰돈이 걸려 있다면 여러분의 코드가 그 돈을 날려 버리지 않으리라는 것을 알아야만 한다.

반면에 여러분이 채팅 앱이나 간단한 웹 사이트 장바구니를 만들고 있다면 목숨이나 큰돈이 걸려 있지 않을 것이다…

… 아닌가? 혹시 여러분의 채팅 앱 사용자가 몸이 갑자기 아파서 "도와줘. 119 불러 줘"라고 여러분 앱에 입력한다면 어떨까? 앱이 오동작하거나 메시지가 유실된다면 어떨까?

해커가 여러분 웹 사이트의 개인 정보를 빼내서 신상을 도용하는 데 사용한다면 어떨까? 또 여러분 코드의 기능이 형편없어서 고객을 여러분의 회사에서 경쟁사로 보내 버린다면 어떨까?

요점은 소프트웨어로 끼칠 수 있는 해를 과소평가하기 쉽다는 것이다. 여러분의 소프트웨어가 그다지 중요하지 않아서 사람을 해칠 일은 없다고 생각하면 위안이 되기도 할 것이다. 하지만 여러분은 소프트웨어 제작이 매우 고비용 작업이라는 점을 놓쳤다. 고객이 여러분의 소프트웨어에 의존함으로써 드는 비용은 제쳐 놓더라도 최소한 소프트웨어 개발에 들인 비용은 문제가 된다.

그 결과 여러분 생각보다 거의 항상 더 많은 것이 걸려 있다.

구조에 해를 끼치지 말라

여러분은 코드의 구조에 해를 끼쳐서는 안 된다. 여러분은 코드를 늘 깨끗하게 잘 구성해야 한다.

나이트 캐피털의 프로그래머들이 왜 그들의 코드가 해로울 수 있음을 알지 못했는지 생각해 보라.

내 생각에 답은 꽤 뻔하다. 그들은 파워 펙 소프트웨어가 시스템에 여전히 남아 있다는 것을 잊었다. 목적을 바꾼 플래그가 파워 펙을 활성화한다는 것을 잊었다. 그리고 모든 서버가 언제나 동일한 소프트웨어를 실행할 것이라 가정했다.

그들은 사용하지 않는 코드를 지우지 않고 남겨 두어 시스템의 구조에 해를 끼쳤다. 그리고 그로 인해 거래 시스템이 해로운 동작을 할 수 있다는 걸 알지 못했다. 이래서 코드 구조와 깨끗함의 중요성을 그렇게 강조하는 것이다. 구조가 얽히고설킬수록 코드가 어떤 일을 벌일지 더 알기 어렵다. 더 엉망일수록 더 불확실하다.

예를 들어 토요타의 경우를 보자. 왜 프로그래머들이 자신들의 소프트웨어가 사람을 죽일 수 있다는 걸 몰랐을까? 소프트웨어에 전역 변수가 만 개도 넘게 있었다는 사실이 하나의 요인일 수 있지 않을까?

소프트웨어를 엉망으로 만들면 그 소프트웨어가 어떤 일을 하는지 파악하는 능력이 저하되고, 따라서 피해를 막는 능력도 저하된다.

엉망인 소프트웨어는 해로운 소프트웨어다.

가끔은 끔찍한 서비스 버그를 고치기 위해 빠르고 지저분한 패치가 필요하다고 항변하는 사람이 있을 수도 있겠다.

그렇다. 물론이다. 실제 서비스의 위기를 빠르고 지저분한 패치로 모면할 수 있다면, 그렇게 하는 게 당연하다. 이론의 여지가 없다. 제대로 작동하는 바보 같은 생각은 사실 바보 같은 생각이 아니다.

하지만 빠르게 추가한 지저분한 패치를 해를 주지 않으면서 그대로 계속 놔둘 수는 없다. 패치가 코드에 더 오래 남아 있을수록 더 많은 해를 끼칠 수 있다. 오래된 파워 펙 코드를 코드 베이스에서 제거했었더라면 나이트 캐피털은 붕괴하지 않았으리란 점을 명심하라. 실제로 잘못된 거래를 만들어 낸 것은 오래된 미사용 코드였다.

'구조에 해를 끼친다'는 말은 어떤 의미일까? 수천 개의 전역 변수는 명백한 구조적 결함이다. 코드 베이스에 남아 있는 미사용 코드도 마찬가지다.

구조적 피해란 소스 코드의 구성이나 내용에 입히는 해다. 소스 코드를 읽기 어렵게, 이해하기 어렵게, 바꾸기 어렵게, 재사용하기 어렵게 만드는 모든 것이다.

좋은 소프트웨어 구조의 규율과 기준을 숙지하는 일은 모든 소프트웨어 개발 전문가의 책임이다. 리팩터링은 어떻게 하는지, 테스트는 어떻게 작성하는지, 나쁜 코드는 어떻게 알아보는지, 어떻게 설계에서 결합을 줄이고 적절한 아키텍처 경계를 만드는지도 알아야 한다. 저수준과 고수준 설계 원칙을 이해하고 적용해야 한다. 후임 개발자가 이런 것들을 익히고, 그에 따라 코드를 작성할 수 있도록 하는 일이 모든 선임 개발자의 책임이다.

소프트

소프트웨어software라는 단어의 앞부분을 구성하는 말은 소프트soft다. 소프트웨어는 소프트해야, 즉 말랑말랑해야 한다. 소프트웨어는 바꾸기 쉬워야 한다. 바꾸기 쉬운 것을 원하지 않았다면 우리는 이걸 딱딱한 하드hard웨어라고 불렀을 것이다.

애초에 왜 소프트웨어가 존재하는지를 꼭 기억해야 한다. 우리는 기계의 동작을 쉽게 바꿀 수 있는 수단으로 소프트웨어를 발명했다. 우리가 만든 소프트웨어가 바꾸기 힘들다면 우리는 소프트웨어의 진정한 존재 이유를 훼손한 것이다.

소프트웨어에 두 가지 가치가 있음을 잊지 말라. 소프트웨어의 동작에서 오는 가치가 첫 번째 그리고 소프트웨어의 '소프트'함에서 오는 가치가 두 번째다. 우리 고객과 사용자는 우리가 쉽고 저렴하게 동작을 바꿀 수 있으리라 기대한다.

그렇다면 두 가지 중 어떤 가치가 더 클까? 둘 중 어느 쪽을 더 우선시해야 할까? 간단한 사고 실험을 해 보면 답이 나온다.

두 개의 프로그램이 있다고 상상해 보라. 하나는 완벽하게 동작하지만 변경할 수 없다. 다른 하나는 제대로 동작하는 게 하나도 없지만 변경이 쉽다. 어느 쪽의 가치가 더 클까?

이런 말까지 하고 싶지는 않지만 혹시 여러분이 눈치채지 못했을까 봐 이야기하자면 소프트웨어의 요구 사항은 자꾸 바뀌는 경향이 있다. 그리고 요구 사항이 바뀌면 첫 번째 소프트웨어는 쓸모가 없어진다. 영원히.

반면에 두 번째 소프트웨어는 바꾸기 쉬우니 제대로 작동하도록 바꿀 수 있다. 처음에는 작동하도록 고치는 데 시간과 돈이 어느 정도 들겠지만, 그 이후로는 최소한의 노력만 들이면 영원히 계속 작동할 것이다.

따라서 매우 시급한 상황을 제외하면 언제나 두 번째 가치를 우선시해야 한다.

'시급한' 상황이란 어떤 상황일까? 서비스에 재난이 발생해서 1분에 100억

원씩 돈을 날리고 있는 순간이다. 이게 내가 말하는 시급한 상황이다.

소프트웨어 스타트업은 여기에 해당하지 않는다. 스타트업은 유연하지 않은 소프트웨어를 만들어야만 하는 시급한 상황이 아니다. 사실 그 반대가 맞다. 스타트업에서 절대적으로 확실한 단 한 가지는 여러분이 엉뚱한 제품을 만들고 있다는 것이다.

사용자를 처음 만나는 순간 어떤 제품도 살아남지 못한다. 제품을 사용자의 손에 넘기자마자 여러분 제품의 잘못된 점을 100가지는 발견하게 될 것이다. 그리고 제품을 엉망으로 망치지 않으면서 바꾸는 일이 불가능하다면 망한 거나 다름없다.

이것이 소프트웨어 스타트업의 가장 커다란 문제 중 하나다. 스타트업 창업가들은 자신이 시급한 상황에 있으므로 규칙 따위는 모두 집어던지고 결승선을 향해 질주해야 한다고 믿는다. 지나온 길을 온통 뒤죽박죽으로 만들면서 말이다. 대부분의 경우 이렇게 뒤죽박죽되어 있기 때문에 첫 번째 배포를 하기 한참 전부터 스타트업이 느려지기 시작한다. 소프트웨어 구조에 해를 끼치지 않고 잘 유지할 수 있다면 더 빠르고, 더 순조로울 것이고, 더 오래 살아남을 것이다.

소프트웨어에서 서두르는 것은 결코 득이 되지 않는다.

— 브라이언 매릭Brian Marick

테스트

테스트가 먼저다. 테스트를 먼저 짜고 깨끗하게 정리하라. 여러분이 작동 여부를 증명하는 테스트를 짠 덕분에 코드의 모든 줄이 작동함을 알 수 있다.

작동 여부를 증명하는 테스트가 없다면 어떻게 코드의 동작이 해를 끼치지 않도록 막을 수 있겠는가? 코드를 깨끗이 정리할 수 있게 해 주는 테스트가 없다면 어떻게 코드의 구조에 해를 끼치지 않도록 막을 수 있겠는가? 그리고 테스트 주도 개발의 세 가지 법칙을 따르지 않으면 어떻게 테스트 묶음이 완벽하다고 보장할 수 있겠는가?

테스트 주도 개발이 정말로 전문성의 필수 요소일까? 내가 정말로 테스트 주도 개발을 실천하지 않으면 소프트웨어 개발 전문가가 될 수 없다고 주장하는 것일까?

맞다. 나는 그렇다고 생각한다. 아니면 적어도 그렇게 되고 있다. 우리 중 일부에게는 사실이고, 시간이 갈수록 우리 중 더 많은 사람에게 사실이 될 것이다. 나는 개발 전문가를 구분 짓는 규율과 행동의 최소 요건에 테스트 주도 개발 실천 여부가 포함된다고 과반수의 프로그래머가 동의하는 순간이 비교적 이른 시간 내에 올 것이라 생각한다.

나는 왜 그렇게 믿는 걸까? 앞에서 이야기했듯이 우리가 세계를 지배하기 때문이다! 우리가 전 세계를 움직이는 규칙을 작성한다.

우리 사회에서 소프트웨어 없이는 아무것도 사거나 팔 수 없다. 거의 모든 통신이 소프트웨어로 전해진다. 거의 모든 문서가 소프트웨어로 작성된다. 소프트웨어 없이는 법률이 통과되거나 집행되지 않는다. 일상생활에서 소프트웨어를 거치지 않는 활동은 사실상 없다.

소프트웨어가 없으면 우리 사회는 제대로 기능할 수 없다. 소프트웨어는 우리 문명의 기반 시설 중 가장 중요한 요소가 됐다.

사회는 아직 이걸 깨닫지 못했다. 우리 프로그래머도 아직 진짜로 깨닫지 못했다. 하지만 우리가 작성하는 소프트웨어가 중요하다는 인식이 막 퍼지기 시작했다. 많은 생명과 재산이 우리 소프트웨어에 의존한다는 인식이 퍼지기 시작했다. 그리고 최소한의 규율도 실천하지 않는 사람들이 소프트웨어를 작성한다는 인식이 퍼지기 시작했다.

그래서 나는 테스트 주도 개발 또는 그와 매우 비슷한 어떤 규율이 언젠가는 소프트웨어 개발 전문가가 실천해야 하는 최소한의 기준으로 여겨질 것이라고 생각한다. 우리 고객과 우리 사용자가 이를 요구하리라 생각한다.

최선의 결과물

약속 2. 내가 만드는 코드는 언제나 내 최선의 결과물일 것입니다. 나는 동작이나 구조에 결함이 있는 코드가 누적되는 것을 좌시하지 않겠습니다.

켄트 벡이 이런 말을 한 적이 있다. "먼저 돌아가게 만들라. 그다음 제대로 만들라."

프로그램이 돌아가게 하는 일은 첫 번째, 가장 쉬운 단계일 뿐이다. 두 번째 더 어려운 단계는 코드를 깨끗하게 정리하는 일이다.

안타깝게도 프로그램이 돌아가기만 하면 완성했다고 생각하는 프로그래머가 너무 많다. 일단 돌아가기만 하면 다음 프로그램으로 넘어가고, 또 다음, 그다음으로 넘어간다.

그들이 지나간 자리에는 이리저리 얽혀 있고, 읽기 힘들고, 전체 개발 팀의 속도를 늦추는 코드들만 남겨져 있다. 이 프로그래머들은 자신의 가치가 속도에 있다고 생각하는 것이다. 자신이 고연봉자이므로 짧은 시간 안에 기능을 아주 많이 생산해 내야만 한다고 느낀다.

하지만 소프트웨어 개발은 어려운 일이고 시간이 많이 걸린다. 그러면 이들은 자신이 너무 느리다는 느낌이 들 것이다. 자신이 실패하고 있다고 생각하고, 따라서 더 빠르게 달려야 한다는 압박을 느낀다. 그래서 서두르게 된다. 서둘러 프로그램이 돌아가게 만든 다음 완성했다고 선언한다. 이들이 생각하기에는 이미 너무 많은 시간을 잡아먹었기 때문이다. 프로젝트 관리자의 끊임없는 발걸음 소리가 이런 상황에 도움이 되지는 않지만, 그래도 관리자의 압박이 프로그래머가 서두르는 진짜 원인은 아니다.

나는 강의를 많이 한다. 나는 대부분의 강의에서 프로그래머들에게 간단한 코딩 프로젝트를 내준다. 코딩을 하면서 새로운 기법과 규율을 체험해 보도록 하는 것이 내 목표다. 프로젝트를 정말로 끝내는지 여부는 신경 쓰지 않는다. 사실 여기서 작성한 코드는 어차피 버려진다. 그런데도 여전히 서두르는 사람이 보인다. 강의가 끝났는데도 남아서 전혀 의미 없는 무언가를 작동하게 만들려고 애쓰는 이도 있다.

마찬가지로 상사의 압력이 도움이 되지는 않겠지만 진짜 압력은 우리 내면에서 나온다. 우리는 개발 속도를 우리 자신의 가치 문제라고 여긴다.

제대로 만들기

이번 장에서 살펴보았듯이 소프트웨어에는 두 가지 가치가 있다. 동작이 주는 가치와 구조가 주는 가치다. 그리고 구조가 주는 가치가 동작이 주는 가치보다 더 중요하다는 것도 설명했다. 길게 봤을 때 소프트웨어 시스템은 요구 사항 변화에 반응할 수 있어야만 가치가 있기 때문이다.

바꾸기 어려운 소프트웨어는 최신 요구 사항을 계속 따라가기도 어렵다. 나쁜 구조의 소프트웨어는 빠르게 쓸모가 없어진다.

여러분이 요구 사항을 계속 따라가려면 소프트웨어의 구조가 변화를 수용할 수 있을 만큼, 심지어 변화를 촉진할 수 있을 만큼 깨끗해야 한다. 바꾸기 쉬운 소프트웨어는 바뀌는 요구 사항을 계속 따라갈 수 있고, 최소한의 노력으로 가치를 유지할 수 있다. 하지만 여러분의 소프트웨어 시스템이 바꾸기 어렵다면 요구 사항이 바뀔 때 시스템을 돌아가게 만드느라 아주 골치가 아파질 것이다.

요구 사항은 언제 가장 잘 바뀔까? 요구 사항은 프로젝트 초기, 사용자가 처음으로 몇 가지 기능이 작동하는 모습을 봤을 때 가장 많이 바뀌기 쉽다. 어떻게 작동할 것이라고 상상하던 모습이 아니라 시스템이 실제로 작동하는 모습을 사용자가 처음으로 보는 순간이기 때문이다.

따라서 초기 개발을 빠르게 진행해야 한다면 시작부터 시스템의 구조를 깨끗하게 정리해야 한다. 처음부터 엉망진창을 만든다면 그 때문에 첫 릴리스부터 늦어지기 시작할 것이다.

좋은 구조는 좋은 동작을 가능하게 하고 나쁜 구조는 좋은 동작을 방해한다. 구조가 좋을수록 동작도 좋아진다. 구조가 나쁠수록 동작도 나빠진다. 동작의 가치는 구조에 매우 깊이 의존한다. 그래서 두 가지 가치 중에서 구조의 가치가 더 결정적이다. 즉, 개발 전문가는 코드의 동작보다 구조에 더 높은 우선순위를 두어야 한다.

맞다. 먼저 돌아가게 만들라고 했다. 하지만 그다음에 제대로 만들기를 꼭 잊지 말아야 한다. 여러분은 프로젝트 기간 전체에 걸쳐 시스템 구조를 가능한 한 깨끗하게 유지해야 한다. 맨 처음부터 맨 끝까지, 언제나 깨끗해야만 한다.

무엇이 좋은 구조인가?

구조가 좋으면 시스템을 테스트하기 쉽고, 바꾸기 쉽고, 재사용하기 쉽다. 코드 일부분을 바꾼다고 다른 부분의 코드가 깨지지 않는다. 모듈 하나를 바꿨을 때 대규모 재컴파일과 재배포가 필요하지 않다. 고수준 정책이 저수준 세부 사항과 분리되어 독립적이다.

구조가 나쁘면 시스템이 뻣뻣하고 깨지기 쉽고 이동성이 없다. 이런 특성이 전통적인 설계 냄새design smell다.

뻣뻣함rigidity은 시스템을 상대적으로 조금 바꿨을 때도 시스템의 많은 부분을 재컴파일, 재빌드, 재배포해야 하는 특성이다. 변경 사항 자체보다 그다음 통합에 들이는 노력이 훨씬 더 클 때 그 시스템은 뻣뻣하다.

깨지기 쉽다fragility는 것은 시스템의 동작을 조금 바꿨을 때 다수의 다른 모듈을 함께 많이 바꿔야만 하는 특성이다. 동작을 조금 바꿨을 때 시스템의 다른 어떤 동작이 망가질 위험이 크다. 이런 상황이 벌어졌을 때 관리자와 고객은 여러분이 소프트웨어를 통제할 수 없거나, 여러분이 하는 일을 잘 모른다고 간주하게 된다.

이동성이 없다immobility는 것은 기존 시스템의 어떤 모듈에 있는 동작을 새로운 시스템에서도 사용하고 싶은데, 기존 시스템 안에서 다른 부분과 너무 많이 얽혀 있어서 새로운 시스템에서 쓰기 위해 뽑아낼 수 없는 상황이다.

이들은 모두 동작이 아니라 구조의 문제다. 시스템이 모든 테스트를 통과하고 모든 기능 요구 사항을 충족시키더라도, 이런 시스템은 다루기가 너무 어렵기 때문에 거의 가치가 없을 수도 있다.

가치 있는 동작을 정확하게 구현한 너무나 많은 시스템이 그 가치를 깎아먹는 엉터리 구조 때문에 쓸모없어지는 경우가 많다는 사실은 아이러니하다.

쓸모없다는 말은 전혀 과장이 아니다. '원대한 재설계의 꿈'에 참여해 본 경험이 있는가? 개발자들이 경영진에게 진전을 이루기 위한 유일한 방법이 전체 시스템을 백지에서 새로 재설계하는 것뿐이라고 말하는 경우 말이다. 이 개발자들은 현재 시스템을 쓸모없다고 평가한 것이다.

개발자들이 시스템을 재설계하도록 관리자가 허용한다면, 현재 시스템이 쓸모없다고 평가한 개발자들의 의견에 관리자도 동의했다는 의미일 뿐이다.

이런 설계 냄새가 쓸모없는 시스템으로 이어진 원인은 무엇일까? 소스 코드 의존성이다! 이런 의존성을 어떻게 고칠 수 있을까? 의존성 관리가 답이다! 어떻게 의존성을 관리할 수 있을까? 객체 지향 설계의 SOLID 원칙[1]을 사용해서 우리 시스템의 구조에서 시스템을 쓸모없게 만들지 모를 설계 냄새가 절대 풍기지 않도록 관리하면 된다.

구조의 가치는 동작의 가치보다 큰데, 구조의 가치는 의존성 관리를 잘하

1　이 원칙은 《클린 코드》와 《클린 소프트웨어》에서 설명하고 있다.

는지에 달려 있고, 또 SOLID 원칙을 지키면 의존성 관리가 잘 이루어진다. 따라서 시스템의 전체 가치는 SOLID 원칙을 제대로 적용하는 일에 달려 있다.

대단한 주장이다. 그렇지 않은가? 어쩌면 믿기 좀 힘들 수도 있다. 시스템의 가치가 설계 원칙에 달려 있다니. 하지만 우리 논의를 따져 보면 그렇다. 여러분 중 이를 뒷받침할 경험을 한 사람도 많을 것이다. 그리고 이 결론은 심각하게 따져 봐야 할 문제로 이어진다.

아이젠하워 매트릭스

드와이트 D. 아이젠하워Dwight D. Eisenhower 장군은 이런 말을 했다. "내게는 두 가지 문제가 있습니다. 시급한 문제와 중요한 문제입니다. 시급한 문제는 중요하지 않고, 중요한 문제는 절대 시급하지 않습니다."[2]

이 말에는 깊이 있는 진실, 그것도 엔지니어링에 대한 깊이 있는 진실이 담겨 있다. 이걸 엔지니어의 좌우명으로 삼아도 될 것 같다.

> 시급성urgency이 클수록 타당성relevance은 낮다.

그림 12.1에 아이젠하워의 결정 매트릭스가 있다. 시급도와 중요도에 따라 네 가지 경우의 수가 있다. 시급하고 중요함, 시급하지만 중요하지 않음, 중요하지만 시급하지 않음, 중요하지도 않고 시급하지도 않음이다.

중요함 시급함	중요함 시급하지 않음
중요하지 않음 시급함	중요하지 않음 시급하지 않음

그림 12.1 아이젠하워의 결정 매트릭스

2 1954년 세계 교회 협의회 2회 총회에 참석해 행한 연설 중

자, 이제 우선순위 순으로 정리해 보자. 두 가지는 뻔하다. 중요하고 시급한 경우가 제일 위에 오고, 중요하지도 않고 시급하지도 않은 경우가 제일 밑으로 간다.

문제는 가운데 있는 두 가지인 시급하지만 중요하지 않은 경우와 중요하지만 시급하지 않은 경우를 어떤 순으로 배치할 것인가이다. 어떤 일을 먼저 처리해야 할까?

당연히 중요하지 않은 일보다 중요한 일을 우선시해야 한다. 나는 한발 더 나아가서, 무언가가 중요하지 않다면 아예 하지 않아야 한다고 주장하겠다. 중요하지 않은 일을 하는 것은 낭비다.

중요하지 않은 일을 몽땅 없애 버리면 둘밖에 남지 않는다. 우리는 중요하고 시급한 일을 먼저 한다. 그리고 그다음에 중요하지만 시급하지 않은 일을 한다.

내 말의 요점은 시급성은 시간에 관한 것인 반면 중요성은 그렇지 않다는 것이다. 중요한 일은 장기적이다. 시급한 일은 단기적이다. 구조는 장기적이다. 따라서 중요하다. 동작은 단기적이다. 따라서 그저 시급할 뿐이다. 따라서 중요한 것인 구조를 먼저 고려해야 한다. 동작은 그다음이다.

여러분의 상사는 이 우선순위에 동의하지 않을 수 있다. 구조에 대해 걱정하는 일은 그들의 몫이 아니기 때문이다. 여러분이 구조에 대해 걱정해야 한다. 여러분의 상사는 그저 여러분이 시급한 동작을 구현하는 동안 구조를 깨끗하게 관리할 거라고 기대할 뿐이다.

이번 장의 앞부분에서 켄트 벡의 말을 인용했다. "먼저 돌아가게 만들라. 그다음 제대로 만들라." 그런데 나는 지금 동작보다 구조를 더 우선하라고 말하고 있다. 닭과 달걀의 문제다. 그렇지 않은가?

먼저 돌아가게 만들어야 하는 이유는 구조가 동작을 지원해야 하기 때문이다. 따라서 우리는 동작을 먼저 구현하고 그다음 제대로 된 구조를 만든다.

하지만 구조는 동작보다 중요하다. 우리는 구조에 더 우선순위를 둔다. 동작 문제를 다루기 전에 구조 문제를 먼저 다룬다.

모순되는 이 우선순위를 따르기 위해 우리는 문제를 아주 작은 단위로 쪼갠다. 사용자 스토리에서부터 시작해 보자. 스토리 하나를 동작하게 만든 다음, 올바른 구조를 만든다. 올바른 구조가 만들어질 때까지는 다음 스토리 작업을 하지 않는다. 현재 스토리의 구조가 다음 스토리의 동작보다 우선순위가 더 높다.

단, 스토리가 너무 클 때는 예외다. 더 조금씩 처리해야 한다. 스토리가 아니라 테스트다. 테스트가 작업하기에 알맞은 크기다. 먼저 테스트를 통과시킨다. 그러고 나서 다음 테스트로 넘어가기 전에 테스트를 통과하는 코드의 구조를 고친다.

이제껏 설명한 내용이 테스트 주도 개발 빨강→초록→리팩터링 주기의 정신적인 기반이다.

이 테스트 주도 개발 주기가 동작에 해를 끼치고 구조에 해를 끼치는 일을 막도록 도와준다. 이 테스트 주도 개발 주기가 동작보다 구조를 우선시할 수 있게 해 준다. 그래서 우리는 테스트 주도 개발을 테스트 기법이 아니라 '설계' 기법이라고 여긴다.

프로그래머도 이해관계자다

명심하라. 우리도 소프트웨어의 성공에 이해관계가 있다. 우리 프로그래머도 이해관계자다.

이런 식으로 생각해 본 적이 있는가? 여러분 자신을 프로젝트의 이해관계자 중 하나라고 생각해 본 적 있는가? 물론 있을 것이다. 프로젝트의 성공은 여러분의 경력과 평판에 직접적인 영향을 준다. 그러니 당연히 여러분도 이해관계자다. 이해관계자로서 여러분은 시스템을 개발하고 구조를 짜는 데

목소리를 낼 자격이 있다. 내 말은 여러분도 한배를 탔다는 것이다.

하지만 여러분은 단순한 이해관계자 이상이다. 여러분은 엔지니어다. 소프트웨어 시스템을 어떻게 만들고 시스템 구조를 어떻게 짜야 시스템이 지속 가능할지 알기 때문에 여러분이 고용된 것이다. 이런 지식이 있기에 여러분에게는 가능한 한 최고의 제품을 만들어 낼 책임도 주어진다.

여러분은 이해관계자로서의 권리뿐 아니라 엔지니어로서의 의무도 갖는다. 여러분이 만들어 내는 시스템이 나쁜 동작이나 구조로 해를 끼치지 않도록 해야 한다.

많은 프로그래머가 이런 종류의 책임을 피하고 싶어 한다. 그저 할 일만 던져 주기를 바란다. 우스꽝스럽고 창피한 일이다. 전적으로 전문가답지 못한 일이다. 이렇게 생각하는 프로그래머는 최저 임금만 받아야 한다. 그게 그들이 만들어 낸 결과물의 값어치다.

여러분이 시스템의 구조에 대해 책임을 지지 않는다면 누가 지겠는가? 여러분의 상사가 책임을 질까? 여러분 상사가 SOLID 원칙을 아는가? 디자인 패턴은? 객체 지향 설계와 의존성을 역전시키는 방법은? 여러분 상사가 테스트 주도 개발 규율을 아는가? 셀프 션트가 뭔지, 테스트용 하위 클래스나 험블 객체가 뭔지는 아는가? 함께 변경해야 하는 것들은 함께 묶고, 다른 이유로 변경되는 것들은 분리해야 하는 이유를 여러분 상사가 이해하는가?

여러분 상사가 구조를 이해하는가? 아니면 그저 동작에 대해서밖에 모르는가?

구조는 중요하다. 여러분이 신경 쓰지 않는다면 누가 신경 쓰겠는가?

여러분의 상사가 구조는 무시하고 오로지 동작에만 집중하라고 구체적으로 지시하면 어떻게 해야 할까? 여러분은 거절해야 한다. 여러분은 이해관계자다. 여러분도 권리가 있다. 여러분은 엔지니어로서 여러분 상사가 무시해 버릴 수 없는 책무를 받았다.

어쩌면 지시를 거절했다가는 해고당할지 모른다고 생각할 수도 있다. 하지만 아마 그렇지 않을 것이다. 대부분의 관리자는 자신이 필요로 하고 옳다고 생각하는 일을 위해 싸울 준비가 되어 있고, 자신과 마찬가지로 행동하려는 사람들을 존중한다.

아, 물론 다툼이 벌어질 것이다. 심지어 정면으로 대립할 수도 있고, 수월한 일은 아닐 것이다. 하지만 여러분은 이해관계자이자 엔지니어다. 체념하고 순순히 따를 수는 없다. 그건 전문가답지 않다.

대부분의 프로그래머는 대립을 선호하지 않는다. 하지만 대립을 일삼는 관리자를 상대하는 기술도 익힐 필요가 있다. 우리는 우리가 옳다고 믿는 것을 위해 싸우는 방법을 배워야 한다. 중요한 것에 대해 책임을 지고, 중요한 것을 위해 싸우는 사람이 바로 전문가이기 때문이다.

여러분의 최선

프로그래머 선서에서 이 약속은 최선을 다한다는 것이다.

명백히 프로그래머가 해야 할 더할 나위 없이 타당한 약속이다. 당연히 여러분은 최선을 다할 테고, 당연히 해롭다는 사실을 알면서도 코드를 릴리스하지는 않을 것이다.

그리고 당연히 이 약속은 언제나 똑떨어지지는 않는다. 일정을 맞추기 위해 구조를 희생해야 하는 경우가 있다. 예를 들어 전시회 일정을 맞추려면 신속하고 지저분한 수정이 필요할 수 있고, 그래서 그렇게 한다.

이 약속을 했다고 해서 구조가 완벽하지 않은 코드를 고객에게 전달할 수 없다는 것도 아니다. 구조가 완전히는 아니더라도 올바른 것에 가까울 때 고객이 다음날 릴리스가 나오리라고 기대하고 있다면 그에 맞춰 릴리스한다.

반면에 이 약속의 진짜 의미는 새로운 동작을 추가하기 전에 앞에서 말한 동작이나 구조의 문제를 먼저 해결하는 것이다. 나쁜 구조를 알고 있으면서 그 위에 동작을 더 많이 차곡차곡 쌓지 않는 것이다. 이런 결함이 누적되지 않도록 하는 것이다.

만약 여러분의 상사가 그래도 그냥 하라고 하면 어떻게 해야 할까? 대화는 다음과 같이 흘러가야 한다.

> 상사: 이번 신기능 말인데 오늘 내로 추가 부탁해요.

> 프로그래머: 죄송합니다만 불가능합니다. 새로운 기능을 추가하기 전에 구조 정리를 먼저 좀 해야 합니다.

> 상사: 정리는 내일 하면 되죠. 오늘 밤 안으로 그 기능을 추가해야 해요.

> 프로그래머: 지난번 기능도 그렇게 추가했는데요. 그래서 지금은 정리할 거리가 더 커져 버렸습니다. 무언가 새로운 일을 시작하기 전에 꼭 정리부터 해야 합니다.

> 상사: 아직 이해를 잘 못했나 본데요. 이건 사업입니다. 사업이 흥하거나 망하거나 둘 중 하나예요. 그리고 이 기능이 추가되지 않으면 우리 사업은 망한다고요. 자, 이제 얼른 기능을 추가하세요.

> 프로그래머: 이해합니다. 정말로요. 그리고 저도 동의합니다. 기능을 추가할 수 있어야겠지요. 하지만 지난 며칠간 누적되어 온 이 구조 문제를 정리하지 않으면 앞으로 작업 속도가 느려질 테고 추가되는 기능도 오히려 줄어들 겁니다.

> 상사: 알고 있겠지만 자네가 참 마음에 들어서 아주 괜찮은 사람이라고 떠들고 다녔는데 이제 보니 아니네. 전혀 괜찮은 사람이 아니야. 같이 일 못하겠네. 이런 식이면 자리를 빼야 할 수도 있어요.

> 프로그래머: 뭐, 그건 팀장님 권한이지요. 하지만 팀장님이 정말로 원하시는 것은 기능이 빨리 그리고 제대로 추가되는 것일 텐데요. 저는 지

금 오늘 밤에 정리를 하지 않으면 작업 속도가 느려지기 시작할 거라고 말씀드리고 있는 겁니다. 그리고 추가되는 기능도 점점 더 줄어들 테고요.

팀장님, 저도 팀장님만큼이나 빠르게 진행하고 싶습니다. 저를 채용하신 이유도 어떻게 하면 빠르게 진행할 수 있는지 제가 잘 알기 때문이고요. 제가 제 일을 할 수 있도록 해 주셔야 합니다. 제가 제일 잘 알고 있는 일을 하게 해 주세요.

상사: 오늘 밤에 정리를 하지 않으면 정말로 모든 일이 느려질 거라고 생각해요?

프로그래머: 네, 그럴 겁니다. 예전에 그랬던 경험도 있고요. 팀장님도 경험이 있으실 겁니다.

상사: 꼭 오늘 밤에 해야 해요?

프로그래머: 엉망진창인 상태를 더 악화시키는 건 마음이 편치 않습니다.

상사: 그러면 내일은 기능을 구현할 수 있나요?

프로그래머: 네, 일단 구조를 깨끗이 정리하고 나면 훨씬 쉬울 겁니다.

상사: 그래요. 내일. 더 늦으면 안 돼요. 이제 일하세요.

프로그래머: 알겠습니다. 그럼 이만.

상사: (프로그래머에게는 들리지 않게) 이 친구 마음에 드는데? 배짱이 있군. 줏대가 있어. 내가 자리를 뺀다고 협박했는데도 물러서지 않았어. 크게 될 사람이야. 틀림없어. 하지만 내가 이런 말을 했다고 알려 주지는 말라고.

반복적인 증명

약속 3. 나는 릴리스마다 코드의 모든 요소가 제대로 작동함을 빠르고 확실하게 반복적으로 보여 주는 증명을 만들겠습니다.

여러분은 이 말이 허황되게 들리는가? 여러분이 작성한 코드가 실제로 작동함을 증명할 것이라 기대한다는 말이 허황되게 들리는가?

여러분에게 에츠허르 비버 데이크스트라를 소개하겠다.

데이크스트라

에츠허르 비버 데이크스트라는 1930년에 네덜란드 로테르담에서 태어났다. 데이크스트라는 독일의 로테르담 폭격과 네덜란드 점령을 견뎌 냈고 1948년에 수학, 물리학, 화학, 생물학에서 최고 성적을 기록하며 고등학교를 졸업했다.

1952년 3월, 그러니까 내가 태어나기 딱 9개월 전에 데이크스트라는 21세의 나이로 암스테르담의 수학 센터Mathematical Center[3]에 취직했다. 네덜란드 최초의 프로그래머가 된 것이다.

1957년 데이크스트라는 마리아 데베츠Maria Debets와 결혼했다. 당시 네덜란드에서는 결혼 예식의 일부로 자신의 직업을 밝혀야 했는데, 당국에서는 '프로그래머'를 직업으로 인정하려 들지 않았다. 이런 직업을 들어 본 적이 없었던 것이다. 데이크스트라는 '이론 물리학자'라는 직업명에 만족해야만 했다.

1955년, 프로그래머로서 3년을 일한 후, 데이크스트라는 아직 학생이기는 했지만 프로그래밍의 지적 도전이 이론 물리학의 지적 도전보다 더 크다는

---

3 (옮긴이) 순수 수학과 응용 수학을 다루는 네덜란드 국립 연구소로 1946년에 설립됐다. 1952년에는 네덜란드 최초의 컴퓨터를 만드는 등 컴퓨터 과학에도 많은 기여를 했다. 1983년에 CWI(Centrum Wiskunde & Informatica, 수학·컴퓨터 과학 센터)로 이름을 바꾸었다. 히도 판로 섬이 파이썬을 만든 곳이기도 하다.

결론을 내렸다. 그래서 자신의 장기적인 직업으로 프로그래밍을 선택했다.

데이크스트라는 직업을 결정하는 과정에서 상사인 아드리안 판베잉아르던Adriaan van Wijngaarden과 상담을 했다. 여태껏 아무도 프로그래밍을 하나의 규율 또는 과학으로 여기지 않았기 때문에 자신이 진지하게 받아들여지지 못할까 봐 데이크스트라가 걱정하자, 판베잉아르던은 분명 데이크스트라가 프로그래밍을 과학으로 만들 수 있을 거라고 대답했다.

이 목표를 추구하는 과정에서 데이크스트라는 소프트웨어를 수학의 일종인 형식 체계formal system로 바라보는 발상에 몰두했다. 그는 소프트웨어가 공준postulate과 증명proof, 정리theorem, 보조 정리lemma로 이루어진 체계인《유클리드의 원론》처럼 수학적인 구조를 이룰 수 있다고 판단했다. 그래서 소프트웨어 증명을 위한 언어와 규칙을 만들기 시작했다.

정확성 증명하기

데이크스트라는 알고리즘의 정확성을 증명하는 데 있어 단 세 가지 기법만 사용할 수 있음을 깨달았다. 바로 열거법enumeration, 귀납법induction, 추상화abstraction다. 열거법은 연달아 나오는 두 문장 또는 불 표현식으로 선택하는 두 문장이 정확한지를 증명할 때 사용한다. 귀납법은 반복문이 정확한지 증명할 때 사용하고, 추상화는 문장 뭉치들을 증명 가능한 작은 단위로 쪼갤 때 사용한다.

어려운 이야기 같은가? 사실 그렇다.

이게 얼마나 어려운 일인지 보여 주기 위해 정수 나눗셈의 나머지를 계산하는 간단한 자바 프로그램을 하나 예로 들어 보겠다(그림 12.2). 그리고 이 알고리즘의 증명을 손으로 적어 보았다(그림 12.3).[4]

---

4 이 예는 데이크스트라가 제시한 예시를 자바로 바꾼 것이다.

```
public static int remainder(int numerator, int denominator) {
  assert(numerator > 0 && denominator > 0);
  int r = numerator;
  int dd = denominator;
  while(dd<=r)
    dd *= 2;
  while(dd != denominator) {
    dd /= 2;
    if(dd <= r)
      r -= dd;
  }
  return r;
}
```

그림 12.2 단순한 자바 프로그램

이런 접근 방식의 문제점이 보일 것이다. 사실 데이크스트라도 여기에 대해
다음과 같이 불평하며 쓸쓸한 심경을 드러냈다.

> 물론 나도 프로그램에 단순한 반복문을 쓸 때마다 이런 증명을 함께 제공
> 하는 일이 프로그래머의 의무가 되어야 한다고 감히 주장할 수는 없다. 적
> 어도 현재로서는! 증명을 함께 제공해야 한다면 그 어떤 크기의 프로그램
> 도 만들어 낼 수 없을 것이다.[5]

데이크스트라의 꿈은 정리theorem들을 라이브러리화함으로써 이런 증명을 좀
더 현실화하는 것이었다. 이 역시 《유클리드의 원론》처럼 말이다.

　하지만 데이크스트라는 소프트웨어가 얼마나 널리 구석구석까지 퍼질지
알지 못했다. 그 당시 소프트웨어 초창기에는 컴퓨터 수가 사람 수를 넘어설
것이라고는 내다볼 수 없었다. 우리 집에서, 주머니에서, 손목에서 막대한 양
의 소프트웨어가 작동하리라고 예측하지 못했다. 데이크스트라가 미래를 내

5　Edsger W. Dijkstra: Notes on Structured Programming in Pursuit of Simplicity; the manuscripts
　of Edsger W. Dijkstra, Ed. Texas; 1969-1970; *http://www.cs.utexas.edu/users/EWD/ewd02xx/EWD249.*
　PDF

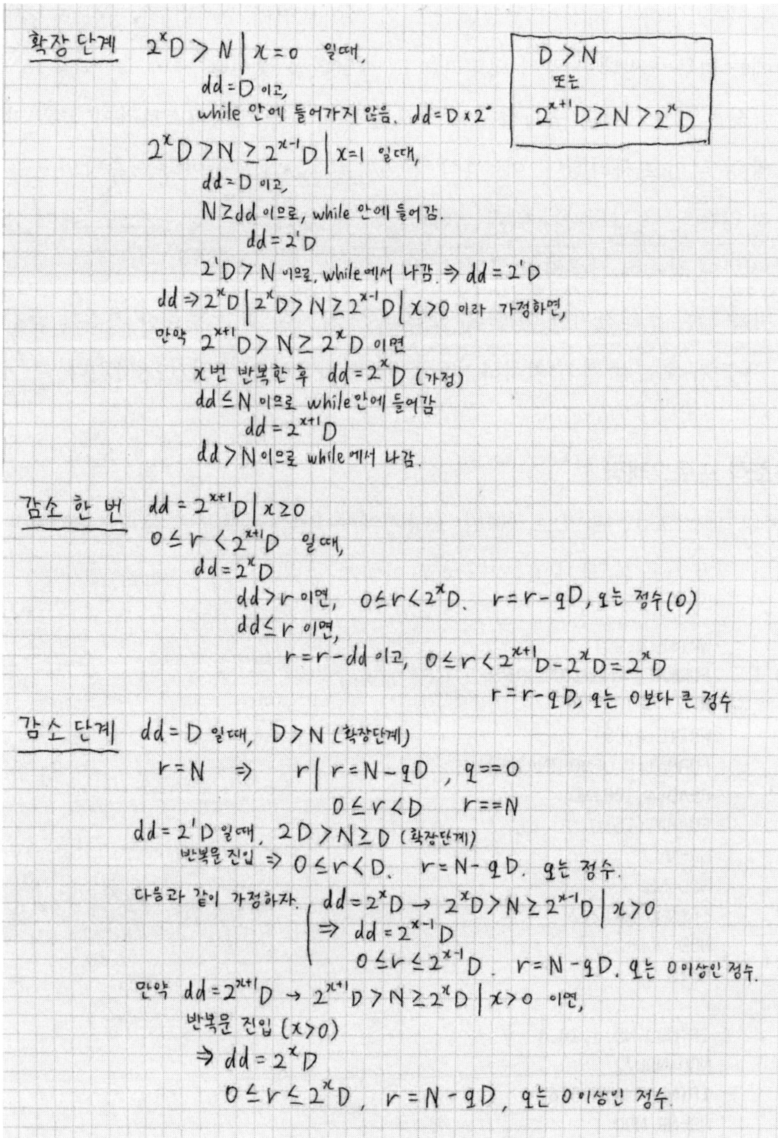

<u>확장단계</u> $2^x D > N$ | $x=0$ 일때,
　　　　　$dd = D$ 이고,
　　　　　while 안에 들어가지 않음. $dd = D \times 2^0$

$$\boxed{\begin{array}{c} D > N \\ \text{또는} \\ 2^{x+1}D \geq N > 2^x D \end{array}}$$

$2^x D > N \geq 2^{x-1}D$ | $x=1$ 일때,
　　　　$dd = D$ 이고,
　　　　$N \geq dd$ 이므로, while 안에 들어감.
　　　　　　$dd = 2^1 D$
　　　　$2^1 D > N$ 이므로, while에서 나감. $\Rightarrow dd = 2^1 D$

$dd \Rightarrow 2^x D$ | $2^x D > N \geq 2^{x-1}D$ | $x>0$ 이라 가정하면,
만약 $2^{x+1}D > N \geq 2^x D$ 이면
　　x번 반복한 후 $dd = 2^x D$ (가정)
　　$dd \leq N$ 이므로 while 안에 들어감
　　　　$dd = 2^{x+1}D$
　　$dd > N$ 이므로 while에서 나감.

<u>감소 한 번</u> $dd = 2^{x+1}D$ | $x \geq 0$
$0 \leq r < 2^{x+1}D$ 일때,
　　$dd = 2^x D$
　　　$dd > r$ 이면, $0 \leq r < 2^x D$. $r = r - qD$, q는 정수(0)
　　　$dd \leq r$ 이면,
　　　　　$r = r - dd$ 이고, $0 \leq r < 2^{x+1}D - 2^x D = 2^x D$
　　　　　　　　$r = r - qD$, q는 0보다 큰 정수

<u>감소 단계</u> $dd = D$ 일때, $D > N$ (확장단계)
　　$r = N \Rightarrow$　r | $r = N - qD$, $q == 0$
　　　　　　　　$0 \leq r < D$　$r == N$
$dd = 2^1 D$ 일때, $2D > N \geq D$ (확장단계)
　　반복문 진입 $\Rightarrow$ $0 \leq r < D$. $r = N - qD$. q는 정수.
다음과 같이 가정하자. $\left\{ \begin{array}{l} dd = 2^x D \to 2^x D > N \geq 2^{x-1}D \mid x>0 \\ \Rightarrow dd = 2^{x-1}D \\ \quad 0 \leq r < 2^{x-1}D. \ r = N - qD. \ q\text{는 0이상인 정수.} \end{array} \right.$

만약 $dd = 2^{x+1}D \to 2^{x+1}D > N \geq 2^x D$ | $x>0$ 이면,
　　반복문 진입 ($x>0$)
　　$\Rightarrow dd = 2^x D$
　　　$0 \leq r < 2^x D$, $r = N - qD$, q는 0이상인 정수.

그림 12.3 손으로 쓴 알고리즘의 증명

다볼 수 있었다면 자신이 꿈꿨던 정리의 라이브러리가 사람 한 명이 파악하기에는 너무나 방대한 양이 되리라는 걸 깨달았을 것이다.

이렇게 프로그램의 명시적인 수학적 증명이라는 데이크스트라의 꿈은 망각의 강 너머로 사라졌다. 아, 형식 증명formal proof의 부활이라는 희망의 끈을 놓지 않은 일부 지지자가 있기는 하다. 하지만 그들의 이상은 소프트웨어 산업 전반에 깊숙이 침투하지 못했다.

비록 꿈은 스러졌지만 이 꿈은 그 지나간 자리에 깊고 뚜렷한 자취를 남겼다. 우리가 오늘날 거의 의식하지도 못한 채 사용하는 무언가를 남겼다.

구조적 프로그래밍

1950년대, 1960년대 프로그래밍 초창기에 우리는 포트란 같은 언어를 사용했다. 포트란을 본 적이 있는가? 바로 이렇게 생겼다.

```
        WRITE(4,99)
99      FORMAT(" NUMERATOR:")
        READ(4,100)NN
        WRITE(4,98)
98      FORMAT(" DENOMINATOR:")
        READ(4,100)ND
100     FORMAT(I6)
        NR=NN
        NDD=ND
1       IF(NDD-NR)2,2,3
2       NDD=NDD*2
        GOTO 1

3       IF(NDD-ND)4,10,4
4       NDD=NDD/2
        IF(NDD-NR)5,5,6
5       NR=NR-NDD
6       GOTO 3

10      WRITE(4,20)NR
20      FORMAT(" REMAINDER:",I6)
        END
```

이 짧은 포트란 프로그램은 앞선 자바 프로그램과 동일하게 나머지를 구하는 알고리즘을 구현한 것이다.

자, 앞 프로그램의 GOTO 문에 주목하기 바란다. 여러분은 아마 GOTO 문 같은 문장을 본 적이 별로 없을 것이다. 이런 걸 본 적이 별로 없는 까닭은 바로 오늘날에는 이런 구문을 못마땅하게 여기기 때문이다. 사실 현대 언어들에는 이런 GOTO 문이 아예 없는 경우가 대부분이다.

왜 GOTO 문을 못마땅하게 여길까? 왜 현대 언어들에서는 더 이상 지원하지 않을까? 1968년에 데이크스트라가 CACM에 'GOTO 문의 해로움'[6]이라는 글을 기고했기 때문이다.

왜 데이크스트라는 GOTO 문이 해롭다고 여겼을까? 그 이유는 다시 돌아가서 함수의 정확성을 증명하는 세 가지 전략인 열거법, 귀납법, 추상화에 있다.

열거법은 열거한 각 문장을 독립적으로 분석할 수 있고, 앞쪽 문장의 결과가 다음 문장으로 넘어간다는 사실에 의존한다. 따라서 열거법이 함수의 정확성을 증명하는 데 유효한 기법이 되려면 열거한 각 문장은 하나의 진입점과 하나의 진출점만을 가져야만 한다. 그렇지 않으면 각 문장의 입력과 출력이 무엇인지도 확신할 수 없다.

게다가 귀납법은 사실 열거법의 특별한 형태일 뿐이다. 특정한 x에 대해 문장이 참이라 가정했을 때 $x+1$에 대해서도 참임을 열거법으로 증명하는 것이 귀납법이다.

따라서 반복문 안의 내용은 열거할 수 있어야 한다. 하나의 진입점과 하나의 진출점만을 가져야 한다.

GOTO가 해로운 이유는 GOTO 문을 사용하면 열거한 문장들 속으로 진입하거나 문장들 사이에서 다른 곳으로 진출할 수 있기 때문이다. GOTO가 있으면 열거법을 적용하기 힘들어지고, 열거법이나 귀납법으로 알고리즘의 정확성을

---

6 Edsger W. Dijkstra, 'Go To Statement Considered Harmful,' *Communications of the ACM* 11, no. 3(1968), 147-148

증명할 수 없게 된다.

데이크스트라는 코드를 증명할 수 있도록 다음 세 가지 표준 구성 요소를 사용해서 코드를 구성하라고 권했다.

- 순차: 순서대로 나오는 둘 이상의 문장으로 표현한다. 단순히 분기가 없는 코드 뭉치를 나타낸다.
- 분기: 조건문으로 선택하는 둘 이상의 문장으로 표현한다. 단순히 if/else나 switch/case 문을 나타낸다.
- 반복: 조건문의 제어하에 반복되는 문장으로 표현한다. while이나 for 반복문을 나타낸다.

데이크스트라는 얼마나 복잡하든지 상관없이 모든 프로그램은 이 세 가지 구조만 사용해 구성할 수 있음을 보였다. 그리고 이렇게 구성한 프로그램은 증명 가능했다.

데이크스트라는 이 기법을 구조적 프로그래밍이라고 불렀다.

증명을 할 것도 아닌데 왜 이게 중요할까? 무언가가 증명 가능하다면, 여러분도 논리적으로 따져 볼 수 있다. 무언가가 증명이 불가능하다면, 논리적으로 따져 볼 수 없다. 그리고 따져 볼 수 없다면 제대로 테스트할 수도 없다.

기능적 분해

데이크스트라의 발상은 1968년에 바로 주류가 되지는 못했다. 대부분의 프로그래머는 GOTO에 의존하는 언어를 사용하고 있었고, GOTO를 걷어 내자거나 GOTO 사용에 규칙을 도입하자는 발상은 끔찍하게 여겨졌다.

데이크스트라의 발상을 둘러싼 논쟁은 수년간 격렬히 이어졌다. 그 당시에는 인터넷이 없었으므로 페이스북에 밈을 올리거나 댓글 전쟁을 벌이지는 않았다. 그 대신 당시 주요 소프트웨어 잡지에 기고를 했다. 기사가 쏟아졌다.

어떤 이는 데이크스트라가 신이라고, 어떤 이는 데이크스트라가 바보라고 주장했다. 더 느리다는 점만 빼고는 오늘날 소셜 미디어와 똑같았다.

이윽고 논쟁이 잦아들기 시작했다. 데이크스트라의 입장이 점점 더 공고해졌고, 오늘날 우리가 사용하는 대부분의 언어에는 아예 GOTO가 없다.

요즘 프로그래머는 모두 구조적 프로그래머다. 우리가 사용하는 언어에 다른 방식이 없기 때문이다. 우리는 모두 순차, 분기, 반복으로 프로그램을 작성한다. 아무런 제약이 없는 GOTO 문을 일상적으로 사용하는 사람은 극소수에 불과하다.

세 가지 구조를 사용해서 프로그램을 구성한 탓에 발생한 의도치 않은 부수 효과 하나는 기능적 분해functional decomposition라고 부르는 기법이다. 기능적 분해는 프로그램을 최상위 수준에서 시작하여 작게 더 작게 재귀적으로 증명 가능한 단위까지 쪼개는 과정을 말한다. 이것이 구조적 프로그래밍의 배경이 되는 추론 과정이다. 구조적 프로그래머는 맨 위에서 아래로 내려가면서 작게 더 작게 증명 가능한 함수까지 재귀적 분해를 함으로써 추론한다.

구조적 프로그래밍과 기능적 분해의 이 연결 고리가 1970년대와 1980년대에 벌어진 '구조적' 혁명의 기반이었다. 에드워드 요던, 래리 콘스탄틴, 톰 드마르코, 밀러 페이지 존스 같은 사람들은 이 시기에 구조적 분석과 구조적 설계 기법을 널리 알렸다.

테스트 주도 개발

테스트 주도 개발과 빨강→초록→리팩터링 주기는 기능적 분해다. 어쨌든 여러분은 문제의 작은 조각에 대해 테스트를 작성해야만 한다. 이 말은 문제를 테스트 가능한 요소들로 기능에 따라 쪼개야 한다는 뜻이다.

그 결과 테스트 주도 개발로 만들어진 모든 시스템은 구조적 프로그래밍을 따르는, 기능적으로 분해된 요소들로 이루어진다. 이 말은 이런 요소들로 이루어진 시스템이라면 증명 가능하다는 뜻이다.

그리고 테스트가 그 증명이다. 아니 어쩌면 테스트가 이론theory이다.

테스트 주도 개발로 만들어진 테스트는 데이크스트라가 꿈꿨던 엄밀한 수학 증명이 아니다. 사실 데이크스트라는 테스트가 증명할 수 있는 건 프로그램이 틀렸다는 점뿐이라고 말한 것으로 유명하다. 테스트로는 프로그램이 올바르다고 증명할 수 없다는 말이다.

내 생각에는 이것이 데이크스트라가 놓친 부분이다. 데이크스트라는 소프트웨어를 수학의 일종이라고 생각했다. 우리가 공준과 증명, 따름 정리와 보조 정리로 이루어진 상부 구조superstructure를 짓기를 바랐다.

그런데 알고 보니 소프트웨어는 수학이 아니라 과학의 일종이었다. 우리는 실험을 통해 과학을 입증한다. 우리는 다른 과학과 마찬가지로 통과하는 테스트에 기반을 두고 이론의 상부 구조를 짓는다.

우리가 진화론이나 상대성 이론, 빅뱅 이론 아니면 다른 주요 과학 이론을 수학만으로 증명했는가? 아니다. 우리는 어떤 수학의 방식으로도 이들을 증명할 수 없다.

하지만 그럼에도 불구하고 일정한 한도 내에서 우리는 이 이론들을 믿는다. 사실 차나 비행기에 탈 때마다 여러분은 뉴턴의 운동 법칙이 정확하다는데 여러분의 생명을 걸고 있다. GPS를 사용할 때마다 여러분은 아인슈타인의 상대성 이론이 정확하다고 믿는 것이다.

이 이론들의 정확성을 수학적으로 증명하지 않았다고 해서 이 이론들에 의지할 만큼 충분히 증명이 이루어지지 않았다는 뜻은 아니다. 심지어 이 이론들에 목숨을 걸 수도 있다.

테스트 주도 개발이 우리에게 주는 증명이 이런 것이다. 엄밀한 수학 증명은 아니지만 실험에 따른 실증적 증명이다. 우리가 매일 의존하는 종류의 증명이다.

이제 프로그래머 선서의 세 번째 약속으로 다시 돌아가 보자.

> **약속 3.** 나는 릴리스마다 코드의 모든 요소가 제대로 작동함을 빠르고 확실하게 반복적으로 보여 주는 증명을 만들겠습니다.

빠르게, 확실하게, 반복적으로. 빠르다는 것은 테스트 묶음이 아주 짧은 시간 안에 수행되어야 한다는 뜻이다. 몇 시간이 아니라 몇 분이어야 한다.

확실하다는 것은 테스트 묶음이 통과하면 출시 가능하다는 결론을 내릴 수 있다는 뜻이다.

반복적이라는 것은 시스템이 잘 작동함을 확인하기 위해 이 테스트를 누구나 언제든 수행할 수 있다는 뜻이다. 사실 우리는 테스트를 하루에도 몇 번씩 돌리길 원한다.

어떤 이는 프로그래머에게 이런 수준의 증명을 제공하라고 요구하는 것이 과도하다고 생각할 수도 있다. 또 어떤 이는 프로그래머가 이렇게 높은 기준을 고수해서는 안 된다고 생각할 수도 있다. 하지만 나는 이 기준 말고는 조금이라도 말이 되는 기준은 전혀 떠올릴 수 없다.

고객이 우리에게 소프트웨어를 개발해 달라고 돈을 낼 때 우리가 만든 소프트웨어가 고객이 요청한 일을 해낸다고, 우리 능력을 최대로 발휘했다고 명예를 걸고 증명해야 하지 않겠는가?

당연히 그래야 한다. 우리는 우리 고객에게, 우리 고용주에게, 우리 동료에게 이 약속을 지켜야 한다. 우리 업무 분석가에게, 우리 테스터에게, 우리 프로젝트 관리자에게 이 약속을 지켜야 한다. 하지만 누구보다도 우리 자신에게 이 약속을 지켜야 한다. 우리가 한 일이 우리에게 비용을 지불한 이유인 바로 그 일이라는 것을 증명할 수 없다면 어떻게 우리 자신을 전문가라고 여길 수 있겠는가?

여러분이 이 약속을 할 때 만들어야 하는 것은 데이크스트라가 꿈꿨던 엄밀한 수학 증명이 아니다. 그 대신 과학적 증명인 테스트 묶음을 만들어야 한다. 모든 필요한 동작을 확인하고, 몇 초 내지 몇 분 안에 수행되고, 수행할 때마다 언제나 동일하게 명확한 통과/실패 결과를 돌려주는 테스트 묶음을 만들어야 한다.

성실함
integrity

선서의 몇 가지 약속은 성실함integrity[1]에 대한 것이다.

짧은 주기

약속 4. 나는 작은 릴리스를 자주 만들어서 다른 이들의 진척을 방해하지 않겠습니다.

작은 릴리스를 만든다는 것은 각 릴리스에서 코드를 조금만 바꾼다는 뜻이다. 시스템 자체는 클 수도 있지만 시스템에서 릴리스 사이의 변경 사항은 작아야 한다.

소스 코드 관리의 역사

잠시 1960년대로 돌아가 보자. 소스 코드가 구멍 뚫린 천공 카드 뭉치(그림 13.1)라면 소스 코드 관리 시스템은 어떤 모습일까?

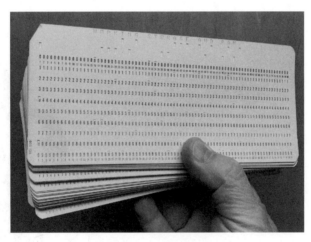

그림 13.1 천공 카드(사진 제공: 저자)

---

1 (옮긴이) integrity에는 성실함 외에도 온전함, 무결성이라는 뜻도 있는데 이 역시 이번 장의 주제다.

개발자들은 소스 코드를 디스크에 저장하지 않는다. 소스 코드는 '컴퓨터 안에' 있지 않다. 소스 코드는 말 그대로 손안에 있다.

무엇이 소스 코드 관리 시스템일까? 바로 책상 서랍이다.

소스 코드를 말 그대로 소유한다면 소스 코드를 관리할 필요가 없다. 아무도 소스 코드를 건드릴 수 없다.

1950년대와 1960년대 전반에 걸쳐 이런 상황이 이어졌다. 소스 코드 관리 시스템 같은 것은 꿈도 꾸지 못했다. 소스 코드를 그저 서랍이나 캐비닛에 넣어 두고 관리했을 뿐이었다.

누군가가 소스 코드를 '체크아웃'하고 싶을 때는 그냥 캐비닛에서 가져갔다. 다 쓴 후에는 다시 돌려놓았다.

확실히 병합merge 문제는 없었다. 두 프로그래머가 같은 모듈을 동시에 바꾸는 일은 물리적으로 불가능했기 때문이다.

1970년대가 되자 상황이 바뀌기 시작했다. 소스 코드를 자기 테이프나 심지어 디스크에 저장한다는 아이디어가 이목을 끌기 시작했다. 우리는 테이프에 저장된 소스 파일의 내용을 줄 단위로 바꾸거나 지우거나 새로 추가할 수 있는 줄 단위 편집 프로그램을 만들었다. 이 프로그램은 화면을 사용하는 편집기가 아니었다. 천공 카드에 추가, 변경, 삭제 명령을 '뚫어야' 했다. 편집기는 소스 테이프를 읽은 후, 편집 카드 묶음의 변경 사항을 적용한 다음, 편집한 내용을 새 소스 테이프에 기록했다.

이 이야기가 끔찍하게 들릴지 모르겠다. 되돌아보면 그랬다. 하지만 프로그램을 천공 카드로 관리하느라 애쓰는 것보다는 나았다. 생각해 보라. 6000 줄짜리 코드는 14㎏이나 됐다. 게다가 실수로 카드 뭉치를 떨어트리는 바람에 카드가 온 바닥이며 가구 밑, 난방용 환기구 구멍 안까지 사방으로 흩어졌다면 어떻게 하겠는가?

자기 테이프를 떨어트렸다면 그냥 주우면 된다.

어쨌든 일어난 변화에 주목해 보자. 우리는 소스 테이프 하나로 시작했는데, 편집 과정에서 새로운 두 번째 소스 테이프를 만들었다. 하지만 원래 테이프도 여전히 존재한다. 기존 테이프를 선반에 다시 가져다 놓는다면 그 테이프에 다른 누군가가 자신의 변경 사항을 우연히 적용할 수 있다. 병합 문제가 발생한 것이다.

이런 사태를 막기 위해 우리는 마스터 소스 테이프를 편집과 테스트가 모두 끝날 때까지 계속 소유하고 있었다. 작업이 끝난 후에는 새로운 마스터 소스 테이프를 선반에 다시 가져다 두었다. 테이프를 계속 소유함으로써 소스 코드를 관리했다.

소스 코드를 보호하기 위해서는 프로세스와 관습이 필요했다. 진정한 소스 코드 관리 프로세스가 필요했다. 아직 소프트웨어로 만들어지지는 않았고 그저 사람들 사이의 규칙이었다. 하지만 소스 코드 관리라는 개념이 소스 코드 자체로부터 분리되고 있었다.

시스템이 계속 커짐에 따라 같은 코드를 동시에 작업하는 프로그래머 수를 더 늘려야 했다. 누군가가 마스터 테이프를 가져다 점유하고 있으면 다른 모든 사람이 몹시 거추장스러워졌다. 여러분이 마스터 테이프를 이삼일 또는 그 이상 돌아다니지 못하게 만들 수도 있다는 뜻이다.

그래서 우리는 마스터 테이프에서 모듈들을 추출하기로 했다. 모듈러 프로그래밍modular programming이라는 발상이 막 태동하던 시기였다. 프로그램을 소스 파일 여러 개로 구성할 수 있다는 개념은 혁명적이었다.

우리는 그래서 그림 13.2와 같은 게시판을 사용하기 시작했다.

게시판에는 시스템의 각 모듈에 해당하는 이름표가 붙어 있다. 우리 프로그래머들은 각자 핀 색깔을 하나씩 골랐다. 나는 파란색이었다. 켄은 빨간색이고 내 짝이었던 CK는 노란색이고 하는 식이었다.

내가 트렁크 관리자Trunk Manager 모듈을 편집하고 싶으면 게시판을 쳐다본

그림 13.2 게시판(사진 제공: 저자)

다. 그리고 해당 모듈에 핀이 꽂혀 있는지 확인한다. 비어 있으면 해당 모듈의 이름표에 내 색깔인 파란색 핀을 꽂는다. 그다음 선반에서 마스터 테이프를 가져다가 별도 테이프에 복사한다.

이제 트렁크 관리자 모듈을 편집한다. 트렁크 관리자 모듈만 변경한 후, 이를 반영한 새로운 테이프를 만든다. 내 변경 사항이 잘 동작할 때까지 컴파일, 테스트를 반복한다. 그리고 나서 다시 선반에 가서 마스터 테이프를 가져온다. 현재 마스터 테이프를 복사하되 트렁크 관리자 모듈만 변경 사항을 반영한 것으로 교체하여 새로운 마스터 테이프를 만든다. 그리고 새로운 마스터 테이프를 선반에 가져다 놓는다.

마지막으로 게시판에서 내 파란색 핀을 치운다.

이 방식이 통한 이유는 우리가 모두 서로를 잘 알았고, 모두 같은 사무실에서 함께 일했으며, 다른 사람이 어떤 일을 하는지 모두 알았기 때문이었다.

그리고 우리는 언제나 서로서로 이야기했다.

내가 연구실이 떠나가라 외친다. "켄, 내가 트렁크 관리자 모듈 좀 바꿀게요." 그러면 켄이 말한다. "핀 꽂아 놔요." 그러면 내가 대답한다. "벌써 꽂았어요."

핀은 그저 기억을 돕기 위한 장치일 뿐이다. 우리는 모두 코드의 현재 상태가 어떤지, 누가 어디를 고치고 있는지 알고 있었다. 그래서 이 시스템이 작동한 것이다.

사실 아주 잘 작동했다. 다른 프로그래머들이 하고 있는 일을 모두 알았기 때문에 우리는 서로를 도울 수 있었다. 새로운 제안을 하고 자신이 최근에 부딪힌 문제에 대해 서로에게 주의하라고 알려 줄 수 있었다. 그리고 병합을 할 필요가 없었다.

그때만 해도 병합은 재미없는 일이었다.

1980년대에 디스크가 출현했다. 디스크는 용량이 컸고 또 영구적이었다. 여기서 '크다'는 수백 메가바이트를 말한다. '영구적'은 디스크가 영구적으로 장착되어 있고 따라서 언제나 컴퓨터에 연결되어 있다는 뜻이다.

또 다른 사건은 PDP11이나 VAX 같은 컴퓨터가 나타난 것이다. 화면을 사용하는 편집기, 진짜 운영 체제, 복수의 터미널이 생겼다. 둘 이상의 사람이 정확히 동시에 하나의 파일을 편집할 가능성이 생겼다.

색상 핀과 게시판의 시대는 저물어야 했다.

첫째로 그때쯤에는 우리 팀의 프로그래머 수가 20~30명으로 늘었다. 그래서 핀 색깔이 부족해졌다. 둘째로 모듈 수도 수백 개로 늘었고 게시판 공간이 부족해졌다.

다행히도 해결책이 있었다.

1972년에 마크 로카인드Marc Rochkind가 최초의 소스 코드 관리 프로그램을 만들었다. 이름은 소스 코드 관리 시스템Source Code Control System, SCCS이었고,

스노볼SNOBOL[2] 언어로 작성했다.

로카인드는 나중에 SCCS를 C로 다시 작성했고 이 버전은 PDP11용 유닉스 배포판에 포함됐다. SCCS는 한 번에 하나의 파일만 다루었지만 여러분이 이 파일을 잠그면 여러분의 작업이 끝날 때까지 다른 사람은 아무도 이 파일을 편집할 수 없도록 해 주었다. SCCS는 구세주였다.

1982년에는 발터 티히Walter Tichy가 RCSRevision Control System, 리비전 관리 시스템를 만들었다. RCS도 파일 기반이었고 프로젝트라는 개념은 전혀 없었다. 하지만 SCCS보다 개선된 것으로 여겨져서 빠르게 그 당시 소스 코드 관리 시스템의 표준이 됐다.

그리고 1986년에는 CVSConcurrent Versions System, 병행 버전 시스템가 나왔다. CVS는 RCS를 확장하여 개별 파일이 아니라 전체 프로젝트를 다룰 수 있었다. 그리고 낙관적 잠금optimistic locking이라는 개념을 도입했다.

이때까지만 해도 대부분의 소스 코드 관리 시스템은 우리 색상 핀 체계처럼 작동했다. 여러분이 어떤 모듈을 체크아웃하면, 다른 사람은 그 모듈을 편집할 수 없다. 이런 방식을 비관적 잠금pessimistic locking이라고 부른다.

CVS는 낙관적 잠금을 사용했다. 두 프로그래머가 같은 파일을 동시에 체크아웃해서 수정할 수 있었다. CVS는 충돌하지 않는 변경 사항은 병합하려고 시도하고, 병합할 수 없는 부분이 있으면 여러분에게 경고를 보낸다.

그 이후로 소스 코드 관리 시스템은 폭발적으로 늘어났고 상업용 제품도 나왔다. 말 그대로 수백 가지 소스 코드 관리 시스템이 시장에 쏟아져 나왔다. 일부는 낙관적 잠금을, 일부는 비관적 잠금을 사용했다. 잠금 전략은 업계에 종교적인 분열을 불러일으켰다.

그리고 2000년, 서브버전Subversion, SVN이 탄생했다. 서브버전은 CVS보다 대폭 개선됐고, 업계가 비관적 잠금으로부터 완전히 벗어나도록 이끄는 데

---

2 1960년대에 만들어진 작고 매력적인 문자열 처리 언어다. 요즘 현대 언어의 패턴 매칭 도구들을 많이 갖고 있었다.

중요한 역할을 했다. 서브버전은 클라우드에서 사용된 최초의 소스 코드 관리 시스템이기도 했다. 혹시 소스포지SourceForge [3]기억나는 사람?

이때까지도 모든 소스 코드 관리 시스템은 내가 게시판을 사용하던 시절의 마스터 테이프 개념에 기반하고 있었다. 우리는 소스 코드를 단일 중앙 마스터 저장소에서 관리했다. 소스 코드를 마스터 저장소에서 체크아웃했고, 다시 마스터 저장소에 커밋을 보냈다.

하지만 곧 이 모든 것이 바뀔 참이었다.

깃

2005년이었다. 노트북에는 수 기가바이트 디스크가 있었고, 네트워크 스피드는 빠른데 더 빨라지고 있었다. 프로세서의 클록 속도는 2.6GHz에서 더 오르지 않고 있었다.

우리는 오래된 게시판 기반 소스 코드 관리 시스템으로부터 아주 많이 발전해 왔다. 하지만 여전히 마스터 테이프 개념을 사용하고 있었다. 여전히 모든 사람이 중앙 마스터 저장소에서 체크아웃과 체크인을 해야 했다. 모든 커밋, 모든 변경 취소, 모든 병합에 마스터 저장소와의 네트워크 연결이 필요했다.

그리고 깃git이 나타났다.

실은 비슷한 철학을 가진 비트키퍼BitKeeper나 모노톤monotone이 깃보다 앞서 등장하기는 했다. 하지만 프로그래밍 세계의 이목을 집중시키고 모든 것을 바꿔 버린 것은 깃이었다.

여러분도 알고 있듯이 깃은 마스터 테이프를 없애 버렸기 때문이다.

아, 그렇더라도 최종적으로 권위를 갖는 소스 코드 버전이 필요하기는 하다. 하지만 깃은 그 버전을 어디에 둘지 자동으로 지정해 주지 않는다. 깃은

---

3 (옮긴이) 오픈 소스 소프트웨어 프로젝트 저장소 호스팅 서비스 중 하나로 서브버전을 지원했다.

그냥 그런 것에 신경 쓰지 않는다. 권위를 갖는 버전을 어느 곳에 둘지는 온전히 여러분이 결정해야 한다. 깃은 그런 개념 자체가 없다.

깃은 소스 코드 역사 전체를 개발자 개인 컴퓨터 안에서 관리한다. 노트북을 쓴다면 그 노트북 안에 모든 게 들어 있다. 개발자 개인 컴퓨터 안에서 변경 사항을 커밋하거나 브랜치를 만들거나 예전 버전을 체크아웃할 수 있다. 일반적으로 서브버전 같은 중앙 집중화된 시스템에서 할 수 있는 모든 일이 가능하다. 그저 어딘가의 중앙 서버에 접속할 필요가 없다는 점만 다르다.

원하는 때 언제든 다른 사용자에게 접속해서 여러분이 만든 변경 사항을 다른 사용자에게 푸시push할 수 있다. 아니면 다른 사람의 변경 사항을 여러분 컴퓨터의 저장소로 풀pull할 수도 있다. 둘 다 마스터가 아니다. 둘은 동등하다. 그래서 우리는 깃을 P2Ppeer to peer 방식이라고 이야기한다.

여러분이 제품을 릴리스하기 위해 사용하는 최종적인 권위를 갖는 위치는 그저 또 다른 피어일 뿐이다. 여기에도 사람들이 원할 때 푸시하거나 풀할 수 있다.

그 결과 여러분은 변경 사항을 다른 곳으로 푸시하기 전에 작은 커밋을 원하는 만큼 마음껏 많이 만들 수 있다. 원한다면 30초에 한 번씩 커밋할 수 있다. 단위 테스트가 통과할 때마다 커밋할 수도 있다.

이렇게 역사 이야기를 늘어놓은 이유가 있다. 뒤로 한 발 물러서서 소스 코드 관리 시스템의 진화 궤적을 살펴보면, 아마 무의식적이었겠지만 한 가지 잠재된 욕구가 소스 코드 관리 시스템을 여기까지 이끌고 왔음을 발견할 수 있을 것이다.

짧은 주기

우리가 어떻게 시작했는지 다시 생각해 보자. 소스 코드를 물리적으로 점유하는 카드 뭉치로 관리했을 때 작업 주기는 얼마나 됐을까?

여러분은 캐비닛에서 카드를 가져옴으로써 소스 코드를 체크아웃했다. 프로젝트에서 여러분의 업무를 끝낼 때까지 카드를 점유했다. 그다음 변경 사항을 커밋하려면 변경 사항을 담은 카드 뭉치를 캐비닛에 다시 넣어 놓아야 했다. 작업 주기는 프로젝트 전체를 진행한 시간이다.

그 후 우리가 게시판의 색상 핀을 사용했을 때도 동일한 규칙이 적용됐다. 여러분이 작업 중인 프로젝트를 마칠 때까지 여러분의 핀을 여러분이 바꾸고 있는 모듈에 꼽아 놓았다.

우리가 SCCS나 RCS를 사용했던 1970년대 말이나 1980년대까지도 우리는 여전히 이런 비관적 잠금 전략을 사용했다. 우리가 작업을 마칠 때까지 우리가 변경하는 모듈은 아무도 건드릴 수 없었다.

하지만 CVS가 판을 바꾸었다. 적어도 우리 중 일부에게는 그랬다. 낙관적 잠금은 프로그래머 한 명이 다른 사람이 어떤 모듈을 건드리지 못하도록 막을 수 없다는 뜻이다. 우리는 여전히 프로젝트를 마쳤을 때만 커밋했지만, 다른 사람들이 동일한 모듈을 동시에 작업할 수 있었다. 그 결과 한 프로젝트 안에서 커밋 간 평균 시간 간격은 급격하게 줄어들었다. 이런 동시성의 대가는 물론 병합 문제였다.

우리가 얼마나 병합을 싫어했던가. 병합 작업은 끔찍하다. 단위 테스트가 없다면 특히나! 지루하고 시간을 많이 잡아먹는 데다 위험하기까지 하다.

우리는 병합을 싫어했기에 새로운 전략을 마련했다.

지속적 통합

2000년이 되자 우리는 아직 서브버전 같은 도구를 사용하고 있었음에도 몇 분에 한 번씩 커밋하는 작업 방식을 가르치기 시작했다.

그렇게 해야 하는 이유는 단순했다. 커밋을 자주 할수록 병합이 필요한 상황의 빈도가 줄어들었다. 설사 병합이 필요하더라도 손쉽게 처리할 수 있는 수준이었다.

우리는 이 방식을 지속적 통합continuous integration이라고 불렀다.

물론 지속적 통합은 매우 신뢰할 수 있는 단위 테스트 묶음의 보유 여부에 크게 의존한다. 그러니까 좋은 단위 테스트가 없으면 병합 과정에서 오류를 일으키고 다른 사람의 코드를 망가트리기 십상이라는 뜻이다. 따라서 지속적 통합은 테스트 주도 개발과 밀접한 관련이 있다.

깃 같은 도구가 있다면 주기를 줄이는 데 사실상 제한이 없다시피 하다. 그런데 이런 질문이 떠오른다. 왜 이렇게 주기를 줄이는 데 집착하는 걸까?

긴 주기는 팀의 전진을 늦추기 때문이다.

커밋 간 간격이 길어질수록 팀의 다른 누군가가, 어쩌면 팀 전체가 여러분을 기다려야 하는 일이 잦아질 것이다. 우리의 약속을 어기게 될 것이다.

여러분은 어쩌면 내가 지금 제품 릴리스에 대해서만 이야기하고 있다고 생각할 수도 있겠지만 아니다. 사실은 다른 모든 주기에 대한 이야기다. 반복 주기와 스프린트에 대한 이야기다. 편집-컴파일-테스트 주기에 대한 이야기다. 커밋 간 간격에 대한 이야기다. 모든 것에 대한 이야기다.

다른 이들의 전진을 늦추지 않도록 이 이유를 꼭 기억하라.

브랜치 대 토글

나는 과거에 브랜치 반대론자였다. 예전에 CVS와 서브버전을 쓰던 시절, 나는 우리 팀원들이 코드에 브랜치를 만들지 못하게 막았다. 모든 변경 사항이 소스 코드의 주main 브랜치로 최대한 자주 들어가기를 원했다.

그렇게 생각한 이유는 단순했다. 브랜치는 단순히 장기간 지속되는 체크아웃일 뿐이다. 그리고 우리가 보았듯이 체크아웃이 길어지면 통합 사이의 간격이 길어지면서 다른 이들의 진행을 늦춘다.

그런데 내가 깃으로 갈아탄 후 하룻밤 사이에 모든 것이 바뀌었다.

그 당시 나는 오픈 소스인 FitNesse 프로젝트를 관리하고 있었다. 열 명 남짓한 사람이 함께 작업하고 있었는데, 나는 그저 FitNesse의 코드 저장소를 서브버전(소스포지)에서 깃(깃허브)으로 옮겼을 뿐이었다. 그런데 갑자기 온 사방에서 브랜치가 나타나기 시작했다.

처음 며칠간은 깃의 이런 이상한 브랜치들 때문에 혼란스러웠다. 브랜치 반대론자를 그만둬야 하나? 지속적 통합을 그만두고 그냥 누구나 닥치는 대로 브랜치를 만들도록 허용해야 하나? 주기의 길이에 대한 문제는 묻어두고?

그런데 문득 내 눈앞의 이 브랜치들은 이름을 붙인 진짜 브랜치가 아니라는 생각이 들었다. 이 브랜치들은 그냥 개발자가 푸시와 푸시 사이에 작성한 일련의 커밋들일 뿐이었다. 사실 실제로 깃이 한 일은 개발자가 지속적 통합 주기 사이에 한 행동을 기록한 것이 전부였다.

그래서 나는 브랜치를 제한하는 내 규칙을 유지하기로 마음먹었다. 다만 이제는 주 브랜치로 빨리 들어가야 하는 것이 커밋이 아니라 푸시일 뿐이었다. 지속적 통합은 살아남았다.

우리가 지속적 통합을 따르고, 주 브랜치에 대략 한 시간에 한 번씩 푸시한다면, 분명 주 브랜치에는 만들다 만 기능이 꽤 많이 있을 것이다. 이 문제는 보통 두 가지 전략 중 하나로 해결한다. 브랜치 전략과 토글toggle 전략이다.

브랜치 전략은 단순하다. 소스 코드의 새로운 브랜치를 만든 다음 거기서 기능을 개발하면 된다. 기능 개발이 끝나면 주 브랜치로 다시 병합한다. 이를 위해 기능이 완성될 때까지 푸시를 미뤄야 하는 경우가 많다.

기능 브랜치를 주 브랜치에서 떼어 낸 후 며칠이나 몇 주가 흐른다면 아마 대형 병합 작업이 기다리고 있을 것이다. 그리고 틀림없이 팀원들의 작업 진행이 지연될 것이다.

하지만 새로운 기능이 코드의 나머지 부분으로부터 완전히 격리되어 브랜치를 만들더라도 병합 작업이 크지 않을 것 같은 경우도 있다. 그런 상황에서는 개발자가 지속적 통합 없이 새로운 기능을 편안하게 작업하는 편이 나을 수도 있다.

사실 FitNesse에도 몇 년 전에 이런 경우가 있었다. 우리는 파서를 완전히 새로 썼다. 큰 프로젝트였고 몇 명이 몇 주에 걸쳐 작업해야 했다. 게다가 점진적으로 구현할 수는 없었다. 아무래도 파서니까 말이다.

그래서 우리는 브랜치를 만들었고, 파서가 완성될 때까지 시스템의 나머지 부분으로부터 분리된 상태를 유지했다. 결국 병합해야 하기는 했지만 그렇게 끔찍하지는 않았다. 파서는 시스템의 나머지 부분으로부터 잘 분리되어 있었다. 그리고 운 좋게도 우리에게는 매우 포괄적인 단위 테스트와 인수 테스트가 있었다.

파서 브랜치가 성공했지만, 나는 여전히 일반적으로는 신기능 개발을 주 브랜치에서 바로 하고, 준비될 때까지는 토글을 사용하여 기능을 꺼 두는 편이 더 낫다고 생각한다.

토글을 위해 플래그를 사용하기도 하지만 일부만 구현된 기능이 제품 환경에서는 실행되지 않도록 '명령Command 패턴'과 '장식자Decorator 패턴', 특별한 형태의 '팩터리Factory 패턴'을 사용하여 안전장치를 만드는 경우가 더 많다.

그리고 대부분의 경우에는 단순히 사용자가 신기능을 사용할 수 없게 해 놓는다. 웹 페이지에 버튼이 없는데 그 기능을 어떻게 실행하겠느냐 말이다.

물론 많은 경우에 새로운 기능은 현재 반복 주기가 끝나기 전에, 아니면 적어도 다음 제품 릴리스 전에 완성될 것이다. 그런 경우에는 어떤 종류의 토글도 필요 없다. 토글이 필요한 경우는 어떤 기능이 마무리되지 않았는데 제품을 릴리스해야 하는 경우뿐이다. 그런 일의 빈도가 얼마나 되는가?

지속적 배포

제품 릴리스 사이의 지연을 없앨 수 있다면 어떨까? 하루에도 몇 차례 제품을 릴리스할 수 있다면? 무엇보다도 제품 릴리스를 늦추면 다른 사람의 일이 지연된다.

나는 여러분이 코드를 하루에도 몇 차례씩 서비스에 릴리스할 수 있기를 원한다. 여러분의 작업물을 충분히 신뢰해서, 소스 코드를 푸시할 때마다 제품을 릴리스할 수 있기를 원한다.

물론 이는 자동화 테스트에 달린 문제다. 프로그래머가 코드의 모든 줄을 검사하도록 작성한 자동화 테스트 그리고 업무 분석가와 QA 테스터가 필요한 동작을 전부 검사하도록 작성한 자동화 테스트에 달렸다. '12장 피해'에서 테스트에 대해 한 이야기를 떠올려 보라. 테스트는 모든 것이 예상대로 작동한다는 과학적인 증명이다. 그리고 모든 것이 예상대로 작동했다면 다음 단계는 서비스에 릴리스하는 것이다.

그런데 이것으로 여러분의 테스트가 괜찮은지도 알아볼 수 있다. 테스트를 통과했을 때 안심하고 배포할 수 있다면 테스트가 괜찮은 것이다. 테스트를 통과했는데도 배포할 수 없다면 테스트에 구멍이 있는 것이다.

매일, 심지어는 하루에도 여러 번 배포하면 엄청나게 혼란스러울 거라고 생각할지도 모르겠다. 하지만 여러분이 배포할 준비가 됐다는 사실이 사업적으로도 배포할 준비가 됐다는 뜻은 아니다. 개발 팀의 일원으로서 여러분의 기준은 언제나 준비되어 있어야 한다는 것이다.

더욱이 우리는 사업에서 배포의 모든 장애물을 제거함으로써 사업의 배포 주기를 최소한으로 줄이기를 원한다. 무엇보다 사업에서 배포 과정에 절차나 의례적인 행위가 많을수록 배포 비용이 비싸진다. 이런 비용은 어떤 사업에서든 없애는 편이 낫다.

모든 사업의 궁극적인 목표는 지속적이고 안전하며 의례적인 절차가 없는 배포다. 배포는 가능한 한 아무것도 아닌 일에 가까워야 한다.

흔히 배포는 서버 설정과 데이터베이스 로드 등 많은 작업을 수반하므로 배포 과정을 '자동화'해야 한다. 그리고 배포 스크립트는 시스템의 일부이므로 스크립트의 테스트도 작성해야 한다.

지속적 배포라는 발상이 여러분의 현재 프로세스와 너무나 동떨어져서 꿈도 못 꿀 정도인 사람도 많을 것이다. 하지만 그렇다고 여러분이 주기를 줄이기 위해 할 수 있는 일이 없을 리는 없다. 그리고 누가 아는가? 여러분이 계속 주기를 줄여 나가다 보면 한 달, 두 달, 일 년, 이 년이 지난 후에는 어쩌면 지속적으로 배포하고 있는 자신을 발견하게 될 수도 있다.

지속적 빌드

짧은 주기로 배포하려면 당연히 짧은 주기로 빌드할 수 있어야 한다. 지속적으로 배포하려면 지속적으로 빌드할 수 있어야 한다.

어쩌면 여러분 중에는 빌드가 오래 걸리는 사람이 있을 것이다. 그런 사람이 있다면 빌드 속도를 빠르게 만들라. 진심이다. 현대 시스템의 메모리와 스피드라면 빌드가 오래 걸려야 할 이유가 없다. 단 하나도. 빌드 속도를 올리라. 빌드 속도를 설계상의 도전이라 생각하라.

지속적 빌드 도구를 도입하라. 젠킨스Jenkins나 빌드봇Buildbot, 트래비스Travis 같은 도구를 도입해서 사용하라. 푸시할 때마다 빌드가 시작되도록 하고, 빌드가 절대 실패하지 않도록 하기 위해 노력하라.

빌드 실패는 비상사태다. 경보를 울려야 한다. 빌드가 실패했을 때 모든 팀원에게 이메일과 문자 메시지를 보내면 좋겠다. 사이렌도 울리고 싶다. CEO 책상에 빨간 경광등이 번쩍대면 좋겠다. 모든 사람이 지금 하는 일을 멈추고 비상사태 해결에 뛰어들기를 바란다.

빌드가 실패하지 않도록 하는 일은 최첨단 기술이 아니다. 그저 푸시하기 전에 로컬 환경에서 빌드와 모든 테스트를 돌려 보기만 하면 된다. 모든 테스트가 통과했을 때에만 코드를 푸시하면 된다.

테스트 후 푸시했는데도 빌드가 실패했다면 무언가 환경상의 문제를 찾아낸 것이다. 빠르게 해결해야 한다.

빌드가 계속 실패하게 두어서는 안 된다. 빌드가 실패하게 놔두면 실패에 익숙해지기 때문이다. 실패에 익숙해지면 무시하기 시작할 것이다. 실패를 무시하면 할수록 실패 경고가 더 짜증스럽게 느껴질 것이다. 그리고 결국에는 '나중에' 고칠 수 있을 때까지 실패하는 테스트를 꺼 놓고 싶은 생각이 들 것이다. 여러분도 알 거다. 나중에 고칠 거라고?

그러면 테스트가 거짓말이 된다. 실패하는 테스트를 제거하면 빌드는 다시 통과한다. 사람들은 다시 평화를 되찾는다. 하지만 그건 모두 거짓이다.

그러니 지속적으로 빌드하라. 절대 실패하게 놔두지 말라.

가차 없는 개선

약속 5. 나는 기회가 있을 때마다 내 저작물을 두려움 없이 그리고 가차 없이 개선하겠습니다. 나는 절대 내 저작물의 품질을 떨어뜨리지 않겠습니다.

스카우트 운동의 창시자인 로버트 베이든 파월Robert Baden Powell은 자신의 마지막 메시지에서 스카우트 단원들에게 세상을 그들이 태어났을 때보다 더 나은 곳으로 만들라고 촉구했다. 내가 만든 보이 스카우트 규칙도 이 메시지에서 따온 것이다. 언제나 체크아웃한 코드보다 더 깨끗한 코드를 체크인하라.

어떻게 그렇게 할 수 있을까? 코드를 체크인할 때마다 코드에 무작위로 선행을 베풀면 된다.

이런 무작위 선행 중 하나가 테스트 커버리지 높이기다.

테스트 커버리지

여러분의 테스트가 코드를 얼마나 검사하는지 측정하고 있는가? 줄 단위로 몇 퍼센트가 검사되는지, 또 코드 브랜치 중 몇 퍼센트가 검사되는지 아는가?

커버리지를 측정해 주는 도구는 아주 많다. 대부분의 경우 이런 도구는 통합 개발 환경의 일부로 포함되어 있고 실행하기 매우 쉽다. 그러므로 예외 없이 언제든 커버리지 숫자를 알아야 한다.

이 숫자로 무엇을 해야 할까? 먼저 무엇을 하면 안 되는지 알려 주겠다. 테스트 커버리지를 관리 지표로 삼지 말라. 테스트 커버리지가 낮다는 이유로 빌드를 실패로 만들지 말라. 테스트 커버리지는 아주 복잡한 개념이므로 아무렇게나 사용하면 안 된다.

이렇게 어설프게 적용하면 부정행위를 유발할 수 있다. 테스트 커버리지로 장난을 치기는 매우 쉽다. 커버리지 도구는 오직 '실행된' 코드의 양만 측정한다는 점을 명심하라. 진정한 테스트가 이루어졌는지는 알 수 없다. 이 말은 실패하는 테스트에서 단정문만 모두 빼 버리면 매우 높은 커버리지 숫자를 쉽게 달성할 수 있다는 뜻이다. 물론 그러면 지표 자체가 쓸모없어진다.

커버리지 숫자를 사용하는 최선의 방식은 코드 개선을 돕는 개발자 도구로 활용하는 것이다. 실제 테스트를 작성함으로써 '쓸모 있는' 커버리지를 100%에 가깝게 올리기 위해 노력해야 한다.

목표는 언제나 100% 테스트 커버리지다. 하지만 이는 가까워질 수는 있어도 도달하기는 어려운 목표이기도 하다. 대부분의 시스템은 100%에 절대 도달하지 못한다. 하지만 그렇다고 지속적으로 커버리지를 올리려는 노력을 멈춰서는 안 된다.

이런 방식으로 커버리지 숫자를 사용해야 한다. 개선을 돕기 위한 측정 수단으로 사용해야지, 팀을 비난하기 위한 회초리로 사용해서는 안 된다. 숫자가 낮다고 빌드를 실패로 간주해서도 안 된다.

변이 테스트

테스트 커버리지가 100%라면 코드의 의미를 바꾸었을 때 테스트가 반드시 실패해야 한다. 테스트 주도 개발은 이 목표에 접근하는 좋은 규율이다. 테스트 주도 개발을 가차 없이 적용한다면 코드 한 줄 한 줄을 모두 실패하는 테스트를 통과시키기 위해 쓰기 때문이다.

하지만 이런 가차 없음이 실용적이지 않을 때도 있다. 프로그래머도 사람이고, 규율은 언제나 실용성을 고려해야 한다. 따라서 실제로는 제아무리 꼼꼼한 테스트 주도 개발자라 해도 테스트 커버리지에 구멍을 남기기 마련이다.

변이 테스트mutation test는 이런 구멍을 찾는 한 방법으로, 도움이 될 만한 변이 테스트 도구들이 있다. 변이 테스트 도구는 테스트 묶음을 실행하고 커버리지를 측정한다. 그러고는 다음 과정을 반복하는데, 여러분의 코드 중 특정 부분을 바꿔서 의미가 달라지도록 한 후, 테스트 묶음을 커버리지 측정과 함께 다시 실행한다. 의미를 바꾸는 방법은 >를 <로, ==를 !=로, 아니면 x=<무언가>를 x=null로 바꾸는 식이다. 이렇게 의미가 바뀌는 부분을 변이라고 부른다.

테스트 도구는 이렇게 변이를 일으킨 경우 테스트가 실패하리라 예상한다. 테스트가 실패하지 않는 변이를 생존한 변이surviving mutation라고 부른다. 당연히 우리의 목표는 생존한 변이를 모두 없애는 것이다.

변이 테스트를 수행하려면 시간이 오래 걸린다. 상대적으로 작은 시스템이라 하더라도 몇 시간씩 걸릴 수 있다. 따라서 이런 종류의 테스트는 주말이나 월말에 수행하는 것이 좋다. 나는 변이 테스트가 내놓는 결과에 늘 감명받았다. 그러니 가끔 수고를 들여서 수행할 가치가 확실히 있다.

의미론적 안정성

테스트 커버리지와 변이 테스트의 목표는 의미론적 안정성semantic stability을 보장하는 테스트 묶음을 만드는 것이다. 시스템의 의미는 그 시스템이 수행해야 하는 동작이다. 의미론적 안정성을 보장하는 테스트 묶음은 그 시스템이 수행해야 하는 동작이 망가졌을 때 실패해야 한다. 우리는 이런 테스트 묶음을 리팩터링이나 코드 정리의 공포를 없애는 데 활용한다. 의미론적으로 안정적인 테스트 묶음이 없다면 변경의 공포가 너무 커질 때가 많다.

테스트 주도 개발은 의미론적으로 안정적인 테스트 묶음을 위한 좋은 시작점이다. 하지만 완전한 의미론적 안정성을 달성하려면 아직 부족하다. 의미론적 안정성을 더 완전하게 개선하려면 커버리지, 변이 테스트, 인수 테스트를 사용해야 한다.

청소

어쩌면 코드를 개선할 수 있는 무작위 선행 중 가장 효과적인 것은 단순한 청소cleaning, 그러니까 개선을 위한 리팩터링일 것이다.

어떤 종류의 개선을 할 수 있을까? 물론 코드의 악취를 제거하는 건 당연히 포함된다. 그런데 나는 악취가 나지 않는 코드도 자주 청소한다.

나는 이름, 구조, 코드의 구성을 아주 조금 개선한다. 이런 변경 사항은 아무도 눈치채지 못할 수도 있다. 이로 인해 코드가 오히려 더러워진다고 생각하는 사람도 있을 수 있다. 하지만 내 목적은 단순히 코드의 상태만이 아니다. 조금씩 청소할 때마다 나는 코드를 익힌다. 코드와 더 친숙해지고, 코드를 다루기가 더 편해진다. 아마 객관적으로 보면 내 청소 작업이 실제로 코드를 개선하지는 않았을지도 모른다. 하지만 나의 코드에 대한 이해도와 코드를 다루는 능력이 개선됐다. 청소를 했더니 코드를 개발하는 내가 개선됐다.

또한 청소가 주는 무시할 수 없는 이점이 있다. 사소하게라도 코드를 청소하면서 나는 코드가 유연한지 '뒤틀어' 보게 된다. 그리고 코드의 유연성을 지키는 최선의 방법은 규칙적으로 뒤틀어 보는 것이다. 내가 하는 작은 청소 작업들이 실은 모두 코드의 유연성에 대한 테스트다. 조금 정리하려고 했는데 막상 해 보니 꽤 어렵다면 유연하지 않은 지점을 발견한 것이다. 이제 고치면 된다.

명심하라. 소프트웨어는 소프트, 그러니까 말랑말랑해야 한다. 말랑말랑한지 어떻게 알 수 있을까? 말랑말랑한지 정기적으로 테스트해 봐야 한다. 사소한 정리나 개선을 해 보고 이런 변경이 얼마나 쉬운지 또는 어려운지 느껴 봐야 한다.

저작물

약속 5에서 우리는 저작물이라는 단어를 사용했다. 이번 장에서 우리는 주로 코드에 집중했지만, 프로그래머가 만드는 것은 코드뿐이 아니다. 우리는 설계와 문서, 일정과 계획도 만든다. 이 모든 산출물이 지속적으로 개선해야 하는 저작물이다.

우리는 인간이다. 인간은 시간이 흐를수록 무언가를 더 낫게 만든다. 우리는 우리가 다루는 모든 것을 지속적으로 개선해야 한다.

높은 생산성 유지하기

약속 6. 나는 나 자신과 다른 이들의 생산성을 최대한 높게 유지하기 위해 할 수 있는 모든 일을 하겠습니다. 생산성을 낮추는 일은 하지 않겠습니다.

생산성. 만만치 않은 주제다. 그렇지 않은가? 여러분 직업에 정말 중요한 것은 생산성뿐이라고 얼마나 자주 느끼는가? 생각해 보면 생산성은 이 책 그리고 내가 소프트웨어에 대해 쓴 모든 책의 주제다.

이 책들은 빠르게 가는 방법을 다룬다. 그리고 지난 70년에 걸친 소프트웨어 역사에서 우리가 배운 교훈은 빠르게 가려면 제대로 가야 한다는 것이다.

빠르게 가는 유일한 방법은 제대로 가는 것이다.

그래서 여러분은 코드를 깨끗하게 관리한다. 설계를 깨끗하게 관리한다. 의미론적으로 안정적인 테스트를 작성하고 커버리지를 높게 유지한다. 적절한 디자인 패턴을 익히고 적용한다. 메서드를 작게 그리고 이름을 적확하게 관리한다.

하지만 이는 모두 생산성을 높이는 간접적인 방법이다. 여기서 우리는 생산성을 높게 유지하는 훨씬 더 직접적인 방법을 이야기하려고 한다.

1. 끈적함[4] 없애기: 효율적인 개발 환경 유지하기
2. 집중 방해 요소 관리: 일상의 업무와 개인의 삶 다루기
3. 시간 관리: 생산적인 시간을 여러분이 처리해야 하는 다른 모든 잡무로부터 효과적으로 분리하기

끈적함 없애기

프로그래머들은 생산성에 관해서는 매우 근시안적인 경우가 많다. 생산성에서 가장 중요한 요소가 코드를 빠르게 작성하는 능력이라고 본다.

하지만 전체 과정에 있어 코드 작성은 아주 작은 부분이다. 코드 작성이 무한히 빨라진다고 하더라도 전체 생산성은 조금밖에 증가하지 않는다.

소프트웨어 프로세스에는 단순 코드 작성 말고도 훨씬 많은 일이 있기 때문이다. 최소한 다음과 같은 일들이 있다.

- 빌드
- 테스트
- 디버깅
- 배포

---

4 (옮긴이) 생산성을 높이려면 이동 속도를 느리게 만드는 끈적한 요소들을 제거해야 한다.

여기에 더해서 요구 사항, 분석, 설계, 회의, 연구, 인프라 구축, 도구 제작 등 소프트웨어 프로젝트에 필요한 일들도 챙겨야 한다.

그러므로 코드를 효율적으로 작성하는 일이 중요하기는 하지만, 이는 문제의 가장 큰 부분에도 한참 미치지 못한다. 다른 문제들을 하나씩 격파해 보자.

빌드

코드를 5분간 작성하고 나서 빌드했더니 30분이 걸린다면 아주 생산적이기는 힘들 것이다. 그렇지 않을까?

21세기가 된 지도 20년이 넘은 상황에 빌드 시간이 1~2분을 넘을 이유는 전혀 없다.

잠깐, 이의를 제기하기 전에 한번 생각해 보라. 어떻게 빌드 속도를 올릴 수 있을까? 클라우드 컴퓨팅 시대에 여러분의 빌드 속도를 극적으로 올릴 방법이 없으리라고 정말로 확신하는가? 빌드 속도를 느리게 만드는 원인을 찾아내서 고치라. 설계상의 도전이라고 생각하라.

테스트

빌드를 느리게 만든 범인이 테스트인가? 답은 똑같다. 테스트 속도를 올리라.

자, 이렇게 생각해 보자. 내 보잘것없는 노트북에는 2.8GHz 클록으로 돌아가는 코어가 네 개 있다. 대략 초당 100억 개의 명령instruction을 실행할 수 있다는 뜻이다.

여러분 시스템 전체의 명령 수를 모두 합해 봤자 100억 개가 넘을까? 그렇지 않다면 여러분 시스템 전체를 1초 안에 테스트할 수 있어야 할 것이다.

물론 그러려면 여러 번 실행하는 명령어가 없어야 한다. 예를 들어 로그인이 제대로 동작하는지 확인하기 위해 몇 번이나 로그인을 테스트해 봐야 할까? 일반적으로 보면, 한 번으로 충분하다. 그런데 여러분의 테스트는 로그인 과정을 모두 몇 번이나 거치는가? 처음 한 번 이후는 모두 낭비다!

각 테스트 전에 로그인이 필요하다면, 테스트에서는 로그인 과정을 건너뛸 수 있게 지름길을 만들어야 한다. 테스트 대역 중 하나를 사용하라. 꼭 필요하다면 테스트용으로 빌드된 시스템에서는 로그인 과정을 없애는 방법도 있다.

중요한 점은 테스트에서 이런 반복을 용인해서는 안 된다는 것이다. 그 때문에 테스트가 지독하게 느려질 수 있다.

또 다른 예로, 테스트가 사용자 인터페이스의 내비게이션이나 메뉴 구조를 몇 번이나 죽 훑는가? 첫 화면에서 시작하여 테스트를 수행할 수 있는 시스템 상태에 마침내 도착할 때까지 링크에, 링크에, 링크를 따라가야 하는 테스트가 몇 개나 되는가?

한 번 넘게 지나가는 내비게이션 경로는 낭비다! 그러니 로그인도, 내비게이션 이동도 없이 테스트에 필요한 상태로 시스템을 빠르게 설정할 수 있는 특별한 테스트 API를 만들라.

쿼리가 잘 작동하는지 확인하기 위해 쿼리를 몇 개나 실행해 봐야 할까? 하나! 대부분의 테스트에서는 데이터베이스가 테스트 대역으로 대체되어야 한다. 똑같은 쿼리를 실행하고 실행하고 또 실행하지 말라.

주변 기기는 느리다. 디스크는 느리다. 웹 소켓은 느리다. 사용자 인터페이스 화면은 느리다. 느린 것들이 여러분의 테스트를 느려지게 하면 안 된다. 테스트 대역으로 대체하라. 우회하라. 테스트의 주요 경로에서 느린 것들을 제거하라.

느린 테스트를 참지 말라. 테스트를 계속 빠르게 유지하라!

디버깅

무언가 디버깅하는 데 시간이 오래 걸리는가? 왜? 왜 디버깅이 느릴까?

여러분은 테스트 주도 개발로 단위 테스트를 작성하고 있다. 그렇지 않은가? 인수 테스트도 작성하고 있다. 아무렴! 좋은 커버리지 분석 도구로 테스트 커버리지도 측정하고 있다. 그렇고말고. 게다가 주기적으로 변이 테스트 도구를 사용하여 테스트가 의미론적으로 안정적인지 확인하고 있다. 그렇지 않은가?

여러분이 이 모두를 지킨다면, 아니 이 중 일부만 지키더라도 디버깅 시간은 대수롭지 않은 수준으로 줄어들 수 있다.

배포

배포하다가 날이 새는가? 왜? 내 말은 여러분이 지금 배포 스크립트를 사용하고 있지 않느냐는 것이다. 아닌가? 배포를 수작업으로 하지는 않을 거다. 아닌가?

명심하라. 여러분은 프로그래머다. 배포는 하나의 절차다. 자동화하라! 그리고 이 절차에 대한 테스트도 작성하라!

여러분은 언제나 시스템을 클릭 한 번으로 배포할 수 있어야 한다.

집중 방해 요소 관리하기

생산성의 가장 악질적인 파괴범 중 하나로 업무에서 생기는 집중 방해 요소들이 있다. 집중을 방해하는 요소는 아주 다양하다. 이를 파악하고 막는 방법을 잘 알아야 한다.

회의

회의 때문에 일이 늦어지는가? 나는 회의를 다루는 아주 간단한 규칙을 갖고 있다. 다음과 같다.

회의가 지루해지면 나가라.

예의를 갖춰야 한다. 대화가 잠잠해질 때까지 몇 분간 기다린 다음 참석자들에게 말하라. 여러분 생각에 여러분의 의견은 더 필요하지 않을 것 같아 보이는데, 해야 할 일이 많이 쌓여 있으니 다른 일을 하러 가도 될지 물어보라.

회의에서 나가는 걸 두려워하지 말라. 회의에서 나가는 방법을 터득하지 못한다면 어떤 회의는 여러분을 영원히 붙잡아 둘 것이다.

또한 대부분의 회의 요청은 거절하는 편이 현명하다. 길고 지루한 회의에 갇히는 일을 피하는 최선의 방책은 애초에 요청을 정중하게 거절하는 것이다. 무언가를 놓칠까 두려운 마음에 넘어가지 말라. 진정으로 여러분이 필요하다면 여러분을 부를 것이다.

누군가가 여러분을 회의에 초대한다면 정말 참석해야 하는 자리인지 확인하라. 여러분은 몇 분밖에 시간을 낼 수 없고, 회의가 끝나기 전에 나가야 할 가능성이 높다는 점을 회의 주최자가 이해했는지도 확인하라.

그리고 꼭 문에서 가까운 자리에 앉으라.

여러분이 그룹의 리더나 관리자라면 팀원들의 회의 참석을 줄여서 팀원들의 생산성을 지키는 일이 여러분의 주요 업무 중 하나라는 점을 잊지 말라.

음악

나는 아주 오래전 음악에 맞춰 코딩을 했었다. 하지만 음악을 들으면 집중력이 떨어진다는 걸 깨달았다. 오랜 시간을 겪어 보니 음악을 들으면 집중에 도움이 되는 것처럼 느껴지지만, 실은 내 주의력을 분산시킨다는 걸 깨달았다.

하루는 몇 년 묵은 코드를 살펴보던 중 내 코드가 음악 때문에 엉망이 된 걸 발견했다. 내가 듣고 있었던 노래의 가사가 코드 이곳저곳에 있는 일련의 주석에 흩어져 있었다.

이 사건 이후로 나는 코딩하면서 음악을 듣지 않는다. 그리고 내가 작성하는 코드에 훨씬 더 만족하고 있다. 세세한 곳까지 주의력을 기울일 수 있는 점도 만족스럽다.

프로그래밍은 어떤 절차의 요소들을 순차, 분기, 반복을 통해 배열하는 행위다. 음악은 순차, 분기, 반복을 통해 배열된 음조와 리듬 요소들로 이루어진다. 음악 감상과 프로그래밍이 뇌의 동일한 부분을 사용하는 건 아닐까? 그래서 뇌의 프로그래밍 능력에 해당하는 부분을 소모하지는 않을까? 이게 내 이론이고 나는 이를 고수하고 있다.

이 문제는 여러분 스스로 풀어야 한다. 어쩌면 음악이 진짜로 도움이 될 수도 있다. 하지만 아닐 수도 있다. 음악 없이 일주일간 코딩해 보기를 추천한다. 그리고 코드를 더 많이 만들어 내는지, 더 좋은 코드를 만들어 내는지 확인해 보라.

기분

여러분의 감정 상태를 관리하는 데 능숙해져야 생산적일 수 있다는 점을 꼭 깨달아야 한다. 감정적인 스트레스는 코드 작성 능력을 빼앗아 간다. 여러분의 집중을 해치고 끊임없이 여러분을 뒤숭숭한 마음 상태로 만든다.

예를 들어 여러분의 반려자나 애인과 심하게 다툰 뒤 코딩을 할 수 없었던 적이 있지 않은가? 통합 개발 환경에 아무렇게나 글자를 몇 개 입력하기는 했지만, 그다지 많은 일을 하지는 못했을 수도 있다. 어쩌면 여러분이 그리 주의를 기울이지 않아도 되는 지루한 회의에서 시간을 죽이며 생산적인 척했을 수도 있다.

생산성을 회복하기 위해 내가 찾아낸 최선의 방법은 이것이다.

행동하라. 감정의 근원을 따라서 행동하라. 억지로 코딩하지 말라. 감정을 음악이나 회의로 감추려 하지 말라. 감춰지지 않는다. 감정을 해소하기 위한 행동을 하라.

여러분이 애인 또는 반려자와 싸운 탓에 일터에서 너무나 슬프거나 우울해서 코딩을 할 수 없다면 전화해서 문제를 해결하려고 노력하라. 실제로는 문제가 해결되지 않았을 때조차 해결하려고 시도한 행동 자체가 여러분의 기분을 가라앉히고 코딩이 가능하게 해 줄 것이다.

실제로 문제를 해결할 필요는 없다. 필요한 행동을 적절히 취했다고 자신을 설득할 수만 있으면 된다. 나는 보통 그 정도면 작성해야 하는 코드로 내 주의를 다시 돌릴 수 있다.

몰입

많은 프로그래머가 선호하는 특별한 정신 상태가 있다. 초집중해서 시야가 좁아진 상태다. 온몸에서 코드가 쏟아져 나오는 듯하다. 초인이 된 듯한 기분이 들 수도 있다.

그런데 수년간 살펴보니 이런 행복감에도 불구하고 내가 이런 특별한 상태에서 만들어 낸 코드가 꽤 엉망인 편이라는 걸 깨달았다. 내가 일반적인 주의 집중 상태에서 작성한 코드에 비하면 훨씬 더 꼼꼼함이 부족했다. 그래서 요즘 나는 몰입 상태에 빠지지 않으려 노력한다. 짝 프로그래밍은 몰입에 빠지지 않을 수 있는 좋은 방법이다. 다른 누군가와 의사소통하고 협동해야 한다는 사실이 몰입을 방해하는 듯하다.

음악을 듣지 않는 것도 몰입에 빠지지 않는 데 도움이 된다. 실제 주변 환경 때문에 현실 세계에 계속 머무르게 되기 때문이다.

나는 과도하게 집중하는 걸 깨달으면 멈춰서 잠깐 다른 일을 한다.

시간 관리

시간 관리 규칙을 도입하는 것도 여러분의 집중을 방해하는 요인들을 관리할 때 아주 중요하다. 내가 가장 좋아하는 방식은 뽀모도로 기법Pomodoro Technique[5]이다.

뽀모도로는 이탈리아어로 '토마토'를 뜻한다. 영어권 조직에서는 토마토라는 표현을 쓰는 경우가 많다. 하지만 웹에서 검색을 할 때는 '뽀모도로 기법'이나 'Pomodoro Technique'으로 찾는 편이 더 나을 것이다.

이 기법의 목표는 정규 업무 시간 동안 여러분의 시간과 집중력 관리를 돕는 것이다. 그 이상은 아무것도 관여하지 않는다.

핵심 아이디어는 꽤 단순하다. 일을 시작하기 전에 타이머를 25분으로 맞춘다. 전통적으로는 토마토 모양의 주방 타이머를 사용한다.

다음으로 일을 한다. 타이머가 울릴 때까지 일한다.

그다음에는 5분 쉰다. 몸과 마음을 비우자.

그리고 다시 시작한다. 타이머를 25분으로 맞추고 타이머가 울릴 때까지 일한 다음 5분간 쉰다. 이를 계속 반복한다.

25분이 뭔가 특별한 비법은 아니다. 15분에서 45분 사이면 얼마든 적당할 것 같다. 하지만 일단 시간을 한 번 정했으면 그 시간을 계속 사용하라. 토마토 타이머의 시간을 바꾸면 안 된다!

물론 타이머가 울렸을 때 30초만 더 투자해서 테스트를 통과시킬 수 있다면 나는 테스트를 마무리할 것이다. 하지만 반면에 규칙을 지키는 것도 중요하다. 내가 더 일하는 시간은 1분을 넘기지 않는다.

여기까지는 좀 시시하게 들렸을 것이다. 하지만 방해 요인을 다룰 때, 예를 들어 전화가 왔을 때 이 기법의 진가가 드러난다. 이때의 규칙은 '토마토를 사수하라!'다.

여러분을 방해하려는 사람이 누구든, 25분 또는 여러분이 정한 토마토 시간 동안 할 일을 마치고 다시 연락하겠다고 말하라. 업무 중단 상황을 최대한 빨리 해소하고 일로 복귀하라.

---

5 Francesco Cirillo, 《The Pomodoro Technique: The Life-Changing Time-Management System》 (Virgin Books, 2018)

그러고는 여러분의 휴식 시간이 끝난 후에 방해의 원인이었던 일을 처리하라.

이렇게 하면 토마토 사이의 시간이 가끔은 꽤 길어질 수도 있다. 여러분을 방해하는 사람들은 아주 긴 시간을 요구하는 경우가 많기 때문이다.

이 또한 뽀모도로 기법이 멋진 이유다. 하루를 마칠 때 완료한 토마토 수를 세어 보라. 이걸로 여러분의 생산성을 측정할 수 있다.

일단 이렇게 여러분의 하루를 토마토로 쪼개고 방해 요인을 방어하는 데 익숙해지면, 여러분의 하루를 토마토 할당으로 계획할 수 있게 된다. 어쩌면 더 나아가서 여러분 업무를 토마토 단위로 추산한 다음, 그에 맞춰 회의와 점심 식사를 계획하게 될지도 모른다.

팀워크
Teamwork

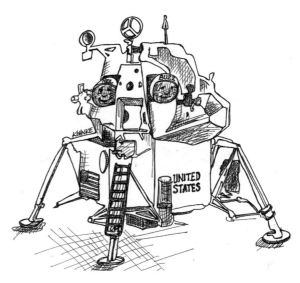

달에 최초로 착륙한 유인 우주선인 아폴로 11호의 착륙선

선서의 나머지 약속들은 팀에 대한 책무commitment를 나타낸다.

팀으로 일하기

약속 7. 나는 다른 이들이 나를 대신할 수 있고, 내가 다른 이들을 대신할 수 있는지 지속적으로 확인하겠습니다.

지식을 사일로처럼 칸칸이 분리해 놓으면 팀과 조직에 극도로 해롭다. 사람한 명이 사라지면 지식 한 조각이 통째로 함께 사라지고, 이는 팀과 조직의마비로 이어질 수 있다. 또한 팀의 각 개인이 서로를 이해하는 데 필요한 배경지식을 충분히 얻지 못하는 문제도 있다. 그 결과 서로 이해하지 못한 채자기 할 말만 하게 되는 경우가 많다.

이 문제를 풀려면 지식을 팀 전체로 퍼트려야 한다. 모든 팀원이 다른 팀원이 수행하는 작업에 대해 많은 지식을 쌓도록 하라.

지식을 퍼트리는 최고의 방법은 함께 일하기다. 짝 프로그래밍이든, 몹 프로그래밍이든 상관없다.

중요한 건 팀의 생산성을 올리기에 공동 프로그래밍 실천보다 더 좋은 방법은 거의 없다는 사실이다. 진행 중인 작업 간의 깊은 관계를 아는 팀은 여러 사일로로 나뉘어 있는 팀보다 생산성이 훨씬 높을 수밖에 없다.

개방형/가상 사무실
팀원들이 서로 매우 자주 보고 상호 작용하는 것도 중요하다. 이를 위해서는모두 한방에 넣는 방법이 제일 좋다.

2000년대 초반에 내가 운영했던 회사는 애자일 개발을 도입하는 조직을돕는 일을 했다. 우리는 고객사에 강사와 코치를 파견해서 변화를 이끌었다.

코칭을 실제로 시작하기에 앞서 우리는 코칭을 받을 팀이 그들만의 팀 사무실에서 일하도록 사무실 공간을 재구성해 달라고 관리자에게 말했다. 그러자 우리가 채 도착해서 코칭을 시작하기도 전에 이미 그 팀의 생산성이 부적 올랐다고 관리자가 알려 주는 경우도 있었다. 그저 같은 방에서 함께 일했기 때문에 생산성이 오른 것이다. 이런 일이 여러 번 있었다.

나는 이 부분을 2021년 1분기에 쓰고 있다. 코로나19의 세계적 유행이 잦아들기 시작했고, 백신 접종도 빠르게 이루어지고 있다(나는 이 글을 쓰고 있는 오늘 2차 접종을 받을 예정이다).[1] 우리는 모두 일상으로의 복귀를 꿈꾸고 있다. 하지만 코로나19 유행이 끝난 후에도 많은 수의 소프트웨어 팀이 계속 원격으로 일할 것이다.

원격 근무는 절대 같은 방에서 함께 일하는 것만큼 생산적일 수 없다. 최고의 전자 기기를 갖추고, 모니터에서 서로의 모습을 볼 수 있더라도 직접 만나는 것보다는 못하다. 그래도 요즘 협업을 위한 전자 시스템은 매우 훌륭하다. 그러니 원격으로 일한다면 이런 협업 시스템을 꼭 사용하라.

가상 팀 방을 만들라. 모든 사람의 얼굴이 계속 보이게 띄워 놓으라. 가능하면 소리도 계속 들리게 열어 놓으라. 목표는 팀 사무실인 듯한 착각을 일으켜 모든 사람이 그 안에서 함께 일한다고 느끼도록 하는 것이다.

짝 프로그래밍이나 몹 프로그래밍에서는 요즘 전자적인 지원 도구를 무척 많이 활용한다. 원격에서 화면을 공유하거나 함께 프로그래밍하기가 상대적으로 쉽다. 그 와중에도 얼굴과 소리를 계속 연결해 놓으라. 함께 코드 작업을 하는 중에도 서로를 볼 수 있기를 원할 것이다.

원격으로 일하는 팀이라면 가능한 한 같은 시간대에 일할 수 있도록 노력하라. 프로그래머들이 여러 나라에 흩어져 있다면 아주 힘들 수도 있다. 각 팀이 일하는 시간대의 차이를 가능한 한 줄이도록 노력하라. 모든 사람이 가

---

1 (옮긴이) 안타깝게도 코로나19 유행은 이후로도 계속됐고, 2022년 4분기 기준으로도 세계적 유행은 진행 중이다.

상 팀 방에 있을 수 있는 시간을 하루에 연속으로 최소 여섯 시간은 확보할 수 있도록 노력하라.

차를 운전할 때 다른 차 운전자에게 나도 모르게 소리를 질렀던 적이 있는가? 이를 앞 유리 효과windshield effect라고 한다. 여러분이 앞 유리 뒤에 앉아 있을 때는 다른 운전자들을 바보, 칠칠치 못한 사람, 심지어는 적으로 보게 되기 쉽다. 다른 사람을 비인간화하기 쉽다. 그리고 이런 효과는 그 정도가 작기는 하지만 컴퓨터 화면을 바라볼 때도 일어난다.

이런 효과를 없애려면 팀원들이 1년에 몇 번은 같은 물리적 공간에 함께 모여야 한다. 나는 분기당 일주일을 추천한다. 팀이 끈끈해지는 데, 팀을 팀으로 관리하는 데 도움이 된다. 2주 전에 같이 점심을 먹고 직접 만나서 협업한 사람을 상대로 앞 유리 함정에 빠지는 일은 잘 일어나지 않는다.

정직하고 공정하게 추정하기

> **약속 8.** 나는 규모나 정밀도 측면에서 모두 정직한 추정을 내놓겠습니다. 납득할 만한 확실함 없이는 약속을 하지 않겠습니다.

이번 절에서는 프로젝트와 큰 과업을 추정하는 일에 대해 이야기할 것이다. 여러 날 또는 여러 주가 걸리는 일들을 다룬다. 작은 작업이나 스토리 추정은 《클린 애자일Clean Agile: Back to Basics》(인사이트, 2020)을 참고하라.

추정은 모든 소프트웨어 개발자의 필수 기술이지만 동시에 우리 대부분이 아주 정말 못하는 일이다. 어떤 사업을 하든지 일의 비용이 얼마나 들지를 실제로 비용을 투입하기 전에 알아야 하므로 추정 기술은 필수다.

안타깝게도 추정이 실제로 무엇인지, 또 추정을 어떻게 해야 하는지 우리가 제대로 이해하지 못한 탓에 프로그래머와 사업 부서 사이의 신뢰는 거의 재앙에 가깝게 무너지고 말았다.

수많은 소프트웨어 실패로 인해 수조 원이 증발했다. 이런 실패는 많은 경우 추정을 엉망으로 한 탓이었다. 추정이 두세 배 또는 네다섯 배로 빗나가는 경우는 드물지 않다. 그런데 왜일까? 왜 이렇게 추정을 정확하게 하기 힘들까?

대부분은 우리가 추정이 실제로 무엇인지, 추정을 어떻게 해야 하는지 제대로 이해하지 못한 탓이다. 자, 추정이 유용하려면 추정이 정직해야 한다. 정직하게 확실accurate하고, 정직하게 정밀precise해야 한다. 하지만 대부분의 추정은 둘 다 아니다. 사실 대부분의 추정은 다 거짓말이다.

거짓말

대부분의 추정은 거짓말이다. 이미 정해진 마감 날짜로부터 역산해서 만들어지기 때문이다.

예를 들어 HealthCare.gov를 생각해 보자. 미국 대통령이 서명한 법안에는 소프트웨어 시스템이 가동되어야 하는 날짜가 지정되어 있었다.

터무니없어서 말이 안 나온다. 이 얼마나 어처구니없는 일인가. 마감 날짜를 추정해 달라고 누구에게도 물어보지 않았다. 그저 마감 날짜를 정해서 전달해 버렸다. 그것도 법으로!

그러니 강제된 마감 날짜와 결부된 모든 추정은 당연히 거짓말이다. 어떻게 거짓말이 아니겠는가?

20년 전 내가 컨설팅하던 팀 생각이 난다. 프로젝트 관리자가 뚜벅뚜벅 걸어 들어오던 순간 나도 프로젝트실에 같이 있었다. 그 관리자는 스물다섯쯤 되는 젊은 사람으로, 이제 막 상사와 미팅을 마치고 돌아오는 길이었다. 눈에 띄게 불안해 보였다. 그는 팀원들에게 마감 일자가 얼마나 중요한지 말했다. "우리는 정말로 마감 날짜를 지켜야 해요. 정말로 마감 날짜를 지켜야 한다고요."

물론 나머지 팀원들은 그저 눈을 치켜뜨면서 고개를 저을 뿐이었다. 날짜를 지켜야 한다는 요구 조건이 날짜를 지킬 방법을 만들어 주지는 않았다. 이 젊은 관리자는 어떤 방법도 제시하지 못했다.

이런 환경에서 추정은 계획에 맞춘 거짓말일 뿐이다.

또 다른 고객도 생각이 난다. 벽에 거대한 소프트웨어 제작 계획을 그려 놓은 고객이었다. 화살표와 동그라미, 이름표와 작업이 벽을 한가득 메웠다. 프로그래머들은 이 계획을 웃음소리 트랙[2]이라고 불렀다.

이번 절에서 이야기할 추정은 진정한, 가치 있는, 정직한, 확실한, 정밀한 추정이다. 전문가들이 하는 추정이다.

정직함, 확실함, 정밀함

추정에서 가장 중요한 측면은 정직함이다. 추정이 정직하지 않다면 아무짝에도 쓸모가 없다.

> 나: 그럼 좀 여쭤볼게요. 가장 정직하게 추정하면 얼마나 걸릴까요?
>
> 프로그래머: 음, 몰라요.
>
> 나: 맞습니다.
>
> 프로그래머: 뭐가 맞아요?
>
> 나: 몰라요.
>
> 프로그래머: 잠시만요. 가장 정직한 추정을 물어보셨잖아요.
>
> 나: 맞아요.
>
> 프로그래머: 그리고 저는 모른다고 했어요.
>
> 나: 맞아요.
>
> 프로그래머: 그러면 추정 결과는 뭐죠?

---

2 (옮긴이) 방송 등에서 합성해 넣는 인위적인 가짜 방청객 웃음소리를 말한다.

나: 몰라요.

프로그래머: 그러면 저는 어떻게 해야 추정을 할 수 있을까요?

나: 이미 추정했잖아요.

프로그래머: 제가요? 뭐라고요?

나: 몰라요.

여러분이 할 수 있는 가장 정직한 추정은 "몰라요"다. 하지만 이런 추정은 특별히 확실하지도, 정밀하지도 않다. 그래도 여러분은 추정에 대해 무언가는 알고 있다. 문제는 여러분이 알고 있는 것과 모르고 있는 것을 어떤 양으로 표현하는 방법이다.

먼저 여러분의 추정은 확실해야 한다. 그렇다고 고정된 날짜를 내놓아야 한다는 뜻은 아니다. 설마 그럴 수 있을 리가. 그저 여러분이 확신하는 날짜 범위를 이야기하면 된다는 뜻이다.

예를 들어 hello world 프로그램을 작성하는 데 걸리는 시간을 추정한다고 해 보자. '지금으로부터 10년 내'라고 추정하면 아주 확실하다. 하지만 정밀함이 떨어진다.

반면에 어제 새벽 2시 15분이라고 추정하면 매우 정밀한 추정이다. 하지만 작업을 아직 시작도 하지 않았다면 전혀 확실하지 않다.

차이를 알겠는가? 여러분이 추정을 할 때 여러분은 확실함과 정밀함 두 가지 측면에서 정직해야 한다. 확실해지려면 여러분이 확신하는 범위의 날짜를 이야기해야 한다. 정밀해지려면 이 범위를 여러분이 확신하는 수준 안에서 좁혀 나가야 한다.

그리고 이 두 가지 작업에 있어 혹독할 정도의 정직함만이 유일한 길이다.

정직해지려면 여러분이 얼마나 틀릴 수 있는지 감을 잡아야 한다. 과거에 내가 얼마나 틀렸는지 두 가지 이야기를 들려주겠다.

첫 번째 이야기: 벡터

1978년이었다. 나는 일리노이 디어필드Deerfield에 위치한 테라다인Teradyne이라는 회사에서 일하고 있었다. 우리는 전화 회사용 자동 테스트 장비를 만들었다.

나는 26살 먹은 젊은 프로그래머였다. 그리고 전화망 중앙국의 랙rack에 설치하는 내장형 측정 장비의 펌웨어를 개발하고 있었다. 이 장비는 중앙국 전선 테스터central office line tester의 첫 글자를 따서 COLT라고 불렸다.

COLT의 처리 장치는 초기 8비트 마이크로프로세서인 인텔 8085였다. 그리고 32K 반도체 램과 32K 롬ROM이 들어 있었다. 이 롬은 인텔 2708 칩[3] 기반이었는데, 칩 하나가 1K×8비트를 저장할 수 있었으므로 이 칩을 32개 사용했다.

우리는 메모리 보드의 소켓에 이 칩들을 꽂았는데 보드 한 장당 칩을 12개까지 꽂을 수 있었으므로 메모리 보드를 세 장 사용했다.

소프트웨어는 8085 어셈블리어로 작성했다. 소스 코드는 여러 소스 파일에 보관했는데, 컴파일 과정에서 하나로 합쳐졌다. 컴파일러의 출력은 크기가 32K에 조금 못 미치는 바이너리 파일 하나였다. 우리는 이 파일을 1K 단위로 잘라서 32조각으로 만든 다음, 각 1K 조각을 롬 칩으로 구웠다. 그러고는 칩들을 메모리 보드의 소켓에 끼웠다.

여러분도 상상할 수 있겠지만 우리는 칩을 정확하게 집어서 정확한 보드의 정확한 소켓에 끼워야 했다. 우리는 칩에 이름표를 아주 신중하게 붙였다. 우리는 이 장비를 수백 대 팔았다. 장비들은 전국에 있는 그리고 나아가 전 세계에 있는 전화망 중앙국들에 설치됐다.

우리가 프로그램을 바꾸면 어떤 일이 벌어졌을까? 딱 한 줄만 바꿨을 때? 우리가 한 줄을 추가하거나 삭제하면 그 이후 모든 서브루틴의 주소가 바뀌

---

3 (옮긴이) 인텔 2708은 메모리 내용을 지우고 다시 기록할 수 있는 EPROM(Erasable Programmable Read-Only Memory)이다.

었다. 이 서브루틴들은 그 앞에 나오는 코드 속의 루틴에서 호출하기도 하므로 결국 모든 칩이 영향을 받았다. 딱 한 줄을 바꿨을 뿐인데 칩 32개를 모두 다시 구워야 했다!

정말 악몽 같았다. 우리는 수백 세트의 칩을 구워서 전 세계 모든 현장 서비스 대리점에 보내야 했다. 그러면 각 대리점에서는 담당 지역의 모든 중앙국을 방문하기 위해 수백 킬로미터를 이동해야 했다. 중앙국에 도착하면 장비 뚜껑을 열고, 모든 메모리 보드를 꺼낸 다음, 기존 칩 32개를 모두 뽑고, 새 칩 32개를 꽂은 후, 보드를 다시 넣어야 했다.

자, 아는지 모르겠지만 칩을 소켓에서 뽑거나 다시 꽂는 작업은 그다지 안정적이지 않다. 칩의 작은 다리가 황당할 만큼 아무런 소리도 없이 휘어지거나 부러지기 십상이다. 따라서 불쌍한 현장 서비스 엔지니어는 32개의 칩마다 여분의 칩을 가지고 다니며 괴롭게 디버깅을 해야만 했다. 문제가 있는 칩을 찾기 위해 장비가 동작할 때까지 칩 하나를 뽑고 여분의 칩을 꽂는 일을 반복해야 했다.

하루는 상사가 나에게 와서 이 문제를 해결해야 한다고 말했다. 각 칩을 독립적으로 배포할 수 있게 하자고 제안했다. 물론 정확히 이렇게 표현하지는 않았지만 의도는 그랬다. 각 칩을 독립적으로 컴파일하고 배포할 수 있는 단위로 바꿔야 했다. 그러면 프로그램을 변경하더라도 칩 32개를 모두 새로 굽지 않아도 됐다. 사실 대부분의 경우 변경이 일어난 칩 딱 하나만 다시 배포하면 됐다.

구현 세부 사항을 지겹게 늘어놓지는 않겠다. 벡터 표vector table, 간접 호출 indirect call, 프로그램을 각각 1K 이하의 독립된 조각들로 나누는 작업이 필요했다는 것 정도만 알면 된다.[4]

---

4 칩 하나하나를 다형성을 띤 객체로 바꾸었다는 말이다.

상사와 구현 전략 논의를 마쳤을 때 상사가 구현하는 데 얼마나 걸리냐고 물어봤다.

나는 2주라고 대답했다.

하지만 2주 만에 되지 않았다. 4주 만에도 되지 않았다. 6주, 8주, 10주도 아니었다. 내가 작업을 마치기까지 12주가 필요했다. 내 예상보다 훨씬 더 복잡했던 것이다.

그 결과 나는 6배나 틀렸다. 6배!

다행히도 상사는 화를 내지 않았다. 그는 내가 일하는 걸 매일 봤고, 나에게 정기적으로 상황 보고를 받았다. 내가 다루고 있는 문제의 복잡성을 이해했다.

그래도 그렇지. 6배? 왜 그렇게 틀렸을까?

두 번째 이야기: pCCU

1980년대 초반의 일이다. 내가 기적을 일궈 내야만 했던 때의 이야기다. 그때 우리는 고객에게 새로운 제품을 약속했었다. CCU-CMU라는 이름의 제품이었다.

구리는 귀한 금속이다. 구하기 어렵고 비싸다. 우리의 고객이었던 전화 회사는 지난 세기 동안 나라 전역에 설치했던 방대한 구리 전선 네트워크를 다시 거둬들이기로 했다. 구리 전선을 훨씬 싼 디지털 신호용 동축 케이블과 광섬유 고대역 네트워크로 대체하는 전략이었다. 이런 방식을 디지털 스위칭이라고 불렀다.

CCU-CMU는 전화 회사의 새로운 디지털 스위칭 아키텍처에 적합하도록 우리의 측정 기술 아키텍처를 완전히 새롭게 바꾼 제품이었다.

자, 우리는 전화 회사에 CCU-CMU를 한두 해 전에 약속했었다. 우리는 소프트웨어를 만드는 데 대략 한 명이 1년 정도 일하면 되리라는 것을 알고 있었다. 하지만 미처 손을 대지 못하고 있었다.

이야기가 어떻게 흘러갈지 눈에 선할 것이다. 전화 회사는 디지털 스위칭을 연기했고, 우리도 개발을 연기했다. 언제나 해결해야 할 더 급한 문제가 많았다.

그러던 어느 날, 상사가 나를 사무실로 불러서는 우리가 어느 작은 고객을 잊어버렸다고 말했다. 이 고객은 초기 디지털 스위치를 이미 설치했고, 이제 약속대로 다음 달 내로 CCU-CMU가 나오는 것을 기다리고 있다고 했다.

자, 이제 나는 원래는 1년이 걸릴 소프트웨어를 채 한 달도 안 되는 기간 안에 만들어야 했다.

나는 상사에게 불가능하다고 말했다. 온전히 동작하는 CCU-CMU를 한 달만에 만들어 낼 방법은 없었다. 상사는 나를 보며 교활한 웃음을 짓더니 꼼수를 쓰면 된다고 말했다.

앞서 말했듯이 아주 작은 고객이었다. 그들은 말 그대로 가장 단순한 구성으로 디지털 스위치를 설치했다. 게다가 그 장비의 설정은 우연히도, 정말로 우연히도 CCU-CMU가 풀어야 하는 복잡한 문제를 사실상 완전히 없애 버리는 단순한 설정이었다.

요약하자면 나는 단 2주 만에 그 고객을 위한 특수 목적의 특별한 소프트웨어를 만들어서 구동했다. 우리는 이걸 pCCU라고 불렀다.

교훈

이 두 가지 이야기는 추정이 가질 수 있는 광대한 범위를 보여 준다. 첫 번째 이야기에서는 칩 단위로 프로그램을 나누는 벡터화 작업을 6배나 작게 추정했다. 반면에 다른 이야기에서는 CCU-CMU 문제의 해결책을 예상 기간의 20분의 1만에 만들어 냈다.

여기가 정직함이 필요한 지점이다. 솔직히 무언가가 잘못되면 아주 크게 잘못될 수 있기 때문이다. 그리고 무언가가 잘되면 가끔은 아주 크게 잘될 수 있다.

그래서 추정은 정말 굉장한 도전 거리다.

확실함

이제 프로젝트 추정치가 특정 날짜일 수는 없다는 점을 다들 이해했으리라. 6배 심지어 20배만큼이나 틀리는 프로세스에 사용하기에 날짜 하나는 너무나 정밀하다.

추정치는 날짜가 아니다. 범위다. 추정치는 확률 분포probability distribution다.

확률 분포에는 평균과 폭이 있다. 이 폭은 표준 편차 또는 시그마라고 부르기도 한다. 우리는 우리의 추정을 평균과 시그마로 표현할 수 있어야 한다.

먼저 평균을 보자. 복잡한 작업의 평균 완료 시간을 예측하는 일은 그저 부분 작업의 평균 완료 시간을 모두 더하면 되는 문제다. 그리고 물론 이를 재귀적으로 적용할 수 있다. 부분 작업은 더 세세한 하위 부분 작업의 시간을 더해서 추정할 수 있다. 이 과정을 반복하면 작업 트리가 생기는데, 이런 트리를 보통 작업 분할 구조work breakdown structure, WBS라고 부른다.

자, 모두 좋다. 하지만 문제는 우리가 모든 부분 작업과 하위 부분 작업, 더 하위의 부분 작업을 빠짐없이 파악하는 일을 잘하지 못한다는 점이다. 일반적으로 우리는 몇 개를 빠트린다. 그러니까, 음, 한 절반쯤.

우리는 전체 합에 2를 곱해서 빠트린 부분을 보상한다. 가끔은 3, 아니면 더 큰 숫자를 곱하기도 한다.

커크: 다시 출항하려면 수리하는 데 얼마나 걸리겠나?

스코티: 8주입니다. 하지만 시간이 없으시니까 2주 만에 해 보죠.

커크: 스콧, 자네는 언제나 추정 수리 시간에 4배를 곱하나?

스코티: 물론입니다! 그러지 않으면 어떻게 기적을 행한다는 제 명성을
지키겠습니까?[5]

자, 이런 2나 3 또는 4 같은 부풀리기 비율이 속임수처럼 들릴 것이다. 당연
히 속임수가 맞다. 하지만 추정이라는 행위가 원래 그렇다. 무언가가 얼마나
걸릴지 결정하는 진정한 방법은 단 하나뿐이다. 바로 직접 해 보는 것이다.
다른 방법은 모두 속임수다.

그러니 받아들이라. 우리는 속임수를 쓸 것이다. 우리는 WBS를 만든 다음
어떤 F값을 곱할 것이다. F의 값은 여러분의 확신 정도나 생산성에 따라 다
르겠지만 2에서 4 정도일 것이다. 이렇게 우리의 평균 완료 시간을 얻을 수
있다.

관리자가 이런 추정치를 어떻게 얻었는지 물어볼 텐데 여러분은 이실직고
할 것이다. 여러분이 부풀린 비율에 대해 이야기하면 관리자는 WBS 작성에
시간을 더 투자해서 부풀린 정도를 줄여 보라고 할 것이다.

전적으로 타당한 요청이니 여러분도 응하고 싶을 것이다. 하지만 여러분은
관리자에게 경고해야 한다. 완벽한 WBS를 만드는 비용은 작업을 완료하는
비용과 동일하다고 말이다. 사실 완벽한 WBS를 완성한 상황이라면 프로젝
트 또한 완료했을 것이다. 진정으로 모든 작업을 나열하는 유일한 방법은 여
러분이 파악하고 있는 작업을 진행해 보면서 남은 작업을 찾는 일을 재귀적
으로 반복하는 것뿐이기 때문이다.

그러니 꼭 추정 작업에 시간제한을 걸라. 그리고 부풀리기 비율을 더 정확
하게 알려면 아주 큰 비용이 든다고 관리자에게 알려 주라.

WBS 트리 말단에 있는 부분 작업을 추정하는 기법은 아주 많다. 기능 점
수나 그와 비슷한 복잡도 측정 방법을 쓸 수 있다. 하지만 나는 늘 순수한 직
감으로 추정한 결과가 제일 좋았다. 일반적으로 나는 추정할 작업을 이미 완

---

5 〈스타 트렉 3: 스포크를 찾아서〉, 7분 10초 부분, 레너드 니모이 감독(파라마운트 픽처스, 1984)

료한 다른 작업과 비교한다. 두 배 힘들 것 같은 생각이 들면 시간에 2를 곱한다.

트리 말단의 작업을 모두 추정했으면 트리를 위로 타고 올라가면서 합을 구한다. 이렇게 전체 프로젝트의 평균을 구할 수 있다.

의존성에 대해서는 너무 걱정할 필요 없다. 소프트웨어는 재밌는 소재다. A가 B에 의존한다고 하더라도 A보다 B를 먼저 만들지 않아도 될 때가 많다. 사실 로그인을 구현하기 전에 로그아웃부터 구현할 수 있다.

정밀함

모든 추정치는 틀린다. 그래서 추정치라고 부르는 것이다. 정확한 추정은 추정이 아니다. 그냥 사실이다.

추정이 틀리기는 하지만 그렇게 완전히 틀리지만은 않는다. 그래서 추정이 얼마나 틀릴 수 있는지 추정하는 일도 추정 작업의 일부다.

추정이 얼마나 틀릴 수 있는지 추정할 때 내가 가장 좋아하는 기법은 세 가지 숫자를 추정하는 것이다. 바로 최선best의 경우, 최악worst의 경우 그리고 일반적normal인 경우다.

'일반적인 경우'는 평균적인 정도로 일이 잘못되는 경우 작업이 얼마나 걸릴지다. 일이 통상적으로 진행되는 상황을 말한다. 직감적으로 판단한 정도라고 생각하라. 일반적인 경우는 여러분이 현실적이 됐을 때 내놓을 만한 추정치다.

일반적인 추정을 더 엄밀하게 정의해 보면, 그보다 짧을 확률과 길 확률이 모두 50%인 추정치를 말한다. 다시 말해 일반적인 추정치의 절반은 어기게 된다.

'최악의 경우'는 머피의 법칙 추정이다. 잘못될 수 있는 일은 죄다 잘못된다고 가정한다. 대단히 비관적이다. 최악의 경우 추정은 너무 길게 추정했을 확률이 95%다. 다시 말해 이 추정치를 넘어가는 경우는 스무 번에 한 번뿐이다.

'최선의 경우' 추정은 모든 일이 제대로 되는 경우다. 매일 아침 알맞은 시리얼을 먹는다. 직장에서는 동료들이 모두 예의 바르고 친절하다. 현장에는 아무런 문제도 없고, 회의도 없으며, 전화벨도 울리지 않는다. 주의를 전혀 빼앗기지 않는다.

최선의 경우 추정치가 맞을 확률은 5%다. 스무 번에 한 번.

자, 우리에게는 이 세 가지 숫자가 있다. 성공 확률은 '최선의 경우' 5%, '일반적인 경우' 50%, '최악의 경우' 95%다. 이 숫자들이 정규 분포 곡선의 확률 분포에 해당한다. 여러분이 실제로 추정하는 것은 이 확률 분포다.

여러분이 추정하는 것은 날짜가 아니다. 우리는 날짜를 알 수 없다. 정말 일이 언제 끝나는지는 알 수 없다. 실제로 아는 것은 이런 확률 분포에 대한 조악한 어림짐작이 전부다.

특별한 지식이 없다면 논리적으로 추정할 수 있는 유일한 방법은 확률뿐이다.

날짜를 추정한다면 여러분은 추정이 아니라 진짜 약속을 하고 있는 것이다. 그리고 약속을 한다면 반드시 지켜야 한다.

가끔은 약속을 해야 할 때도 있다. 하지만 약속은 절대적으로 지켜야 하는 것이다. 지킬 수 있다는 확신이 없다면 절대로 날짜를 약속해서는 안 된다. 확신이 없는 약속은 대단히 부정직한 것이다.

특정한 날짜를 지킬 수 있을지 알 수 없다면, 그러니까 불확실하다는 걸 안다면 날짜를 추정치로 내놓아서는 안 된다. 대신 날짜의 범위를 제시해야 한다. 확률과 함께 날짜의 범위를 제시하는 편이 훨씬 더 정직하다.

종합

자, 프로젝트 하나를 세부 작업으로 나누었다고 해 보자. 작업마다 최선의 경우(B), 일반적인 경우(N), 최악의 경우(W) 추정치를 구해 두었다. 그렇다면 어떻게 이를 전체 프로젝트의 추정치 하나로 종합aggregate할 수 있을까?

단순히 각 작업의 확률을 구한 다음 이 확률을 표준 통계 기법으로 모으면 된다.

가장 먼저 각 작업을 작업 완료 시간의 기댓값과 표준 편차로 표현한다.

참고로 표준 편차의 6배에 해당하는 구간(평균 위쪽과 아래쪽으로 각각 표준 편차의 3배 구간)은 99%보다 높은 확률에 해당한다. 그러니 최악의 경우와 최선의 경우의 차이를 6으로 나눈 값을 우리의 표준 편차, 그러니까 시그마로 사용할 것이다.

작업 완료 시간의 기댓값인 뮤mu, μ는 좀 까다롭다. 아마 W와 B의 중간에 해당하는 값과 N은 다를 것이다. 사실 W와 B의 단순 평균값은 아마 N보다 훨씬 클 것이다. 프로젝트가 예상보다 일찍 끝나는 경우보다 늦게 끝나는 경우에 예상과의 차이가 더 클 확률이 높기 때문이다. 그렇다면 평균적으로 이 작업은 언제 끝날까? 작업 완료 시간의 기댓값은 얼마일까?

아마 다음과 같이 가중 평균을 사용하는 게 최선일 것이다.

$$mu = (2N + (B + W)/2)/3$$

이제 각 작업의 뮤와 시그마를 계산했다. 프로젝트 전체의 완료 시간 기댓값은 그냥 뮤를 모두 더한 값이다. 프로젝트의 시그마는 각 작업의 시그마를 제곱하여 모두 더한 다음, 그 합의 제곱근을 구하면 된다.

기본적인 통계 수학일 뿐이다.

지금까지 내가 설명한 추정 절차의 기원은 1950년대 후반으로 거슬러 올라간다. 폴라리스 함대 탄도 미사일 프로그램을 관리하기 위해 발명됐는데,

그 이후로도 수천 개의 프로젝트에서 성공적으로 사용됐다.

이 기법은 프로그램 평가 검토 기법Program Evaluation and Review Technique, 줄여서 PERT라고 부른다.

정직함

우리는 정직함부터 시작했다. 그다음에 확실함 그리고 정밀함에 대해 이야기했다. 이제 다시 정직함으로 돌아갈 시간이다.

지금 우리가 이야기하는 종류의 추정은 본질적으로 정직하다. 이는 여러분이 느끼는 불확실함 수준을 알아야 하는 사람에게 표현하는 방법이다.

이 방식이 정직한 이유는 추정이 정말 불확실하기 때문이다. 그리고 프로젝트를 관리할 책임을 지는 사람은 그들이 짊어진 위험을 인지하고 있어야 한다. 그래야 위험을 관리할 수 있다.

하지만 사람들은 불확실함을 좋아하지 않는다. 아마 틀림없이 여러분의 고객과 관리자는 더 정확하게 알려 달라고 압력을 가할 것이다.

정확성을 높이는 비용에 대해서는 이미 이야기했다. 진짜로 정확성을 높이는 유일한 방법은 프로젝트의 일부를 수행해 보는 것이다. 전체 프로젝트를 모두 수행했을 때만 완벽한 정확성을 얻을 수 있다. 따라서 여러분이 고객과 관리자에게 해야 할 이야기 중 일부는 정확성을 높이는 비용에 대한 것이다.

그런데 가끔은 윗사람이 정확성을 올리라고 지시하면서 다른 전략을 사용할 수도 있다. 바로 약속을 요구하는 것이다. 여러분은 이런 약속이 무엇인지 알아야 한다. 윗사람들이 자신들의 위험을 여러분에게 전가하고 자기는 빠져나가려는 것이다. 여러분에게 약속을 받아 내서 원래는 자신이 관리해야 할 위험을 짊어지게 만드는 것이다.

자, 이것만으로는 아무 문제가 없다. 관리자들은 이렇게 요구할 전적인 권리가 있다. 그리고 여러분이 이에 응해야 하는 상황도 많다. 하지만 이 부분을 특히 강조하고 싶은데 여러분이 약속을 지킬 수 있다고 확신하는 경우에만 응해야 한다.

여러분 상사가 다가와서는 이번 주 금요일까지 무언가를 해 줄 수 있냐고 물어본다면, 여러분은 그게 말이 되는지 곰곰이 잘 생각해 봐야 한다. 말이 되고 작업이 가능하다면, 당연히 할 수 있다고 말하면 된다.

하지만 확실하지 않다면 어떤 일이 있어도 할 수 있다고 말해서는 안 된다.

확실하지 않다면 여러분은 '반드시' 안 된다고 말하고 여러분의 불확실함을 이제껏 설명한 방식으로 전달해야 한다. 이렇게 말해도 전혀 문제없다. "금요일까지 한다고 약속할 수는 없습니다. 늦어지면 다음 주 수요일까지 해야 할 수도 있습니다."

사실 여러분이 확실하지 않은 일을 약속하지 않겠다고 말하는 것이 굉장히 중요하다. 여러분이 가능하다고 말하는 순간, 여러분은 자기 자신에서 시작하여 여러분의 상사 그리고 또 다른 사람들로 이어지는 긴 실패의 도미노를 쌓는 셈이기 때문이다. 사람들은 여러분에게 기대할 것이고, 여러분은 그들을 실망시킬 것이다.

그러니 약속해 달라고 요청받았을 때 해낼 수 있다면 가능하다고 대답하라. 하지만 해낼 수 없다면 안 된다고 대답하고 여러분의 불확실함을 설명하라.

다른 선택지나 우회 방안을 적극적으로 논의하라. 가능하다고 대답할 방법이 있는지 찾아보라. 너무 쉽게 안 된다고 말하지 말라. 하지만 안 된다고 말하기를 두려워하지도 말라.

사실 여러분은 언제 안 된다고 대답해야 할지 아는 능력 덕분에 채용된 것이다. 된다는 말은 누구나 할 수 있다. 하지만 오직 기술과 지식을 갖춘 사람만이 언제 어떻게 안 된다고 말해야 하는지 안다. 여러분이 조직에 가져다주는 주요한 가치 중 하나는 언제 안 된다고 대답해야 하는지 아는 능력이다.

그런 시점에 여러분이 안 된다고 말한 덕분에 여러분의 회사는 막대한 고통과 낭비를 피할 수 있을 것이다.

마지막으로 한 가지 더. 가끔은 관리자가 여러분에게 약속하라고, 할 수 있다고 대답하라고 꼬드길 수 있다. 이런 경우를 주의하라. 관리자는 여러분이 팀 플레이어가 되려고 하지 않는다고, 다른 사람들은 여러분보다 더 많은 약속을 했다고 말할 수도 있다. 이런 계략에 넘어가지 말라.

해결책을 찾기 위해 관리자와 기꺼이 함께 일하라. 하지만 할 수 있다고 대답하면 안 되는 때에 관리자가 대답을 강요하며 괴롭히도록 놔두지 말라.

'노력'이라는 단어에 특히 주의하라. 상사가 이렇게 나름 합리적인 말을 할 수도 있다. "그러면 적어도 노력이라도 해 보겠어요?"

이 질문에 대한 답은 다음과 같다.

> 아니요! 저는 이미 노력하고 있습니다. 어떻게 그렇게 제가 노력하지 않는다고 말할 수 있어요? 저는 제가 할 수 있는 한 최선을 다하고 있고, 더 이상 노력할 수 있는 구석은 없습니다. 제 주머니에 기적을 일으키는 마법 콩이라도 있는 줄 아세요?

정확히 이렇게 대답하지는 않더라도 정확히 이렇게 생각하기는 해야 한다.

그리고 잊지 말라. "네, 노력해 볼게요"라고 대답한다면 여러분은 거짓말을 하는 것이다. 여러분이 어떻게 성공할 수 있을지 전혀 모르기 때문이다. 여러분은 여러분의 행동을 바꿀 아무런 계획이 없다. 그저 관리자를 쫓아 보내고 싶어서 "네"라고 한 것이다. 근본적으로 부정직한 행위다.

존중

약속 9. 나는 내 동료 프로그래머의 윤리와 기준, 규율, 기술을 존중하겠습니다. 다른 속성이나 특징은 무엇도 동료 프로그래머를 대하는 데 영향을 주지 않을 것입니다.

우리 소프트웨어 전문가는 우리 기예의 무거운 짐을 받아들인다. 남자든 여자든, 성 소수자든 아니든 우리 모두 용감한 사람들이다. 피부색이 검든지, 갈색이든지, 황색이든지, 하얀색이든지 상관없고 좌파든 우파든, 종교가 있든 무신론자이든 상관없다. 우리는 인간이 가질 수 있는 수많은 형태와 다양성을 지닌 인간들이다. 우리는 서로를 존중하는 공동체다.

우리 공동체에 들어오기 위한 유일한 자격 조건은, 서로에게 그리고 모든 구성원에게 인정과 존경을 받기 위한 유일한 자격 조건은 우리 직업의 기술과 규율, 기준, 윤리다. 인간의 다른 속성은 고려할 필요가 없다. 이 조건 이외에는 어떤 이유로도 차별은 용납되지 않는다.

여기까지 하겠다.

배우기를 멈추지 말라

약속 10. 나는 배우기를 그리고 내 기예를 갈고닦기를 절대 멈추지 않겠습니다.

프로그래머는 배우기를 멈추지 않는다.

해마다 새로운 언어를 하나씩 배워야 한다는 말을 들어 본 적이 있을 것이다. 맞다. 정말 배워야 한다. 훌륭한 프로그래머라면 프로그래밍 언어를 열몇 개는 알아야 한다.

한 가지 언어의 열 가지 변종은 안 된다. C, C++, 자바, C#만 아는 건 안 된다. 그보다는 서로 다른 분류에 속하는 언어들을 다양하게 알아야 한다.

자바나 C# 같은 정적 타입 언어를 알아야 한다. C나 파스칼Pascal 같은 절차적 언어를 알아야 한다. 프롤로그 같은 논리형 언어를 알아야 한다. 포스 같은 스택 기반 언어를 알아야 한다. 루비 같은 동적 타입 언어를 알아야 한다. 클로저나 해스켈Haskell 같은 함수형 언어를 알아야 한다.

여러 프레임워크도 다양하게 알아야 한다. 다양한 설계 방법론과 개발 프로세스도 알아야 한다. 이 모두에 전문가가 되어야 한다는 뜻은 아니다. 이런 것들을 단순한 호기심 수준보다는 훨씬 더 많이 접하려고 노력해야 한다는 뜻이다.

이런 식으로 여러분이 접해 봐야 하는 것들의 목록은 사실상 끝이 없다. 우리 산업은 지난 수십 년간 빠르게 변해 왔고, 앞으로도 계속 변화할 것이다. 여러분은 그 변화를 좇아가야 한다.

따라서 여러분은 계속해서 배워야 한다. 계속해서 책과 블로그를 읽으라. 계속해서 동영상을 보라. 계속해서 콘퍼런스와 사용자 모임에 참석하라. 계속해서 교육 과정을 들으라. 계속해서 배우라.

과거의 보물에도 관심을 기울이라. 1960년대와 70, 80년대에 쓰인 책들은 통찰력과 정보를 얻을 수 있는 환상적인 보고다. 오래된 것은 모두 시대에 뒤떨어졌다고 판단하는 우를 범하지 말라. 우리 산업에서 진짜로 시대에 뒤떨어진 것은 그리 많지 않다. 여러분보다 먼저 이 길을 걸어간 이들의 노력과 성취를 존중하고 그들의 조언과 판단을 공부하라.

여러분을 교육하는 것이 고용주의 일이라고 생각하는 함정에 빠지지 말라. 여러분의 경력이다. 그러니 그에 대한 책임을 져야 한다. 배우는 것은 여러분의 책임이다. 여러분이 무엇을 배워야 할지도 여러분이 알아내야 한다.

운이 좋아서 여러분에게 책을 사 주고 콘퍼런스나 교육 과정에 보내 주는 회사에 다니고 있다면 그 기회를 최대한으로 활용하라. 그렇지 않다면 책이나 콘퍼런스, 교육 과정 비용을 직접 지출하라.

그리고 학습에 투자할 시간을 미리 계획하라. 매주 시간을 지정하라. 여러분은 고용주를 위해 주당 35~40시간을 사용해야 한다. 그리고 그 이외에 여러분의 경력을 위해 10~20시간 정도를 사용해야 한다.

이것이 전문가의 방식이다. 전문가는 자기 경력을 갈고닦으며 관리하는 데 시간을 투자한다. 그러므로 여러분은 일주일에 총 50~60시간 동안 일해야 한다. 직장에서 대부분을 보내겠지만 집에서도 시간을 투자해야 한다.

찾아보기

ㄱ

가상 환경 팀워크 378-380
가짜 130-133
감정적 스트레스 372
값
 리스트로 변환 197
 변경된 값으로 변환 199
 테스트 147
개방형 사무실 378-380
객체 지향 모델 71
거품 정렬 알고리즘 95
결정 가능성 문제 69
결정 문제 296
결합
 깨지기 쉬운 테스트 문제 146
 높은 수준과 낮은 수준 세부 사항 160, 228,
  234-235
 일대일 169-171
 최소화 192
결합도 낮추기
 높은 수준과 낮은 수준 세부 사항 247, 327
 데이터베이스 156
 제품 코드·테스트 169-192, 228
 중요성 234-235
 테스트에 적합한 코드 243
경계 150-151
계단 테스트 74
공공의 신뢰 xxiv-xxv
공동 프로그래밍
 규율 254-257
 생산성 올리기 378
 원격 379
 XP 실천 방법 17, 20-21

관리자
 감정적인 대립 291
 관점 266
 약속 393-395
관점 266
괴테, 요한 볼프강 폰 25
구조
 공동 프로그래밍 256
 대 동작 322, 326, 330
 중복 248
 피해 320-321
구조적 프로그래밍 8, 340-343
구체성 191-192, 212
귀납법 337, 341
규율
 공동 프로그래밍 20-21
 단순한 설계 19-20
 리팩터링 18-19, 227-231
 실패 269, 270
 인수 테스트 21, 262-263
 초점 15
 테스트 주도 개발(TDD) 17-18
 YAGNI 237
기능적 분해 342-343
기대 266
기분 372-373
기술 발전 238
기준
 상이한 관점 266
 생산성 268-275
 용기 288-294
 정의 266
 증명 가능한 코드 345-346

책임 xx
품질 278-286
하나 대 여럿 xxiii
깃 354-355
깨지기 쉬운 테스트
구체적인 테스트로 예방 66, 243
리팩터링으로 방지 228
모의 객체 146-147
설계 문제 169
확실성 146, 147
끈적함 367-370

ㄴ

나이트 캐피털 그룹 317-318, 320
낙관적 잠금 353
내려가기 규칙 213
노스, 댄 112
뉘고르, 크리스텐 300

ㄷ

다빈치, 레오나르도 2
다형성 235
단계적 유도
기법으로서의 TDD 69, 90
막다른 길의 해법 103, 106
실패하는 테스트 해결하기 95
테스트 작성 방법 111
단순함
근본적인 부분 247
기술 발전의 결과 238
단계적 유도 69, 90, 95
설계 17, 19-20, 234-236
테스트 규칙 103, 111
표현력 높은 언어 244-245
단일 책임 원칙 211, 224, 250
달, 올레-요한 300
더미 119-123
데이크스트라, 에츠허르 8, 298, 336-343
데이터베이스 테스트 156-158
동작
대 구조 80, 322, 326, 330

리팩터링 중 보존됨 209
예상 318
동작 주도 개발(BDD) 112-114, 116
두려움
망가진 코드 38-39, 229
이기는 능력 279-280
디버깅
속도 올리기 369-370
완벽함에 대한 약속 280, 282
최소화 31-32
QA 281-283
디오판토스 방정식 69
디지털 스위칭 386

ㄹ

라이트 형제 3
러브레이스 백작 부인 5 → 에이다 참고
레인스버거, J. B. 162
로그인 테스트 368
로카인드, 마크 352
롤 모델 306-307
루빅큐브 226-227
리치, 데니스 300
리팩터링
규율 18-19, 227-231
기반 243-244
기본 도구 210-226
깨지기 쉬운 테스트 146
네 번째 TDD 법칙 40-42
대 혹 끼워 넣기 76
루빅큐브 해법과의 유사성 226-227
복구 193
비디오 대여점 알고리즘 173-191
빨강-초록-리팩터링 주기 40-42, 46, 193
정의 80, 209
지속적 229
청소 365
코드 일반화 192
통합 개발 환경의 메서드 추출 76
XP 실천 방법 17

리팩터링 단계
  복구 193
  비디오 대여점 알고리즘 174, 176, 178, 183

ㅁ

마츠, 크리스 112
맞물려 동작하는 컴포넌트 151-152
매릭, 브라이언 323
매카시, 존 298
매키넌, 팀 116, 128
메서드 추출하기 리팩터링 76, 211-213, 218
메스자로스, 제라드 117, 162
멘토링 293-294, 303
명령문을 재귀로 변환 198
모의 객체
  깨지기 쉬운 테스트 146
  사용 시점 133
  정의 118
  테스트 대역 116-119, 128-130
모장 306
몰입 373
몹 프로그래밍 254-257, 379

ㅂ

밖에서 안으로 설계 148
방해 요소 관리하기 370-375
배비지, 찰스 5, 296
배커스, 존 7, 298
배포
  구조 변경 327
  속도 올리기 370
  스타트업의 경우 323
  준비됨 272
  지속적 360-361
  최선의 결과물 325
버그
  누적 334
  빠른 테스트 228
  빠른 패치 321
베리엔스텐, 옌스 306

벡, 켄트
  단순한 설계 234, 239
  리팩터링 229
  설계 원칙 236, 250
  《익스트림 프로그래밍》 16
  제대로 만들기 325
변경
  깃 355
  대비하기 위한 학습 292
  따라가기 396-398
  변경에 대한 두려움 38-39, 229, 279
  사용자 인터페이스 284
  소프트웨어의 존재 이유 321-322, 326
  저렴함 270-271, 278
  좋은 구조 327-329
변수 213-214, 246
변수 추출하기 리팩터링 213-214
변이 테스트 364
변환 192-204
변환 우선순위 가정 203-204
병합 352, 353, 356
보잉 4
복식 부기 24-26
볼링 점수 계산 69-87, 113, 213-214
부모-자식 알고리즘 317
불확정성 원리 133-147
뷰 모델 159
비관적 잠금 353
비즈니스 규칙
  대 사용자 인터페이스 148, 149
  데이터베이스와 분리 156
  테스트 158
  테스트에서 분리 284-285
비행의 역사 2-4
빌드
  속도 올리기 368
  지속적 263, 361-362
빠른 테스트 228, 345
빨강 단계
  비디오 대여점 알고리즘 173, 175, 176, 177,
    180, 181

빨강-초록-리팩터링 주기
　기능적 분해　343
　네 번째 TDD 법칙　40-42
　변환 우선순위　193
　정리 방법　46
　정신적인 기반　331
　지속적　229
뻣뻣한 소프트웨어　270-271
뻣뻣함　327
뽀모도로 기법　255, 373-375

ㅅ

사용자 관점　266
사용자 인터페이스
　런던 학파　148
　시카고 학파　149
　테스트　286, 369
　테스트 자동화　284-285
사인값 계산　133-145
사회
　소프트웨어에 의존　308, 324
　책임　310
　프로그래머에 대한 견해　303-305
　피해　315-317
삶의 순환　16-17
삼분법　97
상수를 변수로 변환　195-196
상위 클래스 추출하기 리팩터링　224
상태 이행 도표　114-115
상태 이행의 세 가지 요소　114
생산성
　낮은 수정 비용　270-271
　언제나 준비됨　272-273
　품질 기준　268-270
생존한 변이　364
서브버전　353
선입후출 동작 테스트　56, 59
선택을 반복으로 변환　198
설계
　결함을 즉시 고치기　78-79
　구멍　34-35

깨지기 쉽다는 문제　169
냄새　327, 328
네 가지 규칙　250
높은 테스트 커버리지　240-242
밖에서 안으로 대 안에서 밖으로　148-149
변경　243
최소한의 크기　250
테스트 설계　168-192
YAGNI　237-238
설렌버거, 체슬리　4
설명용 변수　214
성실함
　가차 없는 개선　362-366
　높은 생산성　366-375
　짧은 주기　348-362
셀프 션트 패턴　164
소스 코드
　관리　348-355
　의존성　150, 162, 235
　지속적 빌드　263
　편집기　248
　피해　321
소인수 분해 알고리즘　59-69, 193
소트웍스　149
소프트웨어
　공공의 신뢰　xxiv-xxv
　과학　344
　문서화로서의 테스트　33-34
　발명　5-6
　변경　234, 236, 322-323
　뻣뻣하고 깨지기 쉬우며 이동성이 없음　270,
　　327-328, 365-366
　얽히지 않게 하기　234
　재앙　308-310
　증명　336-343
　추정 실패　381
　회계와의 유사성　27-28
　GUI　158-159
속성 테스트　147
손 씻기　14-15
수동 테스트　283, 286

순회 코드 248-249
스몰토크 117
스크럼 272
스타트업 323
스털링, 스콧 162
스텁
　비즈니스 규칙 분리 286
　스파이 125
　테스트 대역 프로세스 123-125
스토리 포인트 290
스티븐슨, 크리스 112
스파이
　경계를 넘어가는 테스트 151
　깨지기 쉬운 테스트 145, 146
　모의 객체 128
　사인값 계산 알고리즘 140-143
　테스트 대역 125-127
시간 관리 373-375
시그마 388, 392
시뮬라 67 8, 300
실패하는 테스트
　소인수 분해 예제 59-69
　알고리즘 유도 90
　여러 가지 해법 96
　입출력 117
　정수 스택 예제 43-59
　정수 정렬 알고리즘 91

ㅇ
"아니요"라고 말하기 291-292, 394
아데르, 클레망 3
아이젠하워의 결정 매트릭스 329-331
아키텍처 150-152
안에서 밖으로 설계 149
안정화 스프린트 273
알고리즘
　거품 정렬 90-95
　단계적 유도 69, 90, 95
　볼링 점수 계산 69-87
　비디오 대여점 173-191
　사인값 계산 133-145

소인수 분해 59-69
정수 스택 43-59
정확성 증명 336-343
줄 바꿈 103-111
퀵 정렬 102-103
알골 7, 8, 298
애자일 방법론
　스토리 포인트 290
　익스트림 프로그래밍 16
　준비됨 272, 273
　테스트 자동화 236
언어
　지속적 학습 293, 396-397
　첫 프로그래밍 8, 298-300
　표현력이 뛰어난 코드 244-245
얽히지 않은 소프트웨어 234
얽힌 소프트웨어 234
업무 분석(BA) 팀 260, 262
에니그마 6
에라토스테네스의 체 60, 68
에이다 러브레이스 백작 부인 5, 296
엔지니어 실천 방법 16
열거법 337, 341
오류 78-79
외부 서비스 117, 119
용기 288-294
우연한 중복 248-249
원격 근무 379-380
웨이크, 빌 111
유닉스 300
유연성 148, 149, 365-366
유한 상태 기계 114-116
윤리
　선서 310-311
　하나 대 여럿 xxiii
음악 371-372
의미론적 안정성 364-365
의존성
　의존성 역전 원칙 151
　SOLID로 관리 328-329
의존성 규칙 151-152

이름 바꾸기 리팩터링 210-211
이해관계자 331-333
《익스트림 프로그래밍》(벡) 239
익스트림 프로그래밍(XP) 15-16, 229, 236, 272
인수 테스트 17, 21, 260-264
인터랙터
　컴포넌트 계층 151-152
　GUI 160, 162
인터페이스 구현 명령 122
일대일 대응 169-171, 228
일반적인 코드 66
일반화 66, 191-192

ㅈ
자동 계산 기관(ACE) 6, 296
자동화 테스트 260, 283-285, 360
자부심 39-40
작업 분할 구조(WBS) 388-389
잔고 24
장인 정신
　개발자의 책임 321
　기본 규율 16-21, 310-311
　정의 xxii-xxiii
　증명 가능한 코드 345-346
　컴퓨터 역사 5-10
　프로그래머 10-11
　항공학 산업 4
재귀 108
재미 35-36
재앙 308-310
절차적 프로그래밍 69
정렬 알고리즘
　거품 정렬 90-95, 103
　퀵 정렬 102-103
정밀한 추정 382-383, 390-391
정직한 추정 289-291, 382-387, 393-395
제멜바이스, 이그나즈 15
제품 릴리스 360
조건-만일-그러면(GWT) 112-114, 261
존중 396
준비됨 272-273

준비-행동-확인 테스트 패턴 111-112, 261, 284
중복
　우연 249
　중복 테스트 74
　코드 최소화 248-250
지속적 빌드 263, 361-362
지속적 통합 356-357
지속적 학습 292-293, 396-398
지하철 개찰구 114-115
진공관 컴퓨터 6
짝 프로그래밍 254-256, 373
짧은 주기 348-362

ㅊ
책임
　공동 프로그래밍 255
　단일 책임 원칙 211, 224
　소프트웨어 개발자 xxiv-xxv
　이해관계자 331-333
　인식 324
　지속적 학습 397
　프로그래머 xxv, 307-310
　해를 끼치지 않기 314-321
책임 배치 오류 78
처치, 알론조 6, 69
초록 단계
　비디오 대여점 알고리즘 173-175, 178, 181, 182
최선의 결과물 325-335
추상화
　계층 명확하게 하기 212
　기반 246-247
　내려가기 규칙 213
　다형성 235
　데이크스트라의 연구 337-340
추제, 콘라드 6

ㅋ
컨트롤러
　컴포넌트 계층 151-152
　테스트 162

험블 객체 테스트 패턴 167
GUI 입력 테스트 161-162
컴파일 테스트 43-59
컴포넌트 151-152
컴퓨터
  대중문화 304-305
  역사 5-10, 296-302
코드
  경험이 부족한 프로그래머 10-11
  구성 요소 342
  구조 변경 대 동작 변경 80
  깨지기 쉬운 테스트 169
  낮은 결합도 36-37, 243
  망가짐에 대한 두려움 38-39, 229
  정리하기 39-40, 325, 362, 365
  정확성 증명 336-343
  초기 프로그램 예시 244
  테스트 가능한 설계 36-37
  테스트 커버리지 240
  테스트와 코드의 소통 247
  테스트와의 결합 없애기 169-192, 228,
    242-243
  표현력 244-246
  해를 끼치지 않기 320-321
  TDD의 두 학파 147-150
코딩
  변환 193
  역사 296-302
  일반적인 제품 코드를 위한 구체적인 테스트
    66, 90, 191-192
  테스트 묶음의 구멍 34-35
  TDD의 세 가지 법칙 28-31
코볼 298, 299
코스, 밥 69-87
쿄, 리즈 113
퀵 정렬 알고리즘 102-103
크기 최소화하기 248, 250
크레이그, 필립 116
《클린 아키텍처》(마틴) 150, 152
《클린 애자일》(마틴) 380
《클린 코드》(마틴) 208

ㅌ
탐험적 테스트 283
테라다인 384
테스트
  간소화 122
  계단 테스트 삭제 74
  깨지기 쉬움 66, 146-147, 169
  단순함 법칙 103
  단정문과 스파이의 동작 130
  대 훅 끼워 넣기 237
  데이터베이스 156-158
  리팩터링 규율 228-231
  변이 테스트 364
  설계 168-192
  속도 올리기 368-369
  유한 상태 이행 115-116
  의미론적 안정성 364-365
  인수 21, 260-264
  일반적인 제품 코드를 위한 구체적인 테스트
    66, 90, 191-192
  자동화 260, 283-285, 360
  제품 코드와 결합 없애기 169-192, 228
  준비-행동-확인 패턴 111-112
  지속적 실행 263
  커버리지 240-242, 250, 363
  통합 190
  패턴 108, 162-168
  프로그래머 191
  피해 예방 323-325
  함수의 제약 사항 134
  BA와 QA가 작성 262-263
  GUI 158-162
테스트 대역
  가짜 130-133
  경계 넘어가기 151
  구조 118-119
  더미 119-123
  모의 객체 116-119, 128-130
  스텁 123-125
  스파이 125-127
테스트 주도 개발(TDD)

기본 규율 17-18
깨지기 쉬운 테스트 문제 169
네 가지 법칙 28-42
단순한 알고리즘 유도 68-69, 86-87
두 학파 147-150
막다른 길 103-111
문서화 33-34
복식 부기 27-28
불확정성 원리 133-146
설계 기법 331
예제 43-87
완전히 익히려면 오래 걸림 156
장점 31-40
점증하는 복잡도 100
준비-행동-확인 패턴 112
증명 343-346
지속적 통합 356-357
테스트 묶음의 구멍 34-35
필요성 323-325
BDD 114
테스트용 하위 클래스 패턴 162-163
테일러급수 135, 136, 139-140
토요타 318-320
톰프슨, 켄 300
통합 테스트 190
퇴화한 테스트
　계단 테스트 74
　해법 찾기 91-92, 106-107
　TDD 규칙 60-61
튜링, 앨런 5-6, 69, 296-297
트랜지스터 7
티히, 발터 353
팀워크
　개방형·가상 사무실 378-380
　공동 프로그래밍 254-257
　서로를 대신하기 288
　정직하고 공정한 추정 380-395
　존중 396
　지속적 통합 356-357
　지식 공유 378

ㅍ

파울러, 마틴
　단순한 설계 239
　리팩터링 173, 208, 231
　TDD 시카고 학파 149
파워 펙 코드 317-318, 320
평균과 표준 편차 388-390
포트란 298, 340
폭스바겐 306-307, 314-315
폰 노이만, 존 299
표현력
　디자인 원칙 250
　실제 중복과 우연한 중복 249
　코드 언어 244-245
　코드와 테스트의 역할 247
풀어서 쓴 반복문 64, 67
품질
　나쁨의 정의 269
　두려움을 이기는 능력 279-280
　사용자 인터페이스 테스트 286
　지속적 개선 278
　테스트 자동화 283-285
　QA 검사 준비됨 281-283
품질 보증(QA) 부서
　검사 준비됨 281-283
　인수 테스트를 읽을 수 있음 260
　테스트 262
프라이스, 냇 148
프레젠터
　정의 159
　컴포넌트 계층 151-152
　험블 객체 테스트 패턴 165-166
　GUI 159-160
프로그래머
　경험 부족 10-11
　관점 266
　괴짜와 구원자 304-305
　규율을 따르지 못함 270
　대중문화에서의 묘사 304-305
　새로운 프로그래머 가르치기 293
　수석 프로그래머 315

역사 5-10, 296-302
영웅과 악당 306-307
이해관계자 331-333
인구 통계 301-302
장인 xxii
지속적인 개선 278
진정한 하나의 길 xxiii
프로그래머 테스트 191
프로그래밍
결정 가능성 문제 69
공동 20-21, 254-257, 378
구조적 340-342
런던 학파 148
모듈러 350-351
역사 296-302
유한 상태 이행 115
함수형 204
프로그램 평가 검토 기법(PERT) 392-393
프리먼, 스티브 116, 148
피보나치 연습 문제 199-203
필드 추출하기 리팩터링 215-226

ㅎ

학습
지속적 292-293, 396-398
함수
구현에 결합된 테스트 127
기반 추상화 246
불확정성 원리 139
제약 사항으로서의 테스트 134
책임 배치 오류 78
추출 리팩터링 212
쿼리 테스트 156-158
크기 최소화하기 250
함수가 nil을 반환하는 변환 194-195
함수형 프로그래밍 69, 204
항공학 2-4
해를 끼치지 않기
구조 320-321
기능 317-320
사회 314-315

쉬운 변경 가능성 322-323
험블 객체 패턴 165-168
헤인스, 코리 239
헨드릭슨, 쳇 234
호퍼, 그레이스 7, 298
혼, 마이클 306
화이트헤드, 구스타브 3
확률 분포 388
확실성
깨지기 쉬운 테스트 146-147
런던 학파 148
비용 381, 393
확실한 추정 382-383, 388-390
회계 24-28
회의 370-371
훅 236, 237-238

A-Z

API 함수 285
Authenticator 인터페이스 119
C 언어 300
CCU-CMU 386
COLT(중앙국 전선 테스트) 384
CSS 코드 269-270
CVS 353, 356
DEC 300
elements 변수 57
⟨Endo-Testing: Unit Testing with Mock
　　Objects⟩(프리먼, 매키넌, 크레이그) 116
factors 변수 61
FitNesse 261, 358
Gateway 인터페이스 157
git reset --hard 231
GOTO 문 341, 342
GUI(그래픽 사용자 인터페이스)
입력 161-162
테스트 158-162
HealthCare.gov 316
IBM 7, 8, 298, 299
if 문 65, 67, 212
JBehave 112

《JUnit Recipes》(레인스버거, 스틸링) 162
Nil을 상수로 변환 195
public class stack 43-59
push 함수 48
RCS 353
RealAuthenticator 120-121, 124
RSpec 113
SCCS 352
Setup 메서드 111
SOLID 원칙 20, 151, 328-329
StackTest 43
TDD 런던 학파 148
TDD 시카고 학파 149
trim 호출 109
UML 도표 71, 81, 151
Underflow 예외 54
while 문 65, 67, 212
wrap 호출 108
XRay 클래스 162
《XUnit Test Patterns》(메스자로스) 117, 162
YAGNI 237-238

기타
2차 세계 대전 3, 6